동아시아해역의 해항도시와 문화교섭 Ⅱ
: 해항도시 · 문화교섭

이 저서는 2008년 정부(교육부)의 재원으로 한국연구재단의 지원을 받아 수행된 연구임(NRF-2008-361-B00001).

동아시아해역의 해항도시와 문화교섭 Ⅱ
: 해항도시 · 문화교섭

초판 1쇄 발행   2018년 5월 31일

편저자 | 이수열 · 현재열 · 최낙민 · 김강식
펴낸이 | 윤관백
펴낸곳 | 도서출판 선인

등 록 | 제5-77호(1998.11.4)
주 소 | 서울시 마포구 마포대로 4다길 4 곳마루 B/D 1층
전 화 | 02)718-6252/6257
팩 스 | 02)718-6253
E-mail | sunin72@chol.com
Homepage | www.suninbook.com

정가   28,000원
ISBN   979-11-6068-170-3   94300
ISBN   979-11-6068-172-7   (세트)

· 잘못된 책은 바꾸어 드립니다.

[해항도시문화교섭학연구총서 19]

동아시아해역의 해항도시와 문화교섭 Ⅱ

: 해항도시 · 문화교섭

이수열 · 현재열 · 최낙민 · 김강식 편저

발 간 사

　한국해양대학교 국제해양문제연구소는 한국연구재단의 지원을 받아 2008년부터 2018년까지 인문한국지원사업인 '해항도시 문화교섭학' 연구를 수행하고 있다. 이 연구의 개요를 간략히 소개하면 다음과 같다. 먼저, 해항도시 문화교섭 연구는 바다로 향해 열린 해항도시(seaport city)가 주된 연구대상이다. 해항도시는 해역(sea region)을 구성하는 요소로서 그 자체가 경계이면서 동시에 원심력과 구심력이 동시에 작동하는 공간으로, 배후지인 역내의 각지를 연결할 뿐만 아니라 먼 곳에 있는 역외인 해역의 거점과도 연결된 광범한 네트워크가 성립된 공간이다. 해항도시는 근대자본주의가 선도하는 지구화 훨씬 이전부터 사람, 상품, 사상 교류의 장으로서 기능해 온 유구한 역사성, 국가의 영역에 머무르지 않은 초국가적인 영역성과 개방성, 그리고 이문화의 혼교·충돌·재편이라는 혼효성의 경험과 누적을 사회적 성격으로 가진다.

　다음으로 해항도시 문화교섭 연구는 해항도시를 필드로 하여 방법론적 국가주의를 넘어 방법론적 해항도시를 지향한다. 연구필드인 해항도시를 점으로 본다면 해항도시와 해항도시를 연결시킨 바닷길은 선으로 구체화되며, 바닷길과 바닷길을 연결시킨 면은 해역이 된다. 여기서 해역은 명백히 구획된 바다를 칭하는 자연·지리적 용법과 달리 인간이 생활하는 공간, 사람·물자·정보가 이동·교류하는 장이

자 사람과 문화의 혼합이 왕성하여 경계가 불분명하여, 실선이 아니라 점선으로 표현되는 열린 네트워크를 말한다. 해역과 해역은 연쇄적으로 연결된다. 해항도시 문화교섭 연구는 국가와 민족이라는 분석단위를 넘어서, 해항도시와 해항도시가 구성하는 해역이라는 일정한 공간을 상정하고, 그 해항도시와 해역에서의 문화생성, 전파, 접촉, 변용에 주목하여 문화교섭 통째를 복안적이고 종합적인 견지에서 해명하고자 하는 시도다.

여기에 기대면, 국가 간의 관계 시점에서 도시 간 네트워크 시점으로의 전환, 지구화와 지방화를 동시에 반영하는 글로컬 분석단위의 도입과 해명, 중심과 주변의 이분법을 해체하고 정치적인 분할에 기초한 지리단위들에 대한 투과성과 다공성을 부여할 수 있다. 그리고 해항도시 문화교섭 연구는 역사, 철학, 문학 등 인문학 간의 소통뿐 아니라 사회과학과 자연과학 등 모든 학문과의 소통을 전제한다는 점에서, 모든 학문의 성과를 다 받아들인다는 의미에서 '바다' 인문학을 지향한다.

이처럼 해항도시 문화교섭 연구는 '연구필드로서의 해항도시'와 '방법론으로서의 해항도시'로 대별되며, 이는 상호 분리되면서도 밀접하게 연관된다. 연구필드로서의 해항도시는 특정 시기와 공간에 존재하는 것이며, 방법론으로서의 해항도시는 국가와 국가들의 합인 국제의 틀이 아니라 해항도시와 해역의 틀로 문화교섭을 연구하는 시각을 말한다. 이런 이유로 해항도시 문화교섭학 연구총서는 크게 두 유형으로 출간될 것이다. 하나는 해항도시 문화 교섭 연구 방법론에 관련된 담론이며, 나머지 하나는 특정 해항도시에 대한 필드연구이다. 우리는 이 총서들이 상호 연관성을 가지면서 해항도시 문화교섭 연구의 완성도를 높여가길 기대한다. 그리하여 국제해양문제연구소가 해항도시 문화교섭 연구의 학문적·사회적 확산을 도모하고 세계적 담론의 생산·소통의 산실로 자리매김하는 데 일조하리라 희망한다. 물론 연구총서 발간과 그 학문적 수준은 전적으로 이 프로젝트에 참여하는 연구자들의 역량에 달려있다. 연구·집필자들께 감사와 부탁의 말씀을 드리면서.

2018년 1월
한국해양대학교 국제해양문제연구소장
정문수

차례

19세기 후반 부산일본인사회의 구조변화와 쓰시마인(對馬人)의 대응 ㅣ 한현석

일제시기 부산의 중심 상점가와 도시문화 ㅣ 전성현

글로벌 상상을 자극하는 해항도시 간 이동
: 근대 초기 일본 기타큐슈 지역 사람들 간 비공식 인적 교류의 재평가 ㅣ 마스다 겐(增田研)

제4부 **문화교섭**

조선인 노예와 포르투갈인 | 루치오 데 소사(Lúcio de Sousa)

예수회 신부 吳漁山의 '十年海上' 사목활동과 天學詩 고찰 | 최낙민

해항도시 나가사키(長崎)와 표상 정치

: 철도원(鐵道院) 편 여행 가이드북을 소재로 | 하야나기 가즈노리(葉柳和則)

망국민의 恨辭, 「桑海淚談」의 의미와 시공간적 맥락 연구
: 요코하마와 광저우에서의 베트남인 해외혁명활동(1906~1915)을
　중심으로 ㅣ 노영순

식민지시대 한 · 일해역의 자원과 해녀의 이동 ㅣ 안미정

3부

해항도시

도쿠가와 막부 '쇄국'(鎖國) 체제 하의 중일(中日)무역 고찰

: 나가사키 '당관'(唐館)을 중심으로 (1689~1868)

류쉬펑(劉序楓)

Ⅰ. 머리말

에도(江戸) 시대의 중일무역, 즉 이른바 '나가사키 무역'은 도쿠가와 막부가 실시한 '쇄국' 정책으로 인해 당선(唐船. 광의의 중국선)과 네덜란드선은 나가사키 항구에서의 무역만을 허가받았고, 일본인의 사사로운 출국은 엄격히 금지되었다. 나가사키 무역을 통해 일본은 필요한 물품을 얻을 수 있었을 뿐 아니라, 외국의 과학·기술·문화 및 해외 각국의 정보들을 얻을 수 있었다. 나가사키를 중심으로 한 근세 일본의 대외관계에 관한 기존 연구들은 대체로 무역제도에 대한 고찰이나 특정한 인물과 물품(예를 들어 서적 등)의 문화교류에 대한 연구에 편중된 경향이 있었다.[1] 이에 반해 당시의 주요 무역 대상에 관해

---

[1] 대표적인 저작으로는 大庭脩, 『江戸時代における中国文化受容の研究』, 同朋舎,

서나 무역 거래장이었던 당인(唐人. 광의의 중국인) 거주지 '도진야시키'(唐人屋敷, 일명 '唐館') 및 네덜란드인 거주지, 즉 네덜란드 상관(商館)이 위치했던 '데지마'(出島)에 관한 연구는 상대적으로 빈약하다. 이에 따라 쇄국 체제 하에서 일본을 왕래했던 중국 상인과 선원의 생활 양상 및 외국인에 대한 일본의 관리방식에 대해서는 연구를 심화할 여지가 적지 않다. '데지마'에 대한 연구는 일본과 네덜란드 양국에 현존하는 사료가 비교적 많을뿐더러, 나가사키 시에서 공식 기획한 『출도도(出島圖)』의 출판[2] 및 상관 유적지의 복원에 힘입어 이미 적지 않은 연구 성과를 거두었다.[3] 그러나 당관(唐館)에 대한 연구는 자료의 부족 탓으로 전문적인 연구가 진행되지 못했다.[4] 특히, 당시의

1984.

[2] 長崎市出島史蹟整備審議會 編, 『出島圖: その景觀と變遷』, 中央公論美術出版製作, 1990.

[3] 일본과 네덜란드의 교류 400주년 기념 활동에 맞춰 데지마의 네덜란드 상관은 2000년 이미 일부를 복원해 일반인에게 공개하였다. 기존 연구 성과와 관련해서 대다수의 연구는 데지마 네덜란드 상관의 무역과 문화교류를 논하고 있는데, 근래에 발표된 주요 논저는 다음과 같다. 山脇悌二郎, 『長崎のオランダ商館: 世界の中の鎖國日本』, 中央公論社, 1980; 長崎縣敎育委員會 編, 『長崎とオランダ』, 長崎縣文化團體協議會, 1990; 加藤榮一, 「出島論」, 『岩波講座日本通史12 近世2』, 岩波書店, 1994, 327~345쪽; 片桐一男, 『開かれた鎖國: 長崎出島の人·物·情報』, 講談社, 1997; 片桐一男 編, 『日蘭交流史: その人·物·情報』, 思文閣出版, 2002; 森岡美子, 『世界の中の出島: 日歐交通史上長崎の果たした役割』, 長崎文獻社, 2001; 八百啓介, 『近世オランダ貿易と鎖國』, 吉川弘文館, 1998; 金井圓, 『日蘭交涉史の硏究』, 思文閣出版, 1986; 鈴木康子, 『近世日蘭貿易の史的硏究』, 思文閣出版, 2004; 石田千尋, 『日蘭貿易の史的硏究』, 吉川弘文館, 2004; 石田千尋, 『日蘭貿易の構造と展開』, 吉川弘文館, 2009.

[4] 山本紀綱, 『長崎唐人屋敷』, 謙光社, 1983. 이 책은 당관 관련 자료를 다수 수록하고 있어 참고 가치가 높지만 전문 학술저작은 아니다. 당관과 관련된 연구들은 대체로 단편논문이 대부분으로, 福田忠昭, 「唐人屋敷」(1-4) 『歷史地理』 27卷2-5號, 1916.02~1916.05, 166~174쪽, 236~246쪽, 352~363쪽, 625~630쪽; 加藤章, 「長崎唐人屋敷ノート」 西山松之助先生古稀記念會 編, 『江戸の民衆と社會』, 吉川弘文館, 1985, 153~189쪽 등이 있다. 이 밖에 箭內健次, 『長崎』, 至文堂, 1959; 山脇悌

많은 도상(圖像) 자료들에 대한 활용이 현저히 부족했다. 이후『출도도』의 출판에 자극받은 오바 오사무(大庭脩) 교수의 노력으로 근년에 『나가사키당관도집성(長崎唐館圖集成)』5)이 출판되었는데, 이는 당시 당관의 내부 구조, 관리방식 및 당인들의 생활 양상, 교역 방식 등의 연구에 큰 도움을 주는 자료로, 문자자료의 부족을 상당부분 보충할 수 있게 되었다.

당관은 나가사키 봉행(奉行)이 관할하던 특수 구역으로, 일반인들의 출입이 금지된 일종의 비공개 장소였다. 이런 까닭에 현존하는 당관의 도상들은 모두 관방(官方)의 명령을 받들어 제작된 것이거나 이를 모사한 것들이다. 그렇다면 화가들의 손끝에서 묘사된 평화롭고 안락한 이국 풍경이 과연 실제와 얼마나 부합하는지에 대한 의문 또한 가질 수 있다. 본고는 우선 나가사키 무역 체제의 성립과정 및 당관 설립의 경위에 대해 개관하고, 이어 선행연구들이 소홀했던 부분, 특히 당관의 관리와 당관 안에서의 당인들의 생활 양상을 고찰하고, 끝으로 밀수·폭동 등 당인들의 위법행위에 대한 일본 측의 처리방식을 분석해 쇄국 체제 당시의 외국인에 대한 관리 실태를 명확히 밝히고자 한다.6)

二郎,『長崎の唐人貿易』, 吉川弘文館, 1964; 中村質,「近世の日本華僑」福岡ユネスコ協會 編,『外來文化と九州』, 平凡社, 1973, 131~277쪽; 長崎縣史編集委員會,『長崎縣史: 對外交渉編』, 吉川弘文館, 1986 등의 전문서적에서도 일부 다루고 있다. 건축사 방면의 연구로는 李陽浩·永井規男,「都市史料としての長崎唐人屋敷圖の檢討」,『日本建築學會近畿支部研究報告集』36號, 1996, 1157~1160쪽; 李陽浩·永井規男,「沅祿年間における長崎唐人屋敷の構成について」,『日建築學會計畫系論文集』482號, 1996, 175~184쪽; 李陽浩·永井規男,「天明年間から文化年間における唐人屋敷の構成について」『日本建築學會計畫系論文集』499號, 1997, 163~170쪽 등이 있다.
5) 大庭脩 編著,『長崎唐館圖集成』, 關西大學東西學術研究所, 2003.
6)『長崎唐館圖集成』의 뒷부분에는 네 편의 연구해설 자료가 수록되어 있는데, 그 중

Ⅱ. 나가사키의 개항과 중일무역

1. 일본의 '쇄국'과 나가사키

나가사키는 원래 규슈(九州) 오무라 번(大村藩) 영내의 조그만 어촌으로, 명말(明末) 해금(海禁) 시기에 당선이 이미 나가사키를 왕래했다는 기록이 있다. 그러나 최초 왕래 시점에 대해서는 기록에 차이가 있어 명확한 답을 내릴 수 없다. 니시카와 조켄(西川如見)의 『나가사키야화초(長崎夜話草)』 2권 「당선시입진지사(唐船始入津之事)」에 따르면, 명의 해금 정책이 실시되던 에이로쿠(永祿) 5년(明 嘉靖 41, 1562)에 당선이 최초로 나가사키항 부근의 도마치 포구(戸町浦)에 이르렀

成澤勝嗣, 「唐人屋敷逍遙: 唐館圖の變遷と展開」, 81~205쪽에서는 현존하는 「唐館圖」 제작 배경과 화보집의 판본에 따른 내용 변화에 대해 고찰하고 있다. 藪田貫, 「唐館の内と外: 「唐人番日記」について」, 225~237쪽에서는 당관의 관리를 담당했던 지방 경비요원들이 기록한 「唐人番日記」(1760~1817)를 주요 사료로 삼아, 당인들의 각종 위법 행위와 폭동 사건을 유형별로 분류하고 당관 안에서 이러한 사건들이 빈발했던 원인을 첫째, 장기 체류가 가져온 긴장감, 둘째, 막부 관방의 관리 강화, 셋째, 무역이익의 감소, 넷째, 선원 사회 구조 속의 거대한 계층별 차이라는 네 가지 방면에서 지적하고 있다.
藪田貫의 연구 외에 喜多惠, 「文政十年·天保六年における長崎唐人騷動: 福岡藩 伊丹家資料を中に見る」, 『福岡大學大學院論集』 第18卷2號, 1987, 1~24쪽; 熟美保子, 「唐人屋敷の設立と唐人の不法行為」 文化論輯』 12號, 神戸女學院大學, 2002, 1~17쪽; 熟美保子, 「近世後期における境界領域の特徵: 長崎唐人屋敷の葛藤·紛爭」, 『經濟史研究』 11號, 神戸女學院大學, 2008, 88~111쪽; 荒野泰典, 「近世中期の長崎貿易體制と拔荷」, 『近世日本と東アジア』, 東京大學出版會, 1988, 67~116쪽; 彭浩, 「近世日本の唐人處罰: 「日本之刑罰」の適用をめぐって」, 『論集きんせい』 30號, 2008, 1~14쪽 등의 관련 연구가 있다. 다만 이상의 연구 성과들은 모두 짧은 기간 혹은 소수의 사건을 대상으로 하고 있으며, 일본 국내의 관점에 편중되어 있다는 한계를 가진다. 여기에 중국 측의 사료들이 추가되고 더 넓은 기간을 대상으로 더 넓은 시각으로 접근하여 양국 간의 정치경제적인 배경을 통해 고찰한다면 다양한 관점과 결론을 가지게 될 것이 틀림없다.

다 한다.[7] 다나베 모케이(田邊茂啓)의 『나가사키실록대성(長崎實錄大成)』 10권 「당선장기주래저지사(唐船長崎湊來著之事)」에는 명 가정(嘉靖), 융경(隆慶) 연간, 즉 일본의 에이로쿠, 겐키(元亀) 연간(1558~1572)에 왕래를 시작하였으며, 이후 만력(萬曆), 숭정(崇禎) 연간에 이르러 중국 국내의 병란(兵亂)으로 인해 나가사키로 도항해 와 정주를 청하는 자가 나날이 많아졌다고 기록하고 있다.[8] 『통항일람(通航一覽)』 198권 「당국총괄부일(唐國總括部一)·도래급방(渡來扱方)」에는 게이초(慶長) 5년 경자년(庚子年) 가을(明 萬曆 28, 1600)이라 기록하고 있는데,[9] 이는 도쿠가와 정권 하에서의 최초의 도착 연도를 가리키는 것으로 보는 것이 마땅하다.

이상의 기록들을 종합해 보면 당선이 나가사키로 도항하기 시작한 시점은 에이로쿠 말과 겐키 초 즈음으로 대략 1560년대 즉, 명 융경 연간(1567~1572) 해금 정책이 부분적으로 개방되었던 시기였음을 알 수 있다. 최초에는 작은 선박에 화물을 실어 오는 소규모 무역이었다. 1571년(겐키 2년) 영주(領主)인 오무라 씨(大村氏)가 나가사키의 지리 위치와 항만 조건의 우수함을 높이 평가한 포르투갈인의 요청을 받아들여 나가사키항의 무역을 개방하였다. 이후 거리가 건설되고 여러 정(町)이 개발되면서 나가사키에 출입하는 당선 역시 점차 증가했다.[10] 도요토미 히데요시(豐臣秀吉)가 규슈를 통일한 후, 1588년 (日本天正 16) 나가사키를 막부의 영지로 바꾸어 직할지로 삼았고, 나가사키 다이칸(代官)을 두어 무역사무를 관장케 하였으니, 나가사키 시

---

7) 西川如見, 『町人囊, 百姓囊, 長崎夜話草』, 岩波書店, 1942, 247쪽.

8) 田邊茂啓, 『長崎實錄大成』, 長崎文獻社, 1973, 242쪽.

9) 林煒 編, 『通航一覽』 第5, 國會刊行會, 1913, 226쪽.

10) 矢野仁一, 『長崎市史: 通交貿易編·東洋諸國部』, 長崎市役所, 1938, 1~13쪽; 李獻璋, 『長崎唐人の研究』, 親和銀行, 1991, 46~55쪽.

가지의 범위 또한 나날이 확대되었다.

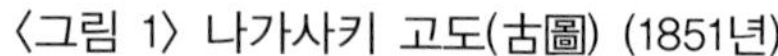

〈그림 1〉 나가사키 고도(古圖) (1851년)

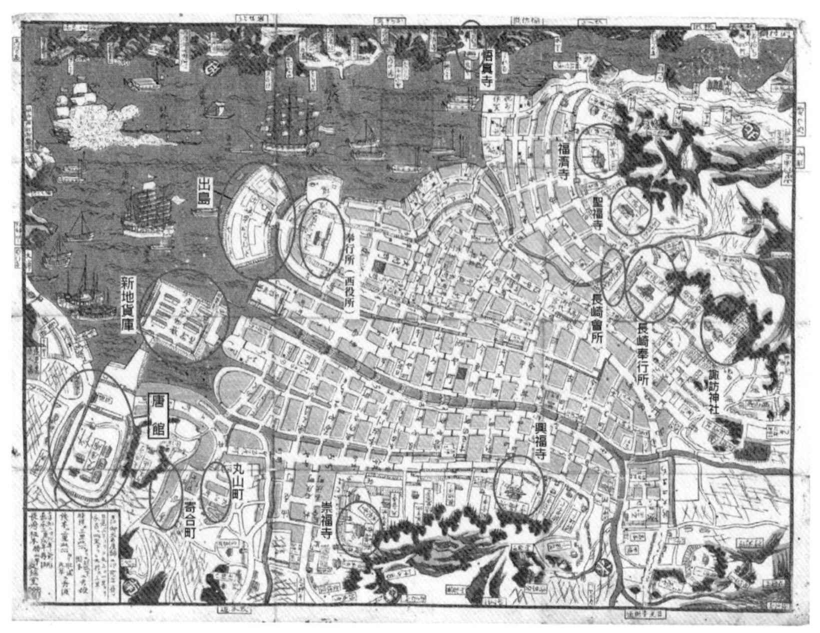

　　에도 막부가 성립된 이후, 도쿠가와 이에야스(德川家康)가 해외무
역을 장려함에 따라 당선의 일본행은 점차 증가했다. 해외무역의 관
리와 해외교섭 사무의 처리를 위해 1603년(日本慶長 8) 오가사와라 이
치안(小笠原一庵)을 나가사키 봉행에 임명했고, 그 아래에 민정(民政)
과 대외무역을 관리하는 다이칸을 두었다.[11] 1616년(日本元和 2) 이에
야스가 사망한 후, 제2대 쇼군(將軍)인 도쿠가와 히데타다(德川秀忠)

---

[11]　長崎縣史編輯委員會, 『長崎縣史: 對外交涉編』, 66~68쪽, 75쪽 참고. 나가사키 봉
　　행의 담당직무 및 막부 내 지위의 변화에 대해서는 鈴木康子, 『長崎奉行の研究』,
　　思文閣出版, 2007 참고.

는 천주교를 단속하는 금지령을 강화했다. 같은 해 선교사와 신도들에 대한 엄격한 통제 조치와 함께 서양선박에 대한 무역항을 히라도(平戶)와 나가사키의 2개 항으로 제한하는 조치를 시행했다.[12] 이 시기에도 당선은 특별한 제한 없이 자유롭게 왕래할 수 있었다. 그러나 막부는 당선까지 포함한 모든 외국선박과의 무역을 오직 나가사키 한 곳으로 제한한다는 계획을 일찌감치 가지고 있었다.

이른바 ‘쇄국령(鎖國令)’이란 1633~1639년(日本寬永 10~16) 사이에 막부가 다섯 차례에 나누어 나가사키 봉행에게 발포한 대외 법령을 가리킨다.[13] 그 중 중요한 내용은 1635년의 법령으로, 일본에 오는 모든 당선은 나가사키항에 정박해야 한다는 내용을 담고 있다. 1637~1638년 천주교도들이 막부에 대항해 일으킨 ‘시마바라(島原)의 난’ 이후, 1639년 막부는 포르투갈선의 무역을 전면 금지시켰을 뿐 아니라, 영국·네덜란드계 주민 및 혼혈아들을 국외로 추방했고, 새로운 이주민의 거주 또한 허락하지 않았다. 중국인에 대한 규정은 다음과 같다. 거주 중인 당인 가운데 귀국을 원하는 자에게는 귀국을 허가한다. 귀국한 이후에는 무역을 위해 다시 방문하더라도 나가사키에 정주를 허가할 수 없다. 그리고 1641년(日本寬永 18, 崇禎 14), 히라도의 네덜란드 상관을 나가사키의 인공섬인 ‘데지마’로 옮기고, 후쿠오카 번(福岡藩)과 사가 번(佐賀藩)이 나가사키의 경계를 담당하게 하는 것으로 쇄국 체제는 대체로 완성되었다. 쇄국 체제를 시행한 주요 목적은 천주교의 전파를 금지함으로써 막부 통치의 위험요소를 제거하기 위해서

---

12) 岩生成一, 『鎖國』(日本の歴史 14), 中央公論社, 1966, 304~305쪽.

13) 일본의 ‘쇄국’에 대한 연구사는 加藤榮一, 「鎖國論の現段階」, 『歴史評論』 475號, 1989, 2~25쪽; 加藤榮一, 「大航海時と鎖國体制」, 『歴史研究の新しい波: 日本における歴史學の發達と現状VII 1983-1987』, 山川出版社, 1989, 23~62쪽에 상세히 정리되어 있다.

였다. 그러나 경제 방면에서의 원인 또한 간과해서는 안 될 것이다. 즉, 막부가 국내시장과 무역이익의 독점 및 수입물품(특히, 중국 생사)의 가격 억제를 위해 스페인과 포르투갈 무역선을 배제시켰을 뿐만 아니라, 다이묘(大名)와 부호들이 소유한 주인선(朱印船)의 해외무역 또한 금지시켰던 것이다.[14)

2. 중일무역의 변천

'쇄국' 체제 하의 나가사키 무역은 곧 중국과 네덜란드와의 해외무역을 의미한다. 네덜란드와의 무역은 1641년부터 데지마의 네덜란드 상관으로 제한되었다. 1635년부터 당선이 나가사키 이외의 지역에 정박해서 교역하는 것 또한 금지하였으나, 중국인의 거주지에 대해서는 제한을 가하지 않았다. 당선이 나가사키에 도착한 이후 대개는 현지의 지인-대체로 쇄국 전에 일본에 귀화했으며, 현지에 가업을 가지고 있는 중국인, 일명 '주택당인(住宅唐人)'-에게 교역을 위탁했다. 이 때 숙소와 창고 등의 서비스도 제공받았으며, 현지인은 이 과정에서 수수료 등의 각종 비용을 받았는데, 이러한 제도를 '차숙'(差宿, 중개인 및 숙박 인원을 미리 지정하는 것)이라 했다. 미리 지정하지 않은 자 혹은 풍랑을 만나 표류해 온 당선의 경우는 1641년부터 나가사키의 각 정(町)에서 교대로 돌아가며 서비스를 담당했는데, 순번에 해당된 정을 '숙정'(宿町)이라 했고, 중개와 숙박으로 벌어들인 이익은 해당 정에 귀속되었다. 그러다 1666년부터는 이익의 공평한 배분을 위해 '차숙' 방식을 폐지하고, 도일하는 모든 당선에 대해 일괄 '숙정'

14) 木村正弘, 『鎖國とシルバーロード』, サイマル出版, 1989, 133~193쪽.

을 적용하여 순서에 따라 각 정이 담당하게 되었다. 이 밖에, 화재 방지와 고용인부를 제공하는 자는 '부정'(附町)이라 칭했다. 이러한 개혁으로 말미암아 당선과 잘 알고 지내던 차숙 숙주(宿主)들의 이익이 사라지자, 숙주들은 당인들과 협의하여 선장의 화물은 그대로 '숙정'에게 맡기되, 일반 탑승객의 화물이나 숙박 등은 자신들에게 맡기도록 했다. 이렇게 하여 맡은 화물은 자유롭게 판매할 수 있었으니, 위탁을 받은 숙주들은 이 과정에서 이익을 취할 수 있었다. 이 같은 방식을 '소숙'(小宿)이라 불렀다. '소숙'을 통한 화물과 이익에 대해서는 관에서 파악할 수가 없었을 뿐더러 밀무역의 온상으로 변해갔다. 당관이 설치된 이후부터 '소숙'은 폐지되고 '숙정', '부정'이 계속해서 당선의 무역사무에 대한 처리의 협조를 담당하게 되었다. 이 때 발생한 무역이윤은 모두 전체 시민들과 균등하게 배분했고, 일부는 막부에 상납되었다. 이러한 제도는 1859년 나가사키가 부두를 전면 개방해 자유통상을 하게 되는 시점까지 존속되었다.[15]

 앞에서 서술한 것과 같이, '쇄국' 초기의 나가사키 무역에서는 당인들에게 나가사키 시내의 자유 거주 및 현지 주민들과의 교역을 허락하였는데, 이는 쌍방의 교류를 심화시키는 동시에 각종 사회문제를 야기하기도 했다. 1684년(淸康熙 23, 日本貞享 1) 청나라는 해금정책을 해제한 이후 상인들의 해외에서의 동(銅) 반입을 장려했고, 이에 따라 일본행 무역선이 크게 증가했다. 1684년 나가사키에 온 중국 무역선은 24척이었지만, 1686년에는 85척, 1688년에는 무려 194척에 달

---

15) '差宿', '宿町', '附町', '小宿' 등의 제도에 대해서는 長崎市役所編,『長崎市史: 地誌編·名勝舊蹟部』, 長崎市役所, 1937, 745~750쪽; 山脇弟二郎,『長崎の唐人貿易』, 276~280쪽; 長崎縣史編集委員會,『長崎縣史: 對外交涉編』, 352~355쪽; 木宮泰彦,『日華文化交流史』, 富山房, 1955, 673~674쪽; 山本紀綱,『長崎唐人屋敷』, 128~138쪽 참고.

했다.[16] 일본은 폭증하는 중국선에 대한 대응과 귀금속의 역외 대량 유출을 막기 위해 무역 제한과 함께 당선, 당인에 대한 관리를 점차 강화하기 시작했다.

초기의 나가사키 무역에서, 일본은 대부분 금, 은의 수출을 무역의 지불 수단으로 삼았다. 그러나 일본으로 오는 무역선이 증가하자 막부는 귀금속의 대량 유출과 국내시장의 혼란을 염려했고 이에 1685년 무역제한령인 '정향령'(貞享令)을 내려, 당선의 무역액을 1년에 은 6,000관(貫, 1貫=100兩)으로 제한했다. 입항 순서대로 금액을 누적해서 무역 총액이 6,000관에 이르면 다음 입항 선박부터는 무역을 금지하고 강제 귀국 조치시켰다. 그러나 귀국 조치를 당한 선박 중 많은 수는 일본 근해를 배회하다가 기회를 틈타 밀무역을 했다. 이에 막부는 1688년부터 중국무역선의 수를 봄, 여름, 가을의 세 계절로 나눈 후, 출항지별로 각 70척으로 제한했다. 이어 1689년(淸康熙 28, 元禄 2)에는 '도진야시키'(일명 '唐館')를 설치해 나가사키로 오는 중국 상인 및 선원들을 이곳에 강제 거주시키고 일본의 일반인과의 접촉을 금지시켰는데, 이를 통해 밀수를 방지하고 관리의 편의를 제고하고자 했다. 정액무역제(定額貿易制)가 실시된 이후 당인들이 싣고 온 과도한 선적물에 대응하기 위해, 1695년 일본상인들의 요청을 받아들여 '동대물체(銅代物替)' 무역에 관한 법령을 비준했다. 이는 정액무역이 종료된 이후 당선에 남아 있는 화물을 동으로 교환할 수 있도록 허가했고, 이를 통해 상인들이 획득한 이윤은 일정한 비율에 따라 막부에 상납해야 한다는 내용이었다. 이러한 일련의 개혁 조치들은 급증하는 당선에 대응하기 위한 조치인 동시에 은의 대량 유출을 방지하기 위한 것

---

16) 劉序楓, 「淸代前期の福建商人と長崎貿易」, 『九州大學東洋史論集』 16號, 1988, 138·160쪽.

이었다.

이 밖에, 1698년 나가사키 회소(會所)를 설립하여 기존의 분산된 무역 회계 관리를 집중시켰다. 이는 주요 수출품목인 동과 해산물 등의 산지 구매 및 운송과 가공, 수입품의 국내 판매 등과 같은 무역사무 및 무역 이윤의 막부 상납 등을 관리하는 기구로, 시장을 완전히 독점했다. 즉, 대외무역의 관리를 공공기관에 집중시키는 관영화 제도를 실시했던 것이다. 막부는 동 생산량의 부족을 이유로 대외무역의 무역액을 점차 삭감했지만 이와는 상반되게 나가사키 회소는 현황 유지 심지어 무역액 확대를 통해 이윤을 얻고자 하였다.

일본의 동 수출은 막부가 금은의 수출을 제한하고 '동대물체' 무역을 실시한 이후인 1696년부터 급속히 확대되었다. 당선을 통해 수출된 동만을 보더라도 1684~1695년 사이 연평균 300~400만 근이던 것이 1696년(康熙 35)에는 700만 근을 초과했다.[17] 그러나 대량의 채굴과 수출로 말미암아 동 생산량은 나날이 감소해 일본 국내의 수요도 채 감당하지 못했다. 여기에 '표물(俵物)'(해삼, 전복, 상어지느러미의 세 가지 주요 해산물)의 생산 부진마저 더해져 대량의 수출에 대응할 수가 없었다. 이에 1715년(康熙 54, 日本正德 5) 마침내 「정덕신례(正德新例)」를 반포해 다시금 무역을 제한하였다. 이 중 당선의 무역과 관련된 주요 내용은 아래와 같다.[18]

(1) '동대물체(銅代物替)' 무역을 폐지한다. 당선에 수출하는 동은 매년 300만근

---

17) 劉序楓, 「淸康熙~乾隆年間洋銅的進口與流通問題」(湯熙勇 主編, 『中國海洋發展史論文集』第7輯, 中央研究院中山人文社會科學研究所, 1999), 138~139쪽 참조.

18) '正德新例'에 대한 연구는 대단히 많다. 상세내용은 山脇悌二郎, 『長崎の唐人貿易』, 139~165쪽; 『長崎縣史: 對外交涉編』, 535~548쪽; 中村質, 『近世長崎貿易史の硏究』, 吉川弘文館, 1988, 337~346쪽 등을 참조.

을 초과해서는 안 된다. 무역총액은 은 6,000관으로 정한다.

(2) 1699년 실시한 추가정액무역(追加定額貿易)을 폐지하고, 규정액을 초과한 물품은 은 3,000관을 한도로 한다. '표물(俵物)'과 기타 해산물, 잡화의 교역을 허가하니, 이를 '유여매(有餘賣)'라 칭한다. (이후 '잡물체(雜物替)'로 이름을 바꾸었는데, '표물' 이외의 잡화 교역이라는 의미이다)

(3) 상인들 간의 경쟁 입찰은 물가의 상승을 야기하는 바, 당선 화물에 대한 기존의 입찰 방식을 중지하고 관방에서 설립한 나가사키 회소에서 협정가격으로 일괄 구매하는 방식으로 변경한다. 이후 이를 일본 국내 상인에게 입찰 방식으로 판매한다.

(4) 무역선의 숫자를 각 출항지별로 1년 30척으로 제한한다. 또한 '신패(信牌)', 즉 나가사키 통상 허가증(長崎通商照票)을 발행해서, 내항 시에 이 '신패'가 없으면 무역을 불허하고 귀국을 강제한다. 이 밖에 각 지역 항구별로 내항

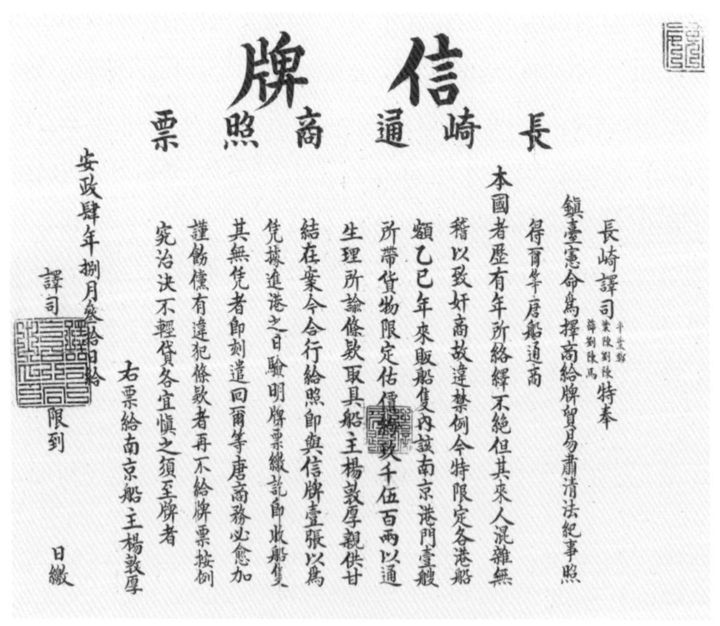

〈그림 2〉 신패(信牌) (1857년)
* 나가사키 역사문화박물관 소장

하는 선박의 수량과 무역액을 정한다.

(5) 당선 1척당 수출하는 은의 액수는 '정은(丁銀)'[19] 120관으로 제한한다.

상술한 내용을 통해 「정덕신례」 시행의 주요 목적이 무역의 제한과 무역에 대한 관리 강화를 위한 것임을 알 수 있다. 앞서 언급했던 '정향령'이 금은의 외부유출을 줄이기 위한 것이라면, 「정덕신례」는 동의 수출을 제한하기 위한 것이었다.

Ⅲ. 당관(唐館)의 건설과 관리

1. 당관의 건설

당관 건설의 이유에 대해서는 현재 여러 가지 학설이 있다. 예컨대 상술했던 것처럼 1684년 청나라가 해금정책을 해제한 이후 일본으로 오는 무역선이 급증함에 따라 천주교(관련 인물과 서적도 포함)에 대한 단속 강화 및 당인들과 현지인들 간의 밀무역을 방지하고 은의 대량 유출을 두절하기 위한 것이라는 설도 있고, 사회질서를 유지해서 당인들의 불법 활동 참가 및 소란과 분규를 막기 위한 것이라는 설도 있다. 아무튼 1689년 '도진야시키'를 건설해, 도일 무역선의 상인과 선원들을 이곳에 집중시키고,[20] 거래가 끝난 후에는 즉각 일본을 떠나

---

19) 정은(丁銀)은 당시 일본 국내에서 상업무역의 주요한 유통수단으로 사용되던 덩어리 형태의 은화(銀貨)를 말하는데, 모양이 해삼처럼 생겼다. 무게에 따라 가치가 결정되는 칭량은화(稱量銀貨)에 속한다.

20) 당관(唐館)의 설립 이유에 대해서는 矢野仁一,『長崎市史: 通交貿易編・東洋諸國部』, 215~224쪽; 箭內健次, 『長崎』, 171~172쪽; 山脇悌二郎, 『長崎の唐人貿易』, 75~81쪽;『長崎縣史: 對外交涉編』, 512~514쪽 참조.

도록 조치했다.

우선, 천주교의 단속이라는 측면에서 보면, 조쿄(貞享) 연간(1684~
1687) 도일한 당선이 제출한 '풍설서(風說書)'에는 천주교의 중국 내
전파와 관련된 사건들이 언급되어 있을 뿐만 아니라, 당선에 선적되
어 들어온 서적 중에도 천주교와 관련된 서적들이 있었다. 이러한 까
닭으로 막부는 당인들에 대한 관리를 강화해야 했다.[21] 조쿄 4년
(1688) 12월, 나가사키 봉행이 도일한 당인들에게 내린 공포문에는 다
음과 같이 밝히고 있다. "야소(耶蘇) 사교 무리의 죄악이 너무나 엄중
하여 선박을 통해 내항한 자는 지난 해 모조리 참수하였다. … 금후
당선에 야소교 무리를 싣고 오는 일이 있거든 즉시 참수하겠노라."(耶
穌邪徒以罪惡深重, 故其駕舶所來者, 先年悉皆斬. … 自今以後, 唐船若
載彼徒來, 則速斬其身), "야소 사교 무리의 서적을 기증하는 물품에
몰래 숨겨서 일본에 들여오는 자는 반드시 주살할 것이니라."(耶穌邪
徒之書剳, 並贈寄之物, 潛藏齎來於日本, 則必須誅之)[22] 다시 말해 금
칙을 어기고 천주교도와 관련된 서적을 일본에 반입한 자는 모두 사
형에 처한다는 것이다. 이 공포문은 1689년 당관이 완공된 이후 당관
의 중문(中門, 즉 二門) 입구에 게시되었다.[23]

사회의 풍속질서와 치안유지라는 측면에서 보면 당인들에게 나가
사키 시내에서의 자유로운 체류를 허가하자, 현지인들과의 갈등과 다
툼 심지어 부녀자들과의 사통(私通) 문제까지 발생하는 등 풍속과 질
서의 혼란을 야기하고 치안에 대한 불안감을 조성했다. 그러나 이것

---

21) 「唐人屋舖之事」 中田易直·中村質 校訂, 『崎陽群談』, 近藤出版社, 1974, 98쪽.
22) 林燵 編, 『通航一覽』 第5, 307~308쪽.
23) 田邊茂啓, 『長崎實錄大成』, 250쪽; 長崎市役所, 『長崎市史: 地誌編·名勝舊蹟部』,
730~731쪽.

이 주요한 원인은 아니었을 것이다. 막부의 입장에서 가장 두려운 것은 당인들에게 자유로운 숙박을 허가한다면 천주교의 전파와 관련 서적에 대해 철저히 관리를 할 수 없을 뿐 아니라, 경제적으로 심각한 밀무역 문제와 은의 유출문제를 근절할 수 없게 되는 점이라고 보는 것이 더 타당할 것이다.[24)

당관의 건설은 1688년(元禄 元年) 7월, 막부의 명령에 따라 나가사키 교외에 있는 주센지향(十善寺鄉)의 막부 소유 약초밭 땅에서 공사를 시작하여 다음해 4월에 완성되었다. 총면적은 당초의 6,830평에서 수차례의 확장과 증축을 거치며 최종적으로 9,373평이 되었는데, 이는 네덜란드인 거주지 데지마의 약 2.5배에 달하는 크기였다.[25) 사면을 높은 담장으로 둘러쌓았고, 담 밖에는 도랑을 판 후 다시 대나무 울타리를 두르고 감시 초소 5개소를 만들었다. 당관의 대문으로 들어가면 중문이 나오는데, 대문과 중문 사이의 약 650평의 광장에 통사(通事), 검사(檢使), 당관가관(唐館街官, 일본 이름으로 乙名, 오토나)의 사무실과 창고, 감옥 등의 건물을 만들었다. 중문 안으로 들어가면 나오는 6,870평의 땅이 바로 당인의 거주지이다. 기와를 얹은 2층짜리 긴 연립식 건물 20동에 방 50칸을 만들었고, 이 밖에 관제당(關帝堂), 토신사(土神祠), 관음당(觀音堂), 천후궁(天后宮), 영혼당(靈魂堂), 양정(涼亭) 등의 시설까지 갖추었는데, 동시에 수용 가능한 인원이 약 2,000~3,000명이었다.[26) 1689년(日本元禄 2) 정월 입항했던 첫 번째 당선부

---

24) 矢野仁一, 『長崎市史: 通交貿易編 · 東洋諸國部』, 221~224쪽; 山脇悌二郎, 『長崎の唐人貿易』, 75~76쪽 참조.

25) 저자불상, 「唐人番日記」(壹), 『海色』 第2輯, 海色社, 1935, 2~3쪽.

26) 田邊茂啓, 『長崎實錄大成』, 249~250쪽; 長崎市役所 編, 『長崎市史: 地誌編名 · 勝舊蹟部』, 725~128쪽; 長崎縣史編集委員會, 『長崎縣史: 對外交涉編』, 515쪽 참조. 당관이 건설된 이후, 1784년에 대형화재가 발생해서 관제당을 제외한 모든 건물

터 당관에 강제 입주되었다. 이때부터 일본에 온 당선 선원은 현지 주민들과 완전히 격리되었고 허가받은 특수한 이유 외에는 일체의 외출은 금지되었으니, 당인들은 그야말로 철창 없는 감옥에서 생활하게 된 셈이었다.

당시의 중국인이 남긴 기록을 보면, 당관은 '토고(土庫)', 즉 흙 창고라고 불렸음을 알 수 있다. 옹정(雍正) 7~9년(1729~1731) 소주(蘇州) 지부(知府)이자 일본에서의 동 구매업무를 담당했던 동화(童華)는 『장기기문(長崎紀聞)』에서 나가사키의 당관에 대해 다음과 같이 묘사하고 있다.

(중국의) 양상(洋商)이 왜(倭)에 드나든 초기에는 여러 거리에 나누어 거주했으며 왕래에 제약이 없었다. 그 후 대당가(大唐街) 한 곳에서만 거주할 것을 허가하였는데, 그 지역의 주민들이 계속 싫어하였기에, 이에 흙 창고(土庫) 한 곳을 만들어 '당인관'(唐人館)이라 하니 실상은 지하감옥(土牢)에 다를 바 없었

이 전소하자 같은 해 다시 지었다. 건륭 중기 수차례 일본을 방문했던 문인이자 상인인 왕붕(汪鵬)은 자신의 저작 「수해편(袖海編)」(王錫祺 輯, 『小方壺齋輿地叢鈔』 正編·第十帙, 學生書局影印, 中國南海諸群島文獻彙編之六, 595~603쪽)에서 나가사키 무역의 상황과 당관 생활에 대해 상세히 묘사하고 있다. 예를 들어 당관의 외관 및 주택에 대해서 다음과 같이 묘사하고 있다. "館週遭僅一里有半, 土垣, 竹茨如棘闈, 然庫不滿二十, 街分三路, 附而屋者曰棚子, 庫必有樓, 棚則惟平屋而已. 庫製樓數楹, 舟主及掌財賦者各居其半, 下則梢人雜處. 棚子之構始自搭客梢人之稍豐者, 別營以居, 今多架樓, 頗尚精潔. 而庫之爲樓, 俱開拓宏敞, 添設前後露臺, 或翼其左右, 靡麗鋪張, 與初創時大不侔矣."(당관의 둘레는 겨우 일 리 반으로, 흙으로 된 담장에 대나무 울타리를 두른 것이 마치 과거장(科擧場) 같다. 창고는 이십여 개가 안 되고, 거리는 세 갈래로 나눠져 있다. 집에 붙어 있는 것을 '붕자(棚子)'라 하는데, 창고는 복층으로 되어 있으니, 붕자는 단층집일 따름이다. 창고 위층에는 몇 개의 기둥을 세워 선주와 회계담당자가 반씩 차지하고, 아래층은 선원들이 뒤섞여 머문다. 붕자는 당초 승객이나 선원 중에서 비교적 부유한 사람들을 따로 거주시키기 위해 만든 것이다. 오늘날 복층집을 많이 만들어놓으니, 아주 정교하고도 말끔하다. 창고를 복층집으로 만들어 전부 널찍하게 넓히고, 앞뒤로 노대(露臺)를 달아내거나 좌우에 처마를 덧댄 것이 너무나 아름답고 화려하여, 처음 (당관을) 지었을 때와는 사뭇 다르구나.)

다. 삼면은 산을 등지고 한 면은 바다에 접해 있었다. (중국의) 양선(洋船)이
접안하면 철저히 조사했다. 그 후 사람과 화물을 모두 창고 속에 집어넣고 여
러 겹의 문으로 빈틈없이 지키며 출입을 허가하지 않았다.

   (初洋商到倭, 分住各街, 往來無節. 繼則只令住大唐街一處, 而街之居民復厭
苦之, 乃置土庫一所, 名曰唐人館, 實土牢也. 三面背山, 一面臨海. 洋船到岸, 搜
查明白. 人貨俱入庫中, 重門嚴守, 不聽出入.)[27]

여기서는 당관을 '토뢰'(土牢), 즉 지하감옥에 비유하고 있다.

위 기록과 대략 같은 시기, 청나라 조정은 일본이 무역상을 통해 중
국기술자들을 끌어 모은 후 일본에서 군사 진법(陣法)과 활, 화살 및
대청율례(大淸律例) 등을 가르치게 한다는 소식을 전해 듣고는 해안
방어 관리를 엄중히 하는 동시에 무역상을 통해 일본의 정보를 탐문
했다. 옹정 6년(1728) 8월 8일, 절강(浙江) 총독(總督) 이위(李衛)는 상
소(上訴)에서 다음과 같이 언급한다.

일반적으로 무역하는 자가 그 곳에 이르면 모두 성(城) 안에 감금되었습니
다. 성의 주위에는 높은 담벼락을 쌓았으며 성 안에는 가옥들이 있었고 드나드
는 자가 아주 많았습니다. 이 성을 '토고'(土庫)라 하는데 총문(總門, 즉 大門)은
많은 군사들이 지키고 있어 밖으로 나가 이리저리 소식을 캐묻는 일이 불가합
니다. 배가 도착하면 화물을 거두어가서 관아에서 판매를 맡아 하고, 일체의
음식과 기녀 또한 관아에서 제공해 줍니다. 배가 돌아갈 때 (비용을) 일일이
계산하여 공제하고 (남은 금액을) 동(銅)과 화물로 교환해서 호송해줍니다. 별
도로 초빙되어 간 사람들에 대해서는 은밀한 곳에 따로 머물게 해서 시일이 흘
러도 종내 돌려보내지 않으니 실제 소식을 캐물을 방법이 없습니다.

   (凡平常貿易之人到彼, 皆圈禁城中, 周圍又砌高牆, 內有房屋, 開行甚多, 名爲
土庫, 只有總門重兵把守, 不許外出閒走, 得知消息, 到時將貨收去, 官爲發賣, 一

---

27) 童華, 『童氏雜著』 『北京圖書館古籍珍本叢刊 · 子部叢書類79』, 書目文獻出版社, 1988,
   796~797쪽.

切飲食, 妓女皆其所給, 回棹時逐一銷算扣除, 交遷所換銅觔貨物, 押住開行, 至
於聘去之人, 則又另在別處隱密之地, 日久終未放回, 故實信無從探聽.)[28]

이 상소를 통해 일본이 무역상을 당관에 집중시켰던 또 다른 목적
을 알 수 있다. 즉, 상술했던 천주교 전파와 밀무역의 방지, 사회 풍기
(風紀) 및 치안 질서의 유지 외에도, 일본 국내 정보의 해외 유출을 막
기 위한 것이기도 했다.

당관 건설의 경비는 모두 일본은(日本銀) 약 634관(貫) 443목(目) 남
짓이 소요되었다. 그 중 막부가 400관을 출자했고, 그 밖의 잔액은 나
가사키 각 마을에서 함께 분담했는데, 이를 다시 5년으로 분할해 당선
의 무역 총액 중에서 징수하여 납부하였다. 당관에 거주하는 당인들
은 매년 당관의 토지세와 방세를 지불해야 했다. 토지세는 매년 3.977
관이었고, 방세는 1701년부터는 선박 1척의 무역총액에 근거해 100관
에 2.119관이었다.[29] 여기에서 알 수 있는 것은 당관의 건축비 및 토
지세, 방세 등의 비용을 모두 당인들에게 부담하게 했지만 관리권은
여전히 일본 측에 귀속되어 있다는 사실이다.

이 외에도 당관과 밀접한 연관을 가지는 시설로는 '신치'(新地, 일명
新地藏, 즉 신치 창고)가 있는데, 이름에서 알 수 있는 것처럼 바다를
매립해 신축한 지역으로 중국 무역선이 입항한 이후 화물을 보관하던
장소였다. 1698년(日本元禄 11), 나가사키에 대형화재가 발생해 당선
의 화물을 보관하던 창고가 다수 소실되었다. 이후 창고 임대업자들
의 청원을 받아들여 막부는 당관 부근의 바다를 메우고 중국선 전용
의 창고 구역을 새롭게 건설했다. 1699년 공사를 시작하여 1702년에

---

28) 故宮博物院 編, 『宮中檔雍正朝奏摺』第11輯, 國立故宮博物院, 1978, 54쪽.
29) 田邊茂啓, 『長崎實錄大成』, 247~248쪽.

완성되었는데, 면적은 약 3,500평으로, 임대료는 중국 상인으로부터 징수했다. 사면에 모두 수문(水門)과 화물 검사소가 있었고 감시초소도 설치했다. 남문에는 다리가 있어서 당관과 서로 통했다.[30] 당선의 모든 화물은 나가사키 항에 도착한 이후 반드시 신치의 창고에 보관해야 했고, 개인의 휴대품 및 약간의 생활필수품 외에는 당관으로 가지고 들어갈 수 없었다. 각 선박에 실린 화물이 창고에 들어갈 때는 반드시 화물 명세서와 대조를 해야 했고, 일본 측의 관원과 통사 및 당선 책임자의 입회하에 수량과 무게를 일일이 확인하고 회사[31] 화물인지 개인 화물인지를 명확히 기재했다. 일본 상인들의 실견(實見)이나 견본품 검사 또한 신치에서 이뤄졌고, 입찰을 통해 구매자가 확정된 후에 신치 밖으로 운송할 수 있었다.

2. 당관의 관리

당관의 각종 사무는 나가사키 봉행소(奉行所)에서 주관했다. 봉행은 '도진야시키 오토나(唐人屋敷乙名, 즉 唐館街官)'을 임명해 관리했다. 당관의 경비와 불법행위의 단속은 '당인번(唐人番)'에서 담당했고, 무역 및 당인들과의 소통, 번역 사무는 '당통사(唐通事)'가 맡았다.

'당관가관(唐館街官)'은 나가사키 각 정(町)의 '오토나(乙名, 즉 街官)' 가운데서 선출했는데 처음에는 2명이었고, 그 아래에 '조두(組頭, 당인들은 '五甲頭'라 불렀다)' 2명을 두어 보좌하도록 했는데, 후에 3~4명으로 늘어났다. 그리고 그 아래 다시 '필자(筆者, 서기)' 11명, '일행사(日

---

30)　長崎市役所 編, 『長崎市史: 地誌編·名勝舊蹟部』, 769~772쪽.
31)　여기서의 '회사'는 현대 기업에서의 주식회사(company) 개념과는 다른 것으로, 해
　　상무역에 종사하는 투자조직이나 선박의 화물선적조합을 가리킨다.

行使, 총관)' 2명, '소사(小使, 잡역부)' 16명과 초소경비원 등을 두었다.
 '당관가관' 및 '오갑두'의 주요 직무는 (1) 당관 내 사무의 관리, 위법 행위의 감독 (2) 당인의 제소(提訴), 청원(請願) 전달 (3) 당관 내 교역의 감독 (4) 당관 건축물의 관리 · 수리와 화재 방지 등이었다.[32] 물론 많은 사무는 당통사와 함께 협의해 처리해야 했다.

〈그림 3〉 당관고도(唐館古圖) (1780년)

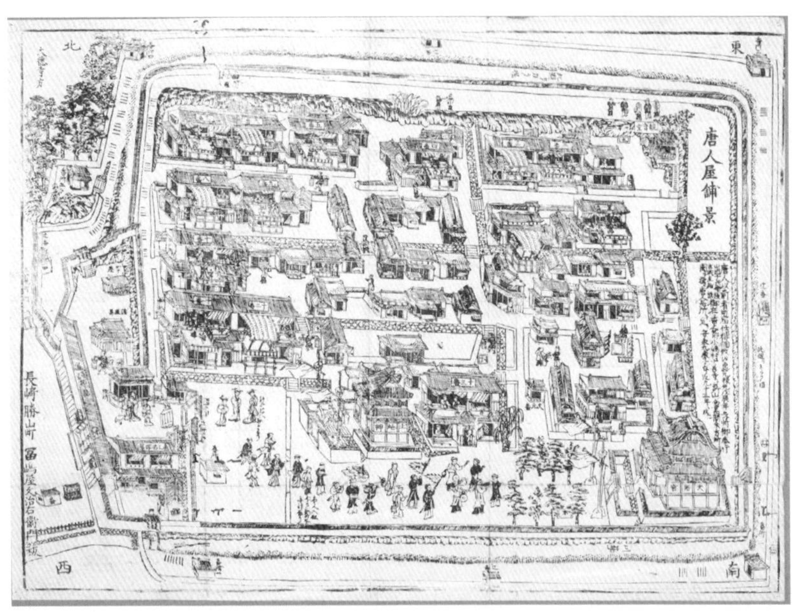

* 와세다(早稲田)대학 도서관 소장

 '당인번'의 주요 직무는 대문과 중문의 출입 경비로 모두 20명으로 구성되었다. 당관의 출입을 희망하는 일반인은 당인가관이나 오갑두가 발행한 출입허가증, 즉 '문감(門鑑)'을 제시해야 했는데, 문감의 검

---

32) 長崎縣史編集委員會, 『長崎縣史: 對外交涉編』, 517~519쪽.

사 또한 당인번의 임무 중 하나였다. 또한 당인이 업무로 당관을 나갈 때는 당인번에서 동행하며 호위해야 했다. 경비를 담당하는 다른 조직으로는 당관 안의 각 모서리에 설치된 초소를 담당하는 '십번(辻番)', 대문과 중문에서 몸수색을 책임지는 '탐번(探番)', 당관의 순찰을 맡은 '장돌(杖突)', 그리고 봉행소에서 파견된 '선번(船番)'과 '정사(町使)' 각 10명 및 잡역부가 있었다.

'당통사'의 주요 직무는 통역, 무역, 외교, 질서유지 등으로 구분할 수 있다.[33] 당통사의 직위는 대체로 '당통사목부(唐通事目付, 일명 按察通事)', '대통사(大通事)', '소통사(小通事)', '계고통사(稽古通事. 견습통사)', '당년행사(唐年行司. 주로 당인들 간의 분쟁이나 위법행위를 처리)', '내통사(內通事. 대체로 일본인이 담당, 당관 내의 잡무 처리)' 등의 단계로 나눌 수 있다. 이후 시대의 변화에 따라 당통사의 직위별 직무에도 변화가 생기게 되어 직위가 더 세분화되지만, 주요 사무의 처리는 대개 대통사, 소통사, 계고통사를 중심으로 이루어진다.[34] 당관 내에는 매일 최소한 대통사 혹은 소통사 1명, 소통사 말석(末席) 1명, 계고통사 2명, 내통사 소두(小頭) 2명이 주야로 당직하며 각종 돌발 사건들을 처리했다.

당통사의 사무실을 '당통사회소(唐通事會所)'라 불렀는데, 초기에는 정해진 장소 없이 주로 그 해 당직을 맡은 대통사의 집으로 대신하다가 1751년(日本寶曆元年)부터 고정된 사무실을 사용하였다.[35] 당관

---

33) 中村質, 『近世の日本華僑』, 207~226쪽 참조.

34) 中村質, 『近世の日本華僑』, 207~226쪽; 長崎縣敎育委員會 편집발행, 『中國文化と長崎縣』, 長崎縣敎育委員會, 1989, 91~102쪽. 더 상세한 조직과 인원의 변화에 대해서는 江戸 말년 大通事를 역임했던 穎川君平의 『譯司統譜』(『長崎縣史史料編』(第4), 吉川弘文館, 1965), 589~766쪽 참조.

35) 田邊茂啓, 『長崎實錄大成』, 277쪽.

안에 따로 당직 통사의 사무실을 두었는데 당인들은 그곳을 '공당(公堂)'이라 불렀는데, 당관 안에 거주하던 선주들은 매일 모두 이곳에 모여 통사와 각종 사무를 협의했다.[36]

통역 업무는 일반적으로 대통사 혹은 소통사 1명과 1~2명의 계고통사가 한 조가 되어 진행했다. 보통의 사무는 구두를 통해 동시통역되어 전달되었고, 법령과 규칙 혹은 각 선박의 무역액 등의 공포(公布) 및 당인들의 청원은 반드시 문서를 통해 진행했다.

무역 업무는 주로 나가사키에 입항한 당선에 탑승하여 출발지, 선원의 성명 등을 기록하고 해외정세에 관한 소식을 청취한 후 그것을 번역하여 선원명부, '풍설서(風說書)', 선적화물명세서로 제작해 제출하는 것이었다. 이 밖에 당통사에게는 일정 정도의 무역 재량권이 부여되었다. 무역정책과 무역총액은 막부의 허가를 받은 후 나가사키 봉행의 명의로 공포되었지만, 각 선박별 무역액이 정해진 후 남은 무역잔액에 대해서는 선박별 잔여 화물수량에 근거해 당통사가 적당히 배분하였던 것이다. 이 밖에 당인이 만약 위법행위를 저질렀을 때, 당통사는 해당 선박에 대한 동(銅) 배분량을 줄일 수 있는 권한도 가졌다. 뿐만 아니라 통사의 의견은 나가사키 봉행의 무역 정책 결정에도 참고자료로 활용되었다.

이 밖에도 당통사는 당인들의 밀무역, 패싸움 등 위법행위를 단속하고, 당관 내에 거주하는 상인과 선원들의 질서를 유지하고 화재를 방지할 책임도 가지고 있었다.

외교 업무는 주로 각 선박으로부터 해외 소식을 청취한 후 이를 번역하고 정리해서 '풍설서'의 형태로 막부에 제출하는 것이었다.[37]

---

36) 저자불상, 「唐通事由來書」(長崎歷史文化博物館渡邊文庫藏抄本) 참조.
37) 구체적인 내용은 林春勝 · 林信篤 編, 浦廉一 校訂, 『華夷變態』, 東洋文庫, 1958

1715년 무역제한령인 「정덕신례」가 시행된 이후, 당선의 내항 수량을 제한하고 '신패'가 없는 선박의 무역을 불허함으로써 귀금속의 해외 유출을 줄였는데, 이 신패 또한 당통사의 명의로 발행되었다. 다시 말 하자면 「정덕신례」 속의 무역규정은 당통사와 당인 사이의 조약으로 국가 간의 관계를 의미하지 않는 것이다. 즉, 대중국 무역을 결국 민 간무역의 형식으로 진행한다는 의미인 것이다. 이 밖에, 태풍을 만나 일본에 표류해온 중국 연근해 선박의 송환이나 해외에서 표류하던 일 본 난민의 중국선박을 통한 송환 등을 위해 청나라의 관방이나 민간 에 보냈던 '증문(證文, 즉 증명서)' 또한 당통사가 발행했다.[38]

당관의 출입과 관련해서는 나가사키 봉행이나 그 부하인 검사(檢 使), 정장(町長), 당관가관, 조두, 당통사 등 통행허가증의 소지나 몸수 색이 면제된 인원을 제외한 다른 지방관원들은 공무 외에는 당관에 임의로 출입할 수 없었고, 출입 시에는 반드시 통행허가증을 제시하 고 몸수색을 거쳐야 했다. 일반인들은 봉행의 허가를 받지 않으면 출 입할 수 없었으니, 당인들과의 직접 교섭이란 더더욱 불가능했다.[39]

이 밖에 당관 출입이 허가된 자로는 상인과 뒤에서 다룰 '유녀(遊女, 즉 관에서 허가한 기녀)'가 있다.

(초판), 東方書店, 1981(증보재판. 全3册) 참조.

[38] 劉序楓, 「淸代環中國海域的海難事件硏究: 以淸日兩國間對難民的救助及遣返制度 爲中心 1644-1861」(朱德蘭 主編, 『中國海洋發展史論文集』第8輯, 中央硏究院中山 人文社會科學硏究所, 2002), 191쪽 참조.

[39] 福田忠昭, 「唐人屋敷」(2) 『歷史地理』 27卷3號, 1916.03. 또 汪鵬, 「袖海編」, "客或 有正事出館, 預白於通事, 通事請之使院(長崎奉行), 使院出批帖, 定人數. 至期, 監 使來, 然後得行. 通事無正事, 亦不入客庫"(당인이 긴요한 일로 당관을 나가야 할 때는 미리 통사에게 알려야 한다. 통사는 이를 사원(使院, 즉 나가사키 봉행)에 요청하고, 사원은 비첩(批帖, 즉 허가증)을 발행하고 인원수를 결정한다. 기한이 되면 감사(監使)가 방문하고, 그런 연후에 당관을 나설 수 있다. 통사는 정식 업 무가 아니라면 당인의 창고에 들어갈 수 없다), 597쪽 참조.

당선의 입항부터 귀국까지는 약 수개월이 소요되는데, 이 기간 동안 모두 당관 안에서 기거해야 했다. 일상 생활용품과 음식물의 공급은 모두 담당 '숙정(宿町)'에서 책임졌다. 그러나 필요 물품과 음식물의 수량은 모두 건건이 서면으로 신청을 해야 했고, 통사의 번역을 거쳐 당관가관에게 올린 후 허가를 받은 다음에야 담당 '숙정'이 당관 내부로 반입할 수 있었다. 수속과정이 이처럼 번잡한지라, 채소, 생선, 육류 등과 같은 물품은 특별 지정된 일본 상인들에게 출입증을 발급해 당관 대문 안의 광장에서 판매하도록 허가했다. 그러나 상인들 또한 출입 시 엄격한 검사를 거쳐야 했고, 상품 거래 시에도 당관의 관리역인들이 곁에서 감독했다. 거래를 마친 당인들이 중문을 통해 돌아갈 때에도 반드시 몸수색을 받아야 했다.

유녀, 즉 기녀는 공무를 담당하는 인원을 제외하면 중문 안으로의 출입과 숙박을 허가받은 유일한 일본인이다. 대금은 현금이 아니라 관방에서 발행한 은표(銀表)로 지불했는데, 일을 치른 후 유녀는 은표와 당인의 성명이 기록된 장부를 가지고, 나가사키 회소에 현금 혹은 설탕 등과 같은 등가의 중국 상품으로의 교환을 신청했다. 나가사키 회소는 무역선이 귀국을 위한 결산을 할 때 이 금액을 합산해서 공제했다. 당관 내에 거주하는 당인들이 아주 많았기 때문에 호출을 받아 당관으로 들어간 유녀의 숫자와 금액 또한 대단히 컸다. 엔포(延宝) 연간(1673~1681)에 저술된 『장기토산(長崎土産)』에 따르면 나가사키의 유곽 거리인 마루야마마치(丸山町)와 요리아이마치(寄合町)를 합하면 유녀집은 74칸, 유녀는 모두 766명이었고, 이들은 접객대상에 따라 일본행(日本行), 당인행(唐人行), 네덜란드행(行)의 3종으로 구분되었다.[40] 1731년(日本享保 16, 雍正 9)과 1732년 나가사키 유곽인 요리아이마치의 기록을 보면, 1731년 1월부터 12월까지 당관에 들어간 유녀는 연인원 20,738명으로, 금액은 은 123.220관(12,322량)이었다. 여기에 다시 마루야마마치의 기록까지 더하면 그 수량은 배가 넘을 것이 틀림없다. 매일 당관을 출입한 유녀는 평균 60~200명 정도가 되었다 한다.[41)

당연하게도 유녀들의 출입 또한 엄격한 검사를 거쳐야 했다. 당인들로부터 받은 선물의 경우 초기에는 엄격한 제한이 없었던 터라 수량이 많지 않고 금지품만 아니라면 모두 가지고 나갈 수 있었다. 그러나 뒤로 가면서 인원수와 선물 수량이 과도해지고 유녀가 지니고 나간 선물을 시중에서 전매하는 과정에서 일종의 변형된 밀무역 시장이 형성됨에 따라 정규적인 관방 무역에도 영향을 끼치게 되었다. 이에 따라 한 사람이 받을 수 있는 선물의 내용과 수량에도 제한이 생겨났다. 만약 허가를 받지 않고 당관에서 사사로이 물품을 가지고 나오다 적발되면, 물품의 압수와 함께 해당 유녀의 당관 출입을 영원히 금지했다.[42)

3. 당인의 외출

당인은 당관에 입주한 이후부터 허가 받은 특수한 이유를 제외하고는 외출이 일괄 금지되었다. 설령 외출 허가를 받았다 하더라도 인원

---

40) 嶋原金捨, 『長崎土産』乾・坤, 京都大學圖書館藏, 1681(초판), 권말에 추가.

41) 福田忠昭, 『唐人屋敷』(3) 『歷史地理』 27卷4號, 1916.04. 나가사키의 유녀와 당인・네덜란드인에 대한 상세한 연구는 古賀十二郎, 『丸山遊女と唐紅毛人』前・後編, 長崎文獻社, 1968~1969(초판), 1995(증보재판) 참고. 또 唐權, 「"遊興都市"長崎へ: 江戸時代における中國人の日本旅行に關する硏究 1684-1830」, 『日本硏究』(國際日本文化硏究センター紀要) 第23集, 2001 역시 흥미 있는 견해들을 다수 제시하고 있다.

42) 상세 내용은 古賀十二郎, 『丸山遊女と唐紅毛人』, 519~544쪽 참조.

수가 제한되었으며, 외출 시에도 당관의 공무인원, 당통사와 경비가 동행 감시하여 당인과 일본인이 암암리에 직접 교역을 진행하는 일을 방지했다. 외출 허가 사례에 대해서는 사료의 기록에 근거해 다음의 몇 가지 상황으로 정리할 수 있다.[43]

(1) 귀국 전 봉행소를 방문하여 신패를 수령: 선주에 한함

(2) 해산물을 포장하여 선적할 때의 현장감독

(3) 핫사쿠레이(八朔禮, 8월 1일) 때, 나가사키 봉행소에 예물을 증정할 시

(4) 경사(慶事) 의례 및 신사(神社) 축제 참관: 9월 7일과 9일 양일, 스와신사 (諏訪神社) 방문, 선박 당 5명으로 제한

(5) 꽃놀이: 3, 4월 혹은 9월. 각 사원을 방문해 꽃구경 및 예물 증정[44]

(6) 당삼사(唐三寺, 중국인의 3대 사찰) 참배 – 고후쿠지(興福寺), 소후쿠지(崇 福寺), 후쿠사이지(福濟寺): 정월 춘절(春節), 마조(媽祖) 참배, 기타 법사 (法事) 등[45]

(7) 마조(媽祖) 축제: 3월 · 7월 · 9월 23일. 고후쿠지, 소후쿠지, 후쿠사이지에서

---

43) 저자불상, 『譯家必備』(長澤規矩也 編, 『唐話辭書類集』 第20集, 汲古書院, 1976), 1~250쪽; 東京大學史料編纂所 編, 『唐通事會所日録』 1-7, 東京大學出版會, 1955 참조.

44) "每歲以正月, 三月, 九月許看花, 遊廟一次. 每船派費百餘金, 以作佈施, 倭人帶刀 前後監守, 名曰出遊, 實利其財貨耳."(매년 1월, 3월, 9월에 꽃놀이와 사당 구경이 1회 허용되었는데, 매 선박 당 100여 금의 경비를 사당에 보시하게 했으며, 왜인 이 칼을 찾고 앞뒤에서 감시했다. 명목은 출유(出遊)라 했지만, 기실 당인들의 재물을 이용하려는 것일 따름이다), 童華, 『長崎紀聞』(『童氏雜著』, 797쪽).

45) "唐館香火有三大寺, 日興福, 崇福, 福濟, 皆唐山僧主之. 江浙人則隸興福, 福州則 隸崇福, 漳泉則隸福濟. 凡有建醮, 酬願及天后聖誕, 例得遊覽竟日, 亦有看花之請" (당관에는 참배객을 위한 3대 사찰인 고후쿠지, 소후쿠지, 후쿠사이지가 있는데 모두 중국 승려가 주지를 맡고 있다. 강소(江蘇)와 절강(浙江) 사람은 고후쿠지 (興福寺)에 속하고, 복주(福州) 사람은 소후쿠지(崇福寺)에 속하며, 장주(漳州)와 천주(泉州) 사람은 후쿠사이지(福濟寺)에 속한다. 법사를 하거나 감사기도를 드 릴 때, 천후의 탄신일 등에는 관례상 종일토록 유람 할 수 있었으며, 꽃구경을 청 원할 수도 있었다.), 汪鵬, 「袖海編」, 601쪽.

윤번으로 개최

(8) 관제(關帝) 축제: 5월 13일, 쇼후쿠지(聖福寺)

(9) 성당(聖堂) 참배: 성당, 즉 공묘(孔廟) 방문. 선주에 한함

(10) 채주(彩舟)를 불사르는 의례, 망혼의 천도 의식 (법사)

(11) 장례, 성묘 참가: 봄가을 제사. 지친(至親), 선주에 한정, 당삼사 혹은 고신지(悟眞寺) 방문

(12) 선박 수리, 선저(船底) 세척, 폭풍우 시 선박 관리

(13) 당관 화재 발생 시 피난

이상은 외출이 가능한 상황을 나열한 것일 뿐, 실제 허가 여부나 외출 인원 수 등은 당관가관, 심지어 나가사키 봉행이 결정하는 사안이었다. 또한, 정기적으로 행해지는 연중행사 외의 다른 행사는 매년 고정된 날짜에 진행되는 것은 아니었다.

Ⅳ. 무역 진행절차와 당관 내의 생활

1. 무역 진행절차

입항에서 귀국까지 당선의 체류 기간은 짧으면 3개월이고, 길면 1년을 넘기기도 한다. 상술한 경우를 제외하고, 일부 거류자도 당관 밖으로의 외출을 신청할 수 있었지만, 일반적으로는 모두 당관의 중문을 넘어설 수 없다. 1715년 「정덕신례」가 실시된 이후, 나가사키 무역의 기본적인 절차는 아래와 같다.[46]

---

[46] 저자불상, 『譯家必備』, 1~250쪽; 中田易直·中村質 校訂, 『崎陽群談』, 263~303쪽; 平澤元愷, 「瓊浦偶筆」(新村出 編, 『海表叢書』 卷6, 更生閣, 1928), 106~124쪽; 汪

당선이 나가사키항에 입항할 때는, 순찰선의 감시 하에 나가사키 봉행이 파견한 검사(檢使)와 당통사 및 정(町)의 역인들이 배에 올라, 우선 '신패' 소지 여부를 확인한 후, 다음으로 출항지, 선주, 선원 숫자를 확인하고, 이어 입항수첩, 선원명부, 화물 명세서를 제출케 한다. 또한 중국 국내소식 및 항해 과정 속에서 획득했던 정보 등을 청취한 후 통사는 이를 '풍설서'로 만들어 막부에 제출했다. 이상의 절차가 완료되면 통사는 일본에서 규정한 각종 금제 조례, 예컨대 천주교도의 상륙을 금지하고, 일본법령을 준수해야 하며, 밀무역을 불허하고 금지물품의 휴대를 금한다는 등의 내용을 낭독한 후, 선주에게 준수 각서를 작성하게 하였다. 그 후 모든 선원들이 예수 그리스도와 성모 마리아가 새겨진 동판(踏繪)을 발로 밟아 건너면 입항수속은 일단락되는 셈이다.

이어 화물의 하역이 진행되는데, 일본 측 공무 인원의 엄격한 감독 하에 일본의 하역부들이 화물을 조그만 배에 옮겨 실은 후, 1702년 바다를 매립해 만든 '신치'의 창고에 보관한다. 이 때 금은이나 기남(奇楠), 사향(麝香) 등의 귀중품과 사원에 기증하는 물품들은 봉인을 붙여 다른 곳에 별도 보관하고, 쇼군과 나가사키 봉행이 예약한 화물은 나가사키 회소에 보낸다. 선상에 있던 마조 신상은 당사(唐寺)로 모셔 안치한다. 선원들은 배에서 내려 당관으로 들어가 체류하는데, 간단한 생활용품 외에 다른 물품은 가지고 갈 수 없다. 또한 귀국하는 날까지 사사로이 외출할 수 없고, 일반 일본인과의 접촉도 금지된다.

화물이 신치의 창고에 옮겨진 후 곧이어 창고 조사(精貨 또는 淸庫)가 진행된다. 나가사키 회소의 관원이 선주 등과 회동하여 화물의 종

鵬, 「袖海甫」, 596~597쪽; 山脇悌二郎, 『長崎の唐人貿易』, 297~309쪽.

류, 수량, 무게를 점검하고 품질과 등급을 평가해 화물 장부를 작성한다. 화물의 가격을 결정해야하기 때문에 많은 시간이 소요될 뿐만 아니라, 검사 또한 상당히 세심하게 진행된다.

이상의 절차가 끝나면 가격 흥정이 시작된다. 중국 상인과 나가사키 회소의 관원이 회소에 모여 각 화물에서 추출한 견본품을 가지고 흥정을 하는데, 조건이 맞으면 매매가 이루어지고 조건이 맞지 않으면 다시 선박에 원래대로 재선적하는 것이 원칙이다. 그러나 특별한 상황이 아니라면 당통사의 알선 하에 화물은 대체로 전량 판매되는데, 쌍방의 수차례 흥정을 거쳐 결국 거래가 성립하는 것이다. 만약 그래도 판매 되지 않은 화물이 있다면 대부분은 '기진(寄進)' 형태로 당사(唐寺)에 기증되고, 이를 받은 당사는 또 답례의 형태로 곤포(昆布, 즉 다시마), 해산물 등을 선물하는데,[47] 이는 사실상 무역상과 당사 쌍방 모두에 이익을 남기는 변형된 무역 형태의 일종이라 할 수 있다.

흥정을 마친 모든 화물은 나가사키 회소의 소유가 된다. 회소는 이를 다시 실견(實見), 가격 책정, 입찰(중국인들은 이를 '丟票'라고 불렀다)의 과정을 거쳐 일본 상인에게 판매하는데, 이 과정에서 회소는 세금과 수속비 등도 함께 징수한다. 회소는 중국 상인에게서 저가로 구매한 상품을 일본 상인에게 전매하는 과정에서 왕왕 대단히 높은 이윤을 남기기도 하는데, 19세기 초 당선 1척에 대한 개별 사례를 보면, 정액(定額) 이내의 무역에만 한정하더라도 나가사키 거래소가 남긴 순이익이 약 200퍼센트나 되었다 한다.[48]

일본 상인에게 입찰 판매된 이후 출고가 시작되는데, 신치 창고에 있는 화물을 입찰을 따낸 일본 상인들에게 반출한다. 당선의 화물이

---

47) 中村質, 「近世の日本華僑」, 258~267쪽.
48) 中村質, 『近世長崎貿易史の研究』, 485~494쪽.

판매 완료되면 일본 측은 당관 내에 칠기(漆器)와 동기(銅器) 및 이와 관련된 잡화를 파는 상점이나 노점을 수일 동안 개설하는데, 이를 통해 중국 상인들은 구매할 물품의 선택과 등록 등 귀국을 위한 구매 활동을 제공받는다.[49] 그리고 이어서 각 선박에 할당된 액수의 동이 선박에 선적되고, 중국 상인이 구매한 해산물이 그 다음으로 선적된다.

이상의 절차가 끝나면 결산이 시작된다. 당선이 판매한 물품의 은 (銀) 총액에 선원들의 일본 체류기간에 발생한 비용 즉, 선박의 수리, 일본 측 화물 인부의 비용, 식비, 생활비 등을 공제한 남은 금액으로 동, 해산물, 잡화 등의 귀국용 선적품을 구매하는 것이다. 이 때 결산 은 각 선박별로 나뉘어 진행되는데, 한 치의 오차도 없이 정산된 후 비로소 귀국을 준비한다.

당선이 귀국하는 당일, 선원들은 마침내 당관을 떠나 자신의 휴대 품을 소지하고 배에 오를 수 있다. 휴대품 외의 다른 물품, 예컨대 구 매 후 등록을 거쳤던 동기, 오금기(烏金器), 칠기 등과 판매하고 남은 중국 물품은 선원들의 밀수를 방지하기 위해 가장 마지막 단계에 선 박에 선적된다. 당관을 떠날 때 모든 선원들을 반드시 몸수색을 거쳐 야 했는데, 이를 통해 금지물품의 휴대를 방지했다.

끝으로 당사에 안치했던 마조상을 선박으로 다시 모셔 온다. 그리

---

49) "칠기점 개설"과 관련된 기록은 京都大學 圖書館 소장, 저자불상, 『岐陽唐館交易 圖』畵帖 참조. 이 화첩은 나가사키 무역의 진행절차를 '기화(起貨)', '남경사(南京 寺)', '왕취화(王取貨)', '주표(丟票)', '출화(出貨)', '개칠기점(開漆器店)', '창희(唱 戲)', '간회(看會)' 등의 여덟 단계로 구분해 관련 그림 및 간단한 해설을 수록하고 있다. 그림과 해설 내용으로 미루어 추측컨대 저자는 중국인이 틀림없다. 타이베이 (臺北)의 고궁박물원(故宮博物院)에서 소장하고 있는 『장기무역도(長崎貿易圖)』 또한 이와 동일한 내용의 화첩으로, 해설이나 그림의 내용이 교토대학(京都大學) 소장본과 거의 일치한다. 그러나 전자보다 그림 기교가 더 세밀하고, 구성 순서 에도 약간의 차이가 있다. 이 두 화첩의 관계에 대해서는 향후 더 진전된 연구가 기대된다.

고 선주는 봉행소에 가서 다음 입항을 위한 '신패'와 '배동빙조(配銅憑照. 즉, 다음 입항 시 구매 가능한 동의 수량이 적힌 증빙용 허가서)'를 수령하고, '회당빙조(回唐憑照)'와 '귀범인명책(歸帆人名册)'에 서명한다. 그리고 다음의 사항, 즉, 귀국하는 배에 일본인을 싣지 않으며, 루손(呂宋) 등 천주교 국가에 입항하지 않으며, 병기(兵器)나 금은 등의 금지품을 싣지 않으며, 일본에 재 입항 시 법령으로 정한 은의 총액 보다 물품이 적어서는 안 된다는 등의 사항을 서약한다. 이 모든 수속이 끝난 후, 당선은 일본 측 순찰선의 감독 하에 나가사키를 떠나 귀국길에 오른다.

2. 당관 내의 생활

당관에 거주하던 상인과 선원들은 평상시에는 시 낭송, 작화(作畫), 탄금(彈琴), 유녀 부르기, 음주, 전통극 관람, 도박, 차 마시기 등으로 시간을 보냈다. 건륭(乾隆) 중기 왕붕(汪鵬)이 저술한 「수해편(袖海編)」에는 당관 내의 생활, 특히 주연(酒宴)과 관련해 아래와 같이 묘사하고 있다.

당관 내의 연회는 대단히 빈번하여 번갈아가며 서로에게 감사를 표시했으니, 상판주(上辦酒)와 하판주(下辦酒), 그리고 통판주(通辦酒)에다 음복주(飲福酒), 춘주(春酒), 연기주(宴妓酒), 청고주(清庫酒), 출화주(出貨酒)까지. 늘상 마시는 추렴 술판은 산해진미로 가득 찼고 등은 밝고 초는 빛났으니, 그냥 넘어가는 날이 거의 없었다.

(館中宴會極繁, 交相酬答, 有上辦, 下辦酒, 有通辦酒, 有飲福酒, 有春酒, 有宴妓酒, 有清庫, 出貨酒. 尋常釀飲, 尤多珍錯雜陳, 燈明燭燦, 殆無虛日.)

술을 마시며 향락을 즐기지 않는 날이 거의 없었다고 하겠다. 여기에 천후(天后), 토지신(土地神), 관제(關帝) 탄신, 상원(上元) 축제 등과 같은 각종 제사나 경축행사까지 더해지면 이 또한 "신령의 탄신일을 맞을 때면 성대한 제물로 주연을 마련한다. 등롱을 내걸고 잔치를 벌이는 것이 3일 동안 이어지는데, 당관의 손님들 뭇 기녀들을 모아 이 자리에서 술을 마신다. 자정이 되어 술자리가 파하면 노래를 흥얼거리며 돌아간다"(每逢神誕, 盛陳供筵, 張燈設宴者三日,館客集群妓, 會飮於此. 午夜酒闌, 行歌而返)이니 그야말로 노래와 춤이 어우러지는 태평성세의 정경에 다름 아니었다.

당관 내에서 상인과 선원들이 무료한 시간을 보내는데 함께 동반해 줄 수 있는 사람은 유곽 거리인 마루야마마치와 요리아이마치에서 불려온 유녀들이었다. 「수해편」에 이어지는 묘사를 보자.

연기주(宴妓酒)의 이름은 '살갱'(撒羹. [역자주: 일본어 sakana(술안주)]의 음역)이라 했다. 무릇 기녀를 들이려는 자는 반드시 당관 내에서 성대한 연회를 벌여야 했는데, 이 때 다른 기녀들까지 죄다 불러서 기쁨을 함께 했다. 질펀하게 이어지는 밤 술자리는 취하지 않고는 끝을 보지 않았으니, 그야말로 돈을 물 쓰듯 하는 도시요, 기녀들의 집합소가 아닌가! 나가사키에서 노니는 자는 하나같이 방탕한 생활에 탐닉하였으니, 이는 기녀들의 요사함에 매혹되었거나 혹은 짐독(鴆毒)과도 같은 연회의 쾌락에 빠졌기 때문이다. 화려하고 고급스런 연회 한 차례에 보통사람들의 반년 식비가 거덜 났고 기녀들의 웃음을 사기 위해 주머니를 다 털었으니, 어찌 가난한 서생의 몇 해치 생활비에 지나지 않을까? 만금의 술에 백만금의 도박, 이러한 습속이 도처에 가득하니 누구도 그 이상함을 알지 못하네.

(宴妓酒名曰撒羹, 凡客納妓, 必盛筵延同館, 並遍集他妓以歡之. 厭厭夜飮, 不醉無歸. 眞揮霍之鬮都, 狹邪之壇坫也. 遊長崎者, 每沈湎於聲色貨利, 蓋由狐媚惑人, 抑亦宴安鴆毒. 每華筵綺席, 索費中人半載饔飧, 買笑傾囊, 奚止寒士數年之館穀. 十千沽酒, 百萬孺捕, 習俗成風, 恬不知怪.)

　상인, 선원들이 무역을 통해 남긴 이윤의 많은 부분은 유녀의 몸에 뿌려졌다. 앞서 언급한 "일 년 비용이 수만 량"이라는 기록은 결코 과장된 허구가 아니다. 건륭 연간 이후, 일본 입항 당선의 숫자가 제한되면서 당관 내에 거주하던 당인들의 숫자 및 당관에 들어온 유녀들의 숫자 또한 상대적으로 감소했다. 예를 들어, 1751년(日本寶曆 元年, 乾隆 16) 요리아이마치에서 당관으로 들어온 유녀들은 연인원 총 16,622명이었고, 당인들의 지불액은 은 72.473관이었지만, 1761년(日本寶曆 11) 유녀 연인원 7,205명, 지불액은 은 32.619관, 1770년(日本明和 7) 유녀 연인원 4,815명, 지불액은 은 19.410관, 1781년(日本天明 元年) 유녀 연인원 7,556명, 지불액 은 31.159관, 1792년(日本寬政 4) 유녀 연인원 9,658명, 지불액 은 41.583관 등이었다.[50]

　유녀의 접대비는 유녀 등급에 따라 차이가 있었는데, 겐로쿠(元祿) 연간(1688~1703) 최고 등급 유녀인 '태부'(太夫)는 은 15문(匁, Monme. 대략 은 1.5량)이었고, 그 다음 등급인 '점여랑'(店女郎)은 10문, 보통 등급인 '병여랑'(並女郎)은 5문이었다.[51] 그 후 시대에 따라 변동이 있었다. 1754년 이후 당인이 지불하는 유녀 접대비는 태부 6문, 그 아래 등급이 3.8문으로 책정되었다. 네덜란드인이 지불하는 접대비는 태부 15문, 그 아래가 7.5문으로[52] 당인보다 2배 이상 비싸게 책정되었다. 일본인이 지불하는 접대비는 에도 시대 말기 마루야마마치 유녀집에

---

50) 古賀十二郎, 『丸山遊女と唐紅毛人』 前編, 509~513쪽.
51) 위의 책, 451쪽.
52) 위의 책, 450~453쪽. 또한 松井洋子, 「ジェンダーから見る近世日本の對外關係」 (荒野泰典 等編, 『日本の對外關係6: 近世的世界の成熟』, 吉川弘文館, 2010), 104쪽 참고.

관한 기록에 따르면 25문, 15문, 10문 등으로 분류에 따라 서로 달랐지만,[53] 당인이 지불하는 접대비가 네덜란드인이나 일본인의 그것보다 훨씬 저렴했다는 사실을 알 수 있다. 일본의 다른 지역과도 비교를 해보자면, 1783년경 오사카(大阪) 신마치(新町) 유곽의 시장가격은 태부 69문, 그 아래 등급인 '천신(天神)' 33문, 점여랑 22문이었다.[54] 즉, 막부는 중국과의 무역 왕래를 유지하기 위해 무역제한을 엄격하게 실시하는 동시에 상인들을 포섭하는 유화책 또한 잊지 않았던 것이다. 특히, 당관으로 오는 유녀들의 접대비를 낮게 억제하는 대신, 상품 무역에서 얻은 이익으로 이후 이를 유녀집에 보조해 주었다. 이는 당관 내에서 장기간 체류하는 상인과 선원들을 유락(遊樂)의 즐거움 속에 한껏 빠지게 하여 결과적으로 더 많은 비용을 쓰게 만들었으니, 어쩌면 막부가 상업 전략을 세우는 과정에서 예견하였던 바가 아닐까 한다. 앞서 언급한 『나가사키토산(長崎土産)』에는 엔포(延寶) 연간, 다시 말해 당관이 완성되기 전 당인들이 나가사키 시내에서 자유롭게 체류하던 시절, 외국 무역선이 나가사키에서 지출한 생활잡비가 1년에 대략 은 1,000관(10만 량)이었다는 기록이 있는데,[55] 그 중 당인들이 지출한 비용이 네덜란드인을 훌쩍 뛰어넘는 숫자임이 확실하다.

당관 내에 갇힌 채로 장기간 생활하던 절대다수의 당인들은 고향을 그리워하는 맘이 절로 생겨났을 터이고, 슬픔에 빠지기 마련인 이런 심리 상태는[56] 사소한 일에도 쉽게 울화통을 터지게 만들었을 것이

---

[53] 古賀十二郎, 『丸山遊女と唐紅毛人』 前編, 220쪽.

[54] 小野武雄 編著, 『江戶物價事典』, 展望社, 2009, 429~430쪽.

[55] 嶋原金捨, 『長崎土産』 乾, 권2.

[56] 饒田喻義, 『長崎名勝圖繪』, 長崎史談會, 1931에서 인용한 唐人의 시를 보면 당시 당인의 심리 상태를 엿볼 수 있다. 孫輔齋, 「旅中書事」, 215쪽; 鄭連城, 「賦得愁思看春不當春」, 211쪽.

니, 어쩌면 이 또한 마음속의 답답함을 해소하는 수단으로 작용했을 것이다. 당관 내에서 구타, 방화, 심지어 폭동사건 등이 자주 발생한 것 또한 이런 측면에서 그 원인을 찾을 수 있을 것이다.[57]

일본 체류 기간 동안의 집세, 토지세, 유녀 호출비 등을 포함한 당관 내의 생활비 및 각종 생활용품 구매비용 등에 대해서는 귀국 전 일일이 장부를 대조하여 결산하였다. 이러한 무역 사무를 책임지는 곳은 1698년 일본 관방에서 설립한 나가사키 회소였는데, 나가사키 회소는 중국, 네덜란드와 무역 시 결제수단을 모두 은으로 지정하였지만, 그렇다고 화폐로서의 은을 실제 지불하였던 것은 결코 아니다. 중국, 네덜란드의 무역선이 판매한 물품의 총액에서 먼저 일본 체류 기간 동안의 비용을 공제한 후, 남은 잔액으로 일본 상품을 구매하는 방식을 취했는데, 이는 기본적으로 물물교환의 구상무역(求償貿易) 방식이라고 할 수 있다. 이러한 까닭에 수입품의 총액은 나가사키 호소에서 지불한 채무액과 일치해야 했다. 즉, 구매자와 판매자의 채권, 채무가 서로 탕감되는 무역 방식이었다. 이러한 결산 방식을 정리하면 아래와 같다.[58]

A = 당선의 수입품 총액: 일본에서 규정한 은 무역액 + 증액된 은 등

B = 일본의 수출품 총액: 동, 해산물, 잡화 등

C = 정례적인 지출: 팔삭례(八朔禮) 예물, 동용전(銅用錢), 화물운반 인부비, 각 사원 및 인물 경조사 예물, 각 선박에 분담된 은 등

D = 체류 기간의 지출항목(생활지출, 쌀·채소, 땔감, 은표(銀票), 간수(看守)

---

57) 앞서 인용한 『唐通事會所日錄』 및 「唐人番日記」에도 많은 관련 기록이 보인다. 藪田貫, 「唐館の内と外－「唐人番日記」について」(大庭脩 編著, 『長崎唐館圖集成』, 231쪽)에는 「唐人番日記」에 기록된 위법사건들이 도표로 정리되어 있다.

58) 劉序楓, 「論淸代的中日貿易與貿易結帳方式」, 『淡江史學』 第10期, 1999, 185~202쪽.

식비, 선박 견인비, 선박 수리비, 타 선박 대출금 등), 일본 체류 기간에 발생한 모든 생활비의 지출, 즉, 각종 정례적 지출, 예물 증정, 선박 체류 기간 동안 교역사무를 담당한 각 정(町)에 대한 지출, 경비, 선불한 식비, 땔감, 선박 견인비, 선박 수리비 등을 모두 당선의 채무에 포함시킨 다음, 물품 대금에 해당하는 은으로 이를 상쇄함

A = B + C + D

V. 당관 내의 위법 행위와 처벌

당관은 폐쇄된 집단생활공간으로, 일본 관방의 엄격한 관리를 받았으며, 언어도 통하지 않는 곳이었다. 뿐만 아니라 당관 내부의 구성원도 대단히 복잡했다. 상급 선장부터 하급 선원에다 다시 객상(客商), 문사(文士), 의생(醫生) 등등까지, 각 구성원들의 출신지나 방언, 풍속 또한 모두 달랐다. 이러한 까닭에 자연히 말다툼, 구타, 폭동, 밀수 등과 같은 많은 문제가 발생할 수밖에 없었다. 그러나 현존하는 당관의 도상(圖像)에서 보이는 것은 하나같이 평화롭고 안락한 풍경들뿐이다. 이는 이러한 도상들이 대개 관방의 명령을 받들어 제작된 것으로 '쇄국' 체제 하의 이국 풍경에 대한 묘사가 주요 목적이었기 때문에 당관 내부의 문제를 제대로 구현해낼 수 없었기 때문으로 보인다.

이에 본 장에서는 위법 행위를 저지른 당인들에 대한 일본의 처벌 방식에 대한 고찰을 통해 다음의 문제들에 대한 이해를 돕고자 한다. 엄격한 '쇄국' 체제 하에서 외국인에 대한 처벌 방식과 일본 본국인에 대한 처벌 방식에는 어떠한 차이가 있었을까? 당시 청 왕조와 일본 간에는 관방 차원의 왕래가 없었기 때문에 일본 측은 당선과의 무역을 민간무역의 형태로 처리했는데, 이와 같은 방식이 위법 행위의 처벌

에 있어서 어떠한 영향을 주었을까?[59]

나가사키 체류기간 동안 당인들의 위법 행위는 주로 밀수 및 구타, 폭동 등으로 나눌 수 있는데,[60] 위반한 내용이 다르니만큼, 처벌 방식 또한 달랐다.

1. 밀수

막부가 1689년 당관을 건설했던 주요 원인 중 하나가 바로 당인과 일본인 간의 밀무역을 방지하기 위함이었다. 밀무역을 한 일본인에

---

[59] 服藤弘司, 「近世長崎における異國人の刑事上の地位」(宮本又次 編, 『九州經濟史研究』, 三和書房, 1953, 247~267쪽)에서는 쇄국 체재 하에서 나가사키의 중국인과 네덜란드인의 범죄에 대한 일본인의 처벌 방식에 대한 기초적인 연구를 진행하였는데, 기본적으로 근세일본의 외국인, 즉, 중국인, 네덜란드인에 대한 처벌 방식에는 큰 차이가 없지만, 일본인에 대한 처벌 방식과는 어느 정도 구분된다고 보았다. 천주교의 금령을 어긴 자 이외에는 형사상의 처벌은 가하지 않고 대체로 '국금(國禁)'의 형태, 즉 재입국을 불허한다든지, 벌금 부과 및 무역 총액 삭감 등의 방식을 취했는데, 이는 주로 무역에 대한 고려에서 연유한 것이다. 또한 安高啓明, 『近世長崎司法制度の研究』(思文閣出版, 2010)의 제2장 "對外的法規の確立: 長崎法と'國際法'"에서도 나가사키에서의 중국과 네덜란드인의 범죄 사례를 분석하여 동일한 결론을 내린 바 있다. 즉, 나가사키법은 국내법의 확장 형태로 외국인에게도 적용 가능한 것이긴 하다. 그러나 외국인의 범죄에 대해서는 기본적으로 속인주의(屬人主義)임을 인정하여 이것이 메이지(明治) 시대까지 계속 그대로 유지된다. 본문 또한 상술한 주장들에 동의하는 바, 다른 사례를 들어 분석을 더 깊게 진행하고자 한다.

[60] 에도 시대 나가사키 봉행 관할 하의 일본인과 외국인의 모든 범죄 기록은 나가사키 봉행소의 재판기록인 『범과장(犯科帳)』에 주로 수록되어 있다. 현존하는 기록은 1666~1867년간의 총 145권으로 원본은 나가카시 역사문화박물관에 소장되어 있다. 범죄행위에 대한 내용이 대단히 많은 관계로 일일이 열거할 수가 없어 본문에서는 당관과 당인에 관련된 몇 가지 사례만을 개괄하고자 한다. 상세한 내용은 森永種夫 編, 『犯科帳: 長崎奉行所判決紀錄』(全11册), 犯科帳刊行會, 1958~1961 참고. 개설서로는 森永種夫, 『犯科帳: 長崎奉行所の記錄』, 岩波書店, 1962 참고.

대한 처벌의 절대다수는 사형이었고, 죄가 가벼운 경우라도 대개는 묵형(墨刑)을 가한 후 낙도(落島)로 유배 보냈다.[61] 당인에 대한 처벌 규정은 따로 찾을 수가 없지만, 처벌 사례는 사료 중에 적지 않게 남아 있다.

1698년(日本元綠 11), 제9호 당선의 선원과 일본인 와타나베 단조(渡邊段藏) 등 3명의 밀무역이 적발되었다. 이 중 일본인은 국법 위반의 죄목으로 사형에 처해졌는데, 형 집행 당시 나가사키에 정박 중인 30척의 당선에서 매 선박당 3명, 총 90명을 집행현장으로 불러 참관케 함으로써 경각심을 일깨웠다. 그러나 당인에 대한 처벌은 연대책임을 져야 하는 선장과 당사자 및 당사자의 고용주(중국에 체류 중) 3명에 대해 향후 도일(渡日) 금지를 명했고, 압수된 화물은 소각 처리하는 것으로 종결되었다.[62] 이 같은 가벼운 처벌은 당사자가 '외국인'이라는 고려에서 연유한 것으로 보인다.

1703년(日本寶永 3), 제39호 타이완 선박이 나가사키 항구 밖에서 일본인과 밀무역을 진행하다 적발되었다. 체포된 일본인 5명 중, 주범은 책형(磔刑)에, 공범 4명은 참수형(斬首刑)에 처해졌다. 압수된 30자루의 화물은 경각심을 높이기 위해 당시 당관에 체류하던 선장들의 입회하에 당관 앞 부둣가에서 소각되었다. 범법행위를 저지른 타이완 선장 하자목(何子木)과 선원들에게도 일본 국법에 따른 사형이 내려져야 했지만, 외국인이며 무기를 휴대하지 않았다는 이유를 들어 부녀자에 대한 처벌을 적용해 사형을 면해주고, 향후 도일 금지와 해당 선박의 무역 중지 및 조기 귀국을 명하였다.[63]

---

[61] 板澤武雄,「鎖國時代における密貿易の實態」,『法政大學文學部紀要』7號, 1961, 1~77쪽 참고.

[62] 東京大學史料編纂所 編,『唐通事會所日録』(2), 345·352·355쪽 참고.

1835년(日本天保 6), 일본인 사스케(佐助) 등 2명과 당선 선원 삼관
(三官)이 몰래 진행했던 밀무역이 사후에 적발되었다. 이에 따라 사스
케는 당관 정문 앞에 효수(梟首) 되었고 종범(從犯)은 참수형에 처해졌
다. 당인들에게 통지하던 고시(告示)에는 "국법은 조금의 어김이 있어
서도 아니 된다. 향후 이역(異域)의 백성이라 할지라도 법령을 어긴다
면 앞선 유지(諭旨)와 같이 마땅히 일본국 국법에 따라 처벌할 것이며,
결코 관용치 않을 것이다"(其國典毫不可犯. 然則將來雖爲異域之人, 有
犯法令, 卽如前諭, 當照日本國法科斷, 絶不姑貸)는 문구를 명시해 향후
범법자는 일본 국법에 따라 처벌할 것임을 재차 강조하였다. 또한 이
미 귀국한 후인 삼관에게는 도일 금지를 명하였다. 라사(羅紗) 등 1,250
량 어치의 압수 화물의 처리방식에 대해서는 따로 언급이 없지만 규정
에 따라 소각 처리하였을 것이다. 뿐만 아니라 같은 해 겨울부터 도일
하는 모든 당선들은 나가사키항 밖에서 일단 정박시킨 후 봉행소의 관
원이 당관에 체류 중인 다른 선주들과 함께 승선하여 일본 법령을 낭
독한 다음 해당 선장으로부터 선원들의 범법 행위를 방지하겠다는 서
약서를 받은 후에야 비로소 입항을 허가하는 조치를 시행했다.[64]

19세기에 이르러, 판동(辦銅) 관상(官商)과 액상(額商)의 경영 악화
와 도일 당선 수의 감소에 따라 당선의 선주들은 일본 측에 화물의 가
불 및 가불받은 화물에 대한 다음해 상환 혹은 매년 분할 상환을 요청
하곤 하였다. 또한, 각 선박이 운송하는 화물 중 중국 국내 출자자(판
동관상, 화물주)의 화물은 점차 감소하는 반면, 선원 등의 개인화물은
대량으로 증가하여 출자자의 화물량에 뒤지지 않을 정도에 이르자 선

---

63) 東京大學史料編纂所 編, 『唐通事會所日錄』(4), 190~200쪽.

64) 箭内健次 編, 『通航一覽續輯』第1卷, 淸文堂, 1968, 510~513쪽; 小原克紹, 『續長崎
實錄大成』, 長崎文獻社, 1974, 233~234쪽.

원 개인의 밀무역 또한 창궐하게 되었다. 일본 측은 이러한 상황을 타개하기 위해 각종 특별 무역 조치를 누차 실시하여 때로는 선주에게 대출금을 주어 화물을 매입해서 도일할 수 있도록 하였지만, 상황은 전혀 개선되지 않았다.[65] 1839년, 당선 선원과 일본인 사이의 밀무역이 또 한 차례 적발되었다. 일본인은 참형에 처해졌고, 당선 선원은 감옥에 구금되었다가 이후 석방되어 선주에게 단속이 맡겨졌으며 역시 도일 금지가 명해졌다. 같은 해, 일본 측은 새로운 명령문을 내려, 향후 선원들이 밀무역을 진행한다거나 암암리에 화물을 당관 내로 반입을 하는 경우 해당 선박에 할당된 동의 무게를 삭감하는 동시에 해당 선주의 도일을 금지한다고 선포하였다.[66] 그러나 효과가 크지 않았을 뿐더러, 일본 측 또한 이를 엄격히 집행하지는 않았다. 밀무역을 적발한 후 대개는 선주로부터 서약서를 받거나 사면을 청원하는 각 선주들의 연명서(聯名書)를 받은 후 처벌을 취소해 주었다.

2. 구타, 폭동

당인 사이의 구타나 폭동사건 또한 당관 내에서 빈번히 발생하였다. 일본인에게 상해를 입히지 않았거나 손해가 크지 않은 경우라면 대체로 당통사의 조정 하에 사건이 마무리 되었다. 만약 선주들과의 분쟁인 경우라면 통사는 대체로 선주를 두둔하는 경향이 있었다. 1705년(日本寶永 5), 당관 내의 생활용품 및 생활비의 분배 차별로 인해 선원과 선주 사이에 분쟁이 발생하였는데, 통사가 사태를 해결하지 못하자 한 선원이 봉행소에 투서를 하기 위해 당관을 몰래 벗어나

----

[65] 中村質, 『近世長崎貿易史の研究』, 504~514쪽 참고.
[66] 小原克紹, 『續長崎實錄大成』, 254쪽.

는 일이 일어났다. 그 외의 선원들은 단체로 몰려가 샤먼(廈門)의 선주 오진관(吳辰官)의 방 및 당관 내의 기타 시설물을 훼손하였다. 이 폭동사건에 대해 일본 측의 처리 방식은 다음과 같았다. (1) 당관을 무단이탈한 죄에 대해 문책한다. (2) 당관 시설은 일본 소유이니, 방, 창문, 벽 등의 파손에 대한 책임을 추궁한다. (3) 근래 당인들의 위법행위가 증가하고 있으나 먼 바다를 건너 와 무역에 종사하며 병장기 또한 휴대하지 않았으니, 국법을 어기긴 했지만 부녀자 및 어린이와 마찬가지로 그 처벌은 면해준다. 그러나 앞으로 만약 법을 다시 어기는 자가 생길 시, 죄의 경중에 따라 체포해 하옥시킬 것이다. 이번의 사건은 일본인에 상해를 입히지 않았기 때문에 처벌하지는 않겠지만, 사건 당사자들인 샤먼과 광둥의 선원 19명은 선박(3척에 분산)에 격리시켜 반성케 하라.[67]

이 사건과 관련해 일본 측은 향후의 범죄에 대해서는 법령에 따라 엄격히 처벌할 것을 재차 천명하였다. 3년 뒤인 1708년(日本寶永 8) 당선 선원이 당관 중문 앞의 광장에서 생활용품 및 식품 구매 시, 가격 문제로 인해 일본 상인과 다툼을 벌였다. 이 과정에서 당선 선원들은 각 노점을 때려 부수고 일본 상인들을 구타했으며 식품을 강탈해 당관을 무단으로 이탈했다. 일본 측은 이 사건에 대해 대단히 분개하여, 당초에 작성했던 서약서의 위반과 소속 선원들에 대한 단속 실효(失效)에 따른 일본 법령의 준수를 위해 당관 내 당선 20척의 선장과 재부(財富, 선박의 회계사무자)에게 모든 선박의 무역 중지 및 전원의 귀국 조치를 명하고, 향후 무고한 일본인에게 상해를 가한다면 사형에 처할 것임을 재차 강조했다.[68] 그러나 현실적으로 도일 당선의 숫

---

67) 東京大學史料編纂所 編, 『唐通事會所日錄』(5), 83~96쪽.
68) 東京大學史料編纂所 編, 『唐通事會所日錄』(4), 338~348쪽.

자는 매년 감소하고 있었기에 일본 측은 무역 이익에 대한 고려를 하지 않을 수 없었다. 이에 당인이 '외국인'이라는 이유를 내세워 대체로 가벼운 처벌을 내리고, 범법행위의 재차 발생을 방지하겠다는 선주의 사죄서 제출 등으로 사건을 마무리하였다. 결국 당관 내의 크고 작은 밀무역, 폭동사건 등은 여전히 끊이지 않았다.

1812년(日本文化 9), 일본 측은 각 선주에게 선원들을 엄격히 단속하여 법령의 위반을 방지할 것을 명하고, 위반자는 도일을 금할 뿐 아니라, 향후 일본 법령에 의거 엄격히 처벌하되 죄가 무거운 자에게는 하옥, 태형(笞刑), 묵형(墨刑), 심지어 사형까지 내리겠다고 천명했다. 범법자에 대한 '체벌'(즉, 身體刑)과 관련해서 일본 측은 선주들로 하여금 선박의 출자자(즉, 辨銅總商)에게 전달하여 청의 관부에게 체벌 가능 여부를 판단케 하였으나 청 관부의 회답이 더뎌지면서 유야무야 되었다.[69] 여기서 알 수 있는 것은, 위법 행위를 저지른 당인들의 처벌과 관련해 일본 측은 중국 관방 측의 반응을 고려해 신체형을 경솔히 가하지 못했다는 사실이다. 그러나 사정이 이러함에도 일본 측은 "교활하고 난폭한 폭도"들에 대해 일본 법령에 의거 엄격히 처벌할 것임을 재차 강조했다. 1835년(日本天保 6) 당선 선주들에게 내린 명령문은 다음과 같다.

> 선주와 총관에게 알리노라!
> 근년에 나가사키에 입항한 불법분자들로 인해 풍속이 나빠짐이 날로 심해지고 있다. 앞서 고지했던 조항을 조금도 준수하지 않고, 망령되이 문 밖으로 나가는 등 폐단이 끊이지 않으니 지극히 통분할 일이다. 그 연유를 짚어 보니, 선주와 총관 모두에게 통제를 다하지 못한 책임이 있도다. (중략) 파리 머리만

---

[69] 金井俊行 編, 『增補長崎略史』 下卷, 長崎市役所, 1926, 133~136쪽.

한 사소한 이익을 좇아 배 채우기에만 급급하여 공무를 팽개치고 돌보지 아니하니, 이 어찌 통상(通商)의 우의(友誼)를 저버리는 것이 아니겠는가! 대단히 불합리한 일이다. 본래 엄벌로 다스려야 마땅하지만 우선은 각별한 관용을 베풀어 기왕의 허물은 묻지 않겠노라. 향후 만약 과거와 같은 야만스런 무리가 또 생긴다면 죄인 뿐 아니라 선주, 총관에 이르기까지 정황을 모두 살펴서, 무역을 금지시키거나 동을 차압하여 그 죄를 배상케 할 것이다. 혹은 그 정황을 살핀 후 분카(文化) 연간에 고지한 내용에 근거해 본국의 법률에 따라 엄격히 처벌할 것이나 아직은 알 수 없다. 그대들은 마땅히 이 뜻을 깨달아야 할 것이다.

　(諭船主, 總管知悉: 邇年來崎目侶人等, 頹習日甚, 從前所諭條款, 毫不恪遵, 妄出門外, 舞弊百端, 殊甚痛恨. 推厥所由, 爲船主, 總管者, 均有約束不週之責. (中略) 竊思惟以希圖蠅頭之利, 視爲吃緊, 反將公務置而弗顧, 豈非有失通商之誼乎. 甚爲不合. 本應嚴行懲治, 姑從格外寬典, 既往弗咎. 將來倘直仍前刁橫之徒, 不獨本犯以及船主, 總管, 查得其情, 或行禁革, 或著罰減銅觔, 以償其罪. 看其景況, 或照文化年間所諭, 按照本國法律, 嚴行正法, 亦未可知. 須會此意.)[70]

　이와 동시에 당인들을 타이르기 위해 10개의 조목을 제시해, 체류기간이나 공무로 인한 외출 시의 준수사항이나 허가받지 않은 무단 외출의 금지 등을 명확히 열거하여 선주와 선원들에게 서명하고 준수할 것을 명하였지만,[71] 이로 인해 얻은 것은 마치 완전히 상반된 결과인 듯 보인다. 더 큰 규모의 폭동사건이 곧이어 발생했기 때문이다.

　1835년 12월의 어느 날, 당관에 체류 중이던 선장 손어촌(孫漁村)이 병사하였다. 운구를 고호쿠지(興福寺, 일명 南京寺)로 안치하러 가는 길에, 행렬을 따르던 선원 130명 중 10여 명이 임의로 나가사키 시내로 숨어들었다. 그 중 5명이 체포되었는데 체포 과정 중에 1명이 반항을 하다가 부상을 입었다. 당관으로 돌아간 동료들이 이 사실을 퍼뜨

---

70) 箭内健涸 編, 『通航一覽續輯』, 250~262쪽.
71) 내용이 긴 관계로 일일이 열거하지 않겠다. 위의 책, 257~258쪽 참고.

리자 당관 내에 소동이 일어났다. 당관 안팎의 당인들이 회합하여 곤봉이나 도끼 등을 들고 당관의 대문과 중문 및 가관(街官)과 통사의 사무실을 훼손했고 일본 인원들은 당관에서 분분히 탈출했다. 이후 칼을 소지한 경비 병력이 긴급히 추가되고 심지어 나가사키 경비를 책임지던 치쿠젠(筑前)의 번병(藩兵)까지 출동하자 당인들은 비로소 당관 안으로 후퇴하였다. 당인들이 당관을 점거하며 사건 장본인들의 인도를 강력히 거부하자 치쿠젠 번병 350여 명이 당관을 포위한 후 진입을 강행해 그 중 180명을 체포했다. 신치에서 심문을 진행하여 참여자 70여 명을 추려 내어 앞서 체포했던 5명과 함께 오무라 번(大村藩)의 감옥에 하옥시켰다. 이 사건은 관련 용의자가 많고 연루된 범위가 넓을뿐더러 번병까지 동원되어 당관 진입을 강행해 용의자들을 체포했던 사건으로 당시 나가사키 전역에 경계가 내려졌고, 항만에서 하물 하역을 준비 중이던 제6호, 제7호 당선의 경비를 오무라 번병에게 맡기는 조치 등도 여기에 포함되었다.[72]

이 사건에 대해 일본 측은 당관 내에 체류 중이던 제4호, 제5호 당선 선원들의 무역을 중지하는 동시에 이미 하역했던 화물을 재선적해 즉시 귀국할 것을 명했을 뿐만 아니라, 항만에 정박 중이던 제6호, 제7호 당선의 화물 또한 하역 중지를 명하는 등의 후속 조치를 내렸다. 그러나 이후 선장들의 거듭된 청원을 받아 들여 "소행이 교활하고 나쁘며, 본분에 충실치 못한 무리" 18명을 제외한 62명을 석방하였다.

무역 재개에 대한 선주들의 청원도 이어져서, 즉시 귀국하기에는 '바람과 조류'가 맞지 않으니 이듬해 3월까지로 연기해 줄 것을 먼저

---

72) 관련 사료는 箭内健次 編, 『通航一覽續輯』, 387~412쪽; 저자불상, 「唐館騷動見聞志」(柴秀夫 編, 『長崎遺響』, 雙林社, 1943), 165~176쪽; 小原克紹, 『續長崎實錄大成』, 234~252쪽 참고.

요청하였고, 이어 중국 조정에서 필요로 하는 동을 구해오지 못한다면 "국고를 낭비하고 국사(國事)를 지체하며", "성지(聖旨)를 거스르는 나쁜 사례를 만드니 만 번 죽어도 그 죄를 갚지 못하는" 처지가 되니, 200여 년간 이어진 통상 우의를 고려해 무역을 재개해 줄 것을 요청하였다.

결국 일본 측의 태도는 완화되었고 2척의 선박에 대한 무역 재개를 허가하였다. 다만 처벌 조항으로 선박 1척 당 동 10만근의 3할(즉, 3만근)을 압류하되, 이듬해 중국 측 출자자(즉, 總商)의 보결서(保結書)－일본의 국법을 준수하고 선원들을 잘 단속하겠다는－를 가지고 온다면 압류했던 동을 반환해 주겠으며 향후 이러한 사건이 다시 발생한다면 무역액을 삭감하겠다는 조건을 걸었다.[73]

1837년(淸道光 17, 日本天保 8) 11월, 청의 판동총상(辦銅總商)인 관상(官商) 왕우안(王宇安)과 민상(民商) 양사형(楊嗣亨) 2명이 연명해서 작성한 보결서가 나가사키로 송달되었지만, 그 내용이 일본 측의 요구 조건에 부합되지 않아 다시 환송 조치되었다. 보결서 중 일본 측이 문제 삼았던 부분은 아래와 같다.

그러나 이 준수서(遵守書) 안의 "만약 사면할 수 없는 중죄를 지은 자가 있다면 죄인을 구금하되, 해당 선박이 출항할 때 선주에게 포박한 채로 인도한다면, 선주는 그 죄인을 중국[唐山]으로 압송해 본국의 국법에 따라 처벌한다"는 등의 말은 참으로 따르기가 어렵도다. 재작년 서약서의 내용을 그대들에게 고지할 때, 국법을 어기는 자는 준수서의 유무를 막론하고 모두 본국의 법률에 따라 처벌한다고 알렸고, 각 선주는 이 상황을 이미 알고 있음에도 소지하고 있는 준수서가 규정에 부합하지 않으니, 마치 국법을 소홀히 여기는 듯하여 심히 못마땅하다. 이에 보결서를 그대들에게 돌려주니, 중국으로 돌아가는 날 총

---

73) 箭內健次 編, 『通航一覽續輯』, 413~489쪽.

상에게 전달하면 될 것이다. 향후 준수서를 소지하지 않고 입항한다면 반드시 앞서 고지한 바대로 국법에 따라 시행할 것이니라.

(但其遵單內 "<u>若有罪在不赦者, 乞將本犯囚禁, 於出帆時捆交船船主, 則當帶回唐山, 裏明本國大憲正法,</u>"等語, 實難從事. 既在前年發論約束之時, 有犯國法者, 不論遵單之有無, 按照本邦法律懲治之諭, 各船主既已知情, 所具遵單字樣不合. 似此怠玩法令, 甚爲不該, 故將保結遵單發還, 俟回唐日, 轉達局商可也. 縱無遵單齎來,亦在本地,須照前諭, 按律施行.)[74]

다시 말하자면, 심각한 범행을 저지른 범죄자를 당선 선주에게 인도 후 중국으로 송환해 처벌받게 해야 한다는 내용에 대해 일본 측은 불만을 가졌던 것이다. 즉, 일본 측은 기존의 온건한 태도에서 벗어나, 일본에서 저지른 범법행위에 대해서 반드시 "본국의 법률에 따라 처벌"해야 하며, 이 명령을 포고하였던 재작년 당시 당선 선주들은 모두 이를 잘 알아들었을 뿐 아니라 준수할 것을 서약하였음을 재차 강조하였던 것이다. 그러나 이러한 입장 또한 오래 지속되지 않았다. 이듬 해 4월 일본 측은 오무라 번의 감옥에 수감했었던 18명을 석방했고 2척의 당선에서 압류했던 6만근의 동 또한 반환하였다. 같은 해 6월 청의 판동총상들은 준수서를 새로 작성해 보내서, 동의 반환 및 범법자 18명에 대한 무처벌 석방을 해준 일본 측의 인도적인 조치를 치하하면서 "차후 응당 국법을 준수하여 감히 위반하지 않겠다"는 태도를 재차 선언하는 것으로 사건을 종결하였다. 그러나 이 준수서에서도 범법자를 일본의 법률에 따라 처벌하겠다는 내용을 명시하지 않았으며, 선원들이 (일본) 국법을 준수할 수 있도록 명을 내리겠다는 간단한 언급만을 남겼으니, 일본에서 범법행위를 저지른 자라 할지라도 중국 법률의 제제를 받아야 한다는 기존의 태도를 견지하고 있는 것

---

74) 箭內健次 編, 『通航一覽續輯』, 501~504쪽.

으로 여겨진다.

이 밖에도 1837년(道光 17) 5월 저장성(浙江省) 핑후 현(平湖縣)의 지현(知縣)인 호술문(胡述文)[75]의 감사 서신이 당선을 통해 전달되었다. 서신에는 "대청국지절강가흥부평호현사호"(大淸國知浙江嘉興府平湖縣事胡)"라는 서명과 함께 "일본국 나가사키 진대 대인 각하께 삼가 아룁니다"(謹啓日本國長崎鎭臺大人閣下)"라는 문구가 적혀 있었으며, 그 내용은 압류했던 동을 반환해 준 것과 범죄인 18명을 석방해 준 것에 대한 치하가 대부분이었다. 그러나 서신 본문에서는 아래 내용을 재차 강조하고 있다.

> 이 무뢰배들의 교활함이 습성이 되어, 불법을 저지름이 극에 달했으니 저희가 어찌 관용을 베풀겠습니까. 지금 이미 상부에 보고하여 경도(京都)로 압송토록 하였으니, 형부(刑部)에서 자연히 국법으로 논의할 것입니다. 죄는 반드시 경중으로 나누어 판례에 근거하여 처벌하고 모든 사람들이 그들의 죄를 알 수 있도록 할 것이니, 이로써 귀국의 자비로움을 분명히 드러내고, 우리 조정의 국법을 널리 펼칠 것입니다.
>
> (惟此等目侶狡獪成性, 不法已極, 敝國豈能寬宥. 現已稟明上憲, 解赴京都, 在刑部自有憲章議. 罪名須分輕重, 一依定例, 俾眾咸知. 用以彰貴國之仁慈, 亦以伸我朝之法律.)[76]

즉, 더 이상의 처벌 없이 범법자들을 중국으로 송환하여 중국 국법의 제제를 받게 한 일본 측의 관대함을 치하함으로써, 나가사키 중국

---

75) 팽윤장(彭潤章) 등이 편찬한 『(光緒)平湖縣志』(卷十·職官條)에 따르면, 호술문(胡述文)의 재임기간은 도광(道光) 원년부터 11년까지였고 도광 17년의 지현은 주황(朱煌)이다. 향후 더 진전된 연구가 필요한 부분이다.
76) 箭內健次 編, 『通航一覽續輯』, 507~509쪽; 小原克紹, 『續長崎實録大成』, 249~252쪽.

상인 및 선원에 대한 관할권이 중국에 있음을 확연히 드러내고 있는 것이다.

이 사건에 대한 일본 측의 처리 방식을 보면, 당시 당선 선주 및 나가사키 지방관원들이 선원들의 위법 행위를 단속하며 맞닥뜨렸던 무력감이 잘 드러난다. 사건 발생 초기, 일본 측은 강경한 제재조치를 취했지만 최종적으로는 위법행위를 저지른 당선의 무역은 재개되었으며 압류했던 동 또한 반환되었고, 심지어 선원 개인의 화물 무역액은 증액되기까지 하였다. 사건을 유발한 선원 역시 1년 4개월의 구금 기간 이후 석방되어 본국으로 송환되었다. 즉, 일본의 '강경한' 태도는 그저 명분에 지나지 않았으며, 일본에서 범법행위를 저지른 외국인은 반드시 일본의 국법에 따라 처벌받아야 한다는 주장 역시 공허한 구호에 다름 아니었다. 중죄를 저지른 범죄자 일부에게 가해진 구금 외에 일본의 법령은 별다른 억제력을 가지지 못했다.

이 같은 상황을 야기한 주요 원인으로, 도일하는 당선의 수가 감소하면서 나가사키 회소의 재정은 악화되었고 이에 따라 무역을 통한 이윤 획득에 대한 나가사키 지역민들의 요구가 증가하였다는 당시의 상황을 들 수 있을 것이다. 당선과의 무역 왕래를 유지하는 것은 나가사키 지방경제를 위한 필수조건이라는 고려에서 기반한 것이었다.

Ⅵ. 맺음말

1859년 나가사키가 정식으로 개항되어 외국과의 통상이 시작된 이후, 관련 조약에 근거하여 외국인 거류지가 설립되었다. 그러나 당시 중국에서는 태평천국(太平天國)의 난이 발발하였고, 1860년 태평군이 수저우(蘇州), 자푸(乍浦)를 점령함에 따라 대일 판동(辦銅) 무역은 완전히 중지되었으며 당선은 일본으로 건너가지 못했다. 1871년 청과 일본이 수호조규(修好條規) 및 통상장정(通商章程)을 체결하기 전까지 중국인들은 무조약국 국민에 속해서 일본과 자유무역을 진행할 수 없었다. 애초부터 전통적인 중일 무역에 종사하며 당관 내에서 거주하던 소수의 인원을 제외한 대부분의 중국인들은 모두 개항 이후 도일한 서양인에 귀속되어 하인 혹은 중개인의 신분으로 신설된 외국인 거류지에서 체류해야 했다.[77]

  1868년(日本慶應 4, 9월 明治로 연호 변경), 일본 측이 상법 개혁에 착수해 당관을 폐지할 때, 당관에는 선주 전용 주택 13동 중 3동, 선원 등의 전용 방 70칸 중 30칸만이 남아 있었다. 당시의 조사에 따르면 모두 200여 명(부녀자, 노인, 어린이 포함)[78]이 거주하고 있었으며 대부분은 형편이 어려운 저소득층이었다. 당시 당관 관리인이 나가사키 봉행에게 보고했던 내용에도 언급한 것처럼, 경제적 능력과 저축이 있는 자들은 모두 당관을 떠나 신치로 이주했는데, 그 중 일부는 외국인의 명의 아래에서 신치에서 새로운 발전을 모색했고, 일부는 중국으로 귀국했다. 당관에 남은 자들은 대개 귀국 여비를 마련할 수 없는 가난한 계층으로 당관의 허물어진 건물 안에서 거주했지만, 당관을

---

[77] 劉序楓, 「近代日本華僑社會的形成: 以開港前後(1850-60年代)的長崎爲中心」(張啓雄 主編, 『東北亞僑社網絡與近代中國』, 中華民國海外華人研究學會, 2002), 35~69쪽 참고.

[78] 당관에 체류하던 인원수의 변동은 아주 크다. 1868년(日本慶應 4) 당관이 폐지되기 전의 예를 들면, 4월 조사에서는 284명이던 것이 윤4월에는 272명으로 줄어들었으며 5월에는 237명만 남았다. 신치의 인원 수 또한 변동이 있다. 저자불상, 『慶應四辰年九月改·新地唐館支那人並呼入候者名前綴込』 참고. 원래 나가사키 현립도서관에 소장 중이었으나(14-17-5), 신설된 나가사키 역사문화박물관으로 옮겼다.

자유롭게 출입할 수도 없었고 무역거래를 진행할 수도 없었다.[79] 당관에 부여되었던 무역 특권이 상실됨에 따라 당관 거주민의 숫자는 매년 감소했다. 1868년 4월, 당관의 경비 및 관리인원이 폐지되었고 당관의 토지는 개방되어 수요자에게 임차되었다.[80] 상황이 여기에 이르자 180년의 역사를 가진 '중국인 거류지'는 완전히 폐지되어 일본 사회로 귀속되었다. 1870년 1월(明治 2년 12월) 당관에 발생한 큰 화재로 인해 건축물들이 모두 소실되자 당관은 결국 역사의 뒤안길로 사라졌다. 현재는 메이지 연간에 중건한 토신당(土神堂), 관음당(觀音堂), 천후당(天后堂)과 푸젠회관(福建會館)이 남아 과거에 대한 아련한 향수를 불러일으킬 따름이다.

당관의 지위 변화는 막부 통제력의 변화 및 나가사키 무역의 성쇠를 함께 보여주는 지표이다. 쇄국 초기, 당관을 건설해 당인을 일본 주민과 격리시킨 주요한 목적은 천주교의 전파와 밀무역을 막아 사회의 풍기 및 치안을 유지하기 위함이었다. 물론 일본 국내의 정보 유출을 막기 위한 것도 목적 중 하나였다. 당관 설치 초기 당관 출입에 대한 관리는 상당히 엄격했다. 당선이 입항한 이후 선원들은 엄밀한 경비 하에 당관에 강제 입주되었고, 무역이 종료될 때까지 당관 내에서 생활해야 했다. 이 기간(일반적으로 3개월~반년) 동안 특별 허가받은 공무나 당사(唐寺) 참배 등의 활동 외에 외출은 전면 금지되었다. 설령 외출 허가를 받았다하더라도 일본 측 관원의 동행 감시가 따랐다. 이러한 까닭에 당관을 '창살 없는 감옥'이라고 부르기도 했다. 당관 내부로 들어갈 수 있었던 일본인으로는 유녀(遊女), 일본관원 및 중문

---

79) 저자불상, 「口上之覺」, 『慶應四戊辰三月起 · 唐館新地處分書類』(長崎歷史文化博物館藏14-58-8).

80) 森永種夫 校訂, 『長崎幕末史料大成 5: 開國對策編Ⅲ』, 長崎文獻社, 1971, 101쪽.

(中門) 밖에서 영업하던 소수의 상인뿐이었다. 당관에서 거주하던 선원들의 절대다수는 하급선원으로 출신지와 언어, 풍속, 습관이 제각각인 관계로 왕왕 충돌이 발생했고, 이는 또 폐쇄공간이 주는 답답함을 해소하기 위한 방편으로도 작용했을 것이다. 무역 이익을 노리고 도일한 많은 당인들은 기회를 틈타 일본인과 밀무역을 진행했는데, 이 때문에 당관 내에 적지 않은 사회문제가 생겨나 심각한 경우는 폭동으로까지 확대되기도 했다.

당관 내에서 발생한 당인들의 위법행위에 대해 일본 측은 일본의 국법에 따라 처벌할 것이라고 재삼 강조하였지만 엄격한 집행이 이뤄진 것은 아니었다. 대개는 질책을 가한 후 선주에게 보내 제재를 맡겼고, 향후 도일 금지를 명하는 선에서 그쳤다. 밀무역으로 몰수한 화물은 당관 방파제에서 소각 처리되었다. 일본인 범죄자의 경우 당인들(선박 당 대표 약간 명)의 참관 하에 당관 대문 앞에서 참수하거나 낙도(落島)로 유배 보내어 경각심을 높였다. 당인들에 대해서 가벼운 처벌을 내린 주요 원인은 외국인이며 무기를 휴대하지 않았다는 점으로, 이에 따라 부녀자, 아동에 대한 처벌을 적용해 사형을 면제해주었다. 즉, 일본 측은 기본적으로 '속인주의'를 원칙으로 삼았고, 당인들에 대한 육체적인 체벌은 가하지 않았으며 죄질이 심각한 경우라도 감옥에 구금 시킨 후 선주들로부터 서약서를 받는 정도에서 그쳤다. 이와 같은 처리방식의 배후에는 중국과의 통상관계를 유지하기 위해 불필요한 분쟁을 피하고자하는 고려가 더욱 주요하게 작용하였을 것이다. 1835년 당관 폭동사건의 처리방식을 살펴보면 일본 측이 중국 관방의 반응을 상당히 우려하고 있음을 알 수 있다. 표면적으로는 일본의 주권을 주장해 막부의 권위를 강하게 드러내고 있지만 사실상 가벼운 처벌로 종결되었다. 결론적으로 말하자면, 당관 거류지는 시종 일본의 관할범위에 속했으며 당관 내의 당인들에게 어떠한 '치외법권'이 부여되었던 것은 아니지만, 당인들이 신체적 처벌을 받지 않았다는 점은 분명한 사실이다. 신체적 처벌을 대신했던 것은 경제적인 제재였다. 선장 또는 선박에 대한 무역 중지 및 즉시 귀국을 명령한다든가, 할당된 동의 무게를 줄이고 무역액을 삭감한다거나, 개인의 경우 벌금[81]을 부과하는 등의 방식으로 형벌을 대신하였다.

본 논문에서 논의하고자 했던 중점 과제는 '쇄국' 체제 하의 일본의 대외국인 관리 실태로, 특히 당관에 대한 관리 및 당인들의 위법행위에 대한 처리 방식을 고찰하고자 했지만, 아직은 초보적인 논의에 그치고 있다. 시간 관계상 미처 분석하지 못한 자료들도 많이 남아 있다. 네덜란드 상관인 '데지마'에서 발생했던 유사한 위법행위에 대한 일본 측의 처리방식을 함께 비교해보는 것 또한 향후의 연구과제로 삼을 만하다. 기존의 연구자들이 이미 서술한 것처럼 근세 일본 나가사키 외국인의 위법행위에 대한 처리방식은 일본 본국인의 그것과는 차이가 있다. 천주교의 일본 전파를 엄격히 금지해 천주교도에 대해 국적을 불문하고 일괄적으로 극형을 내렸던 '쇄국' 초기를 제외하고, 17세기 후기부터 처벌방식은 점차 완화되었다. 외국인들의 처벌에 있어 대개 속인주의를 원칙으로 적용했고 범죄자를 선주나 네덜란드 상관장에게 인도해 제재를 맡겼으며, 중죄인의 경우 구금 후에 귀국 조치를 내리고 향후 도일 금지를 명령했다.[82] 네덜란드와 중국은 일본 '쇄국' 체재 하에서 나가사키 무역을 허가받은 '유이'(唯二)한 나라이고

---

[81] 1769년(明和 6), 선주 강하심(江夏心)이 숨겨온 화물로 밀무역을 시도하다 적발되어 벌금 은5관(500兩)을 부과 받았고 총관 임미표(林美標)는 벌금 은1관을 부과 받았다. (金井俊行 編, 『增補長崎略史』 下卷, 198쪽)

[82] 服藤弘司, 「近世長崎における異國人の刑事上の地位」, 254~257쪽 및 安高啓明, 『近世長崎司法制度の研究』, 114~146쪽.

대일본 무역의 배경 또한 차이가 있기 때문에 양자를 서로 비교한다면 일본에서 위법행위를 저지른 외국인의 처벌방식에 어떠한 차이가 있는지를 더 명확히 할 수 있을 것이다. 이를 통해 한걸음 더 나아가 일본 대외정책의 차이 또한 고찰해 볼 수 있을 것이다.

네덜란드는 동인도회사의 명의로 일본과의 무역을 진행하였다. 1609년 히라도에 네덜란드 상관을 설립한 이후, 상관장은 설립 초기에는 부정기적으로, 1633년부터는 매년(1790년 이후부터는 4년에 1회로 변경) 에도를 방문해 쇼군을 배알하고 예물을 바쳐 무역 허가에 대한 감사의 뜻을 전달해야 했다. 일본 측에서 볼 때 네덜란드 상관장은 일본 쇼군의 '가신'(家臣)과 유사했기에 일본 막번(幕藩) 체제의 질서 안으로 편입시켰던 것이다. 네덜란드는 일본에서 천주교를 전파하지 않고 서방 천주교 국가들의 정보를 제공하며, 일본 측이 필요로 하는 생사 등의 무역품을 제공하는 조건을 걸고 지속적인 무역을 허가 받았다. 1641년 히라도에서 나가사키의 데지마로 상관이 강제 이전된 이후, 일본의 천주교 금지 정책에 따라 네덜란드인은 데지마 안에서만 거주해야 했고 외출은 허가되지 않았다. 네덜란드 무역선의 선원은 무역 사무와 관련된 일부 인원 외에 상륙을 할 수 없었다. 이러한 까닭에 무역이 진행되는 기간이라 할지라도 데지마에 거주하는 네덜란드인은 20~30여 명에 불과했다. 데지마의 관리방식은 당관과 유사했다. 통역 사무는 네덜란드의 '통사'가 담당했고, 데지마를 관리하는 일본 측의 조직 또한 유사했다. 1715년 「정덕신례」가 시행되어 무역을 제한한 이후 매년 선박 두 척의 무역만이 허가되었는데, 대체로 7월에 입항하여 일본력(日本曆) 9월 20일 전에는 반드시 출항해야 했다. 모든 화물은 데지마 안의 창고에 보관되었으며, 선상의 무기는 일본 측에서 보관하며 엄격히 감독했다. 무역이 종결된 이후 잔여 화물은 다음 번 무역을 위해 창고에 보관할 수 있었다. 네덜란드 선박이 귀국한 이후 데지마에 잔류했던 네덜란드인은 상관장 및 상무(商務) 인원, 의사, 요리사 등 채 10명이 되지 않았으며, 일본인의 고용은 금지되었다.[83]

이와는 상반되게, 당선의 상인과 선원들은 1635년 나가사키 항구 한 곳으로 무역이 제한된 이후부터는 완전히 민간 개인의 형태로 교역을 진행하였으며 관방 차원의 직접적인 왕래는 없었다. 이는 1644년 명청 왕조 교체기, 1683년 타이완 정씨(鄭氏) 세력의 투항, 청 왕조의 중국 통일 이후에도 변하지 않았다. 각 선박의 선주들이 휘하 선원들을 규제하던 시기, 즉 1689년 당관 거류지로 강제 이주되기 전까지 중국 상인들은 나가사키 시내에 자유롭게 거주하며 일본인과 왕래할 수 있었는데, 이는 천주교 전파에 대한 부담으로 네덜란드인에게 갖가지 제한을 가했던 것과는 완전히 구별된다. 중국과의 교역이 민간의 형식으로 진행되었다는 것을 가장 분명히 보여주는 사례가 다음의 사건이다. 1684년 청나라가 해금 정책을 해제하여 일반 선박의 해상 무역을 허가한 이후, 1685년 푸젠성(福建省) 관방에서 파견한 문무관원 각 1명이 모두 13척의 무역선을 이끌고 나가사키로 건너가 입항을 요청하였는데, 일본 측은 입항을 거절하고 귀국 명령을 내렸을 뿐만 아니라 향후 청 조정 관원의 일본행을 금지한다고 선포하였다.[84] '쇄국' 체재 하의 일본은 청 조정 관원의 왕래에 따른 불필요한 분쟁의 발생을 피하기 위해 중국과의 무역에 있어 기술적으로 민간 무역의

---

83) 山脇悌二郎, 『長崎のオランダ商館: 世界の中の鎖國日本』, 27~54쪽; 長崎縣教育委員會 編, 『長崎とオランダ』, 12~54쪽; 長崎縣史編集委員會, 『長崎縣史: 對外交涉編』, 480~510쪽; 松井洋子, 「長崎出島と唐人屋敷」(荒野泰典 編, 『日本の時代史14: 江戸幕府と東アジア』, 吉川弘文館, 2003), 363~382쪽 참고.
84) 林春勝 · 林信篤 編, 浦廉一 校訂, 『華夷變態』 上册, 491~501쪽.

〈그림 4〉 데지마 네덜란드 상관도

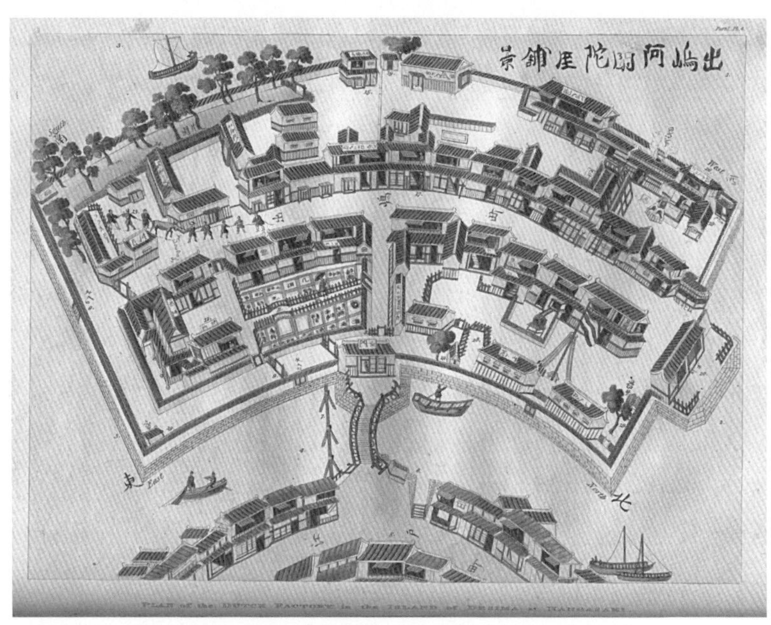

* 네덜란드 해사박물관 소장, 『出島圖: その景觀と變遷』에 수록

형식을 채용했던 것이다. 1715년 「정덕신례」가 시행될 때, 당통사의 명의로 중국 상인들에게 '신패'를 발행해 주었는데 이를 통해 무역 허가제를 적용해 무역 선박의 숫자를 제한했다. 이와 같은 조치는 청 조정과의 직접적인 교섭에 따른 문제의 발생을 피하기 위한 것인 동시에, 무역 주도권을 장악해서 상인들을 효율적으로 관리하기 위한 것이었다. 그러나 네덜란드 동인도회사의 무역선과는 이러한 '신패' 문제와 같은 제한은 없었다.

이상에서 언급한 내용이 당관 무역과 데지마 무역의 대략적인 차이이다. 그러나 국가적인 배후의 유무라든가 관방 또는 민간의 형식인지와 무관하게 일본 측은 외국인에 대해서 모두 방어적인 태도를 취했고 이에 따른 엄격한 관리방식을 채용했다. 외국인의 위법행위를 처벌함에 있어 일본 측은 일본의 국법을 강조하였지만 일본 본국인에 대한 처벌과 비교를 해본다면 대단히 관대하였다. 결론적으로 말하자면, 일본 측은 처벌방식을 정함에 있어 무역을 중점 고려 요소로 생각해 불필요한 국제 분쟁을 미연에 방지하고자 했던 것이다.

이와 유사한 문제들 중에서 범위를 더 넓혀 보기로 하자. 당시 동아시아 국제 정세 하에서 중국과 조선의 외국 무역상에 대한 처벌방식은 어떠했을까? 청 조정의 광둥 및 마카오(澳門) 서양인에 대한 관리방식과 푸저우(福州) 류큐관(琉球館)에 대한 관리방식에는 어떠한 차이가 있었을까? 나가사키 무역 방식과 광저우 무역 방식의 비교, 조선의 부산 왜관에 대한 관리방식의 비교 등 모두 향후 지속적인 연구가 기대되는 과제이다.[85] 동아시아 각국의 외국인 관리방식에 대한 비교연구를 통해, 17세기부터 19세기까지 동아시아의 전통적인 국제질서가 가지는 의미와 국가 간의 특질을 명확히 밝힐 수 있기를 기대한다.

(번역 : 강병관, 한국해양대)

---

[85] 이 주제와 관련해 근래 학계에서도 주목해 아시아 각지의 무역항에 대한 비교연구를 진행하고 있다.

예컨대, Leonard Blissé, *Visible Cities Canton, Nagasaki and Batavia and the Coming of the Americans* (Cambridge, MA: Harvard University Press, 2008); Masashi Haneda(ed.), *Asian Port Cities, 1600-1800: Local and Foreign Cultural Interactions* (Singapore: National Singapore University Press & Kyoto University Press, 2009); Evert Groenendijk, Cynthia Viallé & Leonard Blissé (ed.), "Canton and Nagasaki Compared 1730-1830", *Intercontinenta*, No.26 (Leiden: Universiteit Leiden, 2009) 및 본문의 각주 52, 83에서 인용했던 荒野泰典 等編, 『日本の對外關係6: 近世的世界の成熟』과 『日本の時代史14: 江戸幕府と東アジア』에 수록되어 있는 관련 논문들은 모두 동아시아와 세계사의 각도에서 나가사키, 광저우 및 외국인 거류지였던 류큐관(中國 福州), 왜관(倭館, 韓國 釜山)의 비교연구를 시도하고 있다.

제국의 팽창과 변모하는 개항장 인천

: 일본인 거류지 형성과 식민기지

이규수

Ⅰ. 머리말

온갖 물품을 취급하면서도 모두 헤아려 소홀함이 없고,
이득이 있다면 쫓아가지 않는 곳이 없다.
배 한 척이 실어가니 또 한 척이 들어오는데,
쌀, 콩에 비단과 가죽, 명태가 가득하다.

바닷가에 우뚝한 집 서까래가 몇 개나 되나,
사람마다 떠들썩하게 세속을 논한다.
오는 손님 가는 손님들로 왁자지껄한데,
길가에는 돈이 산처럼 쌓인다.

위 인용문은 청일전쟁 이전 화도전환국(華島典圜局) 직원으로 조선
을 수차례 방문하면서 개항장 인천의 풍경을 노래한 요코세 후미히코
(橫瀨文彥)의 「무역상」이라는 한시이다.[1] 조폐기관인 전환국 직원의

눈에 비친 인천 무역상의 모습은 '이득을 쫓는 무리'의 전형이었다. 해항도시로 이제 첫발을 내디딘 인천을 무대로 무역선의 연이은 왕래와 농산물을 비롯한 거래물품의 다양함은 일확천금을 노리는 무역상의 조선 진출을 자극하기에 충분했다. 그들은 개항장을 무대로 '길가의 돈'을 손아귀에 거머챌 수 있었다. 개항장 인천은 한 개인이 묘사한 한시에서도 손쉽게 부귀영화를 성취할 수 있는 '약속의 땅'으로 비추어졌다.

개항 이후 일본인들은 조선으로 건너와 일본인 사회를 형성하기 시작했다. 그 형성 속도는 매우 빨랐다. 1876년 54명에 불과하던 거류일본인은 원산 개항 직후인 1881년에는 3,417명으로 늘어났다. 1883년에는 인천 개항과 더불어 4,003명, 1894년에는 청일전쟁의 승리에 의해 1만 2,303명으로 각각 증가했다. 더욱이 러일전쟁이 개시된 1904년에는 3만 1,093명으로 증가했고, 일본의 조선지배가 확실해 진 1905년에는 1년 전인 1904년보다 1만 명이 늘어난 4만 2,460명의 일본인이 조선에 거주했다. 이후에도 일본인 거류민은 계속 증가하여 1910년 한국강점 당시에는 이미 17만 명이 넘는 일본인이 조선에 건너왔다.[2]

일본인의 조선 이주에 관한 연구는 다양한 각도에서 주목받았다. 일본인의 조선이주과정을 둘러싼 실증연구와 더불어 일본인의 왜곡된 조선인식에 대한 강한 비판도 제기되었다.[3] 최근에는 각 개항장에

---

[1] 1893년 2월에 간행된 요코세의 한시집 『인천잡시』(仁川雜詩)에는 개항장 인천의 주요 관공서와 회사, 풍경 등을 소재로 한 50여 편의 한시가 수록되었다. 이 한시집은 인천광역시 역사자료관 역사문화연구실, 『인천 개항장 풍경』, 인천광역시, 2006에 번역 수록되었다.

[2] 朝鮮總督府, 『朝鮮における內地人』, 朝鮮總督府, 1923, 2~3쪽.

[3] 선구적인 연구로는 김의환, 『부산근대도시형성사연구』, 연문출판사, 1973; 김용욱, 『한국개항사』, 서문문고, 1976; 木村健二, 『在朝日本人の社會史』, 未来社, 1989; 梶村秀樹, 『朝鮮史と日本人(梶村秀樹著作集 1)』,明石書店, 1992; 高崎宗司, 『植民地朝鮮の日本人』, 岩波書店, 2002 등을 참조.

초점을 맞추어 조계의 설정과정과 상업자본가를 비롯한 일본인의 모습을 분석한 업적도 눈에 띈다.[4] 식민지 통치는 조선총독을 비롯한 고위 관료 등 명망 있는 정치가 집단이나 군부에 의해 주도되었지만, 오히려 우리에게 이름조차 잘 알려지지 않은 수많은 사람들을 통해 유지되고 지탱되었음이 밝혀졌다.

여기에서는 개항장 인천을 사례로 개항 이후 한국강점에 이르기까지 일본의 식민지배세력, 특히 상인계층이 인천에 세운 식민사회의 구조적 특성이 무엇이며, 또 그런 사회구조적 특성은 일본의 식민지배정책과 서로 어떤 연관성을 지니고 있는지 등을 살펴보고자 한다. 개항장 인천은 거류일본인 사회에 대한 연구에서 최적의 연구 대상지역의 하나이다. 인천은 일찍이 한성에 이르는 일본인 진출의 주요 대상이었다. 인천지역의 일본인 인구는 급증했고, 이들 일본인들은 다양한 사회조직을 이루면서 경제적 부를 축적해나갔다. 인천지역의 사회경제적 특성을 고려할 때, 개항장 인천의 사례연구는 식민지배세력이었던 거류일본인과 그들을 중심으로 이루어진 식민지배구조의 특성, 그것이 조선 사회에 미친 영향 등을 연구하는 데 좋은 모델을

---

4) 개항장 인천과 관련된 연구는 다음 논문을 참고할 만하다. 노영택, 「개항지 인천의 일본인 발호」, 『기전문화연구』 5, 1974; 최영준, 「개항을 전후한 인천의 지리적 연구」, 『지리교육』 2, 1974; 최영준, 「개항 전후의 인천의 자연과 인문경관」, 『지리학』 9-2, 1974; 橋谷弘, 「釜山・仁川の形成」, 『近代日本と植民地 3』, 岩波書店, 1993; 김학준, 「개항 시기와 근대화 노력 시기의 인천」, 『한국학연구』 6.7합집, 1996; 김용하, 「개항과 근대항만도시로의 발전」, 『한국학연구』 6.7합집, 1996; 정광하, 「개항장을 기반으로 한 일본의 대한침략사 소고」, 『통일문제와 국제관계』 8, 인천대학교 평화통일연구소, 1997; 양상호, 「인천개항장의 거류지확장에 관한 도시사적 고찰」, 『논문집』 1, 1998; 강덕우, 「인천개항과 관련한 몇 가지 문제」, 『인천학연구』 1, 2002; 박찬승, 「조계제도와 인천의 조계」, 『인천문화연구』 1, 2003; 김윤희, 「개항기(1894~1905년) 인천항의 금융 네트워크와 韓商의 조건」, 『인천학연구』 3, 2004; 강경락, 「천진과 인천의 개항장 비교 연구」, 『중국학보』 53, 2006.

제시해 줄 것이다.

Ⅱ. 개항과 일본조계

일본은 1876년 2월 소위 운양호사건을 계기로 '조일수호조규'를 체결함으로써 조선침략의 첫걸음을 내디뎠다. 침략을 첫 걸음을 내딛기 위해서는 전략적 근거지가 필요했다. 주지하는 바와 같이 '조일수호조규' 제4관과 제5관에서는 부산 이외의 두 항구를 개항하기로 규정하고, 개항장에서는 일본에 의한 토지와 가옥의 임차 권리 등을 삽입시켰다. 일본은 부산과 원산에 이어 세 번째 개항지로 조선의 심장부인 한성에 접근하기 용이한 인천을 선택했다.[5]

개항 당시 인천 제물포에는 조선인 가옥이 십 수호밖에 없는 곳이었다. 인천거류민의 표현을 빌자면 "인천은 갈대만 무성히 자라고, 월미도 동쪽과 만석동 해변에 소수의 어촌만이 점재한 곳이었다. 가느다란 연기가 솟아오르고 슬픈 아리랑 노래만 들려오는 후미진 어촌"[6]

---

[5] 세 번째 개항지로 인천이 결정된 정황은 다음과 같다. 즉 "인천이 항구로 선정된 것은 주로 하나부사 요시타다(花房義質)의 의향 때문이었다. 하나부사는 항구 두 곳을 선정하는 임무를 맡았는데, 처음부터 수도 경성 부근에 한 곳, 함경도 방면에 한 곳을 마음에 두었다. 경성 부근에서 후보 항구를 찾는다면 바로 제물포가 예상되었다. 그곳은 일찍이 구로다(黑田)와 이노우에(井上) 양 전권대사가 조약 체결을 목적으로 지나가던 곳이었다. 하지만 해군 측에서 간만의 차가 너무 심하다며 이론을 제기했다. 이후 하나부사는 목포와 군산, 아산만 등지를 조사하여 아산만을 최적지로 결정했다. 그러나 결국 1881년 인천으로 결정되었다. 하나부사의 의향은 인천보다 아산만 쪽에 더 기울어졌으나, 결국 인천항으로 결정된 것이다. 정확한 진상은 알 수 없으나 여러 악조건에도 불구하고 인천이 수도 경성에 가장 근접한 항구라는 점이 결정적인 이유였을 것이다"라고 전해진다. 仁川府, 『仁川府史』, 1933, 104~107쪽 참조.

에 불과했다. 하지만 인천은 도읍지 한성의 외항에 위치하며, 한성을 향한 해로의 관문에 해당하는 전략적 요충지이다. 인천은 일본의 도쿄와 요코하마와 같은 의미를 지닌 개항지였다. 일본이 인천 개항을 고집한 연유는 대륙침략의 전진기지 항구로 인천을 염두에 두었기 때문이다. 즉 일본은 "인천은 단지 경성의 관문에만 머물지 않고, 동시에 만주와 북청지방을 향하는 요로에 해당한다"[7]고 판단하고 인천의 개항을 강력히 요구한 것이다.

인천 개항과 관련하여 조선정부로부터의 반대는 강했다. 인천은 도성이 가까워 민심의 소란과 각종 물자의 유출이 막심하리라는 우려 때문이었다. 더욱이 인천은 한성을 방위하기 위한 전략적 요충지였다. 이런 사정으로 인해 당초 1878년 10월로 예정된 인천 개항은 무기한 연기되었다. 전국적으로 전개된 유림들의 척사상소도 한 몫을 담당했다. 인천의 개항은 일본의 의도와는 달리 결코 순탄치 않았다.[8]

개항의 지연과 더불어 1880년 하나부사 요시타다(花房義質)는 40명의 관원을 이끌고 공사로 부임하여 인천 개항을 강력히 요구했다. 1881년 조선정부는 20개월 이후라는 조건으로 개항에 동의했다. 1882년 4월 일본영사관이 설치되었다. 하지만 이후에도 개항은 1882년 7월에 발생한 임오군란 등으로 계속 늦어졌다. 우여곡절 끝에 인천은 1883년 1월에 이르러서야 개항하기에 이르렀다. 일본은 '조일수호조규'의 체결 이후 1876년 부산, 1880년 원산에 이어 7년여 만에 인천을 개항시킴으로써 조선침략을 위한 거점을 확보한 셈이다.

---

6) 信夫淳平, 『仁川開港二十五年史』, 1908, 33쪽.
7) 『仁川開港二十五年史』, 序文, 4~5쪽.
8) 조선정부의 개항을 둘러싼 논의에 대해서는 강덕우, 「인천개항과 관련한 몇 가지 문제」, 『인천학연구』 1, 2002, 5~11쪽 참조.

인천이 공식 개항되기 이전부터 인천을 둘러싼 동아시아 정세는 매우 유동적이었다. 임오군란 당시에는 인천으로 도주하던 일본관헌 6명이 조선인에게 살해당했다. 일본 측은 이를 '흉도의 추격(追擊)'[9]이라 표현했다. 일본공사는 영국 측량선에 탑승하여 일본으로 도주할 정도로 사태가 급박했다. 조선정부의 요청으로 무장군대의 진압을 위해 청국함대와 4,000여 명의 청국군대가 인천에 급파되었고, 1882년 8월 하나부사는 4척의 함대와 1,200명의 일본군을 이끌고 다시 인천에 나타났다. 일본과 청국 간에는 조선의 주도권을 둘러싸고 전운의 기운마저 감돌았다. 일본은 임오군란을 빌미로 공관 시설과 인원에 대한 피해보상을 강요한 '제물포조약'을 체결했다. 조약은 일본군함에서 조인되었고, 일본은 공사관 경비대 명분으로 1개 중대 병력을 주둔시켰다. 이 병력은 이후 갑신정변을 주도하는 병력으로 활용되었다. 청일 양국은 조선의 주도권을 장악하기 위해 인천항을 무대로 진퇴를 거듭했다. 인천의 군사적 장악은 조선에 대한 주도권을 확보하는 배경이 되었다.

개항 이후에도 정세는 급박하게 전개되었다. 1884년 12월 갑신정변에 실패한 일본공사관 관원과 김옥균 등 개화파는 인천을 통해 일본으로 탈출했다. 일본공사관은 조선인의 공격을 받았고, 이소바야시 신조(磯林眞三) 육군 대위 이하 14명이 전사했다. 일본공사 다케조에 신이치로(竹添進一郎)는 한성에서 일장기를 내리고 인천으로 도주했다. 인천에서는 육전대(陸戰隊)가 정박 중이던 일본군함 일진(日進)으로부터 상륙했고, 거류 일본인은 '의용대'를 조직하여 거류민 전원을 기선 천세환(千歲丸)에 탑승시켜 일본으로 철수를 준비했다.[10] 이후

---

9) 『仁川開港二十五年史』, 6쪽.
10) 위의 책, 7~8쪽.

이노우에 가오루(井上馨) 일본전권대사는 군함 7척과 2개 대대 병력을 거느리고 인천에 입항하여 '한성조약'을 강압적으로 체결했다. 공사관 경비대라는 명분으로 1개 대대 300명을 주둔시킨 곳도 바로 인천항이었다. 인천은 조선을 장악할 수 있는 지름길에 위치했기 때문이다.

이처럼 인천은 부산이나 원산과는 달리 정치적으로 첨예하게 대립한 곳이었다. 인천을 군사적으로 장악하는 것이 다름 아닌 조선에 대한 우월권의 확보와 직결되었다. 일본은 조선을 장악하기 위해 식민거점의 확보가 필요했다. 일본인의 대거 이주도 요청되었다. 하지만 일본의 독점적인 세력권이 형성되기에는 시일이 필요했다. 인천 개항이 결정된 이후에도 공교롭게 임오군란이 발생하여 일본의 정치적 입지는 후퇴하고 개항은 지연되었다. 갑신정변에 관여한 일본에 대한 여론도 악화되었다. 또 임오군란 직전인 1882년 5월 조선정부는 '한미수호통상조약'을 체결하고 이후 영국, 독일, 이탈리아, 러시아, 프랑스와도 연이어 조약을 맺었다. 이들 국가는 1884년 '인천 제물포 각국조계장정'에 따라 인천에 공동조계를 설치했다. 개항과 더불어 인천에는 일본조계, 청국조계, 공동조계가 설치되어, 인천은 각국의 세력권 확보를 둘러싼 동아시아의 각축장으로 변모했다.

일본은 개항장 인천을 장악하기 위해 일본조계를 거점으로 세력을 확대할 필요가 있었다. 인천에는 개항 이전인 1882년 4월 일본영사관이 설치됨으로써 일본인 거주가 시작되었다. 인천에 처음으로 상륙한 일본인은 개항 직후인 1883년 4월 현재 상인 7~8명과 직공 7~8명이었다.[11] 1883년 9월 인천에는 '인천항 일본인 조계차입약서'에 의해 약 7

---

11) 『仁川府史』, 278쪽.

천 평의 일본 전관조계가 설정되었다. '조계차입약서'의 내용은 조선 정부가 일본인 조계를 설정하기 위해 일정지역을 구획하여 일본상인 등에게 이 지역을 일종의 보수로서 할애하고, 지역이 협소하면 조계를 확장한다는 것이었다. 또 조계에서는 조선정부가 세금을 전액 징수할 수 없었다. 다시 말해 조계는 거의 무상에 가까운 대가로서 일본인에게 영구히 대여한다는 것이었다.12)

조계에는 제한과 권리가 동시에 적용되었다. 조계에 거주하는 외국인은 조계의 일정구역 밖으로의 내지여행은 금지되었다. 조선정부가 외국인의 자유여행을 원칙적으로 금지했기 때문이다. 하지만 조계 안에서는 조선 법률의 적용을 받지 않는 '치외법권' 지역이었다. 이른바 영사재판권이 인정되었다. 또 자유로운 무역도 보장되었다. 일본은 '조일수호조규' 제9관에 '인민은 각자 임의로 무역하되 양국 관리는 이에 관여하지 않으며 또한 제한하거나 방해할 수 없다'고 규정함으로써 자유로운 통상활동을 보장했다. 더구나 수입제품에 대한 관세부과권도 조약에 의해 제한되었다. 일본인에게 조계는 일확천금을 얻을 수 있는 황금어장과도 같은 곳이었다.

일본은 조계 확장의 필요성이 절실했다. 개항장 인천의 일본조계 면적은 부산 11만평, 원산 9만평에 비해 협소했다. 더구나 인천에서는 부산과 원산과 달리 1884년 일본 전관조계 주변에 약 5천평 규모의 청국 전관조계와 14만평의 각국 공동조계도 설치되었다. 그리고 조계외곽지대는 조선인의 거주지로 둘러싸였다.13) 일본이 점유한 조계지

---

12) 정광하, 「개항장을 기반으로 한 일본의 대한침략사 소고」,『통일문제와 국제관계』 8, 인천대학교 평화통일연구소, 1997, 316~317쪽.
13) 「釜山·仁川の形成」, 248쪽. 각 조계지의 위치와 도시경관의 변화에 대해서는 최영준, 「개항을 전후한 인천의 지리적 연구」,『지리교육』 2, 1974을 참조.

로는 밀려드는 일본인을 충분히 수용할 수 없었다. 거류민조차도 "개항과 더불어 거류 방인(邦人)이 점차 증가하고 이와 비례하여 일본 거류지가 발달되었다. 당시는 관민 모두 오늘날과 같은 현저한 발달을 예상하지 못했다. 이 때문에 얼마 지나지 않아 거류지가 협소하여 방인에게 엄청난 불이익과 불편을 주었다. 따라서 방인은 외국 거류지에 유입되었는데, 소수 외국인에게 고가의 지대와 임대료를 지불하게 되어 방인의 발달을 방해했다"[14]고 불만을 토로할 정도였다.

일본은 1883년 9월 '조계차입약서'에 따라 해안 매립을 통해 조계의 확장을 도모했다. 하지만 그 또한 급증하는 일본인 이주자를 수용하기에는 역부족이었다. 일본의 힘은 상대적으로 약화되는 것처럼 보였다. 조계의 확장이 급선무였다. 특히 청일전쟁의 승리 이후 급증하는 일본인의 대량유입은 조계지의 과밀화로 이어졌다. 일본인들은 일본 전관조계를 벗어나 조선인 거주지역과 청국조계를 침식했다.[15] 당시 정황에 대해 거류민들은 "청일전쟁 이후 인구의 현저한 팽창으로 자연히 광대한 각국 거류지에 유입했는데, 외국인 지주의 가혹한 지대와 임대료 때문에 신거류지 확장이 요구되었다. 일본 거류지 앞의 해안매립을 추진했으나, 한국 정부가 허락하지 않아 결국 한국인 지역과 예정된 청국 조계로 확장했다"[16]고 말한다. 더구나 일본인은 조선인 거주 지역에서 각종 분규를 일으켰다. 치외법권을 악용한 각종 불법행위를 저지르고 토지를 점거하기 시작했다. 조선정부가 규정한 외국인의 내지여행 금지 조항은 실질적으로는 지켜지지 않았다.[17]

14) 『仁川府史』, 126~127쪽.
15) 일본인 거류지의 확장에 관한 연구로는 양상호, 「인천개항장의 거류지확장에 관한 도시사적 고찰」,『논문집』 1, 1998; 박찬승, 「조계제도와 인천의 조계」,『인천문화연구』 1, 2003 등을 참조.
16) 『仁川府史』, 445쪽.

일본은 여기에 멈추지 않았다. 조계지 확장문제가 원만히 해결되지 않자 조계를 벗어나 공동조계로 진출하기 시작했다. 당시 공동조계에는 영국, 미국, 러시아, 독일, 프랑스, 일본인이 혼거하면서 세력경쟁을 벌였다. 공동조계에 거주하는 일본인의 인구와 소유면적은 일본의 전관조계를 능가할 정도였다. 공동조계의 주민 99%는 일본인이었다.[18] 공동조계의 행정권을 전담하는 자치조직인 신동공사(紳董公司)의 임원도 일본인과 친일파 외국인이 독점했다. 공동조계는 실질적으로 일본조계와 같은 양상을 보였다. 하지만 일단 외교상의 문제가 야기되면, 공동조계라는 형식은 일본에 의한 세력독점에 장애가 될 수밖에 없었다. 예를 들면 일본이 공동조계에 군대를 주둔시키자, 영국은 그 철수를 요구하고 일본군의 행동에 항의를 계속했다. 조계를 기반으로 한 각국의 이해관계는 서로 얽혀있었다.[19]

또 청일전쟁의 승리 이전까지는 청국조계와 일본조계는 경쟁관계에 있었다. 청국은 주지하는 바와 같이 책봉체제 아래 조선을 의례적 종주국으로 간주했다. 하지만 청국은 조선의 개항과 더불어 종래의 외교방침을 전환하여 조계를 중심으로 통상관계를 강화했다. 조선을 실질적으로 속국화하려는 속셈이었다. 조계 내의 청국 상인의 단결력은 높았고 풍부한 자금력을 활용하여 일본조계와 경쟁적으로 상권을 확대했다.[20] 인천 개항 이후 1890년 이전까지 인천항 수입의 적어도

---

17) 일본조계 확대를 둘러싼 일본인 거류민과 조선인과의 분쟁에 대해서는 노영택, 「개항지 인천의 일본인 발호」, 『기전문화연구』 5, 1974를 참조.

18) 김용욱, 『한국개항사』, 서문문고, 1976, 155쪽.

19) 「釜山·仁川の形成」, 249쪽.

20) 「釜山·仁川の形成」, 251~252쪽. 인천의 화교에 관한 연구로는 김영신, 「개항기 (1883~1910) 인천항의 대외무역과 화교의 역할」, 『인천학연구』 2~1, 2003; 김영신, 「일제초기 재한화교(1910~1931): 인천지역 화교를 중심으로」, 『인천학연구』 4, 2005를 참조.

8~9할은 일본상인에 의해 이루어졌다. 그런데 이후 청상의 거래가 늘어나 옥양목과 한냉사의 수입은 "청상으로 인해 계속 줄어들었다. 지금은 그 전부가 청상의 손아귀에 들어갔다"[21]는 보고가 이루어질 정도였다.

인천 개항과 더불어 일본조계는 청국의 전관조계와 구미열강의 공동조계 틈바구니 속에서 생존할 수밖에 없었다. 일본은 조선에서의 세력 확대를 위해 필사적으로 몸부림쳤다. 하지만 일본조계의 상황은 유동적이었다. 청국과의 경쟁관계에서 승리하기 위해서는 먼저 군사적인 우위를 차지할 필요가 있었고, 경제적으로도 세력을 확장시켜야 했다. 일본의 확고한 지위를 다지기 위한 인적 자원이 필요했다. '식민열'을 고양시켜 일본인의 조선 이주를 적극 유도하고, 식민기지 건설에 박차를 가했다. 일본으로서는 동아시아 해상교통의 중심지이자 통상과 군사상의 중요 거점인 인천을 결코 포기할 수 없었다. 개항 직후 인천은 대륙진출의 중계지로 일본 근대의 방향을 좌우할 수 있는 '생명선'과도 같은 곳이었기 때문이다.

Ⅲ. '식민열'의 고양과 거류민사회

인천 개항과 더불어 일본인 이주가 시작되었다. 〈표 1〉은 개항 이후 1910년까지의 인천지역 일본인 인구를 나타낸다. 일본인 인구는 개항 직후인 1883년 75호 348명이었지만,[22] 1884년에는 갑신정변의 여파로

---

21) 청국인도 1890년 47명에서 1891년에는 138명으로 늘어났고, 1892년에는 521명으로 격증했다. 그들의 직업은 주로 잡화상이었다(『植民地朝鮮の日本人』, 37쪽).
22) 다른 통계에 의하면 1883년 4월 불과 14~16명이었던 인천의 일본인 인구는 같은

일시적으로 26호 116명으로 감소했다. 인천 거류민의 증감은 정치적 상황의 변동과 연동되었기 때문이다. 『통상휘편』(通商彙編)에 의하면, 1884년 상반기의 경제상황은 "수출입 모두 극심한 불경기를 맞이했다. 상점은 거의 문을 닫고 불을 끈 모습"[23]이었다고 전해진다. 급박한 갑신정변의 여파로 거류민이 감소했음을 알 수 있다. 이후 거류민은 꾸준한 증가세를 보여 1888년 155호 1,359명으로 천 명을 돌파했다. 청일전쟁의 승리와 더불어 거류민은 4천 명을 넘어섰고, 러일전쟁 직후에는 만 명을 돌파했다. 인천에는 조선에 대한 일본의 지배권이 확고해짐에 따라 거류민이 꾸준히 몰려들었음을 확인할 수 있다. 또 조선인은 일본인의 증가양상과 더불어 1905년 이후 만 명을 돌파했고, 중국인은 청일전쟁 이후에도 청국조계를 중심으로 여전히 세력을 유지했다.

〈표 1〉 연도별 인구 변화

년도	조선인		일본인		중국인		기타 외국인	
	호수	인구	호수	인구	호수	인구	호수	인구
1883			75	348				
1884			26	116				
1885			109	562				
1886			116	706				
1887			112	855				
1888			155	1,359				
1889			167	1,362				
1890			255	1,616				
1891			338	2,331				
1892			388	2,540				
1893			425	2,504				

해 말에는 관원 관속을 제외하고 401명(남성 326명, 여성 74명)이었다고 한다(『通商彙編』(1883年 下半季), 325쪽). 이에 의하면 불과 8개월 만에 인구가 약 27배 증가한 것이다.

[23] 『通商彙編』(1884年 上半季), 363쪽(『植民地朝鮮の日本人』, 23쪽에서 재인용).

연도								
1894			511	3,201				
1895	1,146	4,728	709	4,148				
1896	1,768	6,756	771	3,904				
1897	2,360	8,943	792	3,949	157	1,331	24	57
1898	1,823	7,349	973	4,301	212	1,781	30	65
1899	1,736	6,980	985	4,218	222	1,736	28	67
1900	2,274	9,893	990	4,215	228	2,274	29	63
1901	2,296	11,158	1,064	4,628	239	1,640	31	73
1902	2,257	9,803	1,221	5,136	207	956	33	75
1903	2,452	9,450	1,340	6,433	228	1,160	41	109
1904	2,250	9,039	1,772	9,403	237	1,063	38	91
1905	3,479	10,866	2,853	12,711	311	2,665	33	88
1906	2,485	18,361	3,067	12,937	186	1,254	38	98
1907	3,227	13,362	2,922	11,467	414	1,373	37	63
1908	4,458	15,711	3,830	11,283	383	2,041	28	60
1909	3,515	12,903	3,025	10,907	419	2,069	31	71
1910	3,794	14,820	3,446	13,315	524	2,806	26	70

자료 : 『仁川府史』, 6~10쪽.

거류민의 출신별 구성은 어떠했을까. 초기 거류민의 출신별 구성을
전체적으로 나타내는 통계는 구체적으로 확인할 수 없다. 다만 개항
직후의 정황은 다음과 같다. 즉 "인천이 개항되었지만 당시 우리 국민
의 해외사상은 극히 유치했다. 조선에 발을 들여놓는 사람이 거의 없
었다. 다만 부산에 거주하던 쓰시마 사람들과 소수의 나가사키 사람
들이 이주했을 뿐이다. 점차 새로운 개항지 인천이 유망하다는 사실
이 세간에 알려지고 조선열이 불타 야마구치와 나가사키 주변의 사람
들이 속속 도항했다"24)고 전해진다. 초기 거류민 사회는 지리적으로
조선에 가까운 서일본 지역의 일본인을 중심으로 형성되었다. 이는
부산과 원산 등 다른 개항장의 양상과 비슷하다.

〈표 1〉과는 약간 통계적 오차가 존재하지만, 1896년 현재 인천 거류

---

24) 『仁川開港二十五年史』, 33쪽.

민 4,148명의 출신지는 야마구치 1,178명, 나가사키 1,075명, 오이타)
357명, 후쿠오카 235명, 구마모토 173명 순이었다.[25] 인천 거류민은
야마구치 출신이 쓰시마를 포함한 나가사키 출신들을 앞섰음을 알 수
있다. 야마구치 출신자의 인천 도항은 이후에도 지속되었다. 이러한
경향은 식민지화 이후에도 지속된다.[26]

〈표 2〉 일본인의 출신지별 구성(1931년 말 현재)

출신지	호수	인구	출신지	호수	인구	출신지	호수	인구
홋가이도	5	16	이시카와	20	97	나라	18	74
아오모리	7	23	후쿠이	15	67	와카야마	28	120
이와테	10	43	도쿠시마	53	252	돗토리	21	72
미야기	20	90	가가와	46	189	시마네	49	181
아키타	12	53	에히메	75	302	오카야마	79	338
야마가타	12	56	고치	16	98	히로시마	198	857
후쿠시마	16	64	야마나시	8	39	야마구치	405	1,934
이바라키	18	87	나가노	8	39	후쿠오카	190	877
도자키	9	50	기후	13	58	사가	112	448
군마	5	29	시즈오카	24	116	나가사키	138	536
사이타마	16	76	아이치	35	145	구마모토	207	838
지바	23	109	미에	38	151	오이타	201	785
도쿄	50	187	시가	35	167	미야기	23	115
가나가와	23	90	교토	43	174	가고시마	118	520
니가타	30	109	오사카	80	267	오키나와	4	8
도야마	22	123	효고	77	304	합계	2,655	11,373

자료 : 『仁川府史』, 12쪽.

---

[25] 『植民地朝鮮の日本人』, 64쪽.

[26] 기무라 겐지의 연구에 의하면, 1910년 이전 조선 전체의 일본인 거류민은 나가사
키 그 가운데에서도 쓰시마 출신자가 가장 많았고, 그 뒤를 이어 야마구치가 많
았다. 두 현은 1896년 현재 일본인 거류민의 58.1%를 차지했다. 이후에는 차츰
서일본을 중심으로 그 밖의 부현의 비율도 높아갔다. 1910년에는 상위 두 현은
야마구치와 나가사키로 변함이 없지만, 그 비율은 20.4%로 저하한 반면, 후쿠오
카, 히로시마, 오이타, 구마모토 등 1만 명 전후의 현도 증가했다(『在朝日本人の
社會史』, 10~19쪽).

〈표 2〉는 1931년말 현재 인천 거주 일본인의 출신지별 구성을 나타
낸다. 시기적으로 약간 차이가 있지만, 인천 개항 직후의 출신지별 분
포의 특징을 살펴볼 수 있을 것이다. 이에 따르면 1931년말 현재 인천
의 거류민 수는 야마구치가 405호 1,934명으로 가장 많았고, 이어서
후쿠오카 190호 877명, 히로시마 198호 857명, 구마모토 207호 838명,
오이타 201호 785명, 나가사키 138호 536명, 가고시마 118호 520명 순
이었다. 개항 초기에 비해 나가사키 출신 거류민 수가 상대적으로 완
만한 증가를 보이고 있지만, 전체적으로 서일본 출신 거류민을 중심
으로 점차 동일본 지역과 일본 전역으로 확대되었음을 확인할 수 있다.

〈표 3〉 인천 거주 주요 일본인

이름	업종	출신지	도항연도	이름	업종	출신지	도항연도
堀力太郎	고리대업	나가사키	1883	郡金三郎	선박운송업	나가사키	1883
田中良助	주류상	야마구치	1883	樋口平吾	잡화상	사가	1883
土肥福三郎	무역상	나가사키	1883	慶田利吉	선박운송업	가고시마	1883
久野勝平	무역상	나가사키	1883	田中佐七郎	무역상	가고시마	1883
高杉昇	잡화상	야마구치	1883	福岡利吉	요리업	야마구치	1883
力武平八	정미업	사가	1883	林長太郎	무역상	나가사키	1883
平山未吉	미곡상	나가사키	1883	太田吉太郎	고리대업	나가사키	1883
中野谷秀雄	목재상	히로시마	1883	水津イキ	여관업	야마구치	1883
廣池亭四郎	조합업	오이타	1883	高野周三郎	정미업	나가사키	1883
浦崎善助	선박운송업	나가사키	1883	田中富之助	선구상	야마구치	1883
原田金太郎	여관업	나가사키	1883	清水米太郎	과일상	나가사키	1884
友永藤一	고리대업	나가사키	1884	畿度直作	운송업	나가사키	1884
古賀勝治	양복상	나가사키	1884	小野久治	중매상	나가사키	1884
古木トヨ	약종상	나가사키	1884	大久保機一	무직	나가사키	1884
赤松吉藏	잡화상	효고	1884	進藤鹿之助	목욕업	효고	1884
松本清太郎	중매업	나가사키	1884	八坂グリ	요리업	나가사키	1884
八幡一藏	잡업	나가사키	1884	佐野喜三郎	은세공업	나가사키	1884
平岡仙右衛門	무직	나가사키	1884	山中ツエ	무직	나가사키	1884
藤原虎五郎	생수업	나가사키	1884	川上又治郎	석공	나가사키	1884
金尾郡平	무직	후쿠오카	1884	久保重吉	무직	오이타	1884
貞安倉吉	잡화상	야마구치	1885	吉貴藤吉	조합업	야마구치	1885

中上藤太郎	전당포	나가사키	1885	井上安太郎	기모노상	후쿠오카	1885
增田米吉	우유상	히로시마	1885	大久保文助	관리	나가사키	1885
萩野寅吉	건축업	후쿠이	1885	中野喜代吉	농업	효고	1885
八波虎吉	곡물상	사가	1885	奈良崎勝助	과자상	후쿠오카	1885
坂口源助	과자상	나가사키	1885	小谷留吉	건축업	효고	1885
上野友吉郎	우유업	나가사키	1886	勝木嘉七	세탁업	구마모토	1886
木村中一	선박운송업	나가사키	1887	奥田貞次郎	무역상	나가사키	1887
日野彌三	중매상	오사카	1887	山口熊太郎	철공업	나가사키	1887
山崎好藏	농업	히로시마	1887	國近新藏	중매업	나가사키	1887
植山芳藏	중매업	오이타	1887				

자료 : 『仁川開港二十五年史』, 63~65쪽.

〈표 3〉은 1883년 개항과 더불어 인천에 이주하여 1910년 전후까지 한성 등지로 이주하지 않고 인천에 거주한 주요 일본인의 업종과 출신지를 나타낸다. 이들은 소위 인천 거류민의 '토박이' 혹은 '명망가' 범주에 해당한다. 이들의 출신지 분포를 살펴보면 나가사키와 야마구치 출신자를 중심으로 오이타, 후쿠오카, 구마모토, 효고 등 서일본 출신자가 많았다. 이들은 인천 거주와 더불어 1886년 일본인상업회의소를 창립하고 뒤이어 미두취인소, 곡물시장, 금융조합, 수출미곡상조합, 상품중매조합, 석유상조합 등 상업단체의 조직에 관여했다.

개항 초기 인천에 이주한 일본인의 직업은 상인층을 비롯해 다양했다. 〈표 4〉는 1896년 현재 인천 거류일본인의 직업별 영업자 수를 나타낸다. 거류민들은 고리대업, 선박운송업, 무역업, 미곡상, 정미업, 잡화상, 요리업, 주류상, 목재상, 과일상 등 다양한 직종에 종사했음을 알 수 있다. 특히 당시 개항장에는 상인층 이외에도 피용인 648명, 일용직 254명 등 특정 직업 이외에 종사한 자들도 많았다. 이들은 일본에서 재산을 모두 탕진하고 개항장에 흘러들어와 생계를 유지한 계층일 것이다.[27] 이는 개항 당시의 '식민열'을 반영한 것으로 일본인의 조선 이주가 광범위하게 이루어졌음을 시사한다.

<표 4> 인천 거류민의 직업별 영업자(1896년 현재)

종류	인원	종류	인원	종류	인원	종류	인원
은행	3	간장소매	2	도축	2	이발	20
무역상	28	간장제조	2	우유	2	재봉	12
중매업	26	된장소매	1	과자직공	7	선박대여	142
선박업	7	과자제조	13	잠수업	5	안마	3
화물보관	9	야채상	2	식목직	1	하숙집	2
나룻배대여	1	서양요리	1	활터	1	서양인피용인	6
수륙운송업	2	페인트칠	1	주양조	2	투환	1
잡화상	3	여인숙	9	침술사	3	자동차대여	1
백미소매	3	음식점	71	과자소매	9	약재상	6
쇠고기소매	3	당구장	4	미쟁이	13	전당포	7
약제사	5	석탄상	2	시계수리	3	고물상	3
된장제조	1	음료수	4	대장간	15	사진사	1
연초소매	8	포목상	5	신관	2	농업	37
목공	103	어물상	8	승려	3	도자기	3
톱쟁이	9	두부상	8	솜틀집	3	되제조업	6
도장	5	서점	2	얼음소매	27	필경	2
구두공	5	의사	8	요리사	40	가마니수공	3
가발	3	주류소매	30	표구사	1	청량음료수제조	4
물품취급소	1	석공	10	작부	27	통관업	1
예기	21	다다미	3	염색	1	비누제조	1
철물상	2	인쇄업	1	잡업	8	회사	2
인력거	1	기와	3	종이상	2	금은세공	1
어업	14	산파	2	얼음도매	1	등제조수선	1
정미업	9	일용직	254	기석	1	함석제조	7
피용인	648	품팔이	6	황물상	2	토목청부	1
목욕탕	6	회사원	14	활터	2	양복제봉	4
서양세탁업	9	안경테	6	관리	8	기와직공	1
신문기자	4	요리점	21	교사	6	말대여	1

자료 : 『朝鮮協會會報』 2, 1902년 8월, 8쪽.

---

27) 이러한 현상은 다른 개항장에서도 마찬가지였다. 1878년 부산의 경우는 "장소는 좁지만 두부가게, 전병가게, 야채생선가게, 통가게, 신발가게 등이 있었다. 가난한 사람이 할 수 있는 장사는 거의 없다. … 심지어는 쓰시마에서 재산을 모두 탕진한 다음 겨우 일용직으로 생계를 꾸려나가 1일 구비(區費) 25전조차 지불할 수 없는 사람들도 있다"고 보도하고 있다(「朝鮮通信」, 『朝野新聞』 1878년 12월 10일자).

인천 거류민의 도항과정상의 특징은 무엇일까. 인천으로 이주한 일본인은 크게 두 부류로 나누어볼 수 있다. 하나는 인천보다 먼저 개항한 부산이나 원산에서 거주하다가 인천으로 이주한 부류이고, 또 하나는 인천의 개항과 더불어 일본에서 곧바로 이주한 부류이다. 〈표 3〉의 호리 리키타로(堀力太郎)는 1878년 부친과 함께 부산에 도항하여 서양잡화상을 운영하다가, 인천의 개항과 더불어 이주한 사례이다. 그는 개항장 인천에서 선박을 구입하여 한강 항로와 평양의 만경대 항로를 개척하는 등 조선내의 항로권을 독점 장악한 인물이었다. 러일전쟁 당시에는 일본군의 용달 업무에 종사하여 부를 축적했지만, 소유 선박 3척이 침몰하자 손해액이 40만 원에 달해 결국 파산했다. 하지만 당국은 그의 손실액을 전액 보전해 주었고 그는 이후에는 고리대업에 종사하면서 황무지를 구입했다. 그는 초기 거류민의 개척자였다.[28]

쓰시마 출신 고오리 긴사부로(郡金三郎)는 부산 개항 이전인 1875년 무렵 부산에 주재하던 야마시로(山城)라는 사람이 보천사(報天社)라는 조선어학교를 창설했다는 소식을 듣고 친동생 오이케 다다스케(大池忠助)에게 입학을 권유하여 조선어를 배우게 했다. 이후 고오리는 1877년 부산에 도항하여 무역과 수화물 도매를 위해 고오리 상회를 개점했다. 업무가 번성하자 고오리는 1880년 동생 오이케에게 상회를 물려주고, 아직 개항하지 않은 인천에 진출했다. 그는 울릉도 탐험선인 진서환(鎭西丸)에 탑승하여 인천에 도항한 최초의 인물이었고, 갑신정변 당시에는 퇴각하는 일본인과 부상자를 부산으로 피난시켰다.[29]

------

28) 『仁川開港二十五年史』, 66쪽.
29) 『植民地朝鮮の日本人』, 13쪽 ;『仁川開港二十五年史』, 66~67쪽.

이처럼 인천에 도항한 거류민 가운데에는 개항과 더불어 부산과 원산과 같은 다른 개항지로부터 이주한 사람들이 많았다. 원산의 경우, 인천 개항과 더불어 인천으로 이주한 사람이 많아 1883년 말 인구는 더욱 감소하여 199명으로 줄었다. 『통상휘편』은 "인천 개항의 영향이 점점 커져나가 마침내 원산은 텅 비어버릴 것 같다. 지금 본 항구에 무역상이라고 부를만할 사람은 겨우 4~5명에 불과하다"[30]고 보고할 정도였다. 한성에 접근하기 용이한 인천으로 부산과 원산의 일본인이 대거 이주했음을 짐작할 수 있다.

개항장 인천의 거류민을 형성한 또 한 부류는 일본에서 다른 경유지를 거치지 않고 직접 도항한 인물들이다. 다나카 료스케(田中良助)는 일찍이 1868년부터 선박을 건조하여 조선 도항을 시도한 '모험적' 인물이었다. 그는 1883년 인천의 개항과 더불어 이주하여 처음에는 잡화상과 하역업에 종사했다. 나중에 선박 몇 척을 구입하여 조선연해안과 일본 항해를 개시하여 통상 이익을 올렸다. 이후 그는 해운업을 정리하고 위탁판매와 주류도매에 전념했다.[31]

히구치 헤이고(樋口平吾)도 1883년 일본에서 다른 개항장을 거치지 않고 직접 인천에 도항하여 도자기 판매상과 잡화점을 개설했다. 인천 일본인 상점의 효시이다. 그는 청일전쟁 당시에는 인천상업회의소 의원으로 인천거류민을 대표하여 일본군 군수품 수송위원이 되었다. 그는 조선인과 일본인 인부 천명을 동원하여 최전선까지 군수품을 수송하여 축재했다.[32]

게이다 리키치(慶田利吉)는 1883년 개항과 동시에 인천에 건축재료

---

30) 『通商彙編』(1883年 下半季), 252쪽(『植民地朝鮮の日本人』, 18쪽에서 재인용).
31) 『仁川開港二十五年史』, 67쪽.
32) 『植民地朝鮮の日本人』, 22쪽.

등을 취급한 게이다쿠미(慶田組) 본점을 설립했다. 게이다가 인천에 주목한 이유는 한성에 지점을 두어 일본공사관과 수비대의 납품업자로 활약하기 위해서였다. 이후 그는 조선정부의 건물 건설과 미곡수송에도 관여하는 등 사업을 확장했다.[33] 또 게이다쿠미의 사원으로 조선에 도항한 사원 중에는 갑신정변 당시 살해당한 사람도 있었지만, 다나카 사시치로(田中佐七郞)처럼 1886년에 미곡, 우피, 사금 등을 취급하는 무역상으로 독립하여 성공한 사람도 있었다. 다나카는 이후 인천상업회의소의 창립에 관여하면서 인천의 장로로 군림했다.[34]

거류민 가운데는 인천에 도항한 뒤, 개항한 군산이나 목포 등 다른 개항지에서 사업을 확장한 사람도 있었다. 다카마쓰 노보루(高松昇)는 1883년 인천에 친형과 함께 도항하여 잡화상을 운영하다가, 1906년 독립하여 미곡상으로 전업했다. 이후 그는 무역과 해운업에 종사하여 부를 축적하자 군산지방으로 진출하여 비옥한 토지를 구입하여 대지주로 변신했다.[35] 또 하라타 긴타로(原田金太郞)는 1883년 인천 개항과 더불어 이주하여 여관업에 성공하여 한성에도 지점을 설치하는 등 사업을 확장시켰다.[36]

이처럼 청일전쟁을 전후하여 개항장 인천에는 일확천금을 노린 일본인이 대거 진출하여 일본인 사회를 형성하면서 식민도시를 건설했다. 인천은 조계를 중심으로 영사관, 거류민회, 상업회의소, 금융기관 등의 후원을 받으면서 조선침략의 근거지로 자리잡아갔다. 하지만 조선에서의 일본의 위치는 여전히 불안했다. 조선의 완전 식민지화를

---

[33] 『仁川開港二十五年史』, 67쪽.

[34] 仁川商工會議所, 『仁川商工會議所五十年史』, 1934, 118쪽; 『植民地朝鮮の日本人』, 22쪽.

[35] 『仁川開港二十五年史』, 68쪽.

[36] 위의 책, 70쪽.

이루어내지 않으면, 개항 이후 쌓아온 그간의 '성과'도 수포로 돌아갈 수 있다는 위기의식도 여전했다. 일본인들은 조선에서의 확고한 위치를 보장받고자 1894년 청일전쟁이 시작되자 일본군에 적극 협력했다. 왜냐하면 전쟁의 승리는 조선에서 청국 상인을 내몰고 조선의 경제권을 장악하는 지름길이고, 전쟁의 패배는 일본군만이 아니라 거류민 자신도 조선으로부터 철퇴하는 것이었기 때문이다.

Ⅳ. 일본인 상인층과 식민기지

1894년 인천 거류민들은 갑오농민전쟁에 이어 청일전쟁이 발발하자 전쟁에 적극 협력했다. 인천 개항 이후 자신들이 이룩한 식민기지를 굳건히 지켜내려는 당연한 몸부림이었다. 전쟁의 승리는 조선에서 청국 상인을 내몰고 조선의 경제권을 장악하는 지름길이고, 전쟁의 패배는 일본군만이 아니라 거류민 스스로도 조선으로부터의 철퇴를 의미했기 때문이다. 1894년 2월 갑오농민전쟁이 시작되었다. 한성에서는 "민심의 상태가 흉흉했다. 재류 본방 상인은 노약자와 부녀자를 인천으로 피난시키기에 바빴다. 그동안 상업은 완전히 위축되어 마치 휴업"[37]과 같은 상태였다. 인천은 임오군란이나 갑신정변 당시처럼 한성 거류민의 피난처였다. 일본으로의 비상퇴각로는 인천뿐이었기 때문이었다. 더욱이 농민군이 전주를 함락시켰다는 소식은 "온 도시의 인심을 진동시켰다. 언제 어디로 피난해야 할지 그 누구도 안심하지 못했다. 상업은 계속해서 날로 위축"[38]되는 상황이었다. 일본인의

---

37) 『通商彙纂』(4, 1894), 96~97쪽(『植民地朝鮮の日本人』, 43쪽에서 재인용).
38) 『通商彙纂』(8, 1894), 29쪽(『植民地朝鮮の日本人』, 43쪽에서 재인용).

피난처였던 개항장 인천의 위기의식은 오히려 한성보다 높아졌다.

일본은 농민군을 진압한 뒤, 조선에 대한 지배권을 확립하기 위해 청일전쟁을 계획했다. 개항장 인천은 전쟁을 위한 군사기지로 변모했다. 인천 거류민들은 일본 정부를 향해 전쟁 개시 2개월 전인 1894년 6월 신변 보호를 위해 수천의 정예 군대를 보내 달라고 청원했다. 이에 해병단 70명은 인천을 향해 요코스카(橫須賀)항을 발진했다. 또 일본공사는 같은 해 6월 12일 군함의 호위 아래 수백의 군대와 함께 인천에 상륙했고, 이어 12일에는 혼성여단 선발대 1,500명, 16일에는 혼성여단 본진 3,000명, 27일에는 2개 연대, 8월에는 제5사단 병력이 인천에 각각 상륙했다. 인천에는 병참감독부와 군용품 집적소, 야전병원이 들어섰다. 인천에는 청일전쟁 발발 이전인 6월에 이미 1만 명 가까운 군대가 주둔했다.[39]

인천 거류민들은 자신들의 생명과 기득권을 보호할 일본군을 환영했다. 자신들의 거주지를 일본군 숙사로 제공하고 용수를 공급했다. 병사 위문, 군수물자 하역과 운반에도 적극 협력했다. 그 중에는 앞에서 소개한 히구치 헤이고처럼 "일본인과 한국인 인부 수 천 명을 지휘하여 각지의 병참선을 떠맡음으로써 군국의 급무에 공헌함과 동시에 스스로도 적지 않은 이익"[40]을 올린 사람도 생겨났다.

전쟁이 시작되자 지리에 밝고 조선어 소통이 가능한 거류일본인은 통역관과 인부의 감독으로 고용되었다. 인천에서만 일본군이 고용한 통역관이 57명에 달했다.[41] 거류일본인은 청일전쟁 당시의 인천의 정황에 대해 "인천 거류민은 각자 분발하여 인부와 조선어 통역자가 되

---

39) 藤原彰, 『日本軍事史 上卷 戰後編』, 日本評論社, 1987, 95쪽.
40) 『在韓成功の九州人』, 140~141쪽.
41) 『仁川府史』, 427쪽.

기로 결의했다. 한 집에 한 명 혹은 두 명 이상이 종군했다. 당시 거류지에 남은 사람은 부녀자와 아이들 이외에 건장한 남자는 한 집에 불과 한 두 명에 불과했다"[42]고 전해질 정도였다.

  개항장 인천에는 전쟁특수를 노린 모험상인들이 연이어 입항했다. 인천 거류민은 앞의 〈표 1〉과 같이 1894년 3,201명이었지만, 1년 후인 1895년에는 4,148명으로 약 1.3배 증가했다. 1894년 11월 인천에 정착한 사람 중에는 이후 미곡과 대두 거래로 부를 축적한 가쿠 에이타로(加來榮太郎)가 있었다. 구기모토 도지로(釘本藤次郎)는 1895년 불과 20원 정도의 철물을 들고 인천에 도항하여 행상을 시작했다. 그는 7월 한성의 일본인 거류지에 노점을 펼쳐 10여년 후에 '경성의 철물왕'이 되었다.[43] 신 다쓰마(進辰馬)는 1895년 인천에 건너와 다음 해 1월 한성의 일본인 거류지에 가메야(亀屋)라는 서양 잡화 양주 식료품점을 열었다. 그로부터 약 10년 후에는 점원이 20여 명으로 늘어났다.[44]

  전선이 북상함에 따라 일본군을 상대로 부를 축적하려던 사람들은 군과 더불어 개항장을 떠나 북부지역인 평양, 개성, 진남포, 의주 등지로 진출하여 정착했다. 1894년 9월 일본군이 평양에 입성하자 불과 1개월 사이에 400~500명의 일본인이 평양에 모여들었다.[45] 다카사키에 의하면, 그들은 한성이나 인천에 거주하면서 "소개료를 업으로 삼는 사람, 잡화상 실패자나 일정한 영업을 하지 않는 사람, 또는 전혀 장사 경험이 없는 사람"이었다. 말하자면 모험상인들이었다. 그들은 "모두 필사적으로 경쟁하여 이곳으로 와 한인의 빈집을 차지하고, 각

---

[42] 『仁川開港二十五年史』, 10쪽.
[43] 『植民地朝鮮の日本人』, 67쪽.
[44] 위의 책, 67쪽.
[45] 平壤商業會議所, 『平壤全誌 上』, 1927, 359쪽.

자 임의로 점포를 열어 술, 담배, 사탕 또는 방한구를 팔았다”고 한다. 그 중에는 ‘매춘업’을 운영하는 사람도 있었다.[46)]

모험상인의 대표적 단체는 계림장업단(鷄林獎業團)이다. 계림장업단은 1896년 5월 인천에서 결성되었는데, 농상무성 관료였던 후쿠이 사부로(福井三郎)가 단장을 맡았다. 본부는 인천, 지부는 한성 부산 원산 대구에 각각 설치했고, 대구(大區)는 평양, 개성, 강경, 목포, 소구(小區)는 진남포에 두었다. 이들은 개항지를 나가 내지로 들어가 행상하며 돌아다녔다. 내지를 여행하려면 여행권을 휴대해야 했는데, 일본정부는 이들 단원에 한해 여행권 취득수속을 간소화했다. 또 일본정부는 이들을 지원하기 위해 1만원을 대부해 주었다. 이 결과 1898년 1월에는 회원이 1,380명에 달했다.[47)]

1904년 2월 러일전쟁이 발발하자 거류민은 재차 군에 협력했다. 거류지에는 청일전쟁 당시처럼 병참감부, 병참사령부, 보조수졸대(補助輸卒隊), 임시군용철도감부, 군용병원이 각각 설치되었고, 인천항에는 선박사령부, 정박장감부, 임시육군운수통신부 인천지부 등 군사기관이 포진되었다. 인천영사 부인 가토 스에(加藤直枝) 등은 ‘인천간호부인회’를 조직하여 부상병을 수용할 준비에 분주했다.[48)]

서전의 승리를 통해 해상교통의 안전이 확보되자 한성과 인천의 물자부족 소식을 접한 일본 상인들이 물자를 싣고 건너왔다. 전쟁을 부의 축적 기회로 삼으려는 사람도 적지 않았다. 1904년 3월말까지

---

46) 유곽은 개항 초기부터 설치되었다. 개항장 인천에는 1898년 말 현재 작부 55명, 예기 53명이 거주했고, 이후 1902년에는 17곳의 부도루(敷島樓)라는 유곽이 성업했다(『植民地朝鮮の日本人』, 53쪽).
47) 계림장업단의 조직과 활동에 대해서는 한철호, 「계림장업단(1896-1898)의 조직과 활동」, 『사학연구』 55·56합집, 1998 참조.
48) 『仁川開港二十五年史』, 11~14쪽.

6,000~7,000명이 인천에 상륙했다.[49] 〈표 1〉과 같이 1904년 말 인천의 일본인은 9,403명에 달했고 처음으로 조선인 수를 넘어섰다.

이처럼 인천의 거류민은 전쟁에 적극 협력했다. 개항장은 일본군의 병참기지로 제공되었고, 거류민은 일본군의 통역은 물론 군수물자의 하역과 운반에 가담했다. 일본인은 일본군의 '첨병'으로 활약한 것이다. 러일전쟁의 승리는 일본의 조선에 대한 기득권을 확립시켰다. 청일전쟁으로 청국의 세력을 잠재우고, 러일전쟁을 통해 한반도를 둘러싼 패권경쟁에서 승리했다. 개항 초기 거류민들이 직면한 불확실한 상황은 제거되었다. 이로써 조선은 사실상 일본의 식민지로 전락되었다. 개항장 인천이 지니는 전략적 위치는 일본의 침략전쟁 수행과정에서 유감없이 그 존재가치를 발휘했다.

러일전쟁 와중에 전쟁 그 자체를 관망하면서 조선 진출을 타진하는 사람들도 많았다. 식민지 이전의 조선 상황을 몸소 체험하면서 자본 진출 여부를 가늠하기 위해서였다. 예를 들면 조선의 대표적 지주로 성장한 후지이 간타로(藤井寬太郎)의 사례는 일본인 상업자본가의 조선 진출과정과 식민지 지주로의 전환과정을 잘 보여준다.[50] 그는 러일전쟁과 더불어 인천에 진출하여 황해도 방면의 미곡, 잡곡, 우피의 반출과 전쟁수행에 필요한 잡화 용달 업무를 수행하다가 식민지 지주로 변신한 대표적 인물이다. 그는 조사여행을 마친 다음, "우리 실업가의 임무는 군대보다 오히려 중요하다"[51]는 인식을 갖고 오사카의 후지모토합자회사(藤本合資會社)의 인천 진출 방침을 굳히기에 이른

---

[49] 『京城府史 1』, 732쪽.
[50] 그의 인천 진출과정과 농장경영에 대해서는 이규수, 「후지이 간타로(藤井寬太郎)의 한국진출과 농장경영」, 『대동문화연구』 49, 2005를 참조.
[51] 不二興業株式會社, 『不二興業株式會社農業及土地改良事業成績』, 1929, 5쪽.

다. 그는 러일전쟁 이후 인천을 기반으로 타 지역으로 진출한 식민지 지주의 전형적인 인물이다.

조선으로의 일본인 이주를 장려하기 위해 인천에 입항한 사람들도 많았다. 러일전쟁의 승리에 '무한의 감격'을 느끼고 인천에 입항한 국수주의자 시가 시게타카(志賀重昂)와 같은 인물이 이에 해당한다.[52] 그는 개항장 인천의 정황에 대해 "인천의 인구 1만 5천명인데, 그 가운데 일본인은 8천명(개전 이후 유동인구를 포함하면 1만 명)이다. 큰 도로에는 거의 일본인 상점들이 즐비하다. 일본의 작은 지방 도읍을 유람하고 있는 느낌이다. 그 가운데에는 '규신류 유술 안내소'(扱心流柔術指南所, 규신류란 일본 유술의 일종이다－인용자)라는 간판조차 보인다. 정말로 일본적이라고 말해야 할 것이다. 일본인은 이처럼 팽창력이 있다. 일본인은 식민적 국민이 아니라고 누가 말하는가"[53]라며 일본인의 조선 이주는 '일본인의 실력'이라고 자부한다. 그는 러일전쟁의 승리는 단순한 전쟁에서의 승리에 머물지 않는다고 지적하면서, 무궁무진한 경제적 가치를 지닌 조선으로의 진출을 선동했다. 러일전쟁은 궁극적으로 '조선에 대한 일본의 종주권'을 현실화함으로써 완결된다는 점을 강조한 것이다.

이들의 조사와 예견대로 개항장 인천은 러일전쟁 이후 일본의 식민기지로 변화했다. 이사청, 경찰서, 헌병분견소, 우체국, 관측소, 세관, 세관공사부 전등국 등과 같은 각종 관청과 더불어 회사가 즐비했다. 〈표 5〉는 1907년 현재 인천에 설립된 주요 회사를 나타낸다. 이에 의하면 인천에는 일본은행의 지점 이외에 일본 각지에 본점을 둔 주식

---

52) 시가 시게타가의 조사여행에 대해서는 이규수, 「일본의 국수주의자, 시가 시게타카(志賀重昂)의 한국인식」, 『민족문화연구』 45, 2006를 참조.
53) 志賀重昂, 『大役小志』, 東京堂, 1909, 62쪽.

회사를 비롯해 인천에 본점을 각종 형태의 회사가 설립되었다. 영업 항목은 유통과 관련된 무역업 등 상업이 주종을 이루고 있음을 알 수 있다.

<표 5> 인천의 주요 회사

명칭	영업	자본금	본점	주임자
주식회사				
제일은행 지점	은행업	10,000,000	도쿄	太田三郎
제18은행 지점	은행업	3,000,000	나가사키	足立龍二郎
제58은행 지점	은행업	3,000,000	오사카	兵須久
일본우선주식회사 지점	해운	20,000,000	도쿄	近藤勝之助
오사카상선주식회사 지점	해운	16,500,000	오사카	廣居精一郎
인천전기주식회사	전등전력업	500,000	인천	秋田毅
인천미두취인소	정기거래	45,000	인천	加來榮太郎
한국근농회	농사경영	100,000	인천	杉甲一郎
인천장유주식회사	간장발효	200,000	인천	茂木啓三郎
인천수산주식회사	수산업	300,000	인천	加來榮太郎
만석동매축주식회사	매축지 매립 대부	300,000	인천	尾高次郎
일한무역주식회사	무역업	250,000	인천	河野竹之助
합자회사				
아키타상회	상업창고 및 운송업	500,000	인천	秋田毅
일영무역합자회사	수입 및 대리업	100,000	인천	頴原修一郎
후지모토합자회사	미곡 및 기타 매매	20,000	군산	藤井寬太郎
인천재목합자회사	목재판매	200,000	인천	中野谷秀雄
합명회사				
미쓰이물산합명회사 지점	무역	1,000,000	도쿄	藤木秀次郎
다쿠합명회사 지점	청주	500,000	사카이	靑木一葉
후지타합명회사 지점	무역 및 인쇄	100,000	경성	藤田謙一
한국통운합명회사	운송	10,000	인천	川井田彌三郎
기무라합명회사	운송	180,000	인천	木村淸太郎

자료 : 『仁川開港二十五年史』, 50~51쪽.

거류민의 증가와 더불어 거류민의 공적 사무를 담당할 조직도 정비되었다. 인천에서는 개항 이전인 1882년 일본영사관이 설치되었다. 이후 영사관은 거류지 단체 설립의 필요성 때문에 1887년 '거류지 규칙'을 발포하여 거류민회를 설립하고 총대 1명, 의원 10명을 선출했다.54)

인천의 무역상과 도매상을 금융적인 측면에서 지원한 것은 은행이었다. 1878년 시부사와 에이이치(澁澤榮一)는 일본정부로부터 영업자금으로 은동화 10만 원을 대부받아 부산에 제일은행 지점을 개설한 다음, 1880년 원산, 1883년 인천, 1887년 한성에 각각 출장소를 개설했다. 제일은행은 조선과 일본 사이의 무역에 관련된 단기 상업금융업무가 주된 영업항목이었다.55) 구체적으로는 충분히 비축된 자금을 대출하여 미곡을 매입하거나 면제품의 수입을 장려했다.56) 제일은행은 인천의 금융시장을 장악하고 조선 조정에 차관을 공여했다. 또 개항장 인천에는 제일은행 인천출장소 이외에도 1890년 제18은행, 1892년 제58은행의 인천지점이 각각 설치되었다. 이들 은행은 식민지 금과 은의 흡수에도 노력했다. 은행의 조선 진출목적은 주지하는 바와 같이 조선산 금을 수매 반출하는 일이었다. 조선에서 수매 반출한 금과 은은 1억 원을 넘어 일본의 금본위제 확립에 공헌했다.57)

은행제도의 확립과 더불어 기선회사도 설립되었다. 개항장 인천에는 1885년 일본우선주식회사, 1893년 오사카상선주식회사 지점이 각각 설치되었다. 이들 회사는 당시 목조범선밖에 보유하지 않았던 조

---

54) 『仁川開港二十五年史』, 36쪽.
55) 朝鮮銀行史研究會編, 『朝鮮銀行史』, 東洋經濟新報社, 1987, 3쪽.
56) 「明治前期の日朝貿易」, 72쪽.
57) 예를 들어 수출입 금은화와 지금의 수출 총계는 1906년 4,934,727원, 1907년 5,356,039원으로 1년에 421,312원 증가할 정도였다(『仁川開港二十五年史』, 26쪽).

선에서 서구식 기선을 도입함으로서 조일간의 무역은 물론 인천항의 수출입상품을 거의 독점했다. 1876년부터 1881년까지 조일항로에 취항한 일본 선박은 연간 2,108척이었으며, 그 가운데 서구식 기선은 401척이었다. 개항장 인천의 경우, 1897년의 입항선박 수는 총 985척이었으며, 서양식 기선은 292척이었다.[58]

<표 6> 각 개항장의 수출입액

개항장	수출	수입	계
인천	4,541,350	19,508,223	24,049,593
부산	4,352,605	8,742,804	13,095,409
진남포	1,949,960	3,902,195	5,852,155
원산	1,186,780	3,090,815	4,286,595
목포	1,553,146	62,797	2,215,942
군산	1,909,624	909,777	2,819,401
신의주	568,401	739,939	1,308,340
경성	4,560	1,210,733	1,214,889
마산	335,518	835,720	1,171,238
성진	188,786	297,357	486,143

자료 : 『仁川開港二十五年史』, 2쪽.

금융기관과 운수회사의 지원을 받은 거류민은 개항장 인천의 경제계를 확고하게 장악할 수 있었다. <표 6>은 1907년 현재 각 개항장의 수출입액을 나타낸다. 표에 따르면 인천의 무역액은 수출액 4,541,350원, 수입액 19,508,223원, 총계 24,049,593원으로 인천보다 빨리 개항한 부산과 원산 등 다른 개항지를 압도하고 있다. 개항장 인천은 조선 제일의 무역항이었다. 특히 수입액이 부산보다 2배 이상 많은 것은 인천을 통해 한성으로 유입되는 물품이 많았음을 반증한다. 나아가 인천의 수출입액은 일본의 주요 항구와 비교하더라도 결코 뒤지지 않았

[58] 위의 책, 27쪽.

다. 인천은 일본의 전통적인 무역항이었던 나가사키보다 많은 '동양 유수의 무역시장'이었다.[59]

V. 맺음말

일본은 러일전쟁에서의 승리를 기반으로 조선을 실질적으로 지배하기 시작했다. 일본의 조선침략은 강력한 군사력을 동원하여 다방면에 걸쳐 치밀하게 이루어졌다. 통감부는 '을사보호조약' 이후 각지에서 전개된 의병투쟁을 무력으로 진압함으로써 일본에 맞선 최대 저항세력을 제거하고, '화폐정리사업'과 '역둔토조사사업' 등의 실시를 통해 조선의 사회경제구조를 통감부 권력에 종속시켰다. 이렇듯 일본은 '새로운 제국영토'에 대한 지배권을 확보하고 식민지 지배정책을 본격적으로 실시했다.

이 과정에서 개항장 인천은 조선침략의 전진기지로 활용되었다. 인천은 개항과 더불어 격동기 일본의 이권 획득의 발판이 되었다. 임오군란과 갑신정변 당시에는 일본 관헌의 유일한 피난처이자 도주로였다. 한성에 접근할 수 있는 유리한 지리적 조건을 배경으로 일확천금을 꿈꾸는 일본인들의 경유지 혹은 종착지로 중시되었다. 청일전쟁과 러일전쟁은 이들에게 절호의 기회를 제공했다. 급격한 인구증가 현상이 말해주듯 일본인은 개항장 인천을 기반으로 전쟁협력 등을 통해

[59] 1906년 현재 일본을 포함한 각 무역항의 수출입액은 다음과 같다. 상위 4위는 요코하마(橫浜) 349,917,752원, 고베(神戸) 302,795,459원, 오사카(大阪) 84,788,942원, 모지(門司) 40,442,912원이었고, 인천은 제5위로 24,049,573원이었다. 인천의 무역액은 나가사키(長崎) 19,146,570원, 욧가이치(四日市) 8,588,616원, 시모노세키(下關) 5,849,288원을 앞질렀다(위의 책, 3쪽).

부를 축적해나갔다. 다양한 계층이 일본인 사회를 형성했다. 그들은 본국 정부의 지원 아래 일본의 지방행정체제를 도입한 식민도시를 건설했다.

개항장 인천에는 서일본 출신 거류민을 중심으로 점차 동일본 지역과 일본 전역으로 확대되었다. 그들의 직종 또한 다양했다. 거류민들은 고리대업, 선박운송업, 무역업, 미곡상, 정미업, 잡화상, 요리업, 주류상, 목재상, 과일상 등 다양한 직종에 종사했다. 특히 개항장에는 피용인과 일용이 많은 것도 특징인데, 이는 당시의 '식민열'을 반영한 것이다. 거류민의 도항 경로는 크게 두 부류로 나누어볼 수 있다. 하나는 인천보다 먼저 개항한 부산이나 원산에서 거주하다가 인천으로 이주한 부류이고, 또 하나는 인천의 개항과 더불어 일본에서 곧바로 이주한 부류이다.

한편 개항장 인천의 지위는 러일전쟁 전후에 부설된 철도의 개통으로 동요한다. 1900년 경인선의 개통을 시작으로 1905년 경부선과 마산선, 1906년 경의선이 개통되었기 때문이다. 이에 대해 인천 거류민단은 "경부선의 직통은 무역항으로서의 인천에 치명상을 입혔다. … 한국을 관통하는 철도의 개통은 인천의 화물 흡인력을 말살시켜 인천을 사지로 내몰았다"[60]고 평가할 정도였다. 여기에 목포, 마산, 군산 등 개항장의 증가는 조일무역과 교통의 중계지로서의 인천의 지위를 상대적으로 위협했다. 인천은 '비운절망'의 상태에 놓이게 되었다. 더욱이 1900년 한성 거류민보다 인구가 두 배 많았던 인천은 한국강점 당시 한성의 절반으로 역전당했다. 철도의 개통이 가져온 위기는 가히 짐작하고 남음이 있다.

---

[60] 『仁川開港二十五年史』, 序文, 1 · 4쪽.

한국강점을 전후로 한 상황의 변화에 따라 인천 거류민들은 한국강점 이후 새로운 활로를 찾을 수밖에 없었다. 그것은 철도 개통 이후 인천이 지닌 사회경제적 약점을 보완하는 방안이었다. 이는 조선의 식민지화 과정에서 인천이 담당한 역할과 식민지 이후의 역할은 약간 다를 수밖에 없다는 것을 예고하는 것이었다. 조선 제일의 무역항이었던 인천은 이후 새로운 활로를 모색한다. 조선 내에서는 철도를 중심으로 한 경제시스템이 우위를 차지했지만, 일본의 대륙정책과 관련한 해운의 중요성을 강조한 것도 바로 이 때문일 것이다. 이러한 상황의 변화와 함께 한국강점 이후의 일본인 사회의 변모는 이전과는 다른 새로운 양태를 띠며 전개되었다.

19세기 후반 부산일본인사회의 구조변화와 쓰시마인(對馬人)의 대응

한현석

I. 서론

본고에서는 1876년 부산의 개항 이후부터 1880년대까지 부산일본인 사회의 구조변화에 따른 쓰시마인의 대응을 통해 근대 일본의 국민국 가 형성과정의 일면을 살펴보고자 한다.

1868년 메이지 유신 이후 일본 정부의 급무 중 하나는 서구와 체결 한 불평등조약의 개정이었다. 메이지 정부는 불평등조약의 개정을 위 해서는 근대적인 국민국가체제를 갖추는 것이 시급하다고 판단하여 판적봉환(版籍奉還, 1869년)과 폐번치현(廃藩置県, 1871년)을 단행하 고, 헌법을 발포(1889년)하였다. 그러나 근대국가는 중앙집권적 지배 체제의 구축만으로 완성되는 것이 아니었다. "국가의 정치적 기본단 위를 이루는 국민의 형성이야말로 근대 국민국가가 되기 위한 필수조 건"이었기 때문이다.[1] 따라서 일본의 "근대국가 건설과정은 근대적 국민의 형성과정이기도 했다."[2]

유럽과 미국 사회를 관찰하고 온 기도 다카요시(木戸孝允)와 같은 지도자들은 의무교육과 징병제와 같은 제도를 도입하여 근대국가 일본을 지탱할 국민을 창출하고자 하였다. 그러나 그 과정은 순탄치만은 않았다. 1870년대 일본국민들이 의무교육과 징병제와 같은 제도에 대해 보인 태도는 그 과정을 잘 보여준다.

1872년 메이지 정부는 1872년 남녀어린이를 대상으로 4년간 의무교육을 실시한다고 발표하였고, 같은 해 초등학교·중등학교·국립대학으로 이루어진 교육제도가 확립되었다. 그러나 모든 사람이 정부의 조치를 반기는 것은 아니었다. 1870년대 초등학교의 재정이 국세인 재산세에 부가되는 10%의 지방세로 충당되는 것에 불만을 가진 일본의 납세자들이 폭동을 일으켰고, 그 결과 2천여 곳의 학교가 파괴되었다. 이는 전체 학교 수의 1/10에 가까운 수치였다.

1873년 시행된 징병제는 일본의 성인남성들이 3년간 군대에서 공동생활을 하며 타지역·타인으로만 여겨왔던 것들을 일본이라는 하나의 테두리 안의 것으로 인식하게 되는 계기를 제공했다. 그러나 성인남성 대부분은 농촌의 젊은이였기 때문에 농가의 경제적 부담이 발생했고, 낯선 군대의 규율 또한 적응하기 어려웠던 관계로 1873년~1874년 징병제에 반대하는 반란이 일어났으며 이 과정에서 약 10만 명이 체포되어 처벌을 받았다. 일본인들은 이상과 같은 우여곡절을 거치며 1890년이 되어서야 스스로 '일본국민'임을 인식하게 되었다고 한다.[3]

이상과 같이 일본의 국민국가화가 진행 중이던 무렵인 1876년 부산

---

1) 윤상인·박규태 편, 『'일본'의 발명과 근대』, 2006, 이산, 9쪽.

2) 함동주, 『천황제 근대국가의 탄생』, 2009, 창비, 159쪽.

3) 이 사건으로 10만 명에 이르는 사람이 체포되어 처벌을 받았다. 앤드루 고든, 김우영 역, 『현대 일본의 역사』, 이산, 2005, 139~142쪽; 함동주, 위의 책, 125쪽, 160쪽.

이 개항되고, 1877년 초량왜관의 부지와 건물을 기반으로 부산일본인 전관거류지가 설치되었다. 개항 이전 일본인의 부산도항은 쓰시마인 만이 허락되었으나, 개항 이후 도항제한이 사라지며 나가사키(長崎), 야마구치(山口), 오이타(大分), 후쿠오카(福岡) 등의 지역을 중심으로 다양한 지역의 일본인들의 도항이 이어졌다.

부산이 개항된 1870년대 후반은 앞서 살펴본 바와 같이 일본의 국민국가화가 한창 진행되고 있던 시기에 해당한다. 그렇다면, 부산일본인사회에서도 일본 국내와 같이 다양한 지역 출신의 일본인들이 국민으로서 창출되고 통합되어가는 과정이 존재했어야 하는 것은 아닐까.

개항 이후 부산일본인사회에 관한 연구는 기무라 켄지(木村健二)와 다카사키 소지(高崎宗司)의 재조일본인사회의 연구[4] 이후 본격적으로 증가하기 시작하여, 도시화[5], 자치기구·사회단체[6], 종교[7], 무역[8],

---

[4] 木村健二, 『在朝日本人の社會史』, 未來社, 1989; 高崎宗司, 『植民地朝鮮の日本人』, 岩波新書, 2002.

[5] 김승, 「한말 부산거류 일본인의 상수도시설확장공사와 그 의미」, 『한국민족문화』 34, 2009; 양미숙, 「개항기-1910년대 부산의 유곽 도입과 정착과정」, 『지역과 역사』 24, 2009; 아이 사키코, 「부산항 일본인 거류지의 설치와 형성」, 『도시연구』 3, 2010; 김승, 「일제강점기 해항도시 부산의 온천개발과 지역사회의 동향」, 『지방사와 지방문화』 14, 2011.

[6] 차철욱, 「개항기-1916년 부산일본인상업회의소의 구성원 변화와 활동」, 『지역과 역사』 14, 2004; 김승, 「개항 이후 부산의 일본거류지 사회와 일본인 자치기구의 활동」, 『지방사와 지방문화』 15, 2012.

[7] 최인택, 「개항기 奧村圓心의 조선포교 활동과 이동인」, 『동북아문화연구』 10, 2006; 김승, 「개항 이후 1910년대 용두산신사와 용미산신사의 조성과 변화과정」, 『지역과 역사』 20, 2007; 이원범, 「근대 한일관계와 개항지 부산: 신흥종교의 포교활동을 중심으로」, 『아태연구』 18, 2011; 김윤환, 「개항기 해항도시 부산의 동본원사별원(東本願寺別院)과 일본인지역사회: 공생(共生)과 갈등(葛藤)을 중심으로」, 『해항도시문화교섭학』 6, 2012.

[8] 하원호, 「개항후 부산의 대외무역과 유통구조의 변동: 곡물무역을 중심으로」, 『史林』 25, 2006.

교육9), 위생10)과 같은 다양한 주제 속에서 진행되고 있다. 그러나 선행연구에서는 개항 이후 부산일본인사회를 당해 시기 일본국내에서 진행되고 있던 국민국가화와의 영향이나 관련성을 밝히는 데 관심을 두지 않고 있으며, 당해 사회를 이미 국민국가화가 완료된 상태인 것으로 간주하며 서술하고 있다.

이에 본고에서는 개항 이후 부산일본인사회의 구조변화에 따른 쓰시마인의 구체적인 대응 사례를 살펴보고, 이를 토대로 당해 시기 부산일본인사회에 관한 연구가 근대 일본의 국민국가 형성과정과 연동되어 진행될 수 있는 가능성을 파악해보도록 하겠다.

Ⅱ. 쓰시마의 위상변화

전통적으로 조선과 일본 양국 간의 외교와 무역은 조선 측에서 마련한 왜관에서 이루어졌다. 쓰시마는 조선의 인삼을 일본에 독점적으로 공급하며 크게 이득을 봤다. 조선의 인삼은 매우 고가였음에도 불구하고 일본 국내에서 인기가 높았다. 때문에 쓰시마가 에도(江戸)에서 직영하는 상점 앞에서는 인삼을 구하지 못한 사람들이 자살소동까

---

9) 이송희, 「일제하 부산지역 일본인사회의 교육: 일본인 학교 설립을 중심으로」, 『한일관계사연구』 23, 2005; 제점숙, 「구한말 부산지역 조선어, 일본어 교육의 전개: 이문화 '장(場)'으로서의 교육공간」, 『일본근대학연구』 39, 2013.
10) 金貞蘭, 「開港期釜山における社會構造變化の研究: 日本の衛生行政を中心に」, 神戸大學博士論文, 2009; 김정란, 「근대 해항도시 부산에서의 콜레라 유행과 그 대응: 일본인거류지 운영과 상수도 설비과정을 중심으로」, 『해항도시문화교섭학』 4, 2011; 서용태, 「1877년 釜山 濟生醫院의 설립과 그 의의」, 『지역과 역사』 28, 2011; 차철욱, 「일제강점기 조선소(朝鮮牛)의 일본수출과 관리시스템」, 『역사와 경계』 88, 2013.

지 벌였다고 한다.[11] 그러나 18세기 이후 일본에서 인삼의 재배가 성공함에 따라 쓰시마는 고난의 시대를 맞게 되며 결국 "조·일 양국 간 무역에서 일찍이 누렸던 번영"을 다시 기대할 수 없게 되었다.[12] 그러나 쓰시마인의 생활에 결정적인 피해와 변화를 초래한 사건은 1868년 메이지유신 이후 발생하였다.

마쓰오 데쓰지(松尾鐵次)의 연구에 따르면 1868년 7월 3일 쓰시마에 대홍수가 발생하였다. 피해를 입은 마을이 21개에 달하였으며, 제방이 파괴되며 황폐해진 경지도 무수했다고 한다.[13] 이에 번에서는 피해를 입은 마을을 대상으로 모두 약 176석의 보리를 연공에서 차감해주기로 하였다. 1869년에는 수해를 입어 피폐해진 9개 마을에 대해서 20년 간 면세가 결정되었다. 또한 홍수 이후에는 한발이 발생하여 이즈하라(嚴原)의 아리아케야마(有明山)에서는 기우제가 실시되기도 하였다. 1869년 6월 쓰시마 지사(知事)로 임명된 쓰시마의 마지막 번주 소 시게마사(宗重正, 1847년~1902)는 미곡부족을 해결하기 위해 "사족(士族)을 히치쿠(肥筑)[14]의 관지(管地)로 이주시키는 소위 이민정책"을 취해 희망자를 받기도 했다.[15]

자연재해에 이어 쓰시마를 곤궁에 처하게 하는 정치적 사건이 발생한다. 1872년 일본 외무성이 초량왜관을 강제로 접수한 것이다. 이것은 쓰시마가 조일 간 외교와 무역에 관한 특권을 모두 상실하게 되는 것을 의미했다. 메이지 정부는 1872년 8월 18일 외무성의 하나부사 요

---

11) 다시로 가즈이, 정성일 역, 『왜관: 조선은 왜 일본사람들을 가두었을까』, 논형, 2005, 262쪽.
12) 다시로 가즈이, 위의 책, 303~304쪽.
13) 松尾鐵次, 『對馬近代史』, 對島明新聞社, 1930, 22쪽.
14) 肥前, 肥後, 筑前, 筑後를 합쳐 부르는 용어이다.
15) 松尾鐵次, 『對馬近代史』, 16·22·106·119쪽.

시모토(花房義質) 일행의 조선 파견을 결정하였다. 9월 10일 쓰시마의 이즈하라에 도착한 하나부사 일행은 "진서대(鎭西臺) 병력 2소대를 대동"하였는데, 이것은 쓰시마의 대조선 외교권 접수와 함께 혹시 발생할지 모르는 "쓰시마인의 저항을 제압"하기 위해서였다.[16] 9월 15일 저녁 초량왜관에 도착한 하나부사는 왜관에서 무역을 담당하는 대관(代官)을 쓰시마로 돌려보내고 이전까지 거래가 금지되었던 물품의 거래를 자유롭게 할 것과 왜관의 건물이나 해안가 창고를 상인들에게 무상으로 대여하고 관세도 폐지할 것을 명했다. 사실상 "왜관을 일종의 개항장"으로 만들고자 하는 의도였다.[17]

1872년 하나부사의 명령으로 상인을 제외한 쓰시마의 관리 및 불필요한 자가 왜관에서 쓰시마로 귀국하여 왜관에는 83명만이 남게 되었다.[18] 왜관 내에 400~500명의 인구가 상주했던 것과 비교했을 때 약 5분의 1로 줄어든 것이다. 1873년 3월 4일 외무성으로부터 조선 재근을 명받은 히로쓰 히로노부(廣津弘信)는 관수를 면직시키고 왜관을 '대일본국 공관'으로 변경하였다.[19] 이로써 쓰시마가 양국의 사이에서 "완충장치"[20]의 역할을 하는 시대는 끝이 났다.

1876년 2월 조일수호조규의 체결로 부산이 개항된다. 같은 해 8월 조약부록에 따라 "개항장에서 일본 화폐의 자유통행권과 일본인 묘지의 설치권, 조선인 노무자의 고용권"등이 규정되었다.[21] 1877년 1월 초량왜관의 폐쇄와 함께 부산일본인전관거류지가 설치되었고, 같은

---

16) 김흥수, 『한일관계의 근대적 개편 과정』, 서울대학교출판문화원, 2009, 308~310쪽.
17) 김흥수, 위의 책, 312~313쪽.
18) 石川寬, 「倭館接收後の日朝交涉と對馬」, 『九州史學』 139, 2004.
19) 현명철, 『19세기 후반의 對馬州와 한일관계』, 국학자료원, 2003, 253쪽.
20) 다시로 가즈이, 『왜관: 조선은 왜 일본사람들을 가두었을까』, 154쪽.
21) 최영호·박진우·류교열·홍연진, 『부관연락선과 부산』, 논형, 2007, 58쪽.

해 9월 일본은 태정관 포고 125호를 통해 일본인의 부산 도항을 허가
하였다. 1878년 여권 발급지 확대 및 수수료 인하와 같은 일본정부의
조치로 인해 부산일본인의 인구가 증가하기 시작하였다.[22]

〈표 1〉에 따르면 1876년 현재 82명으로 100명도 채 되지 않던 일본
인의 인구가 1880년이 되자 2,066명으로 증가한 것을 알 수 있다. 지리
적으로 부산과 인접한 쓰시마를 비롯하여 야마구치, 오이타, 후쿠오
카, 구마모토, 히로시마 등의 지역에서도 부산으로 도항했기 때문이
었다. 부산일본인의 증가는 동시에 일본의 도쿄와 오사카 등지에 본
점을 둔 유력자본이 진출했음을 의미하는 것이기도 하였다.

〈표 1〉 1876-1900년 부산일본거류지 일본인 호수 및 인구

연도	호수	인구	연도	호수	인구
1876	-	82	1889	628	3,033
1877	-	345	1890	728	4,344
1879	-	700	1891	914	5,254
1880	402	2,066	1892	938	5,110
1881	426	1,925	1893	993	4,750
1882	306	1,519	1894	906	4,028
1883	432	1,780	1895	952-953	4,953-5,035
1884	430	1,750	1896	986	5,423-5,655
1885	463	1,896	1897	1,026	6,065
1886	448-488	1,957	1898	1,055-1,056	6,240-6,336
1887	450	2,006	1899	1,100	6,325-6,326
1888	462	2,131	1900	1,082-1,083	6,067-6,097

출처: 김대래 · 김호범 · 장지용 · 정이근, 「일제강점기 부산지역 인구통계의
　　　정비와 분석」, 『한국민족문화』 26, 2005; 高崎宗司, 『植民地朝鮮の日本
　　　人』, 岩波新書, 2002.[23]

---

[22] "1878년 조선행 여권 발급지를 히로시마(廣島), 야마구치(山口), 시마네(島根), 후
　　쿠오카(福岡), 가고시마(鹿兒島), 나가사키 이즈하라지청(長崎 嚴原支廳)으로 확
　　대하고, 같은 해 여권 수수료를 통상 2엔인 것을 조선행에 한하여 50전으로 인하
　　(1881년까지)"해준 일본정부의 조치도 부산일본거류지의 인구증가에 큰 영향을
　　미쳤을 것이다. 木村健二, 『在朝日本人の社會史』, 21쪽.

부산의 개항 이후 도쿄에 본점을 둔 오쿠라구미(大倉組) · 제일국립은행(第一國立銀行) · 미쓰비시기선회사(三菱汽船會社) 등이 일본정부의 지원을 받아 거류지로 진출하였다. 오쿠라구미는 1876년 11월 부산에 지점을 열고 사업을 개시하여 1880년 부산일본거류지의 영사관 건설을 비롯하여 이후 항만매립 · 철도부설 등의 토목건축사업에 참여하였다. 제일국립은행은 1877년 일본정부로부터 100,000엔을 대출받아 1878년 5월 부산지점을 개설하였다. 미쓰비시기선회사는 나가사키-부산 간 명령항로(命令航路)의 개설에 5,000엔의 정부보조금을 받았고 1881년 2월 원산항로 증편 때에는 10개년 무이자로 신기선(新汽船) 구입자금 80,000엔을 대출 받기도 하였다.[24]

오사카에 본점을 둔 유력자본으로는 이오이상점(五百井商店)과 스미토모(住友)를 꼽을 수 있다. 이오이상점은 1878년 "서양형 범선을 이용하여 오사카-조선 간 수송을 개시"[25]하였고, 1879년에는 하자마 후사타로(迫間房太郎)를 부산지점장으로 파견하여 조선의 곡물의 수입을 맡겼다.[26] 1880년 9월에는 "스미토모가(住友家)가 오사카-부산의 항로를 열고 부산과 원산에 지점을 설치하여 금건(金巾)을 수출하고

---

²³⁾ 김대래 · 김호범 · 장지용 · 정이근의 「일제강점기 부산지역 인구통계의 정비와 분석」에서는 1876년부터 1913년까지 부산일본인의 인구를 『부산부세요람』(1912,1922), 『부산요람』(1912), 『부산항경세일반』(1916), 『한국2대항실세』(1905), 『부산항세일반』(1905), 『부산항경제통계요람』(1921) 등의 자료를 근거로 정리하여 표로 만들었다. 자료에 따라 시기별로 부산일본거류지의 호구와 인구의 수에서 차이가 나타나는데, 위의 표는 각 자료에서 보이는 수치의 차이를 그대로 기재한 것이다.

²⁴⁾ 東京의 유력자본에 관한 내용은 다음의 자료를 참고하여 정리하였다. 高崎宗司, 『植民地朝鮮の日本人』, 10쪽; 木村健二, 『在朝日本人の社會史』, 19~20쪽; 坂本悠一 · 木村健二, 『近代植民地都市釜山』, 櫻井書店, 2007, 15쪽.

²⁵⁾ 朝日新聞社 編, 『村山龍平傳』, 朝日新聞社, 1953, 51쪽.

²⁶⁾ 차철욱, 「개항기-1916년 부산 일본인상업회의소의 구성원 변화와 활동」, 『지역과 역사』 14. 2004.

사금(砂金)과 우피(牛皮)를 수입”하였다.[27]

　개항 이후 부산일본인사회에서는 일본의 유력자본가 중심의 근대적 상거래 외에도 쓰시마인과 조선인 사이에 유지되어온 전통적인 상거래 방식이 공존하고 있었다. 도쿄에 본점을 둔 오쿠라구미가 부산 개항 직후 오쿠라구미 부산지점을 개설하여 “종래 조선의 상습관(商習慣)이 아닌 정찰판매”를 실시했다[28]는 소개에서도 알 수 있듯이 부산일본거류지에서는 왜관시기부터 이어져온 쓰시마인과 조선인 사이에 형성된 외상거래 방식이 통용되고 있었다. 외상거래는 쓰시마와 조선 양측의 상인이 물건을 먼저 지급하거나 혹은 물건 값을 먼저 지급하는 식으로 진행되었는데, 예를 들면 왜관무역에서 조선의 산삼을 먼저 구매하기 위해 일본 상인들이 외상으로 사들인 ‘피집’(被執)[29]이라는 거래방식을 들 수 있다.[30]

　부산일본인사회에서 왜관시기의 거래방식이 존속할 수 있었던 것은 조선의 상품이 ‘생산자→조선의 객주→쓰시마인→일본무역상’과 같은 유통과정을 거쳐 일본으로 유입되고 있었기 때문이었다. 부산에서 일본의 “무역상은 대개 중매상에게 곡물구입을 위탁하는 경우가 많았다.”[31] 이때 조선 측 중매업자는 객주였으며 일본 측 중매업자는

---

27) 朝日新聞社編, 『村山龍平傳』, 51쪽.
28) 小林正彬, 『政商の誕生: もうひとつの明治維新』, 東洋經濟新報社, 1987, 153쪽.
29) “조선상인이 무역품을 먼저 지급하고 값은 일본상인이 분할하여 갚는 일종의 외상거래이자 할부신용거래”를 말한다. 자세한 내용은 양흥숙, 「17-18세기 譯官의 對日貿易」, 『지역과 역사』 5, 1999을 참고 바란다.
30) 차철욱·양흥숙, 「개항기 부산항의 조선인과 일본인의 관계 형성」, 『한국학연구』 26, 2007.
31) “일본상인이 개항장에서 곡물을 매집하여 수출하기 이전까지의 과정에는 여러 상인조직이 관계되어 있었다. 1883년까지 일본상인은 조약상 거류지의 10리(4km) 밖으로 이동이 제한되어 있었다. 그래서 개항초기 거류지의 일본상인과 생산지 사이의 유통과정에는 항상 중개상인이 매개하고 있었다. 개항장의 일본

주로 쓰시마출신 상인이었다.

개항 이후 부산에는 일본에서 새롭게 건너온 근대적 유력자본가와 전통적인 상거래 방식을 고수하고 있던 쓰시마출신 상인이 공존하고 있었다. 양측은 서로에 대해 호의적이지 않았으며 그러한 관계는 양측 각자의 단체결성과 대립의 형태로 나타났다.

Ⅲ. 쓰시마인과 일본인의 갈등

개항 이후 부산에는 이오이상점, 스미토모와 같은 오사카에 연고를 둔 자본가가 진출하기 시작하였다. 일본에서 신문사업으로 성공한 오사카 출신의 무라야마 료헤이(村山龍平)[32]도 1880년 4월 5일 사업차 부산을 방문했다.[33] 원산·블라디보스토크·연해주로까지 사업의 확장을 계획하던 때 그 거점이 될 부산을 사전조사차 방문한 것이었다.[34] 무라야마는 사족출신인 아버지를 따라 오사카에서 서양물품 판매점을 운영하며 상업을 익혔고, 27세에 1878년 오사카상법회의소의 초대의원으로 취임하였으며 1881년 1월에는 오사카아사히신문사(大阪朝日新聞社)의 사장에 오른 인물이었다.[35]

상인 중 양국상품을 수출입하는 자를 무역상이라 하고 양국상인 사이에서 매매를 주도하는 자를 중매상이라고 했다." 하원호, 「개항 후 부산의 대외무역과 유통구조의 변동」, 『史林』 25, 2006.

[32] 奧村梅皐, 『大阪人物評論』, 小谷書店, 1903, 29~33쪽.

[33] 朝日新聞社 編, 『村山龍平傳』, 54쪽.

[34] 위의 책, 51쪽.

[35] 上垣外憲一, 『ある明治人の朝鮮觀』, 筑摩書房, 1996, 49쪽; 濱田信夫, 「日本の新聞産業を牽引した企業家活動: 村山龍平と本山彦一」, 『日本の企業家活動シリーズ』 52, 2012를 참고하여 정리하였다.

무라야마는 부산에 도착하여 영사관과 교도상회(協同商會)와 스미토모지점(住友支店)을 방문한 후 부산의 상황(商況)이 매우 활발하지 못하다는 것을 알게 된다.[36] 그리고 다음 날인 4월 6일 무라야마는 부산의 상황에 대해 오사카의 동업자에게 다음과 같이 알렸다.

> 이곳의 경황(景況)은 상상과 다르고 마치 쓰시마의 식민지와 같은 상황이어서 실로 한탄스럽다.…[37]

무라야마가 동업자에게 전한 부산의 소식은 상황이 생각한 것과 달리 활발하지 못하며 "쓰시마인이 여전히 무역을 좌지우지"[38]하고 있다는 내용이었다. 개항 이후 부산의 경제활동에서 쓰시마인이 차지하는 비중을 알 수 있다. 이것은 1888년까지 쓰시마인이 부산에 거주하는 일본인의 과반수를 차지[39]하고 있었던 상황과도 밀접하게 관련이 있었던 것으로 보인다.

이상과 같은 부산의 경제 상황 속에서 일본의 대도시 유력상인들은 부산상법회의소의 설립을 추진하였다. 1878년 도쿄와 오사카에 상법회의소가 설치되고 그 이듬해인 1879년 8월 부산일본거류지에 상법회의소가 설치되었다.[40] 부산상법회의소는 "양국(조선과 일본－인용자)의 무역에 관한 일체의 이해득실을 상의하고 또 무역상 관청의 물음에 답하며 의견을 관청에 건의하는 것과 물품진열소를 관리"하기 위

---

36) 朝日新聞社 編, 『村山龍平傳』, 58쪽.

37) 위의 책, 58쪽.

38) 上垣外憲一, 『ある明治人の朝鮮觀』, 86쪽.

39) 1876년 부산의 이후부터 적어도 1888년까지 부산에 거주하고 있던 일본인의 과반수는 쓰시마인이 차지하고 있었다. 「釜山居留の日本人」, 『大阪日報』, 1888년 6월 5일; 오미일, 「개항(장)과 이주상인」, 『한국근현대사연구』 47, 2008에서 재인용용.

40) 森田福太郎, 『釜山要覽』, 釜山商業會議所, 1912, 256쪽.

한 목적을 가지고 건립한 것이었다. 부산상법회의소의 회원은 "무역, 은행, 해운, 도매상"과 같은 4가지 영업에 종사하는 자만이 될 수 있었다.[41] 당시 부산일본인사회의 상업계는 중매업자와 무역업자가 함께 세력을 형성하고 있었지만 상법회의소에서는 중매업자를 회원으로 포함시키지 않았다. 이에 쓰시마중매업자 측에서는 부산상법회의소에 대응하기 위해 중매업자들의 단체인 협약사(協約社)를 설립하였다.[42] 이와 같이 부산에 진출한 일본의 유력가와 쓰시마인 측의 대립은 각자의 단체를 결성하는 형태로 나타났으며, 나중에는 폭력사건으로도 이어졌다.

1881년 6월 26일자 『大阪日報』에서는 6월 16일 부산일본인전관거류지에서 쓰시마의 구 사족(舊士族)들이 아마노 아키라(天野皎)라는 사람을 폭행한 사건을 소개하고 있다.[43] 부산상법회의소에서 근무하고 있던 아마노가 오사카상법회의소에서 출판하는 『商況新報』에 "조선무역의 경황"라는 제목의 글을 투고한 것이 문제였다.[44] 아마노는 부산으로 건너오기 전인 1880년 오사카상법회의소의 서기로서 근무한 경력을 가지고 있었다.[45] 1881년 6월 부산상법회의소에서 근무하던 아마노가 오사카상법회의소의 신문에 기사를 투고한 것은 그가 오사카상법회의소에서 근무했던 이력과 관계가 있는 것으로 생각된다.

당시 오사카와 부산에 설치된 상법회의소는 "자유경쟁을 원칙으로 하는 신시대(新時代)의 상업을 담당하는 사람들의 연합회"[46] 즉, 대도

---

41) 위의 책, 257쪽.

42) 위의 책, 258쪽; 木村健二, 『在朝日本人の社會史』, 106쪽.

43) 『大阪日報』 1881년 6월 26일.

44) 天野皎, 『入淸日記: その他』, 壷外書屋, 1929, 10쪽; 上垣外憲一, 『ある明治人の朝鮮觀』, 85쪽; 『大阪日報』 1881년 6월 26일.

45) 天野皎, 위의 책, 10쪽.

시 유력상인들이 중심이 된 모임이었다고 볼 수 있다. 이러한 부산상법회의소에서 전통적인 거래법을 고수했던 쓰시마중매업자를 회원으로 받아들이려 하지 않았던 것은 어쩌면 당연한 것이었다. 아마노는 기사를 통해 "쓰시마의 번주(宗對馬守)"가 조선과의 무역을 "전유(專有)"해왔다는 등의 내용으로 "쓰시마국인(對馬國人)의 폐해를 통격(痛擊)"하였다.[47] 아마노의 쓰시마인에 대한 비판을 통해 부산상법회의소가 쓰시마인에 대해 가지고 있던 인식을 알 수 있다.

신문에서 아마노의 기사를 읽은 쓰시마의 구 사족 30여 명은 아마노를 찾아가 자신들의 번주를 비방하는 내용의 수정을 요구했지만, 아마노가 그 요구를 거절하자 폭력을 행사하였다.[48]

이상과 같은 폭력사건은 크게는 두 가지 요인에 의해서 발생한 것으로 볼 수 있다. 하나는 전근대 일본의 신분제와 같은 사회·문화적 관습의 잔존이다. 선행연구에 따르면 1871년 폐번치현이 시행되었음에도 불구하고 일본인들은 여전히 번과 같은 지역을 단위로 하는 정체성을 가지고 있었으며, 구 번주 또한 자신이 통치했던 지역사회에서 정의(情誼)관계를 통하여 여전히 강한 영향력을 행사하고 있었다. 구 번주와 지역사회 간의 관계는 1910년대까지도 사라지지 않았던 것으로 알려지고 있다.[49] 쓰시마의 사족이 아마노에게 구 번주를 비방하는 내용의 수정을 요구한 것에서 알 수 있듯이, 개항 이후 부산을 찾은 쓰시마인에게는 구 번과 번주를 중심으로 하는 사회·문화적 관습이 남아 있었고, 그것이 출신지와 직업을 달리하는 구성원들 간의

---

46) 上垣外憲一, 『ある明治人の朝鮮觀』, 86쪽.
47) 『大阪日報』 1881년 6월 26일.
48) 『大阪日報』 1881년 6월 26일.
49) 柳敎烈, 『明治憲法體制と華族』, 神戸大學博士論文, 1994, 38쪽.

갈등을 증폭시키는 요소가 되었다.

다른 하나는 쓰시마의 구 사족의 경제적 곤궁이다. 이상의 사건은 당시의 다른 신문에서 "「對州窮士族」"[50]이라는 제목으로도 소개되었다. 메이지 유신 이후 몰락한 쓰시마 구 사족들은 생계를 위해 부산에서 무역업에 종사했지만, 경험이 부족하여 성공하기가 매우 힘들었으며, 때문에 "쓰시마인 중에서도 가장 곤란한 입장"에 처해 있었다.[51] 쓰시마 구 사족과 아마노 간에 벌어진 폭력사건은 개항 이후 부산일본인사회의 변화 속에 놓인 쓰시마인의 모습이 극적으로 드러난 대표적인 사례라고 볼 수 있다.

다카사키 소지(高崎宗司)는 1881년 8월 부산의 개항지 밖인 구포에서 발생한 쓰시마인 미곡중매업자와 조선인 간에 발생한 폭력사건을 소개하며 1881년부터 1882년에 걸쳐 쓰시마인이 관계한 폭력사건이 부산에서 다발했다고 말하고 있다. 다카사키는 쓰시마인이 폭력적이었던 것은 일찍이 무역을 독점하였던 쓰시마상인이 새롭게 진출한 오사카상인 등에 의해 몰락하여 "개항지 바깥이라는 '새로운 땅'에 폭력적"으로 진출할 수밖에 없었기 때문이었다고 설명하고 있다.[52]

개항 이후 급격한 변화를 맞게 된 부산에서 쓰시마인이 극복해야 할 대상은 일본 대도시 출신의 유력가만이 아니었다. 개항 이후 1879년 부산에는 콜레라가 유행하여 일본인뿐만 아니라 조선인 가운데에서도 사망자나 환자가 발생했다.[53] 때문에 부산일본거류지의 일본영사와 거류민은 1880년 6월 15일부터 위생회의를 열고 관련 비용을 부

---

50) 上垣外憲一, 『ある明治人の朝鮮觀』, 86쪽.
51) 위의 책, 86~87쪽.
52) 高崎宗司, 『植民地朝鮮の日本人』, 12쪽.
53) 金貞蘭, 「開港期釜山における社會構造變化の硏究: 日本の衛生行政を中心に」, 1쪽.

담하기도 했다.[54] 또한 질병에 이어 발생한 가뭄과 같은 자연재해도 쓰시마인이 극복해야할 문제들이었다. 이상과 같은 다양한 문제들에 대처하기 위해 쓰시마인은 동향을 중심으로 한 폭넓은 연대를 계획하게 된다.

Ⅳ. 쓰시마인의 동향회

1. 구성과 배경

1882년 3월 15일자 신문기사에서는 부산에 거주하는 쓰시마인의 동향회 결성에 관한 소식을 전하고 있다.

> 당항(부산: 인용자)에 거류하는 인민은 2천여 명에 이르며 그 과반수는 쓰시마인이다. 그중에는 관원도 있고 서생도 있으며 무역상과 중매상도 있다. 다른 거류인과는 달리 동향의 형제가 많고 자연스럽게 단결이 잘 된다. 이번에 淺山某의 발기로 대주대친목회(對州大親睦會)를 만들어, 빈부귀천의 차이 없이 일치협동의 정신으로 장래의 목적에 대해 크게 계획하고자 한다. 본월 제1, 제2 일요일에 수제학교(修濟學校)에서 모여 논의하기로 한다.[55]

이상의 기사에 따르면 쓰시마인이 당시 부산일본인의 과반수를 차지하고 있으며 또 다양한 직업에 종사하고 있었음을 알 수 있다. 그리고 "대주대친목회"라로 명명된 쓰시마인의 동향회결성이 "淺山"의 주

---

54) 金貞蘭, 「開港期釜山における社會構造變化の硏究: 日本の衛生行政を中心に」, 15 쪽.

55) 『朝鮮新報』 1882년 3월 15일.

도로 진행되었던 것도 알 수 있다. 다음의 기사를 통해 쓰시마동향회의 주요인물과 단체의 결성목적에 대해 보다 구체적으로 살펴보도록 하자.

같은 해 4월 5일자 기사에서는 쓰시마동향회의 회원과 회규(會規)에 대해 소개하고 있다.

> … 본회의 임원은 회장 淺山顯三, 부회장 半井泉太郎, 朝岡小十郎, 古川猪太郎, 越粕太郎, 幾度健一郎 외에 회계 3명, 간사 25명으로 구성되었으며 회원 모두는 투표를 통해 선출되었다.[56]

이상에 거론된 쓰시마동향회의 회원 가운데 회장과 부회장으로 기재된 아사야마 겐조(淺山顯三)와 나카라이 센타로(半井泉太郎)라는 인물에 대해 각각 살펴보도록 하겠다. 아사야마는 앞서 살펴본 3월 15일자 기사에서 "대주대친목회"의 창립을 제안한 "淺山某"씨와 동일인물로 보인다. 아사야마는 부산의 개항을 전후한 시기 일본외무성에 관계되어 조선어 통역관으로 근무했던 것으로 확인되며, "淺山顯三"와 함께 "淺山顯藏"라는 이름으로도 기록되어 있다.[57]

1873년 아사야마는 일본외무성이 쓰시마의 이즈하라에 설립한 한어학소(韓語學所)의 우수학생 10명 중 1인으로 선발되어, 부산 초량공관의 한어학소로 진학하였다.[58]

---

56) 『朝鮮新報』 1882년 4월 5일.
57) 국사편찬위원회의 '한국사데이터베이스'와 한국고전번역원의 '한국고전종합DB'에서 '淺山顯藏'와 '淺山顯三'을 검색하면 각각 주한일본공사관기록, 근대한일외교자료 등에서 조선어 통역에 관한 업무에 관여하고 있는 기록을 확인할 수 있다. (검색일: 2013년 8월 22일)
58) 아사야마가 이즈하라의 한어학소에서 학습할 수 있었던 배경에는 쓰시마동향회의 회원명단에서도 확인하였던 고시카스 타로(越粕太郎)의 역할이 있었다. 메이

쓰시마와 부산의 한어학소에서 조선어를 학습한 아사야마는 이후 1876년 2월 10일 강화도사건에 관한 조선-일본 간의 사건처리가 있을 당시 일본외무성의 통역관으로서 활약했고, 같은 해 5월 조선의 수신사 김기수 일행 75명이 일본을 방문한 4개월 간 수행통역관으로서도 활약했다.[59] 또한 박영효의 『使和記略』에는 1882년 9월 5일 조선의 수신사 일행이 일본외무성을 방문할 당시 "三等屬傳語官 淺山顯三은 외무경(井上馨－인용자) 옆에 서 있었다."는 기록이 남아 있다.[60]

부회장으로 선출된 나카라이는 일본의 여류문학가 히구치 이치요(樋口一葉)에게 가르침을 준 것으로 유명한 나카라이 도스이(半井桃水)와 동일인물이다. 나카라이는 1860년 쓰시마의 이즈하라에서 태어났으며 센타로는 그의 아명(兒名)이다. 나카라이는 12살이 되던 1872년 의사인 아버지를 따라 부산의 초량왜관으로 건너가 조선어를 익혔다. 이후 나카라이는 도쿄와 부산을 오가는 아버지의 지인에게 맡겨져 1875년 새로운 학문을 배우기 위해 도쿄로 향하게 된다. 나카라이는 도쿄에서 "영학숙(英學塾)으로는 이름이 있던 공립학사(共立學舍)"에 입학하여 새로운 학문을 접하게 된다.[61] 1881년 5월 나카라이는 부

지유신 이후 일본외무성은 쓰시마가 맡아왔던 조선과의 외교에 관한 사무를 관장하게 되지만, 유능한 통역관이 부족한 상황이었다. 이때 고시카스는 같은 고향 사람인 요시후쿠 기하치로(吉福喜八郎)와 함께 1872년 6월 쓰시마를 찾은 일본외무성의 관리 모리야마 시게루(森山茂) 등에게 접근하여 조선어로 단순한 대화가 가능한 인원 30여 명이 있다고 전하며 쓰시마가 "신정부가 필요로 하는 한어통사(韓語通詞) 교육장"을 건립하기에 가장 적합한 장소라고 피력하였다. 이후 도쿄로 돌아간 모리야마가 한어학소의 건립을 제안하였고, 그 결과 1872년 10월 25일 쓰시마의 이즈하라에 한어학소가 건립된 것이다. 황백현, 「對馬島의 韓語學習에 관한 研究」, 동의대학교박사학위논문, 2010, 84~92쪽.

[59] 황백현, 위의 논문, 91~92쪽.

[60] '한국고전종합DB', 검색일: 2013년 8월 22일,
http://db.itkc.or.kr/index.jsp?bizName=MK&url=/itkcdb/text/bookListIframe.jsp?bizName=MK&seojiId=kc_mk_g025&gunchaId=&NodeId=&setid=2655689.

산에서 『朝日新聞』의 조선통신원으로 활동하게 되었고, 1882년 7월에 발생한 임오군란 등과 같은 조선의 소식을 기사로 전하며 『朝日新聞』의 부수확대에 크게 기여했다고 한다.[62]

　쓰시마동향회의 회장과 부회장으로 각각 선출된 아사야마와 나카라이는 이상에서 살펴본 바와 같이 부산에서 거주한 경험을 토대로 조선과 일본 간의 외교 및 언론에 관계된 활동을 한 식견을 갖춘 인물이었음을 알 수 있다. 그렇다면 이들이 부산에 거주하는 다양한 계층의 쓰시마인을 규합하여 동향회를 결성하고자 했던 목적은 무엇이었을까. 1882년 4월 5일자 『朝鮮新報』에 기재된 친목회 회규를 살펴보자.

동향친목회회규(同鄕親睦會會規)
　제1장 [명칭] 제1조　　본회는 동향친목회(同鄕親睦會)라고 칭한다.
　제2장 [목적] 제2조　　본회는 우리 동향(我同鄕)의 남자끼리 모여 교제를 두텁게 하고 신의를 쌓아 서로 구제하는 것으로 한다.
　　　　　　　제3조　　본회는 전조(前條)의 취지에 따라 회원의 갹금(醵金)을 저축하여 회원의 재해구제(災害救濟)에 도움이 되도록 한다.
　제3장 [회원] 제4조　　본회원의 모임은 부산항(本港)에서 기류(寄留)하는 동향인으로서 성립하지만 쓰시마 또는 다른 지방출신이 가입을 희망한다면 막지 않는다.
　　　　　　　제5조　　회원은 품행을 조심하고 경거함을 경계하여 외국인은 물론 내국인에 대해서도 치욕을 주는 일을 해서는 안 된다."[63]

----

61)　上垣外憲一, 『ある明治人の朝鮮觀』, 3~14쪽.
62)　高崎宗司, 『植民地朝鮮の日本人』, 14쪽.

이상의 쓰시마동향회의 회규에 따르면 "동향친목회"가 단체의 정식 명칭이었음을 알 수 있다. 또한 본회의 창립목적이 "신의를 쌓아 서로를 구제"함에 있으며, 회원이 재해를 입었을 때에는 회원 간에 갹금하여 도움을 주기로 정한 사실도 알 수 있다. 쓰시마인이 동향회를 결성하여 대처하고자 했던 재해란 어떤 상황을 말하는 것일까. 쓰시마동향회가 결성된 전후 시기 부산의 상황을 고려해본다면 크게 다음의 두 가지를 고려해볼 수 있을 것 같다.

하나는 부산에 닥친 불경기이다. 쓰시마동향회가 결성되기 얼마 전인 1882년 2월 25일자 신문기사에서는 당시 부산의 불경기가 심하여 조선인의 경우 가재도구, 부녀자의 장신구 등을 팔아 가까스로 생활하고 있으며, 일본인사회에서도 절도가 끊이지 않고 있다는 소식을 전하고 있다.[64] 부산의 불경기는 단순히 부산과 인근지역만의 문제가 아닌 조선과 일본 양국의 자연재해와 경제불황에서 비롯된 것으로 볼 수 있다.

하원호의 연구를 통해 1876년 부산의 개항 이후 조선과 일본 간 무역상황에 대해 살펴보도록 하자.[65] 조선의 쌀은 대일 수출의 주된 상품이었다. "대일 수출액이 증가하는 현상을 보이는 때는 쌀 수출액이 증대할 경우"였다. 부산항을 통해 수출된 조선의 쌀은 일본의 자본주의 발전의 중심지였던 오사카-고베지방으로 집중적으로 공급되며 일본자본주의 형성과 발전에 기초를 제공한 것으로 알려져 있다. 그러나 1880년대 들어 부산에서 수출되는 품목에서 쌀이 차지하는 비율이

<63) 『朝鮮新報』 1882년 4월 5일.
64) 「釜山通信」, 『西海新聞』 1882년 2월 25일.
65) 이하 조선-일본 간 무역에 관한 내용은 하원호의 「개항후 부산의 대외무역과 유통구조의 변동: 곡물무역을 중심으로」를 참고하여 정리한 것이다.

극히 적어진다. 1881년 8월까지는 "조선수출미의 주된 수요지였던 오사카의 미가가 흉작으로 부산에 비해 2엔 이상 높은 수준"을 보이나, 9월 이후에는 조선의 흉작으로 인해 부산의 미가가 일본보다 높아 수출이 급격히 줄어들었다고 한다. 이후 1883년의 가뭄, 1884년의 강우의 피해와 조선인 부상(富商)의 매점, 1885년 부산근방의 기근, 1886년 부산에서 수출되는 곡물의 생산지인 전라·경상도에 심한 흉작이 연이어 발생함에 따라 굶어 죽는 사람과 농촌을 떠나는 사람이 늘어갔다.

쓰시마인이 동향회를 결성하여 대응하고자 했던 또 다른 재해의 하나라고 생각되는 것은 바로 질병이다. 부산일본인의 인구는 1879년 700명에서 1880년 2,066명으로 급증한다. 부산항을 통한 대일 수출·수입액도 수출 각각 약 두 배 정도가 증가하였다.[66] 부산을 통한 조선과 일본 간의 사람과 상품의 이동증가는 질병의 발생에도 영향을 미쳤다. 김정란(金貞蘭)의 연구에 따르면 1879년 "당시 일본에서도 아이치 현(愛知縣)을 중심으로 콜레라가 유행하여 3월 중순부터 11월까지 환자 162,637명, 사망자 101,786명이 발생"하였는데 콜레라는 나가사키를 통해 부산항으로 전파되어 부산일본거류지에서도 1879년 9월 환자와 사망자가 발생했다.[67] 쓰시마동향회의 결성 이후이기는 하지만 1885년 8월 1일 쓰시마동향회의 초대 회장을 맡기도 했던 아사야마는 부산해관의 민건호(閔建鎬)를 찾아가 콜레라 예방을 위한 피병원(避病院)의 건설을 제안하기도 했다.[68]

---

66) 수출(1879년: 612,174엔 -1881년: 1,157,858엔), 수입(1879년: 566,955엔 -1881년: 1,100,196엔). 자세한 내용은 하원호, 「개항후 부산의 대외무역과 유통구조의 변동: 곡물무역을 중심으로」의 '〈표 1〉 부산항 주요 수출입품 구성비'를 참고 바란다.
67) 金貞蘭, 「開港期釜山における社會構造變化の研究: 日本の衛生行政を中心に」, 42쪽.

이상의 내용으로 미루어 볼 때 쓰시마인의 동향회 결성배경은 부산의 개항에 따른 사회구조의 변화와 그에 동반해 발생했던 자연재해·불경기·질병 등의 상황에 대처하기 위해서였다고 볼 수 있을 것이다. 그렇다면 쓰시마동향회는 구체적으로 어떤 활동들을 했던 것일까. 이에 관해서는 절을 달리하여 살펴보도록 하겠다.

2. 활동

1884년 10월 3일 쓰시마동향회에서는 부산일본거류지 중앙에 자리한 용두산에 히로쿠니신사요배소(弘國神社遙拜所)를 건립한다.[69] 히로쿠니신사요배소는 쓰시마 초대 번주(藩主) 소 요시토시(宗義智, 1568~1615)를 기리기 위한 시설이었다. 소 요시토시에게는 히로쿠니다이진(弘國大神)이라는 제신명(祭神名)이 부여되었는데, 그 이름은 쓰시마의 마지막 번주였던 소 시게마사가 지은 것이었다.[70]

나리타 류이치(成田龍一)에 따르면 1890년을 전후한 시기 일본에서는 동향회와 같은 단체가 전국에 걸쳐 조직되었고, 각 동향회가 발행한 기관지에서는 당해지역의 역사상 인물, 예를 들어 구 번주와 같은 인물을 "위인"으로서 현창하며 애향심을 부여하려 했다고 한다.[71] 이러한 사례로 미루어 본다면 히로쿠니신사요배소는 부산에 거주하는 쓰시마인이 구 번주에 대한 기억을 통해 애향심을 고취시키는 장치로서 기능했다고 볼 수 있다.

---

68) 閔建鎬, 『海隱日錄 I』, 부산근대역사관, 2008, 387~388쪽.

69) 山川鵜市, 『龍頭山神社史料』, 龍頭山神社社務所, 1936, 67쪽.

70) 위의 책, 42쪽.

71) 나리타 류이치, 한일비교문화세미나 역, 『고향이라는 이야기』, 동국대학교출판부, 2007, 81쪽, 103~105쪽.

다음의 사례는 신분제가 폐지된 이후에도 쓰시마의 구 번주와 지역 민의 유대관계가 유지되고 있었음을 보여 준다. 1884년 12월 한성에 서는 김옥균을 비롯한 급진개화파에 의해 갑신정변이 발생했고, 이 과정에서 8명의 쓰시마인이 사망했다. 이에 1885년 2월 8일 쓰시마에 서는 쓰시마의 15대 번주 소 요시요리(宗義和)가 쓰시마의 와타쓰미 신사(和多都美神社)에서 제주(祭主)로 참여하여 사망한 쓰시마인 8명 에 대한 위령제를 지냈다.[72] 그리고 같은 해 6월 6일에는 소 요시요리 가 사망한 동향자의 친족에게 편지와 함께 "香花料金"을 증여하기도 했다.[73] 이상과 같은 쓰시마의 구 번주와 지역민 간의 유대는 부산에 서도 확인된다. 다음은 같은 해 6월 25일 부산에서 열린 소 요시요리 의 위계(位階)승진 축하연회에 대한 기사문이다.

> "쓰시마국 구 번주 소 요시요리의 위계가 正四位로 1급 승진됨에 따라 본항 (부산항:인용자) 재류의 쓰시마국인은 일제히 지난 25일 수제학교에 모여 축연 을 집행하였다."[74]

소 요시요리의 위계승진을 축하하기 위해 부산에 거주하는 쓰시마 인들이 수제학교에 모여 행사를 진행한 것을 알 수 있다. 구 번주를 축하하기 위해 모인 부산의 쓰시마인들에게 그 자리는 동향인 간 친 목을 다지는 기회가 되기도 했을 것이다. 마찬가지로 쓰시마동향회가 설립한 히로쿠니신사요배소 역시 부산에 거주하는 쓰시마인이 구 번 주를 중심으로 결집하며 유대감을 형성하는 장소였을 것이다.

이처럼 쓰시마동향회가 구 번주를 축으로 하여 부산에 거주하는 쓰

---

72) 「嚴原通信」, 『鎭西日報』 1885년 2월 21일.
73) 「香料贈與」, 『鎭西日報』 1885년 6월 6일.
74) 「位階祝進級」, 『鎭西日報』 1885년 6월 30일.

시마인들의 공동성을 형성하고자 한 사실은 메이지유신 이후 일본 정부가 천황을 중심으로 하여 근대적인 국민국가를 형성하고자 했던 모습과 유사하다. 이러한 논리에 대해 나리타는 다음과 같이 논하고 있다.

> 동향회에서 '고향을 축으로 형성하고자 했던 이 공동성은 국민국가 형성의 형식과 서로 유사한 형태를 띠고 있다. … 동향회/동향의식/동향성은 국민국가/내셔널리즘/에스니시티(ethnicity)라는 논리적 차원과 대응하며, 시몬느 베유(Simone Weil)의 말을 빌리자면, 동향회의 '방정식'을 푸는 것은 국민국가의 형성을 고찰하는 것으로 이어진다.[75]

일본의 지역사회에서 나타난 동향회의 결성 및 활동을 통해 일본의 근대국민국가 형성 과정을 논할 수 있다면, 부산에서 결성된 쓰시마 동향회와 그 활동은 부산에서도 일본의 국민국가형성의 과정을 파악할 수 있는 중요한 단서가 될 것이다.

한편 다음 1886년 7월의 인천일본인사회에 대한 기사는 부산에서 결성된 쓰시마의 동향회가 부산뿐만 아니라 원산과 인천에서도 활동하고 있었음을 알 수 있게 해준다.

> 조선삼항(朝鮮三港)에서 유명유실(有名有實)한 쓰시마친목회(對馬親睦會)의 정기총회가 본월 19일 사립학교(私立學校)에서 열렸다.[76]

기사에서 "조선삼항"은 부산에 이어 개항된 원산과 인천을 모두 가리키는 것으로 보이며, 쓰시마인의 동향회는 일반적으로 친목회라는 이름으로 불렸던 것으로 보인다. 부산에서 쓰시마동향회의 모임을 수

---

[75] 나리타 류이치, 『고향이라는 이야기』, 87~88쪽.
[76] 「仁川特別通信 6月 27日」, 『鎭西日報』 1886년 7월 3일.

제학교에서 가졌던 것과 같이 인천에서도 학교가 쓰시마인의 모임장소로 이용되고 있었음을 알 수 있다. 인천의 쓰시마인들이 가졌던 구체적인 동향회 활동에 대해서는 아직 확인된 바 없지만, 부산과 유사한 형태로 구 번과 번주에 관계된 사건을 중심으로 동향인 간의 유대감을 형성하고 유지했을 것으로 예상된다.

이상을 통해 쓰시마인의 동향회 결성배경과 활동에 대해 구체적인 사례를 통해 살펴보았다. 쓰시마인의 동향을 중심으로 한 연대는 부산의 개항이후 새롭게 일본에서 건너온 유력가와의 갈등, 조일 양국이 관계된 경제 불황, 부산과 인근지역에 발생한 자연재해 및 질병에 대처해야 하는 상황 속에서 결성되었다. 특히 1882년 결성된 쓰시마 동향회는 구 번주를 신격화-위인화하며 구심점으로 삼아 활동하였는데, 이는 1884년 쓰시마의 초대 번주를 모시는 히로쿠니신사요배소의 건립을 통해 구체적으로 확인할 수 있었다.

V. 결론

1870년대 일본에서는 국민국가의 수립을 위해 메이지정부의 주도하에 징병제, 의무교육, 신분제철폐 등의 정책이 시행되었다. 그러나 징병과 교육세 부과에 반대하는 민중은 각지의 병적등록소와 신설학교를 파괴하며 저항하였다.

일본 국내가 국민국가형성과정에서 진통을 겪고 있을 무렵인 1876년 부산이 개항되었다. 이후 부산에는 일본인전관거류지를 중심으로 일본 각 지역에서 도항해 온 이들이 거주하기 시작하였고, 부산일본인의 인구도 증가해 갔다. 개항 이후부터 적어도 1888년까지 부산일본인사회의 과반수는 쓰시마인이 차지하고 있었다. 쓰시마인과 새롭게 부산으로 진출한 타지역 출신 일본인들 간에는 갈등이 발생하기도 했으며, 이런 상황 속에서 쓰시마인들은 단체를 결성하여 실력을 행사하였다.

쓰시마인이 결성한 대표적인 단체로는 1882년 결성된 쓰시마동향회를 꼽을 수 있다. 쓰시마동향회는 구 번을 구심점으로 하여 결성 및 유지되었는데, 1884년 쓰시마동향회가 구 번주를 지역의 위인으로 삼고 히로쿠니신사요배소를 설립하여 동향인의 결속을 기도했던 것은 대표적인 사례라고 할 수 있다. 쓰시마인의 동향회의 결성은 일본의 국민국가형성기 부산으로 도항해온 일본인에게도 번을 중심으로 한 전통적인 생활습관이 남아있었다는 사실을 알려준다.

쓰시마인들이 개항 이후 부산일본인사회에 닥친 변화에 대처하는 모습을 동향회의 결성과 그 활동에 중심을 두고 살펴보았다. 이는 개항 이후 부산일본인사회가 통일된 국민적 정체성을 확립하게 되는 다양한 과정 중 일면을 밝혔다는 점에서 의의를 갖는다고 할 수 있으며, 부산일본인사회의 연구가 국민국가화라는 관점에서도 진행될 수 있음을 보여주는 사례가 된다고 할 수 있다. 특히 구 번과 번주를 중심으로 한 전근대적 생활습관은 쓰시마인 외에 다른 지역 출신자들에게서도 나타날 수 있는 생활습관이므로, 부산에서 결성된 다른 동향회의 사례도 확인할 필요가 있을 것이다. 그리고 각각의 동향회나 여타 근대적 정체성을 공유하는 집단들이 청일전쟁이나 러일전쟁과 같은 극적인 계기를 맞이하며, 국민으로서 통일되어 가는 보다 구체적인 사례와 과정들도 확인될 필요가 있다.

일제시기 부산의 중심 상점가와 도시문화

전성현

Ⅰ. 서론

현재 한국의 도시지역 인구비율은 92퍼센트에 육박하고 있다.[1] 말 그대로 '도시의 국가'라고 해도 과언이 아니다. 한국의 인구비율을 통한 도시화는 개항 이전 전통 도시인 서울, 평양, 개성 등을 제외하면 거의 진행되지 않다가 1876년 개항을 통한 세계자본주의 및 일본제국주의와의 관계 속에서 완만하게 진행되었다. 개항장 및 개시장의 개설과 일본인들의 대량 이주를 통해 이루어지기 시작한 도시화는 일제의 강제병합에 따른 조선의 식민지화에 의해 점차 확대되었다. 1914년 부제(府制)의 실시와 일본인사회가 고착화된 1920년 식민지 조선의 도시비율은 4.86퍼센트에 그치기는 했지만 1930년대 식민지 공업화와 도시문화의 확대로 인하여 1944년 23.8퍼센트까지 확장되었다. 물론 식민지라는 특수성으로 말미암아 도시인구의 이중적 구조는 그

---

[1] 통계청 도시지역 인구현황(연도별) 참조
  (http://kosis.kr/statHtml/statHtml.do?orgId=315&tblId=TX_315_2009_H1114&conn_path=I2).

대로 드러났다. 1940년대 일본인과 조선인의 도시인구 비율은 읍을 제외하고 부(府)만으로도 60퍼세트와 10퍼센트로 대부분 일본인들이 중심이었던 도시들이었다.[2] 그렇지만 읍까지 포함하면 조선인의 도시인구 비율도 20퍼센트에 육박하며 해방과 더불어 빠져나간 일본인들의 자리를 메우는 한편, 다시 도시에 지속적으로 집중됨으로써 현재와 같은 '도시의 국가'를 형성하게 되었다.

그렇다면 도시라는 공간과 장소에 대한 역사 연구는 인간과 삶의 터전을 확인할 수 있다는 점에서 의미 있는 작업이다. 뿐만 아니라 식민지와 한국전쟁, 그리고 산업화와 근대화 등 압축적인 도시화 과정에 불거진 수많은 공간적, 사회적, 구조적 문제들을 돌아볼 수 있고 해결할 수 있는 단초를 열 수 있을 것이라고 생각된다. 그간의 한국 도시사 연구는 크게 1990년대를 기점으로 구분된다. 1990년대 이전의 선행연구는 주로 민족사적인 관점에서 일제시기 사회경제사 연구에서 진행되었다. 특히 개항장도시, 식민지도시의 공간구조, 도시의 상공인 계층, 도시사회의 갈등구조 등에 대한 성과를 일부 제외하면 손정목에 의한 연구에 국한된다고 해도 과언이 아니다.

한국 도시사 연구는 지방자치제 시대를 연 1990년대 이후에야 비로소 본격화되었다. 서울을 비롯한 전국 도시들에 지역 연구를 위한 단체와 연구기관이 생기면서 연구 성과가 폭발적으로 늘어났던 것이다. 김백영은 이를 공간, 문화, 정치의 세 방면으로 요약했다. 공간에 관한 연구에서는 주로 근대 도시계획과 도시공간의 변화가 다뤄졌다. 문화와 관련해서는 근대 도시문화와 '식민지 도시성'이 중심적인 연구 주제였다. 정치와 관련해서는 식민지 도시문제와 도시 · 지역정치의

---

2) 孫禎睦, 『日帝强占期 都市化過程研究』, 一志社, 1996, 258~259와 290~294쪽.

전개가 중심이 되었다.3) 이러한 일제시기 도시사 연구는 특히 지역사와 관련을 맺고 그간 한국사 연구에서 도외시 되었던 일본인사회에 대한 연구와 동시에 이루어짐으로써 근대성과 식민성을 동시에 탐구하는 중요한 요소로 자리매김하기 시작했다.4)

한편, 부산의 도시사 연구도 1990년대 이후 양적으로 질적으로 확대되었다. 대체로 부산의 도시사 연구도 초기의 사회경제사 연구의 일환으로 전개된 일제의 침탈과 한국인의 저항을 중심으로 한 개항장 거류지 및 식민도시의 공간구조,5) 개항장 경제에 대한 연구에서 점차 '식민지적 근대' 또는 '식민지 근대성'의 탐구로 전환하여 근대 도시계획과 도시공간의 변화에 대한 연구로 확장되었다.6) 도시개발과 관련해서는 항만, 철도·전철, 상·하수도, 전신, 화장장, 병원 등 도시기반 시설에 대한 연구가 축적되었으며7) '식민지 도시성'과 관련해서는 일

3) 김백영, 「식민지 도시 한국 도시사 연구의 흐름과 전망」, 『역사와 현실』 81, 2011.
4) 홍순권, 『근대도시와 지방권력』, 선인, 2010.
5) 金容旭, 「釜山의 築港誌」, 『港都釜山』 2, 1963; 金義煥, 『釜山近代都市形成史硏究』, 研文出版社, 1973.
6) 김경남, 「한말-일제하 부산지역의 도시형성과 공업구조의 특성」, 『지역과 역사』 5, 1999; 장선화, 「1920~30년대 부산의 공업발전과 도시구조의 변화」, 『지역과 역사』 6, 2000; 李成浩, 「都市計劃史를 통하여 본 釜山市 空間構造의 變遷過程」, 『지리학논총 별호』 34, 2000; 김경남, 「日帝下 朝鮮에서의 都市 建設과 資本家集團網」, 부산대학교 사학과 박사학위논문, 2003; 김경남, 「日帝强占期 釜山地域 市街地計劃에 관한 公文書」, 『항도부산』 21, 2005; 김경남, 「일제말 전시체제기 부산 시가지계획의 전개와 그 특질」, 『지역과 역사』 20, 2007; 坂本悠一·木村健二, 『近代植民地都市 釜山』, 桜井書店, 2007; 홍순권 외, 『부산의 도시 형성과 일본인들』, 선인, 2008; 김경남, 「1930·40년대 전시체제기 부산 시가지계획의 군사적 성격」, 『한일관계사연구』 34, 2009; 문재원 엮음, 『부산 시공간의 형성과 다층성』, 소명출판, 2013; 전성현, 「일제강점기 행정구역 확장의 식민성과 지역민의 동향: 부산부 부역 1, 2차 확장을 중심으로」, 『지방사와 지방문화』 19-1, 2016.
7) 柳教烈, 「釜山 日本人專管居留地와 北浜埋築에 關하여」, 『日語日文學』 17, 2002; 차철욱, 「부산 북항 매축과 시가지 형성」, 『한국민족문화』 28, 2006; 노기영, 「日帝末 釜山 赤崎灣의 埋立과 臨港鐵道 建設事業」, 『항도부산』 22, 2006; 차철욱, 「1910년

본인사회 연구에 따른 이중사회/이중도시 또는 '혼종사회'에 대한 연구가 축적되었다.[8] 한편 도시문제에 관해서는 차가인, 빈민에 대한 연구가 이루어졌고,[9] 도시정치와 관련해서는 부협의회, 부회에 대한 연구로부터 각종 공공재를 둘러싼 지역사회의 동향을 분석한 글들이 제기되었다.[10] 도시문화와 관련해서는 일본인들의 도시문화인 신사,

대 부산진 매축과 그 성격」,『지역과 역사』 20, 2007; 차철욱, 「일제시기 부산항 설비사업과 사회적 의미」,『한국학논총』 33, 2010; 배석만, 「1930년대 부산 赤岐灣 매축 연구」,『항도부산』 28, 2012; 배석만, 「일제말 赤崎灣 추가매축 연구」,『항도부산』 29, 2013; 전성현, 「일제하 東海南部線 건설과 지역 동향」,『한국근현대사연구』 48, 2009; 전성현, 「일제시기 東萊線건설과 근대 식민도시 부산의 형성」,『지방사와 지방문화』 12-1, 2009; 전성현, 「일제시기 지역철도 연구: 근대 식민도시 부산의 전철 건설을 둘러싼 지역사회의 역학관계」,『역사와 경계』 84, 2012; 전성현, 「일제시기 부산의 전차 운영을 둘러싼 지역운동과 힘의 역학관계」,『석당논총』 65, 2016; 전성현, 「일제강점기 동해남부선의 식민성과 지역정치」,『역사와 경계』 104, 2017; 김승, 「한말 부산거류 일본인의 상수도시설 확장공사와 그 의미」,『한국민족문화』 34, 2009; 박민주, 「일제강점기 부산부 하수도 건설사업의 진행과정과 한계(1929~1932)」,『역사와 경계』 98, 2016; 윤상길, 「일제강점기 부산과 군산에서의 전화배치」,『한국민족문화』 54, 2015; 류교열, 「1920년대 식민지 海港都市 부산의 일본인 사회와 「죽음」의 폴리틱스」,『일어일문학』 39, 2008; 홍순권 외,『일제강점하 부산의 지역개발과 도시문화』, 선인, 2009; 류교열, 「1930년대 식민지 해항도시 부산의 일본인사회와 '죽음'의 폴리틱스」,『일어일문학』 49, 2011; 서용태, 「1877년 釜山 濟生醫院의 설립과 그 의의」,『지역과 역사』 28, 2011.

 8) 金楨夏,「近代植民都市 釜山의 性格에 관한 考察」,『동북아문화연구』 9, 2005; 구모룡, 「부산 식민도시와 근대도시를 넘어서: 부산연구의 문화론적 접근」,『인천학연구』 8, 2008; 차철욱 · 양흥숙, 「개항기 부산항의 조선인과 일본인의 관계 형성」,『한국학연구』 26, 2012. 최근 들어 화교에 관한 연구도 축적되고 있다. 조세현,『부산 화교의 역사』, 산지니, 2014; 김승, 「일제강점기 부산화교의 존재형태와 사회정치적 동향」,『지역과 역사』 34, 2014.

 9) 박철규, 「1920~1939년대 부산지역 빈민의 추이와 생활」,『항도부산』 15, 1998; 하명화, 「1920~30년대 초 도시 주거문제와 주거권 확보운동」,『지역과 역사』 12, 2003; 양미숙, 「1920 · 1930년대 부산부의 도시빈민층 실태와 그 문제」,『지역과 역사』 19, 2006.

10) 홍순권,『근대도시와 지방정치』, 선인, 2010; 김승, 「1920년대 부산의 電氣府營운동과 그 의미」,『지역과 역사』 32, 2013.

유곽, 공원, 온천, 해수욕장 등에 관한 연구가 중심이었다.[11]

 이상과 같은 부산의 도시사 연구는 1990년대 이후 양적으로나 질적으로 많은 연구 성과를 내고 있다. 하지만 근대도시이며 식민도시인 부산의 도시문화에 관한 연구는 현재까지 부분적일 뿐만 아니라 대부분 공간 연구에 그쳤다. 또한 근대도시의 핵심인 자본주의 소비문화에 대해서는 전혀 연구되지 못했고,[12] 경성의 일부 연구가 있을 뿐이다.[13] 본 연구는 이러한 연구 상의 공백을 메우기 위해 부산의 중심가, 즉 장수통(長手通) 등 번화가의 상점과 야점, 그리고 그 거리를 둘러싼 부산의 도시문화를 시간적 변화라는 틀에서 미시적으로 확인하고자 한다. 따라서 본 연구는 지역의 한 식민도시에 착종된 상점가라는 도시공간과 도시문화의 일단을 드러냄으로써 향후 식민도시의 '근대성' 연구에 부분적으로나마 기여할 수 있을 것이다. 그런 의미에서

---

11) 김승, 「개항 이후 1910년대 용두산신사와 용미산신사의 조성과 변화과정」, 『지역과 역사』 20, 2007; 한현석, 「근대 일본의 국민국가 형성과 해외신사」, 한국해양대 동아시아학과 박사학위논문, 2014; 전성현, 「일제강점기 신사 예제와 식민주의 지역문화: 용두산신사를 중심으로」, 『지방사와 지방문화』 20-1, 2017; 양미숙, 「개항기~1910년대 부산의 유곽 도입과 정착과정」, 『지역과 역사』 24, 2009; 정지영·강영조, 「근대 용두산공원의 공간변천에 관한 연구」, 『연구논문집』 29-2, 2006; 강영조, 「근대 부산에서 대정공원의 성립 과정과 공간 구성에 관한 연구」, 『한국전통조경학회지』 31-2, 2013; 임화순, 「近代韓國における溫泉觀光地の發達過程に關する史的硏究」, 東京工業大 理學硏究科 博士學位論文, 1995; 김승, 「일제강점기 해항도시 부산의 온천개발과 지역사회의 동향」, 『지방사와 지방문화』 14-1, 2011; 김승, 「동양의 나폴리, 송도해수욕장의 형성과 변천과정」, 『해항도시문화교섭학』 8, 2013.

12) 橋爪神也, 『モダン都市の誕生』, 吉川弘文館, 2003. 하시즈메는 이 책에서 근대도시와 도시문화를 상점가를 통해 드러내고 있다.

13) 김영근, 「일제하 일상생활의 변화와 그 성격에 관한 연구」, 연세대학교 사회학과 박사학위논문, 1999; 김경일, 「서울의 소비문화와 신여성: 1920-1920년대를 중심으로」, 『서울학연구』 19, 2002; 김백영, 「제국의 스펙터클 효과와 식민지 대중의 도시경험: 1930년대 서울의 백화점과 소비문화」, 『사회와 역사』 75, 2007.

본 연구는 점점이 흩어져 있는 신문자료를 토대로 사실의 일단을 추적하고 묘사하여, 1910년부터 1940년대 초까지 부산의 중심가인 장수통 등 번화가에 꽃핀 자본주의 소비문화, 식민주의 지역문화, 그리고 제국주의 전쟁문화를 구체적으로 살펴볼 것이다.

Ⅱ. 자본주의 소비문화의 전개와 확장

1. 장수통(長手通)과 상점가

지금도 부산의 번화가 중 하나일 뿐만 아니라 원도심의 중심가로 다시 부흥하고 있는 광복동 거리는 초량왜관의 설치와 더불어 형성되기 시작해, 개항 전후 부산으로 몰려든 일본인들에 의해 중심 상점가로 변모하기 시작했다. 현재 거리의 이름인 광복로는 해방과 동시에 일제로부터 나라를 되찾았다는 의미에서 붙여진 이름이며 그전까지는 일본인들에 의해 '긴 길'이라는 의미의 장수통(長手通)라고 불리어지던 거리였다. 개항이전 초량왜관시절 장수통은 왜관의 중심건물인 동대청(東大廳)과 서대청(西大廳)을 연결하는 사이 길로 앵천(櫻川) 또는 중천(中川)이라는 조그마한 천이 흐르고 있었다.[14] 그런데 이 길은 도랑으로 인해 불결할 뿐만 아니라 통행에도 지장이 있어 1880년대 예산을 들여 복개되었다.[15] 특히 1880년대 중반 콜레라의 발병과 방역을 둘러싼 논의 속에 암거(暗渠)의 행태로 복개와 도로개설이 추진되었다.[16] 이때부터 이 거리에는 일확천금을 노리며 새로운 땅 조

---

14) 다시로 가즈이, 정성일 옮김, 『왜관』, 논형, 2005, 70쪽.
15) 釜山府, 『釜山府史原稿』 6권, 1938, 371~372쪽; 川島喜彙, 『新釜山大觀』, 1934, 23쪽.

선에 건너온 일본인들에 의해 상점들이 하나 둘씩 자리 잡기 시작하여 상점가를 형성하기 시작했다.[17] 한편, 러일전쟁을 전후한 시기부터는 노점들까지 야간에 등장하면서 야점(夜店)을 꾸리고, 인근의 상점들과 어울려 수많은 인파들을 거리로 끌어들이는 부산의 중심 상점가 장수통을 탄생시켰다.[18]

장수통은 용두산 자락의 변천신사(辨天神社)의 명칭을 따라 붙여진 변천정(辨天町)의 거리 이름이었지만 일제시기로 들어오면서 점차 서쪽으로 행정(幸町), 서정(西町), 동북쪽으로 본정(本町), 대창정(大倉町)까지 상점가와 야점을 확장시키면서 그 일대를 포괄하는 부산의 중심 번화가로 변모했다.[19] 평상시 거리는 장수통을 중심으로 부산의 일본인들이 필요로 하는 일상적인 상품을 파는 상설점포들이 가로 양쪽에 늘어서 각각 영업을 했다.[20] 주로 직물 등 의복류를 파는 오복점(吳服店), 각종 생활 잡화를 파는 잡화점(雜貨店), 그리고 신발류 등을 파는 이물점(履物店)을 중심으로 다양한 상점들이 각각의 상점장식과 상품진열 및 손님 유인책을 통해 영업 활동을 전개했다.

먼저 중심 상점가는 각 상점을 상징하는 노렌(暖簾)[21] 및 등불 장식 등 손님을 더 많이 끌기 위한 독특한 가게 장식에 공을 들었다. 특

---

16) 위의 책, 310~327쪽.
17) 大池상점(여관)과 山本상점(오복점) 등이 이즈음 설립되었다. 부산부, 위의 책, 353쪽;「日本居留地市街圖」(1903);「釜山港市街及附近地圖」(1903).
18) 釜山商業會議所,『釜山要覽』, 1912, 3쪽.
19) 여기에 더해 대청정 거리까지 합쳐 용두산을 둘러싼 가로를 당시 일본인들은 '시내'라고 불렀다. 여기서는 좁은 의미의 번화가로 장수통만을, 넓은 의미의 번화가는 장수통을 중심으로 하는 시내 모두 일컫는다.
20)『釜山要覽』, 부록 1~39쪽.
21) 노렌은 상점의 표시, 점포명의 표기를 그려 넣어 건물 앞이나 점포의 입구 등에 걸어 놓은 천, 실내에 칸막이, 장식 등으로 이용하는 천이다.

히 기발한 쇼윈도의 상품 진열방식과 화려한 상품으로 지나가는 손님을 유혹했다. 예를 들어, 후쿠에이(福榮)상점은 연말 대매출을 위해 쇼윈도를 완전히 바꿨으며 연말연시 선물용 건포도와 초콜릿을 아름다운 상자에 넣어 진열했다. 다카노야(高野屋)는 점두를 붉고 흰 천으로 싼 장식문에 꽃 전기를 점화하여 연말의 기분을 자아냈고, 하마세(濱瀨)오복점은 큰 아크등을 점화하여 경기를 북돋으며 손님을 불러 모았다. 한편 나쓰카와(夏川)부인용잡화점은 인형을 이용하여 부인장신구를 교묘하게 진열하여 부인 손님을 유혹했으며, 호리구치(堀口)오복점은 신축한 점두에 보물을 실은 돛단배 모양의 창문 장식을 통해 봄을 기다리는 사람에게 기분 좋은 인상을 주는 등 다양한 방법의 장식과 손님 유인책을 전개했다. 개항 초기부터 장수통에 자리 잡았던 야마모토(山本)오복점도 개점 40주년 기념으로 쇼윈도에 '봉황의 춤'이라고 하는 새롭고 멋진 의장을 장식하여 손님들의 이목을 끌기도 했다.[22]

이처럼 쇼윈도, 노렌 등 상점의 장식과 진열은 상점 광고, 점포 확대, 고객 유치, 판매력 증대 등에 필수불가결한 상업방책으로 장수통을 중심으로 하는 번화가의 상점들이 가장 공을 들였던 영업방법이었다. 때문에 부산부는 상점과 도시의 번영을 위해 개항 50주년 기념축하행사로 '점두장식경기회'를 개최했다. 1926년 11월 1일부터 장수통을 비롯한 매립신정, 대청정 등의 57개 대상점이 이 경기대회에 참여하여 6일간의 경합과 심사를 통해 1등 3개 상점(三中井, 堀口, 沖永), 2등 4개 상점(日の丸, 山本, 山口屋, 丁字屋), 3등 7개 상점(三善屋, 夏

---

22) 『釜山日報』 1916.12.25.(3-5), 「歲晩の長手通」; 『釜山日報』 1917.12.6.(4-1), 「大賣り出しの街」; 『釜山日報』 1918.12.17.(3-1), 「聯合賣出の景氣」; 『釜山日報』 1926.3.6. (11-8), 「山本吳服店の開港記念冬物大賣出し」.

川, 村上, 西尾, 朝日堂, 飯田, コマヤ), 포상 12개 상점이 입상했다.[23] 이처럼 상점의 점두 장식과 상품 진열은 상점가를 대표하는 모습으로 지속되어 이후에도 장수통을 중심으로 하는 중요한 도시문화로 자리 잡았다.

나아가 각 상점마다 제각각의 손님 유치방법을 고안하여 염매회(廉賣會), 즉매회(卽賣會), 특매회(特賣會)를 수시로 진행하는가 하면, 1할 할인판매, 1할 덤핑판매, 그리고 개업 몇 주년 기념 염가매출에 감사권까지 제공했다. 또한 원 이하 절사매출까지 각양각색의 다양한 방법을 강구했다.[24] 이에 더해 거리로 나와 지나가는 손님에게 호객행위까지 서슴지 않았다. 뿐만 아니라 개별 상점 중에는 근대식 건물로의 증개축을 통해서도 영업을 확대하는 경우도 있었다. 장수통의 잡화상인 후쿠에이상점은 개업 10주년 기념으로 10일 동안의 대바겐세일을 개최하며 상품 50전 당 경품권을 증정하고 당첨된 고객에게 여행 가방, 무릎 덮개, 18금 띠 등 꽝 없는 경품을 제공하며 판매고를 올렸다. 부산의 오복점을 이끌었던 야마모토오복점은 개업 40주년 기념으로 오사카에서 들여온 유행의 신상품을 특매품가로 5일간 제공하기도 했다. 시마다(島田)상점은 시세의 진운에 따라 점포를 확장하여 새로운 신축 사옥을 건설하고 종래 직물 외 잡화부를 신설하여 박리다매주의로 나섰다.[25] 고마야오복점도 3층의 새로운 점포를 개설하여 영업에 새롭게 나섰다.[26] 조지야양복점 부산지점도 그간의 점포가 협

---

23) 釜山府, 『釜山開港五十年記念號』(1926), 99~107쪽.

24) 『釜山日報』 1934.2.27.(조3-1), 「慶祝と好況來!に一層拍車をかく」.

25) 『釜山日報』 1916.10.21.(5-6), 「福榮の大賣出し」; 『釜山日報』 1926.3.6.(11-8), 「山本吳服店の開港記念冬物大賣出し」; 『釜山日報』 1918.9.17.(3-7), 「島田商店の業務擴張」.

26) 『釜山日報』 1937.3.22.·23, 「コマヤ吳服店上棟式」.

소하여 "장수통에 이채를 띠는 아름답게 장식된 신관"을 개축하고 6일간의 기성품과 주문품에 대한 특가할인에 나서며 맞춤 본위와 대량생산의 '2대 주의'에 매진했다. 또한 매년 봄가을 2회에 걸쳐 시가보다 3할이나 저렴한 예약판매까지 실시하여 성황을 누렸다.[27] 이처럼 다양한 손님 끌기 전략과 근대식 상점 건축의 신축 등 장수통의 근대식 상점 건물은 1920년대 중후반부터 장수통의 성황을 이끌었으며 이채를 더했다.

한편, 장수통 등 상점가는 상품의 판매를 촉진하기 위한 쇼윈도와 매장의 상품 장식 및 진열 이외에 상품 매출에 간접적으로 영향을 줄 수 있는 전람회, 진열회, 실연회, 강습회 등 유행을 선도하는 상품과 볼거리를 자주 제공하며 고객들의 '취미'를 선도했다.[28] 대체로 오복점을 중심으로 한 대형 상점이 주도했는데, 의복과 관련된 전람회, 진열회, 실연회, 강습회를 상점 내에서 개최했다. 미나카이는 '미나카이 취향'의 별염(別染)진열을 포함하여 기모노나 유가타의 새로운 무늬도안을 전시하는 '도안모양전람회'를 점포 내 홀에서 자주 열었다. 또한 '조선 복식유행계의 최고봉'으로 기모노의 의장고안 등 새로운 분야를 개척하고 있는 삼우회(三優會)의 작품을 2층에 진열했다. 이는 '근대 복식예술의 정화'로 자랑할 만하며 '현대 유행계의 최첨단'으로 빛나는 진열회였다고 한다.[29] 이른바 미나카이도 다른 백화점과 함께 유

---

27) 『釜山日報』 1925.11.6.(7-10), 「丁子屋洋服店の改築記念と既成品大賣出し」;『釜山日報』 1927.10.19.(석4-10), 「丁子屋の豫約販賣」.

28) 神野由紀, 『趣味の誕生』(勁草書房, 1994), 123~215쪽. 진노 유키는 미쓰코시백화점을 통해 유행과 '미쓰코시 취미'의 탄생을 정리하고 있는데, 이는 다른 백화점과 대형 상점도 마찬가지였다(하쓰다 토오루, 이태문 옮김, 『백화점』, 논형, 2003, 100~105쪽).

29) 『釜山日報』 1925.11.20.(7-10), 「三中井釜山支店 十周年賣出し」;『釜山日報』 1925. 11.22.(7-10), 「不夜城の如き三中井の美觀」;『釜山日報』 1932.3.26.(4-10), 「三中井

행과 취미를 선도하고자 했던 것이다. 더불어 천을 가지고 옷을 만드는 양재법 강습회도 개최했다. 야마모토오복점은 새로 발명된 순일본옷(純和服) 미싱을 상점 내에 여러 대 설치하고 일반 부인들이 보는 앞에서 친히 실연하는 등 이를 통해 부인들의 호기심을 자극하며 상점으로 불러 모았다.[30]

상품과 직접 연관되는 각종 전람회, 진열회, 실연회, 강습회와 달리 간접적이지만 더 효과적이고 인기를 구가한 전시회도 개최되었다. 상품과 관련은 없지만 사람들이 좋아하거나 좋아할만한 것들을 점내에 전시함으로써 상품 매출에도 기여하는 한편, 고객에 대한 서비스를 통해 상점의 명성을 더 높일 수 있는 간접 광고효과도 있었다. 고마야오복점은 당시 세간에 유행하며 관심을 끌고 있었던 '미스조선'에 응모한 사진을 자신의 상점에 전시하여 많은 사람들의 호기심과 방문을 이끌어냈다.[31] 하지만 이와 같은 전시는 대형 상점이 아니면 많은 돈이 들기 때문에 개최할 수 없었고, 그럴만한 장소도 갖추지 못했다. 그런 의미에서 부산을 대표하는 백화점인 미나카이는 상업적 전시뿐만 아니라 점차 문화적 전시를 통해서도 고객을 백화점으로 유인했다.

우선, 미나카이(三中井)와 같은 대형 백화점은 다른 상점들이 따라 할 수 없는 근대식 건축물과 각종 장식, 독자적인 할인 상품 및 경품 등을 통해 손님들을 끌어들였다. 박람회 기간 동안 진열되었던 상품들을 계속해서 진열 판매하기 위해 설치된 권공장, 오복점으로부터 발전한 일본의 백화점은 식민지 조선에도 착착 진출했다.[32] 그중 미

春の三優會」;『釜山日報』 1937.3.12.(조3-7), 「豪華春の三中井三優會」.
[30] 『釜山日報』 1933.12.12.(조3-7), 「新發明和服ミシン實演會」.
[31] 『釜山日報』 1931.9.26.(조4-6), 「ミス朝鮮寫眞コマヤに陳列」.
[32] 하쓰다 토오루, 『백화점』, 21~92쪽.

나카이는 일본의 전통적인 상인집단인 오미(近江)상인 중 고토(湖東)
상인으로 출발해 성장한 나카에(中江) 일가와 장남인 나카에 가쓰지
로(中江勝治郎)의 처가인 오쿠이(奧井和平) 일가가 연합하여 1904년
대구에 오복점을 개설한 것을 시작으로 조선과 대륙의 '백화점왕'으로
성장해갔다.[33] 나카에 집안의 3남인 나카에 도미주로(中江富十郎)가
조선 진출을 타진한 것은 1904년 러일전쟁 무렵이었고 일본인들의 조
선 이주 붐과 함께 부산을 왕래하며 조선 진출을 도모하다가 결국
1905년 대구에 미나카이상점을 개설한 것이 조선 영업의 시작이었다.
첫 진출지로 대구를 선택한 것은 경부철도의 개통에 따른 편리는 물
론 이미 부산과 인천 등 주요 개항장에 진출한 일본인들이 많았기 때
문에 경쟁상대가 적었기 때문이었다. 이후 1906년 진주, 1911년 경성
(본점), 1912년 원산, 1916년 부산의 장수통에 지점을 개설했다. 그리
고 1945년 8월 일본이 패망할 때까지 조선 12개, 만주 3개, 중국 3개의
지점을 소유한 명실상부한 식민지 백화점업계의 패자로 성장했다.[34]

---

[33] 하야시 히로시게, 김성호 옮김, 『미나카이백화점』, 논형, 2007, 19~24쪽. 하야시
   히로시게는 미나카이백화점의 창업과 관련하여 나카에 일가 4형제를 창업주로
   보고 있지만 당시 조선에서는 나카에 가쓰지로, 나카에 도미주로, 그리고 오쿠이
   와헤이 3명으로 보고 있다(『釜山日報』 1928.5.29.(석9-5), 「南鮮唯一の百貨店」).
   이 때문인지 미나카이라는 상호의 유래에도 두 가지 설이 존재한다. 하나는 하야
   시처럼 나카에 일가 4형제를 창업주로 보면 이전부터 나카에 일가가 경영한 나
   카이(中井)상점의 '中井'과 나카에 성을 가진 세 사람(차남인 규지로는 니시무라
   가문의 양자)의 '三'을 합쳐 만들어졌다는 설이다. 다른 하나는 당시 일본인신문
   처럼 나카에 일가와 오쿠이 일가의 공동투자에 의해 설립된 것으로 보고 나카에
   성을 가진 세 사람을 뜻하는 '三中'과 오쿠이 성의 '井'을 합쳐 만들어졌다는 설이
   다(하야시 히로시게, 같은 책, 31쪽).
[34] 하야시 히로시게, 위의 책, 2쪽, 32~44쪽. 하야시는 부산지점 개설을 1917년으로
   파악하고 있지만 당시 일본인신문은 1916년 10월 10일부터 개점과 함께 매출을
   개시한다는 기사를 게재하고 있다. 미나카이오복점은 변천정에 있던 기존의 오
   구미(大惠)오복점을 인계하여 영업을 개시했다(『釜山日報』 1916.10.5.(7-5), 「三中
   井吳服店開業」).

부산에서 영업을 시작한 미나카이오복점 부산지점은 창업자 중 한 명인 오쿠이 와헤이의 장남 오쿠이 와이치로(奧井和一郎)가 맡아 백화점으로까지 확장시켰다. 1916년 10월 10일 경품부 매출을 시작으로 미나카이 부산지점은 연합 대매출에 참여하는 한편, 독자적인 경품행사와 바겐세일을 진행했다. 우선 "밝고 친근감 있는 점포를 만든다"는 취지 아래 건물은 고객이 접근하기 쉽게 가로 전면에 노출되도록 하고, 상점의 점두는 불야성을 드러내는 대규모의 일루미네이션으로 장식하여 세웠다.[35] 내부는 각종 전람회를 개최할 수 있는 홀을 배치하여 점내는 사람으로 가득 차 아침부터 비상한 번성을 드러냈다. 점두 장식 이외의 주목되는 손님 끌기 전략은 각종 바겐세일을 수시로 개최하면서 세일기간동안 "오전 9시부터 '아침의 惠美壽市' 오후 7시부터 '밤의 타임세일'"을 개최하여 손님 유치와 함께 대성황을 구가했다. 뿐만 아니라 상점 앞에는 여자 손님을 상대하기 위한 홍백의 X자 멜빵을 멘 미소년 지배인을 두고 빈번히 애교를 날리며 손님을 유인했다.[36] 1926년에는 옆 건물을 사들여 새로 증축하였는데 정면 출입구가 13칸(間)이나 되는 멋진 서양식 3층 건물을 축조하여 건물자체만으로도 장수통의 이채로움을 자아냈다. 이와 함께 옛 점포 입구는 다이아몬드 형 유리로 쇼윈도의 전면을 새롭게 장식하여 길 가는 사람들이 진열상품을 모두 볼 수 있도록 했다. 또한 신축 건물의 3층에는 가족들의 회식 장소로 제공하기 위해 식당부를 설치하고 일식 스시와 찻집을 개업했다. 다른 상점들이 불황에 빠질 때에도 미나카이만은

---

[35] 하야시 히로시게, 위의 책, 106~111쪽.

[36] 『釜山日報』 1925.11.20.(7-10), 「三中井釜山支店 十周年賣出し」; 『釜山日報』 1925.11.22.(7-10), 「不夜城の如き三中井の美觀」; 『釜山日報』 1926.10.22. (7-9), 「三中井の誓文拂ひ」.

번성했는데 그 중요한 원인은 미나카이만의 상품권이었다. 미나카이의 상품권은 다른 상점과 달리 상품의 선택이 자유로웠고, 상품의 종류도 충실했으며, 더군다나 각지 본·지점 공통이었기 때문에 널리 사용할 수 있었다.[37] 이처럼 이미 장수통에서 따라올 수 없는 매장과 상품 및 매출력을 보여주던 미나카이는 1937년 장수통 입구에 5층의 서양식 건물(일부 6층)을 새로 축조하여 상품 판매뿐만 아니라 5층에 큰 홀과 갤러리를 두어 문화적 볼거리까지 겸비하는 명실상부한 부산의 백화점으로 거듭났다.

한편, 개별 상점과 상품뿐만 아니라 장수통을 중심으로 한 상점가 거리 자체도 수많은 사람들을 불러 모으는 도시문화로 자리매김했다. 그중 주목되는 것은 밤거리를 수놓은 화려한 가로등과 낮거리를 장식한 전차였다. 전차는 상점가로 사람들을 실어 나르는 중요한 교통수단으로 애초 용두산을 둘러싼 부산 시가를 일주하며 일본인들의 교통편의를 도모하기 위한 목적으로 1909년부터 논의되었다. 1910년에 조선와사전기주식회사가 설립되어 우여곡절 끝에 1916년부터 설치되기 시작했고 1917년 장수통선이 건설되면서 시가일주선은 완성되었다. 이를 통해 수많은 일본인들과 소수이지만 조선인들이 장수통 등 상점가에 보다 쉽게 드나들 수 있었다.[38] 뿐만 아니라 전차는 상점가를 중심으로 하는 거리 행사가 열릴 때마다 꽃으로 화려하게 장식한 꽃전차를 통해 행사 분위기를 한층 고양시켰다. 전차보다 상점가를 화려하게 채색한 것은 가로등이었다. 전기로 수렴되는 가로등은 도시의 의복과 같이 아름다움을 더욱 화려하게 치장하며 야경을 탄생시켰다.[39]

---

37) 『釜山日報』1926.10.22.(7-9), 「三中井の誓文拂ひ」; 『釜山日報』1932.6.15. (석2-3), 「三中井の食堂開き」; 『釜山日報』1932.12.18.(석3-1), 「今日から始まる大歳の市」.
38) 전성현, 「일제시기 지역철도 연구」, 107~126쪽.

장수통을 중심으로 한 상점가의 가로등 설치는 본정의 화재에 따른 대비책에서 비롯되었다. 최초의 가로등은 일본인 거류지회의 가결을 거쳐 1890년 거류지 곳곳에 설치되었는데 이때는 화재 등 치안 예방을 위한 것인 만큼 상점가라는 도시문화와 소비의 진작으로는 이어지지 않았다.[40] 근대의 상징인 불빛으로 도시의 상점가를 화려하게 수놓는 스펙터클한 연출은 일몰이후에 등장하는 야점과 함께 활성화되었다고 할 수 있다. 왜냐하면 장수통의 전등점화공사가 야점부터 시작되었기 때문이다. 1916년 장수통 야점에 전등점화공사가 완성되었다. 장수통 중앙에 10칸의 간격을 두고 끝에 도르래를 붙인 전주 16개를 건설하여 야점과 연결하는 방식으로 야간 조명을 개시했다.[41] 더불어 점차 상점들도 가스등을 달기 시작했고 이를 통해 상점 점두를 장식하기 시작했다. 보다 본격적인 가로조명은 1927년이 되어서야 나타났다. 이전까지 가로조명이 통행인들의 발걸음을 밝게 비춰주는 통행에 그쳤다면 이때부터는 도시를 환하게 비추며 사람들을 끌어 모으는 시가미(市街美)로서 기능했다. 1927년 행정 부근에 아치형의 전기 조명이 들어서고 1928년 변천정에 15칸 간격으로 천조형(千鳥形)의 가로등이 설치되었다. 이는 은방울꽃 모양의 전등으로 100와트짜리 1개, 60와트짜리 4개로 구성되었다. 가로조명은 점차 본정, 대창정, 역전 등으로 확대되었다.[42] 따라서 낮에는 전차로 밤에는 은방울꽃 전등을 장식한 장수통을 중심으로 하는 부산의 상점가는 개별 상점의 영업시간은 물론, 상점 연합의 대매출기간을 맞아 더욱 화려하게 빛

---

39) 橋爪神也, 『趣味の誕生』, 111~165쪽.
40) 釜山府, 『釜山府史原稿』 6권, 409~412쪽.
41) 『釜山日報』 1916.7.1.(5-5), 「夜店に電燈」;『釜山日報』 1916.7.5.(5-3), 「夜店の電氣は」.
42) 『釜山日報』 1928.1.29.(석4-6), 「長手通りの電飾美」.

나는 광경을 자아내며 수많은 일본인들을 거리로 불러들여 장수통 상
점가는 자본주의 소비문화의 중심으로 자리 잡았다.

2. 야점(夜店)과 세말대매출(歲末大賣出)

부산의 상점가를 더욱 번화하게 만든 것은 이미 언급한 것처럼 일
몰 이후 등장했던 야점이었다. 1904년부터 장수통에 저녁 무렵부터
하나 둘씩 나타나기 시작하여 점차 인근 상점가로 번져간 야점은 주
로 생활 잡화를 노상에 늘어놓고 떠들썩한 소리로 손님을 유인하며
번성을 구가했다. 그리고 야점은 만주와 조선에서 제일이라고까지 일
본인 사이에서 자부되며 상점가와 함께 순망치한(脣亡齒寒)의 관계
속에서 장수통과 인근 상점가의 번영을 주도하는 터줏대감으로 자리
매김했다. 특히 '도쿄의 긴자에서 야점을 빼면 긴자의 생명선에 큰 파
란을 일으키는' 것처럼 장수통에서 야점을 빼면 역시 큰 이상이 벌어
진다고 할 정도였다. 나아가 야점이 없다면 낮의 피로를 '나가부라(長
手ぶら)'43)로 달래는 샐러리맨의 수도 줄어들 것이며, 밤의 행진곡이
시작하는 곳도 장수라고 자랑하는 모던보이, 모던걸들의 슬픈 사랑의
세레나데도 들을 수 없을 정도라고 했다.44) 장수통의 야점은 명실상
부한 장수통의 명물이었다.

그런데 장수통 상점가의 야점상인은 러일전쟁 이후 식민지 조선으
로 건너와 부산에 정착했던 일본인 중 자본이 없는 영세 상인들도 있

---

43) 도쿄의 긴자 거리를 어슬렁거리며 배회하는 산책자들의 도시문화를 잘 보여주는
'긴부라'와 경성의 혼마치 거리를 어슬렁거리며 배회하는 산책자를 가리키는 '혼
부라'처럼 부산의 번화가 장수통을 어슬렁거리며 배회하며 도시문화를 향유하는
사람을 '나가부라'라고 했다.
44) 『釜山日報』 1932.7.5.(조2-4), 「夜店景物(一) 長手戰線の俠士 「街頭の雄辯家」」.

었다.[45] 하지만 그 연원이 향구사(香具師)[46] 또는 야바위꾼이라고 하는 '거리의 웅변가'로 지칭한 것으로 보아 집단적이고 조직적인 모습도 다수 존재했다. 향구사는 에도시대 협객의 일종으로 그 시대에는 살을 베어 피를 함께 마셨겠지만 지금은 술을 나눠 마시며 '우리는 ㅇㅇ식구입니다'라고 말하며 집시처럼 방황하는 이른바 '모던 댄디, 모던 불량배' 조직이었다. 그 대표적인 조직이 일본의 신농회(神農會)인데, 이 신농회가 일본의 야점을 장악하고 있었고, 부산의 경우도 그 지부가 야점을 통제했다고 한다.[47] 따라서 야점상인의 일부가 부산에 정주하던 영세 상인이라면 또 다른 일부는 제국과 식민지의 연중행사를 파악하고 약간의 하물(荷物)을 들고 이곳저곳을 돌아다니며 장사하는 조직적인 '자유인들'이며 유동하는 식민자들이었다.

'거리의 웅변가'로 거리로 나선 사람들의 주머니를 터는 야점상인은 처음에는 조금씩 부산의 번화가인 장수통과 인근 상점가로에 몰려와 영업했고 강제병합 이후에는 더 많은 야점이 봄에서 가을까지 번성했다. 물론 상점과 야점은 장수통 등 상점가의 번영을 위해 서로 공존 공생하는 관계였다. 하지만 야점이 성행하게 되고 영업세와 점포세 등을 내지 않고 호객행위를 했기 때문에 싼 가격의 상품으로 기존 상점의 고객을 뺏는 경우가 늘어나면서 소상점의 영업이 어려워졌다. 개중에는 장수통의 대상점과 맞먹을 정도의 규모와 판매력을 자랑하는 야점까지 생겨났다. 그러자 잡화상조합을 중심으로 하는 장수통의

---

[45] 야점은 아니지만 같은 행태의 행상, 즉 노점의 경우 '소자본 기업가'가 아니라 '프롤레타리아트'였다(미리엄 실버버그, 강진석·강현정·서미석 옮김, 『에로틱 그로테스크 넌센스』, 현실문화, 2014, 463~469쪽).

[46] 향구사는 길가에서 싸구려 물건을 팔거나 요술 등을 보여 주는 것을 업으로 삼는 사람이다.

[47] 『釜山日報』 1932.7.6.(조2-4), 「夜店景物(下) 長手戰線の俠士 「街頭の雄辯家」」.

상점들은 야점의 규제를 요구하는 진정서를 부산부와 경찰서에 제기했다.[48] 결국 부산경찰서는 잡화상 등 상점가의 요구를 받아들여 1915년 새롭게 야점규제규칙을 제정했다.[49]

이제 야점은 제정된 규제에 따라 설치구역은 장수통 중 변천정 거리로 한정되었으며, 영업시간도 일몰에서 밤 12시까지로 정해졌다. 그리고 영업종목 중 노상을 더럽히는 음식점과 어류 판매 등은 제한되었다. 더불어 상점가가 가장 강력하게 요청했던 노점 규격과 위치는 상점가의 영업에 지장을 주지 않는 범위 내로 한정되었다. 이후 장수통을 중심으로 야점이 활발하게 영업활동을 전개했고 시기와 경우에 따라 약간의 변화는 있었지만 대체로 야점은 확대되었다. 그런데 1917년 장수통에 전철이 부설되자 야점은 장수통과 대창정통을 잇는

---

48) 『釜山日報』 1915.1.31.(5-3), 「夜店と長手商店」;『釜山日報』 1915.2.3.(5-1), 「長手夜店と雜貨店」;『釜山日報』 1915.2.4.(2-4), 「長手商人の請願書」;『釜山日報』 1915. 2.5.(5-1), 「奇書長手の夜店に就て」.

49) 야점취체규칙은 다음과 같다. 1. 사용구역은 변천정 3정목 사안교(思案橋)에서 동 1정목 주방은행(周防銀行) 앞 금평정 입구에 이르는 도로 중앙부 길이 110칸, 폭 2칸으로 한다. 2. 사용기간은 허가일로부터 1개년, 사용시간은 일몰로부터 오후 12시까지로 한다. 3. 사용의 목적은 노점영업에 한하는 것으로 한다. 단, 노점이라 해도 음식점(빙수를 제외) 또는 어류, 기타 심하게 노상을 불결하게 하는 것은 이를 허가하지 않는다. 4. 노점을 내는 자는 좌의 제한에 의거해야 한다. 1) 출점자 1인의 간구(間口)는 9척(尺) 이내로 할 것. 2) 출점구역은 길이 10칸 마다 1칸의 간격을 두고 도로양측의 내왕에 편리토록 할 것. 3) 출점에 때에 도로면에 말뚝을 박거나 처마(屋根) 혹은 울타리(園)를 치지 않을 것. 5. 도로사용료는 주관관청의 지정에 따라 납부하는 것으로 한다. 6. 출점 전 사용구역 및 그 부근에는 반드시 물을 뿌려 먼지의 날림을 방지하고 또 매 새벽(拂曉) 사용구역은 물론 그 부근은 엄중히 청소를 행하여 교통상 지장이 없기를 기하고 또한 청결을 유지한다. 7. 출원자는 매일 밤 사용구역 내를 순찰하여 제4항의 제한에 대해 감독한다. 8. 취체상 필요하다고 인정할 때는 수시 명령사항을 발할 수 있다. 9. 사용기간 내라고 해도 필용이라고 인정하는 때는 일부 또는 전부에 대해 임시로 그 사용을 정지하거나 본 허가를 취소할 수 있다(『釜山日報』 1915.4.8.(5-3), 「夜店取締規則」).

지금의 신창동 거리로 옮겨졌다.[50] 이동한 야점은 처음에는 62개의 노점이 출원하는 등 번성할 것으로 보였으나 곧 출원자가 줄어들기 시작했다. 이 거리는 애초 상점가가 제대로 형성되지 못해 밤중에는 사람들의 통행이 없었기 때문에 야점만으로 번화가를 만들지 못했다. 결국 다음해에는 야점 출원자가 거의 없게 된데다, 옮겨간 야점 때문에 장수통 상점가도 예년만 못한 상태로 경기는 시들해졌다. 장수통 상점가는 장수통의 번영을 위해서는 야점이 필요하다고 인식했고, 전철의 반대편 상점가를 가리지 않는 범위 내에서 야점을 다시 허가해 달라고 당국에 요청했다. 이에 따라 1921년부터 다시 장수통에 야점이 들어섰고 장수통 거리는 예전과 같이 번영하기 시작했다.[51]

야점과 함께 장수통이 점차 번영하게 되자 인근 상점가도 야점의 설치를 번영책으로 내세우며 야점을 개설했다. 대청정은 여름에 한하여 야시장을 개설하고 여름밤 잠 못 이루는 산책객을 야시장으로 불러 모았다. 여름에 개최된 대청정의 야시장은 일반 노점은 물론이고 여흥, 복권, 숨바꼭질 등의 즐길 거리와 함께 천여 개의 풍선을 무료로 증정하며 여름밤을 야점으로 수놓았다. 나아가 십자말풀이 현상투표도 처음으로 실시하여 1등에게는 특제 라디오를 비롯한 상품을 제공하여 수많은 인파를 불러 들여 번화가로 변모하고자 했다.[52] 한편,

---

50) 전성현, 「일제시기 지역철도 연구」, 120~121쪽.

51) 『釜山日報』 1917.11.17.(4-4), 「夜店近く新夜店町に移轉」; 『釜山日報』 1917.11.28.(4-6), 「電鐵工事と夜店」; 『釜山日報』 1917.12.1.(4-5), 「新夜店」; 『釜山日報』 1917.12.4.(4-1), 「華かな夜店開き」; 『釜山日報』 1918.4.27. (4-1), 「長手に夜店の復活を」; 『釜山日報』 1918.5.1.(4-4), 「長手夜店復活案」; 『朝鮮時報』 1921.5.28., 「輿論は遂に實現して長手通に夜店出願」.

52) 『釜山日報』 1925.6.20.(7-5), 「大廳町の夜店」; 『釜山日報』 1925.6.20.(7-5), 「大廳町の夜店」; 『釜山日報』 1925.7.16.(7-6), 「贈答品夜間見本市」; 『釜山日報』 1926.7.9.(7-9), 「大廳町の夜店賑ひ立つ」; 『釜山日報』 1927.6.13.(2-4), 「大廳町に今年も凉しい夜店」; 『釜山日報』 1927.6.20.(2-6), 「大廳町の夜店 今廿日夜から」.

1934년까지 전차선로로 이용되면서 장수통 등 인근 상점가보다 뒤졌던 대창정번영회는 전차선로가 대교통으로 옮겨가자[53] 상점가의 발전책으로 장수통과 연결되는 대창정 본통(本通)에 야점의 설치를 출원했다. 그 결과 1935년 7월 1일부터 정식 인가를 받고 번갈아가며 편측에 야점을 개점하게 되었다. 대창정 본통의 야점은 150점 한정이었지만 200점이 넘는 출원으로 대성황을 이루었다. 이후에도 장수통에 뒤지지 않는 번성을 구가하기 위해 대창정번영회는 야점의 출점 유인과 산책객의 유치에 노력을 기울였다.[54]

한편, 그간 개별적으로 진행되던 장수통 등 상점가와 야점의 영업 방식은 강제병합을 계기로 개별적인 영업방식을 탈피하여 집단적인 방향으로 전환하기 시작했다. 상점의 매출향상과 상점가의 번영을 위해 개별적인 영업 전략인 상점장식과 상품진열 및 고객유인책을 수립하여 연중 영업하는 한편, 다른 상점 및 야점과의 연합을 통한 매출향상을 위해 특별한 대매출을 정기적으로 펼쳤다. 그중 가장 역사가 깊고 가장 많은 상점이 참가한 것이 세말대매출이었다. 세말대매출은 강제병합 첫 회인 1910년부터 시작되었는데 1914년까지는 주로 일본인거류지인 장수통의 상점가를 중심으로 인근 상점도 포함하는 형태였다. 그러다가 1914년 부제(府制)의 실시로 인해 부 영역이 부산진까지 확장되자 부산진까지의 상점을 망라하는 형태로 확대되었다. 이때

---

53) 『朝鮮時報』 1932.3.8, 「牧島架橋に電車 府と會社の意嚮聽取」; 『東亞日報』 1932.5.7, 「棧橋와 驛前에 電車線路敷設」; 『釜山日報』 1933.6.16, 「府內主要地點の電車複線計劃」; 『東亞日報』 1934.11.15, 「釜山幹線路에 電車를 運轉」.

54) 『釜山日報』 1935.6.22.(석2-9), 「夏の夜店 大倉町にも」; 『釜山日報』 1935.7.3. (조3-5), 「大倉町通りに夜店が出る」; 『釜山日報』 1935.7.10.(조3-2), 「夜の街頭を彩る大倉町の夜店」; 『釜山日報』 1935.7.12.(조3-6), 「大倉町夜店 開店希望殺到」; 『釜山日報』 1936.6.12.(조3-8), 「夏の夜の"景物"夜店」; 『釜山日報』 1936.7.22.(조7-4), 「大倉町夜店に氣付藥」; 『釜山日報』 1936.7.24.(조3-5), 「夜店希望者は有ませんか」.

부터 부산부에 속한 조선인 상점도 일부 참여하게 되었다. 대매출기간은 대체로 12월 5일부터 31일까지였다. 제1회 세말대매출은 당시 조합을 결성하고 있던 오복상조합(1910년 설립) 및 이물상조합(1907년 설립)에 의해 진행된 것으로 보이며 1911년 잡화상조합이 설립되자 세 조합이 연합하여 개최했다. 1910년대 초기 세말대매출 행사에는 대략 30여 상점이 참여했다.55) 이후 조금씩 참여 상점이 확대되다가 1929년 변천정번영회가 설립되어 봄가을의 변천시를 조직하는 한편, 세말대매출에도 조직적으로 참여한 이후부터는 약 100여 상점으로 해방 때까지 이어졌다. 변천정번영회의 참여는 세말대매출행사를 단순한 상품판매를 넘어서 먹고 즐기는 거리 축제로 확장시켰다. 그간 세말대매출에 포함되지 못했던 장수통의 다양한 상점, 즉 조지야양복점을 비롯해 가구점, 완구점, 도기점, 시계점 등이 포함되었다. 뿐만 아니라 차, 술, 과자 등을 파는 상점까지 포함됨으로써 명실 공히 사고 먹고 즐기는 소비문화의 지역축제가 되었다고 해도 과언이 아니었다.56)

세말대매출은 단순히 각 상점이 연합하여 상품을 염가로 판매하는 것에만 그치지 않았다. 집단적으로 상점가를 적, 청, 황의 깃발 또는 적, 백의 깃발과 눈이 반짝반짝할 정도로 기름먹인 흑즙(黑汁)의 대문자 등 노렌 및 대매출을 알리는 광고 깃발과 등불 등 데코레이션으로 물들이며 개별 상점 및 상점가 전체를 화려하게 치장했다.57) 또한 가

---

55) 부산상업회의소, 『釜山要覽』, 285~286쪽; 釜山甲寅會, 『日鮮通交史 附釜山史 近代記』, 1916, 287쪽; 홍순권 편, 『일제시기 재부산일본인사회 사회단체 조사보고』, 선인, 2005, 381, 385, 387쪽; 『釜山日報』 1914.12.4. (5-4), 「年末聯合大賣出」.
56) 『釜山日報』 1930.12.5.(7-8), 「大景品附歲末大賣出(광고)」.
57) 『釜山日報』 1916.12.11.(3-4), 「長手通の景氣」; 『釜山日報』 1918.12.17. (3-1), 「聯合賣出の景氣」; 『釜山日報』 1930.12.6.(4-7), 「最後の商戰に色めく商店街」; 『釜山

로조명이 들어오기 전까지 아크등을 비롯한 가스등이 양 가로에 설치되어 흡사 광고 및 상점 깃발과 함께 등불의 터널을 이루며 손님들을 맞이했다. 1928년 드디어 장수통에도 가로조명이 설치되면서 마치 비처럼 내리는 불빛의 향연을 자아냈다. 즉, 야간에는 '처녀의 마음'과 같은 상점의 샹들리에와 네온사인 그리고 일루미네이션 및 '처녀의 눈동자' 같은 가로의 은방울꽃등으로 거리가 화려하게 수놓이며 더욱 다채로운 세말의 모습을 자아냈다.[58]

그런데 12월 장수통의 세말대매출은 '대경품부'(大景品附)'라고 해서 경품추첨을 전제로 한 연말행사였다. 즉, 경품추첨은 고객 유치를 위한 세말대매출의 가장 중요한 핵심 행사였다. 일정 액수의 물건을 사면 경품추첨권을 제공하고 추첨된 경품은 많게는 100원에서 적게는 3전까지 금액별 상품권으로 교환해줬다. 총 상금은 처음에는 3,000원에서 점차 늘어나 1930년대가 되면 1만 원 이상으로 증액되었다. 또한 가능한 한 꽝이 없이 상품 구입하는 모든 사람에게 경품복권이 제공되었다.[59] 이렇게 꽝 없는 경품복권은 손님들을 유혹하는 중요한 상

日報』 1936.12.9.(석2-1),「臼は微笑み・杵は待つ(歳末の街頭)」.

[58] 『釜山日報』 1928.1.29.(석4-6),「長手通りの電飾美」;『釜山日報』 1932.12.10.(석3-1),「師走のカメラ行進(五)」;『釜山日報』 1932.12.13.(석2-4),「師走のABC(一) 賣るも買ふも新戰術」;『釜山日報』 1935. 10.6.(조2-7),「大倉町から長手通へ商店街景氣」.

[59] 『釜山日報』 1914.12.4.(5-4),「年末聯合大賣出」;『釜山日報』 1928.12.1.(조1-8),「大景品附歳末大賣出」;『釜山日報』 1928.12.5.(석4-8),「釜山歳末聯合賣出しの賣上五十萬圓」;『釜山日報』 1928.12.1.(조1-8),「大景品附歳末大賣出」;『釜山日報』 1932.12.2.(조2-6),「二五九二年 釜山商店街の總決算」;『釜山日報』 1934.1.13.(석2-9),「長手の歳暮賣出抽籤 曾てない新記錄」;『釜山日報』 1937.12.5.(석2-6),「釜山の歳末大賣出し始まる」. 1930년 연합대바겐세일의 경우, 경품 총액은 1만 3,000원이고 1등 50원이 16매, 2등 25원이 34매, 3등 10원이 70매, 4등 5원이 120매, 5등 1원이 1,960매, 6등 50전이 5,000개, 7등 20전이 1만 5,700매가 준비되었다. 그 밖에 등외도 수 만개가 있어 말 그대로 꽝 없는 경품행사였다(『釜山日報』 1930.12.2.(4-8),

술이었기에 세말대매출의 중요한 요소가 되었다. 그래서 장수통의 경품 추첨소에는 사람들로 넘쳐났고 경품에 당첨된 사람과 당첨되지 못한 사람들의 희비가 엇갈리는 광경을 자주 연출했다. 이렇게 경품추첨을 걸고 대바겐세일에 나선 세말대매출은 매해 50만 원 정도의 매출고를 올릴 정도로 번성을 구가했다. 따라서 장수통 상점가가 세말대매출 등을 통해 점차 집단적인 거리 축제로 확장되고 있는 것은 기본적으로 자본주의 소비문화의 확장일 뿐만 아니라 식민주의 지역문화로 점차 자리잡아가고 있음을 반증하는 것이다.

Ⅲ. 식민주의 지역문화와의 결합과 제국주의 전쟁문화로의 수렴

1. 변천시(辨天市)와 하나마쓰리(花祭リ) 및 부산상공제(釜山商工祭)

장수통을 중심으로 한 상점가의 자본주의 소비문화는 그 확장과 더불어 거리 축제가 결합된 식민주의 지역문화로 한층 더 변모했다. 그 중심에는 1929년부터 시작된 변천시가 자리 잡고 있었다. 그간 연말에만 진행되던 오복상, 이물상, 잡화상 등 세 조합 연합의 세말대매출 행사가 상당히 번성하자 장수통의 중심인 변천정 2정목의 각 상점들이 연맹하여 번영회를 조직하고 봄, 가을에도 '변천시(辨天市)'라는 이

「釜山名物 歲末賣出」;『釜山日報』1930.12.5.(7-8),「大景品附歲末大賣出」;『釜山日報』1930.12.6.(4-7),「最後の商戰に色めく商店街」).

름의 대바겐세일을 4월, 10월에 각각 5일간 또는 7일간 열게 되었다. 처음 참여한 상점은 용두산 돌계단 아래를 기준으로 북쪽으로는 사안교(思案橋)까지 27점과 남쪽으로는 장수통 입구까지 26점으로 오복점, 식량점(食糧店), 이물점, 양복옥(洋服屋), 소간물점(小間物店), 시계상 등 잡다한데 이발과 약종 등 가격 인하가 불가능한 상점을 제외하고 모두 이 행사에 참가했다. 이후 변천시는 더욱 확대되어 변천정 1정목까지 가세하면서 명실공히 장수통을 중심으로 하는 거리 축제로 변모하며 또 다른 장수통의 명물이 되었다. 변천시 주최 측은 주간의 장식은 물론 야간의 화려한 전등장식, 그리고 새로운 취향의 장식을 시설했다. 그리고 멀리서 오는 손님의 식사와 아이들의 편의를 위해 휴게소를 갖추는 한편, 부립병원 아래에 변천식당을 특설하고 우동, 소바, 스시, 단팥죽 등을 준비했다.[60]

봄, 가을의 변천시도 다른 할인행사와 마찬가지로 경품추첨을 걸었기 때문에 수많은 사람들을 끌어들였는데, 매회 경품으로 2원 상품에 추첨권 1매씩이 제공되어 1등에 당첨되면 50원의 공통상품권이 제공되었다. 또한 등외가 3만 개까지 제공되는 꽝 없는 경품행사였기에 큰 인기를 불러 모았다. 1933년 가을 제10회 변천시부터는 경품추첨뿐만 아니라 상품을 산 손님 1,000명을 초대하여 영화와 무용을 보여주는 행사도 진행했다. 영화는 에도시대 형사이야기를 그린 동명소설을 영화화한 《제니가타 헤이지 체포조(錢形平次捕物控)》 등 주로 일본영화사의 유명한 영화를 수입하여 상영했으며 무용은 부산권번 등 부산 예기들의 춤 공연을 보여줬다. 1934년 제11회 봄의 변천시부터

---

60) 『釜山日報』 1929.3.30.(석4-6), 「春の辨天市」; 『釜山日報』 1929.4.3.(석4-8), 「前人氣旺な春の辨天市」; 『釜山日報』 1929.4.5.(석4-8), 「お待ち兼の辨天市は今日から五十餘の各商店が奉仕的の廉賣戰」.

는 경품추첨 대신 2원 이상 물건을 산 고객 중 추첨하여 3,000명을 공회당에 초대하고 주야로 나눠 남빈 예기의 무용과 일본영화사의 배급 영화를 볼 수 있도록 했다. 이때 상영된 영화는 쇼치쿠(松竹)키네마의 《비파가(琵琶歌)》와 우타프로덕션(右太プロ)의 《아사가 붕괴(淺香くずれ)》였다. 더불어 초대에 누락된 사람들에게도 조그마한 상품을 증정했다. 다시 1934년 제12회 가을의 변천시에서는 경품을 물건으로 바꾸고 물건구입 3원당 추첨권 1장을 배급하고 1등에 백미 2표를 비롯하여 9등까지 물건으로 경품을 지급했다. 다만 등외의 경우 5전의 공통상품권을 증정하여 빈손이 없도록 했다.[61]

　장수통 등 부산의 중심 상점가를 번화가로 변모시킨 데에는 상점들의 개별 또는 연합 행사만이 아니라 다른 기관들이 주최하는 각종 거리 축제 등에 의해서도 활성화되었다. 특히 봄의 변천시와 연속되어 협찬하는 형태의 지역축제가 이른바 석가탄신일을 기념하며 치러진 하나마쓰리, 곧 꽃축제였다. 하나마쓰리는 국가가 공인한 기념일 또는 휴일은 아니었지만 석가탄신일을 양력이라는 시간에 기입하여 기념하는 일본의 '근대적' 기념축제였다. 일본은 메이지유신 이후 1873년 그때까지 사용해 오던 태음력을 버리고 그레고리력을 받아들였다. 그에 따라 석가탄신일은 양력 4월 8일로 정해졌다. 더불어 간사이 지역의 벚꽃 개화시기가 양력 4월 8일이 되면서 이 지역의 정토종에 의해 하나마쓰리로 불리어지기 시작했다. 한편, '근대적' 기념축제는 '국

---

61) 『釜山日報』 1932.4.2.(4-9), 「ラッキーセブンを迎へて熱狂する春の辨天市」; 『釜山日報』 1932.4.5.(4-6), 「釜山の春を彩る」; 『釜山日報』 1932.4.6.(4-9), 「快晴に惠まれた絶好の辨天市」; 『釜山日報』 1933.10.12.(석2-9), 「人氣加はる辨天市」; 『釜山日報』 1933.10.16.(1-11), 「辨天市記念 映畫と舞踊」; 『釜山日報』 1934.3.17.(석2-6), 「春の辨天市」; 『釜山日報』 1934.3.25.(조3-6), 「話題を投げる春の辨天市」; 『釜山日報』 1934.10.7.(석2-8), 「釜山名物 秋の辨天市」.

민'으로서의 일체감과 동질감을 체화하는 스펙터클한 장이었다. 더군다나 식민지 조선의 한 지역인 부산은 다양하고 이질적인 일본 지역민들의 거주지였기 때문에 단순히 공간적 동질감을 넘어 문화적 동질감으로 더욱 공고화할 필요가 있었다. 그런 의미에서 지역축제는 단순히 자본주의 소비문화를 향유하는 공간을 넘어 식민자로서의 동질감을 지역에서 체화하는 장으로 기능했다고 할 수 있다. 장수통을 중심으로 한 부산의 상점가에서 벌어진 지역축제는 이상과 같은 복잡한 기능 속에서 자본주의 소비문화로, 식민주의 지역문화로 자리 잡았다고 할 수 있다.

부산의 하나마쓰리는 개항과 더불어 1877년 부산에 처음 들어온 교토의 오타니파(大谷派) 혼간지(本願寺) 부산별원 등 진토진종 계열의 사찰에 의해 전래되어 1900년을 전후한 시기부터 치러진 것으로 보인다. 왜냐하면 1900년을 전후하여 일본 불교의 분파들이 속속 부산에 전래되고 있으며 또한 하나마쓰리는 어린이들과 깊은 관련이 있는데 오파니파 혼간지 부산별원의 유치원이 1897년에 설립되었기 때문이다.[62] 그런데 하나마쓰리는 단순히 석가탄신일을 기념하는 행사에 그치지 않았다. 식민지라는 특수성이 부산의 일본인사회를 보다 강고하게 만든 것처럼 이와 같은 일본 본국의 지역축제는 식민지로 이주해 온 일본인들의 정체성 형성에도 떠나온 본토의 문화를 지킨다는 의식 속에 중요한 역할을 한 것이다.[63] 특히 각파 연합의 봉찬회에 의해 축제가 주도되어 통합의 의미를 지녔으며, 어린이들을 앞세우고 거리를

---

[62] 부산상업회의소, 『釜山要覽』 67~71쪽 ; 부산갑인회, 『日鮮通交史』 190~196쪽.

[63] 나리타 류이치, 한일비교문화세미나 옮김, 『[고향]이라는 이야기』, 동국대학교출판부, 2007. 물론 나리타의 논의는 농촌을 떠나 도시민들이 구성하는 고향에 대한 이야기지만 본토를 떠나온 재조일본인들의 정체성 형성과 관련해서도 시사점을 준다고 할 수 있다.

행진하는 행사는 식민지에서 식민자로 자라날 일본인들의 민족성 및 삶의 공간인 부산을 통한 정체성 형성과 긴밀한 관계가 있었다고 생각된다. 어쨌든 하나마쓰리는 1900년대부터 시작된 것으로 보이며 1930년대가 되면 다른 지역축제와 함께 부산 상점가의 중요한 축제로 자리매김하게 되었다.

매년 하나마쓰리는 봉찬회가 주관한 것으로 보이는데, 기간은 석가탄신일을 포함한 7일에서 9일까지 3일간에 걸쳐서 진행되었다. 3일간 각 사찰과 회관 등에서 사찰 주직들의 강연회와 일요학교 아동들의 무용대회 등 각종 대회가 진행되었다. 그리고 하나마쓰리의 백미는 하얀 코끼리상과 석존강탄불을 봉안한 꽃으로 치장된 가마(花御堂御輿)를 앞세운 시가행렬이었다. 하나마쓰리는 관불회(灌佛會)로도 불리는데 이는 꽃으로 치장된 가마 안에 봉안된 석존강탄불에 감다(甘茶)를 끼얹는 의례 때문에 붙여졌다. 이날 어린이들은 감다를 받는 날이므로 시가행렬의 중요한 구성원으로 수백 명이 참여했다. 부산의 하나마쓰리의 행렬순로는 대부분 용두산신사를 둘러싼 상점 거리인 장수통을 비롯한 부산의 중심 상점가였다. 구체적인 행로로 1931년에는 부산역 앞에서 대창정을 거쳐 장수통을 지나 대정공원에 도착하는 순서였으며, 1939년에는 보수정의 대승회관 앞에서 대청정, 장수통을 거쳐 묘심사에 도착하는 순서였고, 1940년에는 공회당 앞에서 대창정, 장수통, 부평정을 거쳐 다시 대청정을 거쳐 히가시혼간지(東本願寺)로 돌아오는 순서였다.[64] 결국 하나마쓰리는 연이어 진행되고 있던 봄의 변천시와 용두산신사 대제 등과 함께 장수통 등 상점가의 번성과 번화를 이끄는 중요한 축제였을 뿐만 아니라 부산의 일본인들을 부산이

---

64) 『釜山日報』 1931.4.7.(4-5),「花祭りの象丸燒け」;『釜山日報』 1939.4.10. (2-9),「釜山の花まつり」;『釜山日報』 1940.4.6.(석2-9),「花まつりの繪卷」

라는 지역공동체로 이어주는 중요한 거리 축제였다고 할 수 있다.[65]

한편, 1932년 10월 제8회 가을 변천시에는 새롭게 부산일보의 후원을 받아 대광고 행렬 행사까지 진행되었다. 변천시에 참여하는 상점 70여점이 제각각 자신의 상점을 뽐내는 기발한 광고퍼레이드를 남빈매립지에서 시작하여 장수통 등 시내 곳곳을 돌아다니며 대장관을 이루었다.[66] 이처럼 1932년 장수통 상점가의 가을 변천시를 북돋기 위해 부산일보사가 후원한 대광고행렬 행사가 성황리에 끝나자 아예 부산일보사는 부산의 상공 진흥과 불경기 해소를 목표로 부산상공제라는 대대적인 행사를 기획했다. 그리고 1933년 가을 변천시와 용두산 신사 대제의 사이에 제1회 부산상공제를 실시했다. 상공제는 경상남도장려관, 부산부, 부산상공회의소의 후원 아래 용두산신사에서 진행되는 상품제(商品祭), 부산 시가를 순회하는 선전가장행렬, 그리고 공회당에서 열리는 축하회 및 남빈매립지에서 개최되는 불꽃대회 등 여흥으로 진행되었다.[67] 먼저 상품제는 용두산신사에 모여 부산상공업의 진흥을 기원하며 상공업 제품을 신락전(神樂殿)에 바치고 신과 상품에게 상점의 번영을 감사하는 제사였다. 부산상공제 당일 부내 인사와 상공업 관계자 1,500여 명이 참여했는데 상공업과 관련한 학교의 생도들인 부산 제1상업학교 생도를 비롯하여 제2상업학교 생도, 실천상업학교 생도, 직업학교 생도 등도 참여하여 대성황을 이루었

---

[65] 용두산신사 대제는 용미산신사 대제와 함께 봄가을 변천시와 연결된 부산의 대표적인 식민주의 지역문화였다. 이에 대해서는 추후 연구과제로 남겨둔다.

[66] 『釜山日報』 1932.10.2.(석2-5), 「蜿蜒數丁に及ぶ辨天市の廣告祭」; 『釜山日報』 1932.10.5.(조2-4), 「準備整ひ行く秋の辨天市」.

[67] 『釜山日報』 1933.10.15.(조1-4), 「商工都市の誇り 第一回釜山商工祭」; 『釜山日報』 1934.10.7.(조2-7), 「第二回 釜山商工祭」; 『釜山日報』 1935.10.3.(석1-5), 「第三回 釜山商工祭(詳細追而發表)」.

다.[68] 이들 참여자는 오전에 용두산신사 신락전에 모여 제전 순서에 따라 예식을 치루고 다시 선전행렬행사에 동참했다.

상공제의 백미인 선전가장행렬은 참여 상점 및 단체의 선전가장물 제작을 독려하고 한편으로 심사까지 하여 부산 상공계의 번영을 기원하는 행사였다. 선전가장행렬을 위해서 각 상점들은 수레를 제작하고 수레에 광고판들을 부착하는 등 가장과 변장에 많은 공을 들여야 했다. 자신의 상점과 상품을 부민에게 선전하는 행사일 뿐만 아니라 심사를 통해 1등의 영예를 얻을 수 있기 때문에 기상천외하고 참신 기발한 생각들이 제작물로 탄생했다. 가장행렬의 일단을 보면 곤도(近藤)상점의 타이어, 시노자키(篠崎)세탁점의 클리닝, 카퍼레이드 덴가쓰(天勝)여왕의 가마, 부산일보사의 선전차, 메이지야(明治屋)의 우유 비누, 조지야양복점의 해군행진대, 보래관의 선전문어 등 상공제가 열릴 때마다 다양한 선전장식물이 제작되어 행렬에 나섰다. 그리고 행렬은 용두산신사의 신여 행차와 비슷한 순로를 따라 진행되었는데 대체로 〈그림 1〉의 순로를 따라 부산 시내를 일주했다. 특히 이 행렬로는 식민주의 지역문화의 특징을 그대로 드러내 주는데, 당시 부산부 행정구역의 동서를 관통했다. 그 과정은 "오후 1시 용두산상 광장을 출발하여 상공제의 대기(大旗)와 악대를 선두로 대행진을 개시한다. 상공제의 색채도 화려한 다시(山車), 잡옥대(囃屋臺), 가장, 변장 갖가지 분장의 선전행렬은 상공제의 노래도 고창하며 샤미센(三味線), 태고(太鼓) 제각각 악기의 주악리(奏樂裡)에 완정장사(蜿蜒長蛇)의 열을 만들며 기정의 코스를 부민 환호의 소리에 상호 응답하며 행진하고

---

68) 『釜山日報』 1933.10.15.(조1-4), 「商工祭の式典」; 『釜山日報』 1934.10.12. (석2-6), 「第二會 釜山商工祭」; 『釜山日報』 1934.10.16.(2-1), 「嚴かなる神前式典」; 『釜山日報』 1935.10.15.(조3-1), 「滿港にあがる歡喜と禮讚 第三回 釜山商工祭」.

돌아다녔다."[69]

<그림 1> 부산상공제 행렬순서와 선전대행렬순로

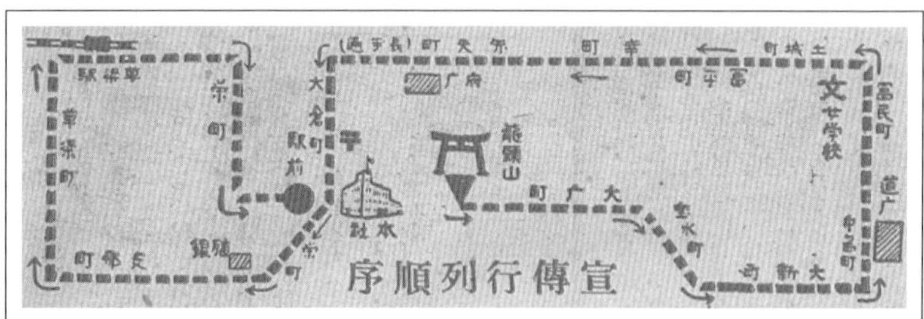

상공제행렬순서 :	1. 先頭國旗 本社 2. 祭旗 本社 3. 樂隊 靑年團 4. 祭旗 會議所 5. 山車 本社 6. 祭旗 府廳, 行列 7. 祭旗道廳 8. 一般行列
선전대행렬순로 :	용두산광장 → 대청정 조선은행 앞 → 보수정 2정목 → 대신정 도청 앞 → 부민정 여학교 앞 → 와전 앞 → 부평정 → 행정 → 장수통 → 대창정 → 영정 → 조선상업은행 → 지나정 → 초량역 앞에 이르러 영정 大通을 거쳐 부산역 앞으로 돌아와 만세 삼창으로 해산(예정시간은 4시)

출전: 『釜山日報』 1933.10.15.(조1-8), 「商工祭行列順」; 『釜山日報』 1933.10.15.(조1-10), 「宣傳行列行進順路」; 『釜山日報』 1934.10.12.(석2-6), 「第二會 釜山商工祭」; 『釜山日報』 1935.10.15.(조3-1), 「滿港にあがる歡喜と禮讚 第三回 釜山商工祭」; 『釜山日報』 1935.10.15.(조4-1), 「全市に描く華麗の大繪卷き」.

오후 4시 선전가장행렬이 끝나며 다시 공회당에서 축하회가 진행되

---

[69] 산차는 축제 때 끌고 다니는 장식한 수레이며, 샤미센은 일본 고유의 음악에 사용하는 세 개의 줄이 있는 현악기이다. 『釜山日報』 1933.10.15.(조1-8), 「宣傳假裝隊 蜿蜒長蛇の列」; 『釜山日報』 1933. 10.15.(석2-1), 「來た!商工祭は來た!」; 『釜山日報』 1933.10.17.(3-1), 「釜山商工祭寫眞畵報」; 『釜山日報』 1934.10.12.(석2-6), 「第二會 釜山商工祭」; 『釜山日報』 1934.10.14.(석2-1), 「智囊を絞る商工祭の假裝出し物」; 『釜山日報』 1934.10.15.(조3-6), 「けふの商工祭出し物」; 『釜山日報』 1934.10.17.(2-5), 「第二回 釜山商工祭」; 『釜山日報』 1934.10.17.(3-1), 「繰り展がつた豪華! 商工祭の大繪卷」; 『釜山日報』 1935. 10.15.(조4-1), 「全市に描く華麗の大繪卷き」.

었다. 1934년 제2회 상공제 때는 부산일보사 창립 30주년 기념축하회를 겸했고, 1935년 제3회 상공제 때는 개항 25주년 기념축하회를 겸한 축하회를 진행했다.[70] 다시 저녁에는 남빈매립지에서 불꽃대회가 개최되어 가을 밤 하늘을 수놓으며 축제의 대미를 장식했다.

이상과 같이 부산상공제는 가을의 변천시 그리고 용두산신사 축제와 함께 '대부산 가을 호화편'을 극채색으로 묘출했다.[71] 이와 같은 선전가장행렬과 축제의 동참은 부산의 상점가와 상공업을 부흥시키고자 하는 목적도 분명했지만 행렬순서와 순로를 통해 볼 때 국기를 선두에 두는 식민자로서의 일본인이라는 자부심과 동시에 일본인들이 중심인 부산 시내를 일주하는 공간적 일체감을 함께 나누는 일본인들만의 도시문화로서 일본인사회의 단결과 정체성을 더욱 공고히 하는 데 기여했다고 할 수 있다. 물론 제2상업학교 등 조선인 학생들도 참여하고 있지만 그들은 일본인상점과 공장에 취업하는 등 일본인사회의 저변에 포섭되는 한에서만 부분적으로 공유할 수 있는 도시문화였다고 할 수 있다.

이처럼 장수통을 비롯한 상점가의 변화와 자본주의 소비문화의 전개, 그리고 식민주의 지역문화와의 결합으로 화려한 볼거리와 살거리, 그리고 먹을거리를 구비하였기에 수많은 사람들이 장수통으로 쏟아져 나왔다. 그리고 장수통 등 상점가에는 할 일 없이 산책하는 '나가

---

70) 『釜山日報』 1933.10.15.(조1-11), 「大祝賀會」; 『釜山日報』 1934.10.17.(2-7), 「本社創刊三十周年 記念祝宴」; 『釜山日報』 1935.10.3.(석1-5), 「第三回 釜山商工祭(詳細追而發表)」.

71) 전성현, 「日帝强占期 神社 例祭와 植民主義 地域文化: 龍頭山神社를 中心으로」, 『지방사와 지방문화』 20-1, 2017; 『釜山日報』 1933.10.15.(조1-4), 「商工都市の誇り 第一回釜山商工祭」; 『釜山日報』 1935.10.15.(조4-1), 「全市に描く華麗の大繪卷き」.

부라'는 물론이고 모던보이, 모던걸, 유한마담, 샐러리맨 등 산책객들의 천지가 되었다. 당연한 모습이겠지만 물건을 사기 위해 상점에 장사진을 치고 있는 사람들의 행렬이 어디에서나 목격되는가 하면 물건을 살 수 없어 그저 바라만 보며 만족하거나 현실을 감내하며 발길을 돌리는 사람도 쉽게 볼 수 있는 거리였다. 즉, 장수통 등 부산의 상점가는 각종 상품과 할인행사, 그리고 볼거리, 먹을거리, 즐길 거리를 준비하며 수많은 사람들을 불러들이긴 했지만 이것을 자기 것으로 만들 수 있는 사람과 그렇지 못한 사람은 분명하게 구별되었다.[72]

물론 현실은 일본인신문의 기사처럼 단순한 계급적 구별 만에 그치지 않았다. 장수통 등 근대적인 부산의 상점가는 일본인들을 위한 소비문화, 지역문화의 중심 거리였다. 물론 당시 신문에 게재된 장수통 거리와 야점 등의 사진들을 보면 조선인들도 부분적으로 보인다. 경성을 비롯한 대도시에서는 점차 조선인들의 유입도 늘어났다. 하지만 그 숫자는 일본인들에 비하면 미약하기 그지없었다. 오히려 식민도시 부산의 근대적 소비문화와 지역문화의 식민성 앞에 이른바 범죄의 형태로 관여하는 일도 잦았다. 이른바 상점가 장수통와 대창정 본통의 뭉태치기범으로 간혹 조선인들이 검거되고 있는 점은 소비문화와 지역문화를 향유하지 못하는(하지만 그 문화를 내면화한) 조선인들의

---

[72] 『釜山日報』 1932.12.13.(석2-4), 「師走のABC(一) 賣るも買ふも新戰術」;『釜山日報』 1932.12.14.(석2-4), 「師走のABC(二) ユーモアーは流れる」;『釜山日報』 1932.12.15.(석2-5), 「師走線のABC(三) ほゝ笑む三三年に街頭から家庭へ飛ばんと」;『釜山日報』 1932.12.16.(석2-4), 「師走線のABC(四) ボーナス目當てに自動車は闇をヒタ走る」;『釜山日報』 1932.12.19.(조2-6), 「師走線のABC(五) 線上に躍る女!女!女!」;『釜山日報』 1932.12.20.(석2-5), 「師走線のABC(六) ヂヤズは激しく狂ふ」;『釜山日報』 1932.12.21.(석2-4), 「師走線のABC(七) エロは闇に蠢めく」;『釜山日報』 1932.12.22.(석2-4), 「師走線のABC(八) 飢餓戰線はなげく」;『釜山日報』 1932.12.23.(석2-4), 「師走線のABC(九) 戰術はみだれ飛ぶ」;『釜山日報』 1932.12.24.(석2-1), 「師走線のABC(十) 聖誕祭のよろこび」.

모습을 확인할 수 있는 사건이리라.[73] 따라서 소수의 조선인들이 장수통 등 번화가의 소비문화와 지역문화를 향유할 수 있었겠지만 대부분은 그러한 도시문화로부터 철저히 소외되었다. 그들은 여전히 전통적인 장시와 조선인 시장인 인근의 부산진, 동래시장 등에서 생활 물자를 사고파는데 그쳤다.

2. 상점가의 침체와 미나카이백화점의 전쟁전시

장수통을 중심으로 한 부산의 상점가는 개별 또는 집단적 영업활동과 거리 축제 등을 결합한 자본주의 소비문화와 식민주의 지역문화를 통해 도시문화의 꽃을 피웠다. 그러나 부산의 명물인 장수통 등 인근 상점가와 야점은 1930년대 후반부터 중일전쟁 및 태평양전쟁과 이에 따른 물자통제와 물자부족, 그리고 소비통제와 억제의 전시체제 통제경제로 말미암아 이전의 번영을 구가하지 못했다.[74] 특히 1940년대에는 가격표시와 공정상장의 인식이 없다는 당국의 조사와 함께 엄중한 경고를 받았으며 제대로 지키지 않는 상인들은 처분까지 받는 등 더욱더 위축되어갔다.[75] 더불어 오랜 기간 경품광고와 함께 장수통의 연말을 책임졌던 세말대매출도 전시체제기인 1938년이 되면 중대한 문제에 봉착했다. 특히 연말 대매출행사에 대해 경찰당국은 "총후 부민

---

73) 『釜山日報』 1932.11.25.(석2-6), 「長手の賣出し目當てにリレー式の萬引」; 『釜山日報』 1936.6.27.(석2-3), 「万引常習の妻 辨天町で捕はる」.

74) 『釜山日報』 1940.12.14.(조3-4), 「自肅調・歲末商戰 釜山各方面を打診」; 『釜山日報』 1940.12.25.(석2-8), 「商店家 自肅で過せ」; 『釜山日報』 1944.1.12. (3-2), 「役だてば配給所に事務所にも開放せう」.

75) 『釜山日報』 1941.5.30.(석2-8), 「名物の長手夜店 價格表示違反が多い 非常召集で一齊調査」.

의 사행심을 부추겨 시국에 대한 긴장을 결여한다고 하는 이유”로 경품추첨에 대한 경고까지 내렸다. 26년의 역사를 가진 세말대매출은 폐지 또는 축소의 기로에 선 것이었다. 주최 측은 전국적인 동향을 주시하며 대책을 논의하는 한편, 경성에서도 아직 아무런 조치가 취해지지 않자 독자적으로 경품추첨을 폐지하고 3원 당 10전의 서비스권으로 대체할 것을 제기했다. 그러나 일제의 신체제 노선에 따라 결국 세말대매출은 금지되었다. 이후 상점가는 “오직 직역봉사의 이념에 기초하여 부민 신생활창건의 추진체를 자임”하며 필요물자의 적정배급에 전념하는 등 전시체제 통제경제에 부응하며 일본의 폐전을 맞았다.[76]

한편, 1930년대 중반까지 자본주의 소비문화와 식민주의 지역문화의 결합을 통해 융성했던 변천시와 부산상공제는 더 이상 전시체제하에서 제대로 운영할 수 없었다. 나아가 봄의 하나마츠리는 기존 행사의 규모를 축소하는 한편, 전쟁 선전과 동원의 문화로 변질되어갔다. 변천시는 전쟁과 물자부족 등에 따른 통제경제에 의해 1930년대 후반부터 경품추첨이 사라졌고[77] 연계하던 각종 축제들이 없어지거나 행사규모가 줄어들어 명맥은 유지했지만 예전처럼 번성하지는 못한 것으로 보인다. 부산상공제도 1930년대 후반부터는 전시체제와 경제 불황 등으로 제대로 진행할 수 없어 아마도 3회 정도의 거리 축제

---

76) 『釜山日報』 1938.11.11.(석2-9), 「釜山恒例の歲末賣出」; 『釜山日報』 1938.11.13.(조2-8), 「(十字砲火)年末景品附賣出問題」; 『釜山日報』 1938.11.13.(석2-5), 「景品賣出 年末名物の廢止か緩和か」; 『釜山日報』 1938. 11.16.(석2-6), 「年末賣出しに景品を止めて」; 『釜山日報』 1940.12.14.(조3-4), 「自肅調·歲末商戰 釜山各方面を打診」.

77) 『釜山日報』 1939.4.3.(2-11), 「春の裝ひ 辨天町商店家 聯合大賣出し」; 『釜山日報』 1939.4.9.(석2-5), 「賑ふ春の辨天市」.

만을 남기고 중단되었다고 여겨진다. 봄의 하나마츠리도 점차 종교의 국가화를 통해 전쟁에 복무하는 황국신민을 양성하고 교육하는 선전의 장으로 면모해갔다. 1939년 시가행렬에서 전 아동이, 그리고 1940년에는 수천의 청소년들이 히노마루 소기를 손에 들고 행렬에 참여하는 것으로 보아 단순히 석가탄신일을 기념하는 행사를 넘어 황국신민으로서의 일체감을 보여준다고 할 수 있다. 나아가 그전까지 아동에만 한정된 행렬인원이 수천의 청소년까지 확장된 것으로 보아 조선인 학생들도 본격적으로 참여하게 함으로써 일본인사회의 지역정체성이 아니라 내선일체 등 전시체제기 황국신민화 정책의 일환으로 이용되고 있음도 어렵잖게 확인할 수 있다.[78] 결국 일본인 중심의 지역문화로 자리 잡은 하나마쓰리는 일제의 제국주의적 힘에 의해 '정치의 심미화', 즉 전쟁 선전과 동원의 장으로 전환되어갔던 것이다.

이와 함께 상점가도 일제의 '정치의 심미화'에 기여하는 모습으로 변모해갔다. 특히 미나카이백화점의 행보는 전시체제기 상점가의 이러한 변화를 잘 보여준다. 1916년 지점 개설 이후 장수통 상점가의 대표라고도 할 수 있는 미나카이는 오복점으로 시작해 1926년 증개축을 통해 상품의 진열과 판매는 물론이고 고객을 유치하기 위한 근대적 경영방법을 도입했다. 서구(미국) 및 일본 백화점의 영업방식을 벤치마킹하며 상점 내 식당과 찻집을 두었으며 문화적 전시와 전람을 할 수 있는 홀까지 설치했다. 그러나 여전히 백화점으로 전환하지 못했다. 1929년 경성본점 건물의 완성 이후 본격적인 백화점 체제로 나선 미나카이는 1933년 백화점으로서의 경성본점을 신증축하고 백화점 체제로 지점망을 정비하기 시작했다. 1933년 평양과 대구의 지점을

---

78) 『釜山日報』 1939. 4. 10. (2-9), 「釜山の花まつり」; 『釜山日報』 1940. 4. 6. (석2-9), 「花まつりの繪卷」.

새로 신축했고, 1937년 부산부청 옆에 서양식 5층 건물(일부 6층)을 새로 신축하여 부산지점으로 신장개업했다.[79] 뒤늦은 백화점 체제로의 전환 때문인지 공격적인 신축, 증축, 개축이 본점과 지점에서 이루어졌다.[80] 그러나 뒤늦은 전환은 오히려 경영에 불리한 측면을 강하게 나타냈다. 그러한 모습은 새로 신축한 부산지점의 전시행사의 내용을 통해서도 잘 드러난다.

1937년 신장개업한 부산지점은 1층에는 식료품, 조선토산, 화장품, 장신구, 신발, 신사양품, 연초, 상품권, 관광안내소를 두고, 2층에는 부인아동신사복, 부인아동용품, 운동용품을 진열했으며, 3층에는 오복류 일반, 4층에는 가구류, 잡화, 악기, 전기기구, 시계, 귀금속, 사진기를 진열했고, 5층에는 문방구, 완구, 대식당, 행사회장을 두었고, 6층에는 낚시도구, 도예소도구, 옥상 전망대(부산항을 한눈에 조망)를 배치했다.[81] 신축 건물 중 5층이 주로 전시와 전람을 위한 공간으로 사용되었다. 즉, 5층에는 그랜드 홀 또는 갤러리가 있었고 전시 공간이 더 필요할 경우 6층의 일부까지 사용한 것으로 보인다. 이와 같은 문화적 전시 및 행사는 이른바 서구식 백화점 경영방식의 일부로 도입되었지만 중일전쟁과 태평양전쟁의 발발에 따른 시국선전의 전시 및 교육장으로 변모했음을 아래의 표를 통해 할 수 있다. 아래의 〈표 2〉는 위에서 이미 살펴본 상업적 전시나 전람이 아닌 문화적 전시 및 행

---

79) 하야시 히로시게, 『미나카이백화점』, 79~87쪽.
80) 미나카이는 식민지 조선에서 미쓰코시보다 13년, 조지야보다 8년, 히라타보다 3년 늦게 백화점으로 전환했다. 그 때문인지 경쟁하고 있던 다른 백화점은 경성점만을 신증축했다면 미나카이는 중소도시에 지점을 개설하는 한편, 경성을 비롯하여 평양, 대구, 부산 등 대도시의 본·지점을 다시 대대적으로 신축하는 등 공격적 경영을 구사했다.
81) 일본백화점통신사, 『백화점연감』, 1938. 부산근대역사관, 『백화점, 근대의 별천지』, 2013, 48쪽에서 재인용.

사 등을 제한적인 신문 자료를 통해 전기기간, 전시주최 및 주관, 그리고 전시내용별로 정리한 것이다.

〈표 2〉와 같이 1937년 신축 5층 건물의 그랜드 홀과 갤러리가 만들어지기 전까지는 주로 상업적 전시가 주류였고 문화전시 또는 행사로는 특별한 것이 없이 단순히 대중에게 인기 있는 스포츠 관련 전시와 만화전 정도에 그쳤다.[82] 이는 본격적으로 문화적 전시와 행사가 백화점의 영업방식으로 자리 잡지 못한 점도 있지만 앞에서 언급한 것처럼 상품과 관련된 전람회, 진열회 등이 진행됨으로써 다른 방면의 전시가 가능한 공간을 갖추고 있지 못했던 이유도 있었던 것으로 보인다. 그런데 1937년 신축 건물 5층에 그랜드 홀과 갤러리를 마련하면서 본격적인 문화 전시와 행사가 개최되기 시작했다. 다만 그러한 전시와 행사들은 대부분 언론기관이라든지 전시체제에 부합하는 관변단체의 시국선전 및 교육의 장으로 이용되었음을 〈표 2〉를 통해 알 수 있다.[83]

〈표 2〉 미나카이백화점 부산지점의 전시행사

기간	주최/주관	제목(내용)
1917.11.14~18.	부산일보 주최	정구대회 우승기 진열
1927.6.4~5.	東都一流漫畫展覽會 주최, 부산일보 후원	만화전

[82] 『釜山日報』 1917.11.15.(4-3), 「本社特製庭球大會優勝旗」; 『釜山日報』 1927.6.3.(석2-10), 「漫畫展」; 『釜山日報』 1935.7.27.(석2-10), 「各優勝カツプ三中井へ陳列」.

[83] 부산의 경우에 한정한다면 미나카이가 백화점 체제로 뒤늦게 전환하여 공격적인 마케팅으로 지점들의 신축을 통해 영업망을 확장하고자 했지만 결국 전시체제라는 시대적 상황에 의해 자본주의의 첨병이 아니라 제국주의의 첨병으로 그 체제의 선전장으로 적극 이용되고 있음을 알 수 있다. 이는 역으로 제국주의의 몰락은 식민지에 기반하고 있던 미나카이백화점의 몰락으로 연쇄될 수 있는 원인이었다고 할 수 있을 것이다.

1935.7.27.	부산일보 주최	애독자우대대스모대회 우승컵 진열
1937.11.30~12.6.		동래고보교유 一井爲次郎씨의 유화 개인전(약 80점)
1938.3.5~9.	釜山黎光俱樂部	제4회 예술사진전(50여 점)
1938.10.28.		新協劇團舞臺藝術寫眞展
1938.11.20~26.	부산일보 주최, 조선군보도부 · 조선방공협회 후원	적색소련을 폭로하는 대전람회
1939.4.7.	부산일보 주최	일독문화전
1939.6.4~11.		一了軒 福谷秋翁씨 제작 尺八展覽卽賣會
1939.11.1~7.	경남도 · 부산부 주최	대방공전람회
1940.2.1~4.	부산일보 주최	신년학동작품전(200여 점)
1940.3.8~10.	總泉寺 伊藤泰邦 씨 외 부산유력자 다수 후원	三相流畫家 久須美화백의 달마전
1940.3.13~17.	わかもと本舖 주최, 조선총독부 학무국 후원	소학교교육괘도전람회
1940.3.25~31.	부산일보사 · 대일본수산회사 · 부산중앙도매시장 · 林兼상점 후원	'포경일본' 전람회
1940.12.12~16.		日本古武道展
1941.5.14~18.		불화의 대가 岸本圭逸화백의 개인전람회
1941.6.11~15.	국민총력경남연맹 · 방공협력경남지부 · 국방화학협회경남지부 주최	防毒展覽會
1941.9.19~23.	大和塾부산지부 주최, 국민총력경남도연맹 · 부산일보 후원	국방만화전람회
1941.9.27~10.5.	일본피복갱생협회 주최	피복갱생전람회
1941.11.13~18.	국민총력경남연맹 주최, 부산일보 후원	전시생활강조포스트전람회(200여 점)
1942.9.22.	조선국방항공대 경남지부 · 부산일보 주최	항공전람회

출전:『釜山日報』,『朝鮮時報』 각 연도 기사.

전시체제와 관련되는 전시 또는 행사를 살펴보면, 1937년 신관 오픈 후 첫 전시였던 것으로 보이는데, 당시 동래고보 교유(教諭)였던 이치이(一井爲次郎)가 개인적으로 그린 유화 80점이 5층 갤러리에 전시되었다. 중일전쟁이 발발하며 본격적인 전시체제로 접어들었기 때문에 문화 전시도 시국 관련으로 점차 바뀌어갔다. 그래서 전시된 작품이 판매되자 모두 애국기 건조 자금에 헌금되었다.[84] 1938년 11월 20일부터 26일까지 대대적인 선전을 통해 백화점 5층과 6층에 '적색소련을 폭로하는 대전람회'가 개최되었다. 아직 소련과 전쟁하는 상태는 아니었지만 잠재적 적국인 소련을 제대로 알려 향후 전개될 전쟁의 당위성을 선전하기 위한 이 전람회는 부산일보가 주최하고 조선군 보도부 및 조선방공협회가 후원하여 부산부민의 방공, 방첩 교육을 위한 교육의 장으로 이용되었다. 전시된 내용은 소련 비밀경찰인 게페우, 소련군인 적군, 집단농장인 콜호스, '피의 5개년 계획' 등이었다.[85] 1939년 4월에는 동맹국인 독일과의 친선을 도모하는 일독문화교류전을 열렸으며,[86] 11월에는 경상남도와 부산부가 주최하는 대방공전람회가 열렸다. 대방공전람회는 "비상시국 하에서 국민방공사상의 보급과 각반의 방공조치에 대한 인식의 철저를 도모"하기 위해 상공장려관과 미나카이백화점에서 열렸는데, 제2회장인 미나카이에서는 가정방공 등과 관련된 내용이 전시되었다.[87] 1940년 3월 25일부터 31일까지는 부산일보사, 대일본수산회사, 부산중앙도매시장, 하야시가네(林兼)상점 후원으로 '포경일본' 전람회가 개최되었다. '포경일본'전은 남

---

84) 『釜山日報』 1937.12.1.(조3-10), 「一井教諭の繪筆報國」.
85) 『釜山日報』 1938.11.17.(석2-9), 「赤色ソ聯を發く展覽會」.
86) 『釜山日報』 1939.4.7.(석2-4), 「日獨文化展」.
87) 『釜山日報』 1939.11.1.(석2-8), 「愈よ明日から蓋を開ける防空展」.

쪽으로 진군하는 일본의 상징이며 밖으로는 거액의 외자 획득, 안으로는 대용품공업에 크게 공헌할 전시 하 일본의 각광받는 산업인 포경을 전시했다. 각종 파노라마, 디오라마, 사진, 통계 등을 통해 포경선의 활약실황, 동서고금의 포경법, 고래에 관한 각종통계, 실물포경용구, 해부용구, 국책 신제품, 고래의 종류별 기타 대용품 고래고기, 대용피혁 및 실물도표에 의한 고래에 관한 모든 지식을 모두 전시했다. 전쟁과 물자부족에 따른 대체 산업의 필요를 강조하기 위한 전시였다.[88]

태평양전쟁으로 확전되던 1941년에는 관변단체들의 전시 관련 전람회가 지속적으로 열렸다. 4월의 방독전람회, 9월의 국방만화전람회, 피복갱생전람회 등과 11월 13일부터 18일까지는 국민총력경남연맹 주최, 부산일보 후원의 '전시생활강조 포스트전람회'를 개최했다. 국민총력조선연맹이 지금까지 모집한 전시생활을 강조하고 총후의 각오를 드러낸 우수 포스터를 전시했다.[89] 1942년 9월 22일에는 조선국방항공대 경남지부와 부산일보 주최로 '항공전람회'를 개최했다. 항공전람회는 항공사상의 함양을 도모하고 항공기념일을 기념하기 위한 전시였다. 전시 가운데는 대동아전쟁에서 죽은 병사들과 비행기 등 관련 물품과 사진을 전시했다.[90] 이처럼 미나카이의 5층 그랜드 홀과 갤러리에서 전시된 전시회 및 전람회는 모두 전시체제를 강조하고 총후 신민으로서 갖춰야할 신체 및 정신을 교육하는 정치 군사적 선전 및 교육장으로 활용되었다. 이전까지 계급과 민족적 차별에 의해 거

---

88) 『釜山日報』 1940.3.31.(석2-8), 「捕鯨の日本展」.

89) 『釜山日報』 1941.5.28.(석2-9), 「防毒展覽會」;『釜山日報』 1941.9.13.(조2-7), 「國防漫畫展覽會」;『釜山日報』 1941.9.27.(석2-8), 「被服更生展覽會」;『釜山日報』 1941.11.5.(조2-8), 「戰時生活強調ポスター展覽會」.

90) 『釜山日報』 1942.9.22.(조2-8), 「航空展覽會」.

의 향유할 수 없었던 번화가의 상점과 백화점 등은 전시체제기가 되자 점차 전쟁 동원의 목적 하에 조선인들의 삶 속으로 들어왔다고 할 수 있다. 즉, 일제의 내선일체 강조와 황국신민화 사업 등은 그간 향유하지 못하고 배제되거나 차별받았던 도시문화를 일본인과 함께 향유할 수 있도록 만들었지만 이는 자본주의 하의 도시문화가 아니라 전쟁 하의 도시문화이며 이를 통해 수많은 조선인들의 인적, 물적 동원을 위한 선전과 교육의 장이었다.

Ⅳ. 결론

지금도 부산의 번화한 상점가 중 하나일 뿐만 아니라 원도심의 중심가로 다시 부흥하고 있는 광복동 상점가는 개항 전후 부산으로 몰려든 일본인들에 의해 '긴 길'이라는 의미의 장수통으로 불리어지던 거리였다. 장수통은 변천신사가 있던 변천정의 거리명이지만 일제시기가 되면 점차 서쪽으로 행정, 서정, 동북쪽으로 대창정까지 상점가와 야점이 확장되면서 그 일대를 포괄하는 부산의 중심 상점가가 되었다. 평상시에도 상설점포들이 즐비했는데, 주로 직물 등 의복류를 파는 오복점, 각종 생활 잡화를 파는 잡화점, 그리고 신발류 등을 파는 이물점을 중심으로 다양한 상점들이 각자의 상점장식과 상품진열 및 손님 유인책을 통해 영업 활동을 전개했다. 그 가운데 부산의 유일한 백화점으로 확장한 미나카이는 1916년 지점 설치 이후 두 차례의 근대적 건물의 신축을 통해 상점가 도시문화의 확장에 기여했다. 한편, 장수통의 또 다른 명물인 야점은 일몰 이후 출현하여 야시장을 형성하며 주로 생활 잡화를 노상에 늘어놓고 떠들썩한 소리로 손님을 유인하며 번성을 구가했다. 야점이 번성하게 되자 한때 상점가의 규모 작은 잡화점에 타격을 주는 일도 있었지만 상점가와 야점은 순망치한(脣亡齒寒)의 관계 속에서 장수통의 번영을 주도하는 터줏대감으로 자리 잡았다.

장수통을 중심으로 하는 상점가는 개별적인 영업활동을 통한 자본주의 소비문화의 진작 이외에도 가로등, 네온사인, 꽃전차 등 거리의 장식은 물론 공동의 매출향상을 위한 연합 대매출행사 등 다양한 도시문화를 수시로 펼쳤다. 그 중 대표적인 것이 세말대매출과 봄가을의 변천시였다. 이들 상점들의 연합 활동은 경품행사를 필두로 살거리, 먹거리, 볼거리 등 다양한 행사를 통해 자본주의 소비문화를 진작시켰다. 특히 봄가을의 변천시에는 일본인들의 정체성 형성을 위해 시작된 하나마쓰리와 변천시의 부흥을 위해 개최된 부산상공제가 결합됨으로써 단순히 자본주의 소비문화만이 아니라 일본인들을 부산이라는 지역과 연결하는 식민주의 지역문화까지 결합되는 형태의 도시문화로 확장했다. 특히 이들 행사의 백미인 거리 행렬은 일본인 거주 지역만을 주기적으로 순회하는 스펙터클한 이벤트를 통해 식민주의 지역문화의 핵심으로 거듭났다. 따라서 장수통 상점가는 물건을 사지 않더라도 구경할 상품과 도시문화들이 항상 넘쳐났다. 그리고 새로운 근대적 인간군상이라고 할 수 있는 '모던보이', '모던걸', '유한마담', '샐러리맨'들이 할 일 없이 산책하며 구경할 수 있는 근대적 거리로 변모했다. 도쿄의 '긴부라' 및 경성의 '혼부라'와 동일한 부산의 '나가부라'는 그렇게 탄생했다. 그러나 이러한 도시문화는 일본인들을 위한 것이었다. 조선인들이 장수통 상점가에 모습을 내비쳤다고 해도 그 수는 일본인들에 비하면 턱없이 미약했다. 따라서 대다수의 조선인들은 장수통 등 중심가의 소비문화를 향유할 수 없었을 뿐 아니라 식민주의 지역문화도 즐길 수 없었다.

그런데 1930년대 후반이 되면 식민지 조선은 물론 부산도 전시체제에 따른 통제경제로 말미암아 상점가는 침체해져갔고 장수통 상점가의 자본주의 소비문화와 식민주의 지역문화는 점차 제국주의 전쟁문화로 수렴되어 갔다. 상점가의 개별 및 연합의 경제활동은 일제에 의해 점차 축소 또는 폐지되었다. 반면, 지금까지 자본주의 소비문화의 메카였던 미나카이백화점은 주로 전쟁과 동원에 관계된 정치 선전의 장으로 변모했다. 그리고 조선인들은 제국주의 전쟁문화에 (반)강제적으로 포섭되었다. 결국 1930년대까지 일본인들에 의해 주도된 장수통 상점가의 자본주의 소비문화 및 식민주의 지역문화는 전시체제로 들어가면서 인적, 물적 수탈을 위한 조선인들의 포섭과 이에 따른 제국주의 전쟁문화로 수렴되었던 것이다.

글로벌 상상을 자극하는 해항도시 간 이동
: 근대 초기 일본 기타큐슈 지역 사람들 간
비공식 인적 교류의 재평가

마스다 겐(增田研)

Ⅰ. 아시아 해역세계와 해항도시 간 이동

이 연구는 근대 초기 일본인 사이에 지구(the globe)에 대한 공간적 상상이 국민국가의 영토적 이미지가 아니라 점(points)과 호(arcs), 결절(nodes)로 구성된 기하학적 형태에 기초했을 수도 있다는 가정을 검토하는 것이다. 이 연구는 "국제적(international)" 상상이 아니라 글로벌적 상상에 초점을 맞추는데, 이를 위해 근대 초기 일본인이 아시아의 대양을 넘어 저 멀리 아프리카 동부까지 여행하며 활용한 "해항도시 간 이동(port city hopping)"의 사례들을 살펴보고자 한다.

19세기 말 메이지 시대부터 1930년대까지를 뜻하는 근대 초기에 일본은 서구 근대의 도입을 통한 근대 국가 건설의 강력한 열망과 중국(청), 조선, 러시아에 맞선 "국제" 전쟁들, 그리고 식민화의 시도들을 겪었다. 이 시기 동안 그러한 변화를 겪은 사람들 사이에 자리한 글로벌적 상상과 관련하여 한 가지 의문이 제기된다. 당시 사람들이 가진 지구에 대한 공간적 상상이 소위 "글로벌화"의 시대에 살고 있는 오늘날의 우리 사이에 자리한 글로벌적 상상과 같을까?

이에 대해 당장 내놓을 수 있는 가설적 대답은 "아니다"이다. 글로벌적 상상은 분명 시대마다 다를 것이다. 20세기 중반 이래 사람들은 이 국가에서 저 국가로 여행하면서 비행기를 이용해 왔다. 근대 국민국가마다 각각 공인하는 입구로서 이 "국제"공항에서 저 "국제"공항으로 옮겨가는 것이다. 반면에 19세기 말과 20세기 초의 사람들은 여행을 하려면 이 해항도시에서 저 해항도시로 옮겨 다녀야 했다(hopping). 이를 이해하기 위해선 아시아 해역세계의 역사를 알 필요가 있다. 아시아 해항도시에 대한 책을 편집하면서 하네다 마사시(羽田正)는 세계사를 연구하는 대안적 방법으로 아시아 해역세계의 역사를 이해하는 것이 가진 중요성을 이렇게 강조했다.

아시아 해역세계들은 동쪽으로 동중국해 주위의 일본과 중국 연안 지역에서 서쪽으로 동아프리카 연안 지역까지 뻗어있는 광대한 지리적 범위를 가리킨다. 그것은 동남아시아와 인도 아대륙 연안지역 그리고 아랍 해 주위의 대륙 연안지역과 거기서 두 쪽으로 뻗어나가 북서쪽으로 홍해와 걸프 만을 포괄한다. 아시아 해역세계들의 과거는 세계의 역사에 핵심적인 요소이며, 이 책의 저자들은 보다 넓은 세계사의 맥락에서 그곳에서 일어난 사건들을 검토하고 해석한다.[1]

하네다와 그의 연구 프로젝트는 근대 이전 해항도시 간 문화 접촉

---

[1] M. Haneda, *Asian Port Cities 1600-1800: Local and Foreign Cultural Interaction*, Kyoto University Press, 2009, p.2.

및 교섭에 강하게 초점을 두고 있다. 17세기와 18세기 아시아 해역세계의 상상력은 후대의 사람들 사이에서 여전히 계속해서 존재했을 터이다.

> 해역세계라는 틀을 이용하여 과거를 바라보는 것은 강력한 국가사(national history) 내러티브를 상대화하는 효과적인 수단이며, 사람들의 삶과 활동을 특정한 민족의 경계로 제한하지 않으면서 조명해 보는 효과적인 수단이다.[2]

"특정한 민족의 경계로 제한"되지 않는 해역 네트워크와 인간관계를 생각하면, 국민국가에 완전히 편입되지 않는 조미아(Zomia)와 그 사람들에 대한 스코트(Scott)의 연구 틀이 연상된다.

> 조미아는 사실상 고도 약 300미터 위의 모든 땅을 말하는 새로운 명칭으로 베트남의 중부고원 지방에서 인도 북동쪽까지, 5개 동남아시아 국가(베트남, 캄보디아, 라오스, 태국, 버마)와 중국의 4개 성(省)(운남, 귀주, 광서, 사천 일부)을 아우른다.[3]

조미아의 중요성은 현재로서는 "세계에 남아있는, 국가에 아직 완전히 편입되지 않은 사람들이 살고 있는 가장 넓은 지역"이라는 점에 있다. 인류 역사 전체를 보면 그런 식으로 스스로 통치하는(self-governing) 사람들이 대다수였다.[4] 스코트는 국가 없음(statelessness)이라는 측면에서 "도서 간 이동자들(archipelago-hoppers)"과 "해상 조미아(watery Zomia)"를 언급한다.

---

[2] *Ibid.*, p.3.
[3] J. Scott, *The Art of Not Being Governed: An Anarchist History of Upland Southeast Asia*, Yale University Press, 2009, p.ix.
[4] *Ibid.*

도서부 동남아시아의 수많은 오랑라우트(orang laut)는 분명 산악 요새에 사는 화전민과 같은 존재로, 대양에서 살며 도서 간을 이동하는(archipelago-hopping) 사람들이다. 많은 고산 지대 사람들처럼 그들도 무예 전통을 갖고 있고, 해적질(해상 습격)도 했다가 노예 납치도 했다가 때로는 말레이 지역의 여러 왕국의 해상경비대나 공격 부대 역할도 수행하곤 했다. 전략적으로 주요 운송 항로 외곽에 자리 잡고 있어 공격 및 퇴각에 유리한 그들은 완전한 해상 조미아를 떠올리게 하며, 따라서 여기서 언급할 만하다.[5]

동아시아 여러 나라들 사이에 문화적·사회적 교섭을 촉진시켰다고 말해도 좋은 왜구(倭寇, 해적/상인)를 보면, 동아시아 해역세계에서 국가 없는 항구 간 편력자들(stateless port-hoppers), 즉 국가에서 벗어난 사람들을 떠올리게 된다. 이런 사실은 **바다로 둘러싸인 육지가 아니라**, 육지로 둘러싸인 해상 조미아 같은 공간이 가진 중요성으로 이어진다.

Ⅱ. 점과 호에 근거한 상상

이 연구는 해항도시 간 이동에 대한 기본적인 생각을 설명하고 "국민국가에 기반을 둔" 지구에 대한 상상에서 "점과 호에 근거를 둔" 상상으로 틀을 바꿀 가능성을 검토하는 것을 목적으로 한다. 위에서 언급했듯이, 글로벌적인 상상은 근대 국민국가의 확립 이전과 이후가 다르다. 즉 도시 공항(空港)으로의 비행과 해항(海港)으로의 항해라는 차이가 있는 것이다. 해항도시들은 해로와 육로 및 철도를 연결하고

---

[5] *Ibid.*, p.xiv.

교환과 거래, 교섭의 장소로서 역할 하는 기능적 결절들(functional nodes)이다.

〈그림 1〉 영토적 국민국가와 국제공항 네트워크 모델

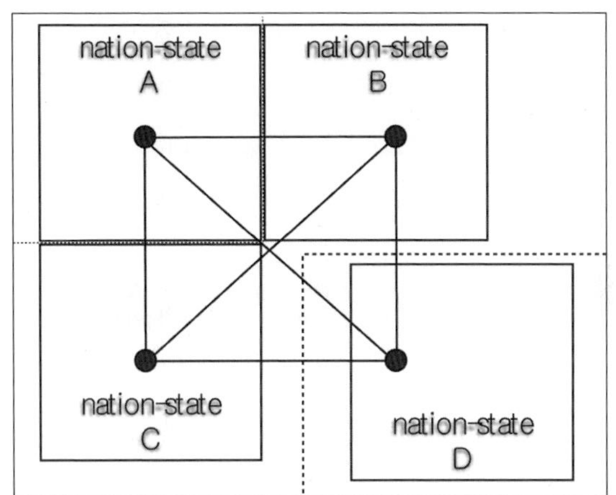

국제관계와 초국가적 움직임은 그림 1과 같이 다변 모델(polygonal model)(평면 모델[plane model])로 설명될 수 있다. 각 국민국가는 "수도의 국제공항" 간의 항공망을 통해 연결된다. 초국가적 움직임은 사람 및 재화, 정보가 국경을 가로지름으로써 한 국민국가에서 다른 국민국가로 넘어가는 초국경(trans-border)/초경계(trans-boundary)로서 실현된다.

아시아 해역세계는 또 다른 접근방식을 필요로 한다. 한 여행자는 해항을 떠나 항로를 따라 이동하고, 목적지인 또 다른 해항에 도착한다. 이 형태는 "호를 따라 한 점에서 다른 점으로 옮겨 간다"고 달리 표현할 수 있다(〈그림 2〉를 보라). "점과 호" 모델은 점(해항)과 호(항로)로 이루어진 하나의 네트워크를 그리고 있다. 그 속에서 특정 해항은 각각 호들을 기능적으로 연결하는 결절로서 작용한다. 하나의 결절로서 해항은 사람과 문화, 정보의 교섭을 위한 장(場)의 역할을 수행한다. 이런 과정을 통해 만(灣)들이 해항이 될 수 있다. 나가사키(長崎)가 바로 그 일례이다.

<그림 2> 점과 호에 근거한 모델

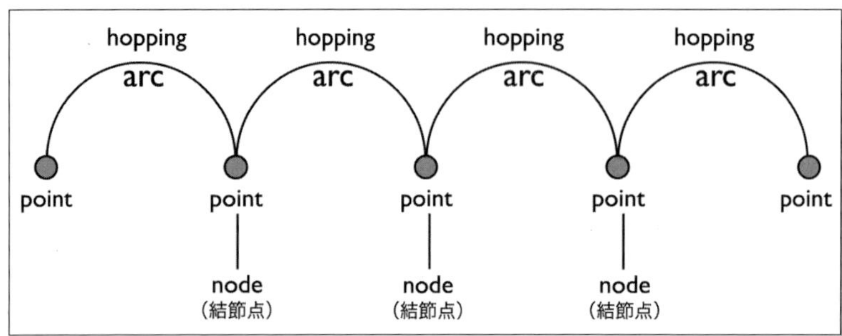

나가사키는 17세기에 외국과의 교역을 위해 개발되었다. 오직 교역만이 도시의 생존을 규정지었다. 아카세 히로시(赤瀨浩)가 지적하듯이, 나가사키는 "공기 부족으로 모든 생물이 죽어가는 수족관 같이" 취약한 기초 위에 개발되었다.[6] 에도 시대에 4대 해항도시 중 하나가 되지만 그 이전엔 작은 어촌 마을에 불과했던 이곳으로 기타큐슈(北九州) 지역에서 먼저 이주해온 이들은 추방된 기리스탄(キリシタン)들이었고, 그 뒤에 상인과 수공업자들이 이주해 왔다. 이런 나가사키의 존립이 정당화될 수 있었던 것은 그것이 하나의 기능적 결절로서 아시아 해역세계로 통합되었기 때문이었다.

---

[6] 赤瀨浩, 『「株式會社」長崎出島』, 講談社, 2005, 8쪽.

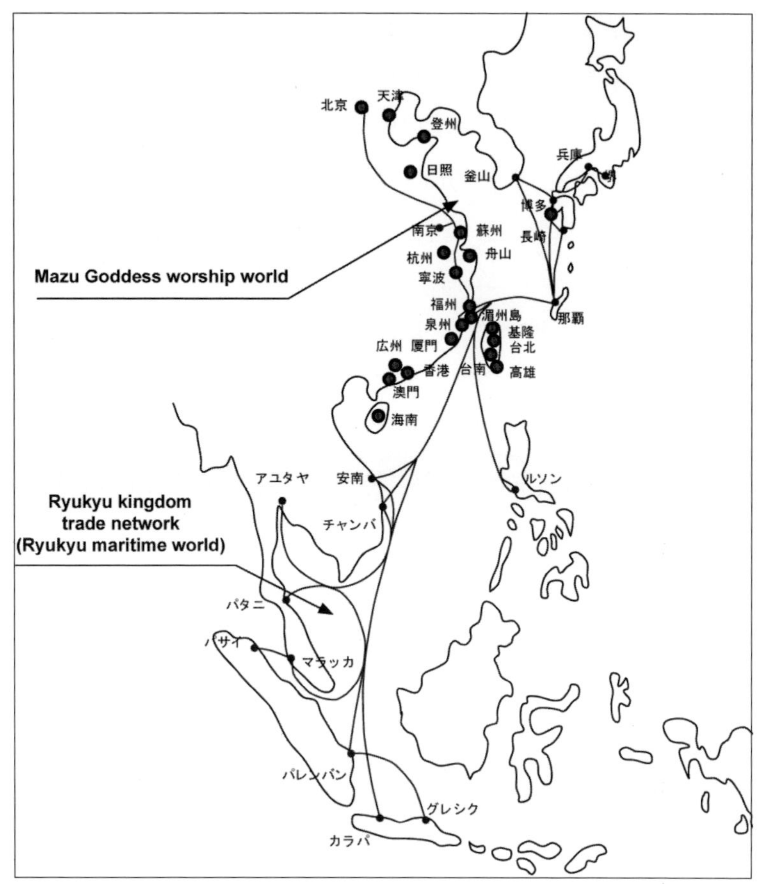

〈지도 1〉 동아시아 및 동남아시아 해상 세계 지도

출처: 赤嶺守. 『琉球王國: 東アジアのコーナーストーン』, 講談社, 2004, 51쪽의 지도를 일부 수정했음.

규슈와 류큐(琉球, 오키나와)는 일본 남쪽 및 남서쪽에 위치해 있다. 그 섬들은 오랫동안 아시아 해역세계와 그 세계 속의 해항 네크워크로 통합되어 있었다. 〈지도 1〉은 14~16세기 류큐 왕국의 무역 네트워크와 마조(媽祖) 신앙이 퍼져있는 동아시아 및 동남아시아 지역을 보여준다.

류큐 왕국의 무역 네트워크는 그 자신이 자리하고 있는 정교한 관계의 균형 상태에 입각해 주변 국가들과 접촉을 유지함으로써 자신의 독립성을 확고하게 견지했다. 마조 신앙은 지금도 동중국해 주변에 퍼져 있는데, 항로를 따라 전파되었고 그 뒤 전파된 곳마다에서 현지화되었다. 류큐 왕국과 마조 신앙 같은 사례들은 모두 공통적인 조건에 근거해 실현된 것이며, 그런 조건은 필시 점과 호에 근거한 형태로 인식되게 마련인 해역세계와 해항도시 간 이동에 힘입어 확립될 수 있었다.

Ⅲ. 해항도시 간 이동을 통한 아프리카로의 여행

근대 초기에 기타큐슈 사람들이 아시아 해역세계 전역에 걸친 해항도시 간 이동의 결과로 아프리카 동부 연안에 이르게 되었다. 나가사키를 비롯한 큐슈 지역은 해항도시 네트워크를 따라서 한국과 중국 및 여타 아시아 지역과 문화 교섭을 수행한 오랜 역사를 가지고 있다. 이 장에서는 20세기 초에 해항도시 간 이동을 통해 아프리카에 도달한 사람들의 몇몇 사례들을 소개하고자 한다.

1. 메이지 및 다이쇼 시대 해항도시 간 이동을 수행한 사람들

소위 가라유키상(からゆきさん)은 서일본, 주로 큐슈 출신의 여성 노동력을 가리킨다. 그들은 아시아 특히 동남아시아 항구에 정착하려 한 밀항자들로서 가정부나 호텔 및 식당의 하녀로 일했다.

나가사키 현 시마바라(島原) 시에 있는 다이시도(大師堂) 사원에는 텐뇨토(天如塔)라는 이름의 10미터 높이 탑이 있다. 그것은 승려 히로타 겐쇼(広田言証)가 건립했다. 히로타는 아시아를 두루 여행하며 가라유키상을 방문해 의식을 베풀어 주었다. 탑을 둘러싼 울타리에는 사원에 시주를 한 사람들의 이름이 새겨져 있는데, 그들은 히로타가 여행한 경로에 해당하는 베트남, 말레이시아, 싱가포르, 인도네시아에 살던 사람들이다.[7]

<그림 3> 텐뇨토와 시주를 한 사람의 이름이 새겨진 울타리

가라유키상은 밀항부(密航婦)와 추업부(醜業婦)로서 그려져 왔는데, 매춘 문제가 기타큐슈에서 널리 퍼진 경제 현상이었음에도 그것을 공개적으로 얘기하는 것은 사회적으로 기피되었다. 외무성은 매춘 문제와 관련하여 해외 일본인의 명예를 지키기 위해서는 가라유키상을 강제적으로 통제해야 한다고 공지했다.

근대 초기 일본인 이주자에 대한 일부 연구는 많은 일본인이 해항에서 해항으로 이동하면서 대양의 해류를 따라가고 떠다니며 표류한 끝에 아프리카 동부 연안에 이르렀다는 것을 밝혀냈다. 시라이시 겐지

---

7) 倉橋直正, 『島原のからゆきさん: 奇僧・廣田言証と大師堂』, 共榮書房, 1993, 216쪽.

(白石顯二)는 나가사키 출신의 가라유키상이었던 마키의 삶을 복원하여 그 시대의 사회적 · 경제적 상황을 살펴본다.[8] 마키는 나가사키에서 태어나 동남아시아로 이주했다. 그녀는 점차 서쪽으로 이동해 잔지바르 섬의 한 항구 마을에까지 이르렀다. 그곳에서 그녀는 30년 넘게 살았고, 부두에 정기적으로 기항한 일본 배를 상대로 장사를 했다.

20세기 초 동아프리카에 거주한 일본인의 사례는 이동과 이주의 양상 한 가지를 보여준다. 사람들은 일본에서 동아시아 및 동남아시아의 해항도시들로 떠났고, 여러 해 동안 거기서 살았다. 그 뒤 그들은 다시 동에서 서로 움직이기 시작해 인도와 아랍의 해항으로 향했다.

1921년 우간다의 일본인 상인 야마노베 요시아키(山野辺義昭)는 27명의 일본인(5명의 남자와 22명의 여자)이 동아프리카에 살며, 그 중 18명이 나가사키 출신이라고 전했다. 일본 외무성이 발표한 1831년도 해외 일본인 인구조사에 따르면, 동아프리카에 54명, 남아프리카에 27명이 있었다. 그들 중 일부는 오사카 상선회사(大阪商船會社)의 배를 타고 아프리카 동부 연안의 항구에 도착했을 수도 있다. 그런 일본인 거주자들이 민간 부문 특히 서비스업에 속했다는 사실은 일본 정부와 아프리카 국가의 정부들 사이에 외교관계가 맺어지기 전에 이미 양측의 민간 및 개인 사업 관계가 호와 결절점에 기반을 둔 해상 네트워크를 통해 인도양을 넘어서 구축되었음을 보여준다.[9]

이런 일본인 중 혁신적인 모습에서 두드러진 인물 중 하나는 아카사키 덴자부로(赤崎傳三郎)이다. 아카사키는 나가사키 현 아마쿠사(天草)에서 태어났다. 그는 나가사키에서 여러 직업을 경험한 후 1902년 상하이로 떠났다. 이후 그는 상하이에서 홍콩, 사이공, 싱가포르,

---

8) 白石顯二, 『ザンジバルの娘子軍(からゆきさん)』, 社會思想社 · 現代敎養文庫, 1995.
9) 靑木澄夫, 『アフリカに渡った日本人』, 時事通信社, 1993, 260~266쪽.

봄베이(Bombay), 지부티(Djibouti), 잔지바르(Zanzibar)로 옮겨 다니며, 마침내 마다가스카르(Madagascar)의 디에고수아레스(Diego-Suarez)에 도착한다. 아오키 스미오(靑木澄夫)는 아카사키와 가라유키상이 해항도시 간 이동의 양상에서 유사성이 있다는 것을 인정했다.[10] 아카사키는 마다가스카르에서 호텔 소유자로서 약 30년 동안 일한 후에 아마쿠사로 돌아왔다.

〈지도 2〉 아카사키 덴자부로의 해항도시 간 이동, 1902~1904년

2. 무역 회사 나가사키 닛케이샤

무역 회사 나가사키 닛케이샤(長崎日惠社)는 서점 주인이었던 기타

---

10) 위의 책, 215쪽.

가와 효키치(北川豹吉)가 나가사키 상공 회의소와 협력하여 1930년대 초에 설립한 회사이다.[11] 회사의 설립 목적은 일본과 아프리카 동북부의 에티오피아 간에 무역을 촉진하는 것이었다. 이것은 당시 일본 내의 사회적 맥락에 입각해서 이해되어야 한다. 당시 일본에서는 에티오피아와 여타 아프리카 나라들에 대한 사회적 인식이 세 가지 측면에서 발생했다. ① 에티오피아의 새 황제 하일레 셀라시에(Haile-Selassie) 1세는 1930년에 대관식을 열고 일본에 정부 관리를 파견하였다. ② 일본인은 1929년 이후 대공황과 세계 대전의 국제 정치 상황에서 "유색 인종" 간의 연대 가능성을 인정하면서 아프리카에 대해 인식하게 되었다. ③ 하와이와 남아메리카를 향한 일본인 노동 이주의 연장선상에서, 아프리카는 일본인이 정착하거나 사업을 하는 것이 가능한 장소로서 급속히 부각되었다. 실제로 오사카 및 나고야의 상공회의소들과 일본 외무성에서 조사관이 아프리카로 파견되었고, 뒤에는 식민성도 아프리카에서의 교역활동과 식민화를 검토하고 있다고 밝혔다.[12]

나가사키 닛케이샤의 설립자 기타가와 효키치는 후쿠오카 현 야나가와(柳川)의 한 상인 집안에서 태어났다. 그는 메이지 말기 및 다이쇼 시기에 쓰시마(對馬)로 이주해 살았고, 그 후 1930년경 나가사키 중심가에 중고서점 나가사키 서점(長崎書店)을 열었다.

일본이 에티오피아와 통상우호조약을 맺은 1931년 기타가와는 닛케이샤를 설립했고 고토 모리테루 남작을 사장에 앉힌 것 같다. 회사는 젊은 이 네 명으로 이루어진 조사팀을 파견했다. 조사팀의 탐장인 기타가와 고(효키치의 아들)와 슈지 유노스케는 1932년 8월 13일 일본

---

11) 增田研,「日本-アフリカ交流史から「日本」を照射する: 江戸期~昭和初期の長崎を舞台にして」,『アフリカ研究』72, 2008.

12) 靑木澄夫,『日本人のアフリカ「發見」』, 山川出版社, 2000.

우선회사(日本郵船會社, NYK)의 배 가시마 호(鹿島丸)를 타고 모지(門司)항을 떠났고, 다른 두 사람은 8월 27일 같은 항에서 야스쿠니 호(靖國丸)를 타고 상하이로 떠났다. 상하이에서 합류한 그들은 싱가포르를 거쳐 지부티로 떠났다.

팀장인 기타가와 고는 떠나기 전 신문기자에게 다음과 같은 말을 남겼다.

> 우리는 현재와 같이 경제적으로 어려운 시기에 무역 및 산업, 식민화에 기여하기 위해서 니케이샤를 설립한 이래 바로 조사 여행의 준비를 시작했습니다. 마침내 우리는 떠나게 되었습니다. 일본의 모든 정부 부처와 상공회의소가 우리를 지원하고 있습니다. 우리의 목적은 에티오피아의 공업을 발전시켜서 에티오피아에서 교역권과 이익을 얻고 식민화를 이루는 것입니다. 다행히도 에티오피아사람들 역시 공업의 발전을 원하고 있습니다.[13]

지부티에서 배를 내려 아프리카 대륙에 발을 디딘 후 그들은 기차를 타고 아디스아바바(Addis Ababa)로 향했다. 그곳에서 그들은 술과 약, 자전거, 모조 진주, 고무 제품, 모기향, 말린 생선, 정어리 통조림 등의 "일제" 상품을 전시하는 무역박람회를 열었다. 아디스아바바에 머문 후 그들은 짐꾼과 노새를 이용해 육로로 서쪽으로 이동했고 1933년 1월 10일 에티오피아의 가장 서쪽에 있는 감벨라(Gambella)에 도착했다. 거기서 불행히도 네 사람 모두 말라리아에 걸렸고 두 달 동안 병상에 있었다. 그러나 다행히도 감벨라 주재 영국 영사 잭 모리스(Jack Maurice)의 도움으로 회복했다. 그들은 더 이상의 여행을 포기하고 돌아가기로 결정했다. 1933년 11월 그들은 일본으로 돌아왔다.

---

13) 1931년 8월 13일자 『長崎新聞』에서 인용.

이들의 여행을 해항도시 간 이동으로 보면, 그들이 일본으로 돌아오는 귀로를 바닷길로 계획했다는 것이 중요하다. 말라리아에 걸리지 않았다면 그들은 감벨라에서 수로 무역 루트를 따라 영국령 수단의 하르툼을 거쳐 나일강을 따라 항해해 이집트로 가는 여행을 계속했을 것이다.[14)]

1930년대 초 에티오피아로 향한 닛케이샤 탐험대의 시대는 글로벌적 상상의 방식이 점과 호에 근거한 상상에서 다변적 상상으로 변화하는 이행기였다. 상업 부문의 사람들은 자신들의 경계를 국민국가에 기초해 인식했다. 하지만 여행 자체는 여전히 해항도시 간 이동을 통

<지도 3> 닛케이샤 관련 해항도시 간 이동 경로

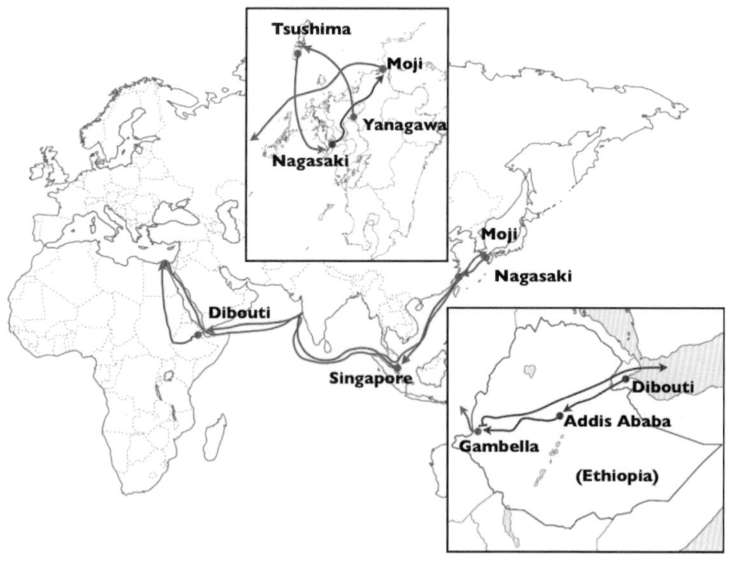

---

14) D.H. Johnson, "On the Nilotic Frontier: Imperial Ethiopian in the Southern Sudan, 1898-1936", in D.L. Donham and W. James (eds.), *The Southern Marches of Imperial Ethiopia: Essays in History and Social Anthropology*, James Currey, 1986, pp.219~245.

해 수행되었으며, 그들은 필시 항로와 기능상의 목적지로서의 항구로 자신들의 지도를 그려나갔을 것이다.

Ⅳ. 결론

이 글은 근대 초기 "해항도시 간 이동"으로서 수행된 여행을 "점과 호에 근거한 모델"이라는 지리적 시각을 통해 이해하고자 하는 시도를 제출하여 검토하였다. 이런 접근은 단지 가설일 뿐이다. 앞서 소개한 사례들은 여전히 연구되고 있으며 앞으로 상세히 설명할 기회가 있을 것이다.

아카사키 덴자부로의 시대와 니케이샤 시대의 글로벌적 상상의 방식이 달랐다는 점은 꼭 지적되어야 한다. 아카사키는 어떤 정부 지원도 받지 않고서 상대적으로 더 순수하게 해항도시 간 이동을 수행한 사람이었다. 반면에 여러 자료를 통해 확인할 수 있듯이, 1930년의 일본은 이미 국가 형성 담론에 영향 받고 있었고, 이런 담론이 서서히 해항도시 간 이동을 수행하는 자들을 "특정 국가로 편입되도록" 이끌고 지구를 국민국가의 결합으로 확인하도록 이끌었을 수도 있다. 향후 아시아 해역세계의 수상 좀비아가 미래의 보다 "글로벌화된" 세계로 어떻게 통합되며 그런 세계 속에 어떻게 자리매김 되는가를 확인하기 위해 글로벌적 상상 방식의 이행을 검토하게 될 것이다.

제4부

문화교섭

조선인 노예와 포르투갈인

루치오 데 소사(Lúcio de Sousa)

임진왜란 희생자들의 명복을 빌며,
아울러 그 분들이 편히 잠들고
그 분들의 삶이 잊히지 않기를 기원하며

Ⅰ. 마카오 선박과 조선인 노예

도요토미 히데요시(豊臣秀吉)는 시코쿠(四國)와 규슈를 얻고 오다
와라(小田原) 정벌(1950)에서 호조씨(北條氏)를 격퇴하여 일본을 재통
일한 후, '중국 정복'이라는 원대한 군사 계획에 집중한다. 이를 이루
기 위한 첫 번째 조치가 조선 침략이었다. 전쟁 전날인 1591년 8월 19
일[1] 마카오의 수석 선장 로케 데 멜로(Roque de Melo)가 나가사키에
몇 달 간만 머물겠다는 의도로 일본에 왔다. 그러나 애초의 예상과 달

---

[1] Lúcio de Sousa, "The Military Questions in the Commerce between Macau and
Nagasaki in 1587," *Review of Culture,* no. 27, 2008, p.31.

리 나가사키에서의 물품 판매가 꽤나 복잡했다. 도요토미의 가신들인 나베시마 나오시게(鍋島直茂)와 모리 요시나리(毛利吉成)가 갑자기 군대를 데리고 와 나가사키를 포위하면서 문제가 시작됐다.[2] 도요토미의 지시에 따라 그들은 무역을 금지하고 마카오 선박에 실린 금을 싼 값에 사려고 했다. 이는 필시 곧 있을 조선 침략 비용을 마련하기 위한 것이었다. 배 안팎의 움직임을 철저히 감시하고 배를 오가는 상인을 수색했다. 이런 식으로 상품 특히 금이 몰래 거래되는 것을 막았다. 로케 데 멜로 선장은 협박에 맞서며, 나베시마 및 모리와의 직접 교섭을 거부하고 예수회 신부를 중개자로 요청했다.[3] 두 무장의 방해와 요구에 항의해 1591년 9월 2일 로케 데 멜로 선장은 도요토미 히데요시에게 서한을 보냈다. 로케 데 멜로의 서한은 나가사키에서의 자유 무역을 보장한 주인장(朱印狀) 조항에 위배되는 독점 무역 시도에 항의하는 내용을 골자로 하고 있다.[4]

도요토미 히데요시는 결국 포르투갈 무역상들의 항의를 받아들여 1591년 9월 26일 나가사키에서 자유롭게 거래할 수 있는 허가서를 마카오 선박의 선장에게 내주게 된다.[5] 이러한 상황과 임박한 조선 침략 준비로 인해, 마카오 상인들은 1592년 10월까지 나가사키에서 겨울을 지낼 수밖에 없었고, 전쟁 조직과 준비에 얼마나 많은 인적 · 물적 비용이 드는지를 있는 그대로 목격하였으며 결국 1592년 4월 13일 시

---

2) Luís Fróis, *Historia de Iapam*, Lisboa: Biblioteca Nacional, 1984, p.335.

3) *Ibid.*, p.336.

4) 佐賀県史料集成 古文書編, III, 1958, 282 · 283쪽; Luís Fróis, *Historia de Iapam*, p.336; Michael Cooper S.J., *Rodrigues, o Intérprete*, Lisboa: Quetzal Editores, 2003, p.94.

5) Lúcio de Sousa, "The Military Questions in the Commerce between Macau and Nagasaki in 1587", p.31.

작된 일본군의 조선 출병도 목격하게 되었다. 이 최초의 조선 출병은 히고(肥後) 지방의 기리스탄 다이묘 고니시 유키나가(小西行長)[6]가 지휘했는데, 그에게 속한 병력 수는 7,000명이었다. 규슈의 주요 다이묘와 군대가 조선으로 출병하면서 초래한 가장 직접적인 영향은 숙련 노동력의 부족이었다. 규슈 지역 식량을 군에 보급한 것도 극심한 기근을 초래했다. 예수회 소속 기록관 루이스 프로이스(Luís Fróis)는 일인칭 시점으로 규슈의 상황과 일본인 기리스탄 가족들이 살아남기 위해 어떻게 예수회에 의존했는지를 이렇게 기록했다.

> 모든 일본인 영주와 그 부하들의 조선 출병으로 빈곤이 극심해졌고 그런 이들 중에는 기리스탄이 많았다. 가장이 떠난 경우 남겨진 아내와 딸은 속수무책이었고 사제들에게 그들의 구호 요청이 끊임없이 이어졌다. 사제들 극히 가난했으므로 그들을 도울 수 없었고, 도울 수 없는 현실에 좌절과 번민마저 느껴야 했다.[7]

프로이스가 노예에 대해 언급하진 않았지만 마카오 상인들의 일본 체재 기간과 맞물려 13개월 동안 지속된 기근을 감안하면 나가사키 시장에서 낮은 가격에 많은 일본인 노예를 구입할 가능성이 충분히 마련되었을 것이라 미루어 짐작할 수 있다.

1592년 4월부터 10월까지 로케 데 멜로 선장과 상인들은 프로이스가 묘사한 광범위한 빈곤 상황을 경험할 수 있었고, 이 전쟁을 노예무역으로 이익을 얻는 방편으로 삼았다. 1587년 이후 나가사키에서 인신매매가 금지되었음에도, 포르투갈인들은 이를 무시하고 많은 사람들을 사들였다. 예컨대 포르투갈 배의 선장인 로케 데 멜로만 해도 나가사

---

6) 세례명 아구스티뉴(Agostinho).
7) Luís Fróis, *Historia de Iapam,* p.364.

키에서 적어도 8명의 일본인 노예를 구입했다. 그 중 5명은 여자로 헬레나(Helena)와 우르술라(Úrsula), 세실리아(Cecília), 이자벨(Isabel), 루크레시아(Lucrécia)라 불렀으며, 3명은 남자로 마티아스(Matias)와 루이스(Luís), 안토니오(António)라고 불렀다.[8] 이들 중 7명은 선장과 함께 포르투갈로 갔고 나머지 한 명, 즉 안토니오는 고아(Goa)에서 도망쳤다.[9]

또한 1592년 10월 로케 데 멜로 선장이 마카오로 돌아왔을 때 일본인 노예뿐만 아니라 조선인 노예도 처음으로 싣고 갔을 가능성이 농후하다. 1592년에서 1598년까지 일본의 주요 항구들에는 조선인 노예들이 넘쳐났고 거기서 여러 지역들로 재분배되었다. 마카오 사람 미구엘 카발루(Miguel Carvalho)에 대한 계보학적 연구를 보면 우리의 이런 추정이 타당할 수도 있음이 확실하다. 미구엘 카발루는 1593년 마카오에서 태어났는데, 어머니가 조선인이었고 마카오에서 태어난 최초의 조선인 후예 중 한 명이었다.[10]

일본에서는 조선인의 공급이 폭발적으로 늘어나면서 노예가격이 아주 낮아졌다. 예컨대 히라쓰카 다키토시(平塚滝俊) (사타케 요시시게[佐竹義重]의 가신, 히타치[常陸]의 다이묘)는 영지의 관리인인 오다노에게 쓴 편지에서 조선인이 나고야에 도착했음을 알렸다.

조선에서 총공격을 개시한 일본군은 [적의] 성 두 세 곳을 빼앗고 조선인 남녀를 생포했다. 이제 매일 조선인을 일본으로 실어 나르고 있다. 또 조선인 머리를 가득 실은 배도 나고야에 도착했다. 비록 내가 직접 본 것은 아니지만 말이다. 하지만 [나고야에 데려온] 조선인 남녀는 내가 봤다.[11]

---

[8] *Partilhas de Roque de Melo*, Arquivo Família Melo, maço 26, nº 16, fl. 4..

[9] *Ibid.*, fl. 4.

[10] ARSI, Jap Sin 29, fol. 245; Jap Sin 25, 143v.

[11] 岩沢愿彦, 「肥前名護屋城図屏風について」, 『日本歴史』 260, 1970, 209~216쪽; Nam-lin

이렇게 포로가 된 모든 조선인을 일본으로 데려온 사람이 오로지 일본인이었다는 생각은 잘못된 것이다. 왜냐하면 일본군이 점령한 조선의 성이나 요새가 네트워크를 이루어 물건과 노예의 수송 통로 역할을 했기 때문이다. 이런 통로를 제공한 것은 일본군만이 아니었고, 조선인 배반자와 평민, 관리들도 제공했다. 특히 관리들은 노예 공급자 역할을 하기도 했다.[12] 노예들 중 많은 이들은 수송 통로를 따라 일본에 도착하기에 앞서 군인 신분이 아니라 요새 구축과 방비에 투입된 예속적 육체노동자나, 요리사, 광대로서 일본의 군사 작전에 적극적으로 참여하기도 했다.[13]

임진왜란 동안 일본으로 끌려간 조선인의 정확한 수치나 아니면 대략적인 수치라도 현재까지 확정되지 않고 논란의 대상이 되고 있다. 일본인 연구자들은 그 수를 적게 추산한다고 비난받고, 반대로 한국인 역사가들은 그 수를 과장한다고 비난받는다. 한편으로는 5만 명에서 6만 명 사이로 추정하는 학자들이 있고, 다른 한편에는 다해서 10만 명이 넘는다고 추정하는 학자들이 있다. 예컨대 전쟁 말미(1597)에 일본군에 잡힌 조선인 정희득(鄭希得)은 2년 뒤 풀려나서 조선으로 돌아왔는데, 『월봉해상록(月峯海上錄)』[14]이라는 기록을 왕에게 바쳤다. 거기에는 3만 명 내지 4만 명의 남자와 6만 명 내지 8만 명의 여자가 일본에 잡혀갔다고 기술되어 있다. 노예가 어느 정도로 많았는지

Hur, "The Imjin War (1592-98), War Captives, and the Slave Trade", p.3(https://www.coursehero.com/file/p54iuvc/Current-scholarship-on-Korean-captives-turned-slaves-is-very-thin-There-is-not/).

[12] Kenneth Swope, *A dragon's head and a serpent's tail: Ming China and the first great East Asian war, 1592-1598*, Norman: University of Oklahoma Press, 2009, pp.180~181.

[13] *Ibid.*, p.173.

[14] Nam-lin Hur, "The Imjin War (1592-98), War Captives, and the Slave Trade", p.1.

를 보여주기 위해, 정희득은 현재 도쿠시마 현(德島県)에 속하는 아와 (阿波) 지역에서 그가 일단의 사람들을 만나면 그 중 8명 내지 9명이 조선인이었다고 말한다.[15] 이와 같이 저마다 제시되는 수치들이 너무 달라 일본으로 데려간 조선인의 수를 확정하기 어렵다. 주된 근거 중 하나는 예수회 기록관인 루이스 프로이스가 남긴 것이다. 그는 이 일에 대해 얘기하기에 좋은 위치에 있었을 뿐 아니라, 한때 나가사키에 살면서 일본에 온 조선인 디아스포라를 목격했고 또한 일본 밖, 특히 마카오에서도 조선인을 목격했다. 프로이스가 조선인도 일본인도 아닌 포르투갈 국적이라는 점이 일본으로 데려간 조선인의 수가 5만 명이라는 추정치에 대한 신뢰를 높일 수도 있을 것이다.

하지만 안타깝게도 여러 학자가 프로이스의 추정치라고 여기는 것은 사실은 원문의 오역이다. 포르투갈 원문에 따르면, 프로이스가 알아내려고 "애써" 노력한 것은 얼마나 많은 일본인이 조선으로 파견되었고 거기서 전사했는지 였다. 그가 찾은 **가장 믿을 만하고 확실한 결과**는 그 수치가 (**군인과 일꾼을 다 해서**) 15만 명을 넘는다는 것이다. 이들 중 3분의 1은 과로와 굶주림, 추위, 질병으로 사망했고 적에게 살해당한 사람은 소수였을 것이다. 조선인의 인명피해의 경우 프로이스는 정확한 수를 **누구도 알 수 없다**고 하면서 사망자와 포로의 수가 일본인 인명피해 수치, 즉 5만 명보다 더 많았다고 하였다. 따라서 5만 명이라는 수치에는 노예뿐 아니라 임진왜란 동안 살해당한 조선인도 포함된다. 마지막으로 프로이스는 시모(Ximo) 지역[16]으로 잡혀온 노예가 셀 수 없을 정도로 많았으며, 이는 미아코(Miaco)[17]와 일본의

---

15) Etsuko Hae-Jin Kang, *Diplomacy and Ideology in Japanese-Korean Relations: From the Fifteenth to the Eighteenth Century,* London: Palgrave Macmillan, 1997, p.107.
16) 규슈 지방을 말한다.

다른 지역에서도 마찬가지였다고 한다.[18] 이러한 수치들에서 『조선
왕조실록(朝鮮王朝實錄)』에서 외교협상을 통해 조선으로 귀환했다고
제시한 7,500명[19]이나 요네타니 히토시(米谷均)의 최근 연구[20]에서
귀환한 것으로 확인된 6,323명을 뺄 수 있다. 특히 요네타니는 이런
사람들이 조선으로 귀환했던 전후사정과 그들이 사용한 방법을 밝히
는 데 연구의 초점을 두었다.[21]

Ⅱ. 유럽인 선교사와 상인, 도요토미 히데요시의 조선
   침략

임진왜란은 아시아, 즉 한·중·일의 관점에서만이 아니라 서구의
관점에서도 관찰될 수 있다.[22] 1592년부터 1597까지의 시기 동안 이

---

17) 교토 지방을 말한다.

18) Luís Fróis, *Historia de Iapam*, p.599.

19) Arano Yasunori, "The Formation of a Japanocentric World Order", *International
Journal of Asian Studies,* vol. 2, no. 2 (2005), pp.197~199; Stephen Turnbull, *Samurai
Invasion: Japan's Korean War 1592-98,* London: Cassell & Co, 2002, p.91.

20) 米谷均, 「朝鮮侵略後における被虜人の本国送還について」, 『壬辰戦争』, 明石書
店, 2008, 126~128쪽.

21) 요네타니는 결론적으로 세 가지 방법이 있었다고 한다. 즉 포로는 혼자 힘으로
귀환하든지, 아니면 일본인의 중재를 통해 귀환하든지, 그것도 아니면 조선 사절
을 통해 귀환했던 것이다. *Ibid.,* 103~128쪽.

22) 임진왜란에 대한 서구의 연구 논문과 책은 그리 많지 않으며 19세기 말과 20세기
초에 처음 간행되었다. W.G. Aston, "Hideyoshi's Invasion of Korea," *Transactions of
the Asiatic Society of Japan,* vol. 6, 1878, pp.227~45; vol. 9, 1881, pp.87~93, 213~22;
vol. 11, 1883, pp.117~125; W.G. Aston, *Hideyoshi's Invasion of Korea,* with Japanese
translation by T. Masuda, Tokyo: Ryubun-kwan, 1907; G.A. Ballard, *The Influence of
the Sea on the Political History of Japan,* London: John Murray, 1921.
보다 최근의 연구들은 다음을 보라. 鄭杜熙·李璟珣編, 『壬辰戦争: 16世紀 日·

시간에 대해 포르투갈어 및 스페인어, 이탈리아어로 작성된 여러 자료들이 제작되었다. 다음에서 예수회 선교사들이 만든 문서에 집중하여 살펴보도록 하자.

예수회 소속 기록관 중 루이스 프로이스는 자신의 책『일본사(Historia de Iapam)』에서 임진왜란에 대해 특별한 관심을 보인다. 사실『일본사』는 전혀 공정하지 않으며 심지어 임진왜란과 관련해 친일본적이라고까지 결론지을 수 있다. 프로이스는 일본을 비난하지 않을 뿐 아니라 심지어 일본의 조선 침략을 옹호하고 있다. 아마도 그는 정복된 조선 영토의 일부가 기리스탄 다이묘에게 배분될 가능성이 있고 이를 통해 예수회 포교활동을 장차 일본에서 조선으로 확대할 수 있다고 생각했을 수도 있다. 프로이스를 이런 식으로 말하게끔 이끈 동기가 무엇이든지 간에 이 예수회 수사는 결정적인 최초의 침략 순간에 대한 생생한 설명을 남겨놓고 있다. 예컨대 1592년 5월 24일 고니시 유키나가가 조선 남동쪽에 있는 부산을 점령한 것을 설명하는 그의 묘사를 들 수 있다.

朝·中の国際戦争』, 金文子·小幡倫裕譯, 明石書店, 2008; Michael Finch, "Civilian Life in Chosŏn during the Japanese Invasion of 1592: The 'Namhaeng illok' and 'Imjin illok' in Swaemirok by O Hŭimun," *Acta Koreana*, vol. 12, no. 2, December 2009, pp. 55~77; Kang Hang 姜沆, *A Korean War Captive in Japan, 1597~1600: The Writings of Kang Hang* [Kanyangnok 看羊錄], trans. by Ja Hyun Kim Haboush and Kenneth R. Robinson, New York: Columbia University Press, 2013; Stephen Turnbull, *Samurai Invasion: Japan's Korean War, 1592~98;* Yu Sŏngnyong 柳成龍, *The Book of Corrections: Reflections on the National Crisis during the Japanese Invasion of Korea, 1592~1598* [Chingbinok 懲毖錄], trans. by Choi Byonghyon, Berkeley, CA: Institute of East Asian Studies, 2002; Murai Shosuke, "Post-war domain source material on Hideyoshi's invasion of Korea: the wartime memoirs of Shimazu soldiers in The East Asian War, 1592-1598," in *International Relations, Violence and Memory,* ed. by James B. Lewis, New York: Routledge, 2015, pp.108~119.

아구스티뉴[고니시 유키나가: 옮긴이]는 1만 5,000명의 군사를 이끌고 수시
마(Çuxima) 섬을 떠났다. 그리고 앞서 말했듯이, 조선인은 일본군을 두려워했
기 때문에 이 경계 지역에서 그들은 모든 것을 운에 맡겼다. 며칠 뒤 조선에
도착해 그들이 처음으로 마주친 해상 요새는 푼사카이(Funsacay)라 불리는 곳
이었고, 그곳에는 겨우 600명의 병사와 [주변] 마을에서 모은 평민들이 지키고
있었다. … 일본군이 용맹스럽게 성벽을 넘어 진입하기 시작하자 일부 조선인
은 성벽에서 몸을 던져 일본군을 막으려 했고, [요새] 안에서도 양측이 아주 격
렬하게 두 번 싸움을 벌였다. 조선인은 왕에 대한 충직한 신하로서 목숨을 다
해 싸웠고 일부는 생포되었다. 그들 중 첫 번째로 죽음을 맞이한 사람은 그들
의 장군이었다. 요새 안에는 300채의 집이 있었다. 양가집 규수들은 일본군의
손아귀에서 벗어나려는 생각으로 자신의 용모를 숨기기 위해 아궁이의 검댕을
얼굴에 칠했다. 궁색한 옷을 입은 사람도 있었고, 예상치 못한 고통과 상황에
하늘을 향해 소리 높여 우는 사람도 있었다. 조선 여성은 순결하고 정직하며
온순한 것으로 알려져 있다. 양반집 자제 같이 보이는 아이들은 어미가 가르쳐
준 대로 발을 저는 척하거나 입을 비틀어 어디가 아픈 척 했다. 그러나 일본군
은 이들이 거짓행세를 하는 것을 곧 눈치 채었고, 약탈을 멈추지 않았다.[23]

다시 설명하면 프로이스의 글은 일본군의 부산 침략에 대한 것으
로, 기리스탄 다이묘 고니시 유키나가가 이끄는 군사들이 조선인 장
수 윤흥신이 지키던 다대진[24]을 공격하던 시점을 기술하고 있다. 병
력 수에서 월등했고 전략적으로 준비가 잘 되어 있었으며 병기 기술
면(조총의 사용)[25]에서도 우세했던 일본군에 맞설 수 없었던 조선군
은 패할 수밖에 없었다. 프로이스의 글은 또한 최초의 조선인 인질들
과 관련해 중요한 실마리를 남긴 것이기도 하다. 그는 일본군의 요새
진입 직전의 상황, 다시 말해, 양가집 규수들이 검댕을 칠하고 누더기

----

23) Luís Fróis, *Historia de Iapam,* pp.548~550.
24) 진(鎭)은 항만 요새(harbor fort)를 말한다.
25) 조총의 일제사격을 말한다.

를 입고 아이들에게 불구인 척하라고 가르치며 자기 신분을 숨기고자 애쓴 상황과 그런데도 일본군이 속지 않고 **약탈을 멈추지 않았던** 모습을 묘사하고 있다.[26]

이 문헌은 프로이스가 언급하는 사람이 누구인지와 관련해서나 프로이스가 다대진 전투와 관련한 자신의 서술에서 누구의 애기를 기초로 삼고 있는지와 관련해서도 흥미로운 점이 있다. 이런 애기를 제공한 것은 이 전투에서 살아남은 조선인 노예일 가능성이 아주 높다. 왜냐하면 이런 요새 내부의 상세한 애기를 일본군이 알고 있다고 생각하기는 힘들기 때문이다.

프로이스의 『일본사』는 계속해서 동래성 전투를 서술하고 있는데, 거기서는 일본군의 승리에서 소총이 가진 중요성을 강조하고 있다.[27] 또 유용한 정보로서 그는 고니시 유키나가가 조선 왕의 질녀인 성주의 아내를 히데요시에게 선물로 보냈다고 하였다.

몇 달 전 왕의 질녀와 결혼한 토쿠넨기(Toqunengi)의 성주가 죽자, 막 23살이 된 아내는 시신 앞에서 몸부림치며 극도로 슬퍼하며 울었다. 그녀는 관백(Quambacodono)에게 선물로 보내졌는데, 도중 몇 번이나 극한의 슬픔에 빠지고 결국 관백 앞에서는 극심한 고통의 눈물을 흘린다. 동정어린 마음으로 관백은 그녀를 다시 조선으로 돌려보냈다.[28]

조선인 포로에 대한 또 다른 언급은 1592년 6월 4일 고니시 유키나가가 도요토미 히데요시에게 보낸 편지를 프로이스가 옮겨놓은 것에서 볼 수 있다.

---

26) Luís Fróis, *Historia de Iapam*, pp.548~550.
27) *Ibid.*, pp.550~551.
28) *Ibid.*

이 편지에는 충주 탄금대 전투에 대한 간략한 정보가 들어있다. 이 전투에서 신립 장군이 이끄는 조선군이 패하면서 선조(1552~1608년)는 한양을 버리고 평양으로 도망쳐야 했다. 그 편지에서 고니시는 이 전투에서 얼마나 많은 조선군을 생포했는지를 밝히고 그들 중에는 일본어를 할 수 있는 역관(譯官)도 있다고 하였다.

그 전투에서 저는 많은 이들을 생포했으며, 그 중에는 일본어를 할 수 있는 이도 있습니다. 이 사람은 조선 왕이 보낸 자로 조선군에게는 아주 해로운 일이 될 것입니다. 왜냐하면 이 역관이 왕이 무슨 얘기를 했는지를 내게 알려줄 것이기 때문입니다. 앞으로도 이런 인질들을 전하께 계속 바칠 것이며, 이들은 전하께서 병사를 이끌고 중국을 공격할 때 안내자로 세우면 도움이 될 것입니다.[29]

고니시가 언급한 역관들은 훗날 조선통신사가 일본의 조선인 노예를 확인하여 조선으로 송환하는 데 중요한 역할을 한다.

『일본사』의 다른 부분을 보면, 프로이스는 일본군이 아카이쿠니(Acaiquni)라고 불리는 요새를 어떻게 파괴하면서 수많은 사람들을 죽이고 조선군 장수들의 머리를 도요토미 히데요시에게 보냈는지를 설명하고 있다. 이 부분을 매듭지으면서 이 전투의 생존자들에 대해 다시 얘기하고 있는데, 그들은 결국 일본군에게 포로가 되었다.

해항 가까이에 있던 조선 왕의 아주 가까운 친척인 장수가 때때로 일본군을 괴롭혔기에, 관백[도요토미 히데요시]은 그에게 복수하기로 결정했다. 그래서 도요토미는 모두가 모이기 전에, 이 장수가 살던 주 요새로 가서 모든 것을 불살라 버리라고 지시했다. … 요새가 아주 튼튼하고 조선군이 오랫동안 대비를

---

29) *Ibid.*, p.552.

했기 때문에 일본군이 마침내 진입하여 장수를 죽였을 때, 그 장수의 머리를 요새에 함께 있던 다른 주요 장수들[의 머리]와 함께 관백에게 보내었다. 나머지 사람들은 전부 불에 타 죽거나 포로가 되었다.[30]

프로이스는 기리스탄 다이묘 고니시 유키나가 외에, 유럽 자료에 산초 데 오무라(Dom Sancho de Omura)라는 이름으로 나오는 기리스탄 다이묘 오무라 요시아키(大村喜前, 1569~1616)에게도 특별한 관심을 보인다. 이 오무라 가(家)의 수장은 오무라 스미타다(大村純忠)의 아들로 일본에서 그리스도교로 개종한 최초의 다이묘였다. 프로이스는 오무라 요시아키와 그의 형제들, 그리고 오무라의 기리스탄 군사들이 보여준 고결한 행동을 칭송하면서, 이 지역에서 일본군이 많은 조선 여자들을 사로잡았는데 기리스탄 군인들이 그녀들을 정중하게 대했다고 말한다.

> 온갖 종류의 여성 포로가 한도 끝도 없는 상황에서 비신자뿐 아니라 대부분의 기리스탄들도 오무라의 기리스탄 병사들이 얼마나 강력하고 절개가 있었는지를 아주 빈번하게 칭송했고, 그들은 전쟁 동안 집을 떠나있는 사이에 고결함을 지키겠다는 서약을 하여 더 강해졌고 이에 따라 처신했다.[31]

프로이스가 주목했던 마지막 기리스탄 장군은 세례명 '제로니모(Jeronimo)'인 이토 스케카쓰(伊東祐勝, 1570~1593년)로 그는 조선에서 돌아오자 바로 사망했다. 많은 조선인을 데려온 그는 사망 시에 남자 포로들을 예수회에 넘겨 성직자들이 이들을 어떻게 할지 결정하도록 명했다. 여자 포로들의 경우 이토는 자신의 아내에게 맡겨 그들이 일

---

30) *Ibid.*, p.598.
31) *Ibid.*, p.463.

본어를 배우고 생계수단을 익힐 때까지 집에서 보호하고 지원해 주도록 지시했다. 그런 것들을 다 익힌 후에는 그녀들을 풀어주도록 했다.

그가 전쟁에 출정하던 당시, 그의 법적 형제인 '만치오(Mancio)'가 일본에 와서 고해성사하기를 설득했기 때문에 제로니모는 죽음이 가까워지자 고해성사 없이 죽기를 원치 않았다. … 그리고 그는 또한 전쟁에서 잡은 많은 조선인 남자와 여자를 데려왔기 때문에, 그는 모든 남자는 성직자들이 알아서 하도록 그들에게 주도록 명했고, 여자는 포로로 삼지 않고 자기 아내에게 보내 일본어로 의사소통하고 일본에서 살아갈 수단을 마련할 때까지 집에서 보호하고 뒤에 그들에게 자유를 주도록 명했다. 일본어를 못하는 외국인의 경우 곧 실종되거나 사로잡히곤 했기 때문에 그들을 바로 풀어주지는 않았다.[32]

이런 두드러진 인물들 외에도, 프로이스는 전쟁 중 일본인 기리스탄이 보여준 교화 활동의 예들을 애써 전하고 있다. 그런 예 중 가장 유명한 것은 분고(豊後) 출신의 무명의 사무라이가 행한 세례였다. 그 사무라이는 부모가 버리고 노예무역상들이 거부한 {조선인} 아이들에게 세례를 주기로 마음먹었다. 이 사례는 일본 영토 내 가톨릭교회의 공식적 탄생을 증명하는 것으로 이용되곤 한다.[33]

나는 또한 분고 왕국 출신의 기리스탄 귀족이 임진왜란에 참여하면서 행한 아주 훌륭한 일에 관해 적어야 한다. 그는 조선에서 많은 아이들이 도움을 줄 수 없었던 부모와 떨어지거나 일본군에게 붙잡혀 보호를 받지 못한 채 무력하

---

32) *Ibid.*, pp.519~520. Original in: ARSI, Jap Sin 52, 39r-40r; Pedro Goméz, S.J., Anual Letter of 1593, Nagasaki, 15-03-1594, fl. 136-141.

33) 예수회 신부 주앙 루이스 데 메니다(Juan Ruiz de Medina)는 이 사건이 1592년과 1593년 사이에 일어났으며, 이것이 신학적으로 보면 조선에서 가톨릭교회의 탄생 일자가 될 것이라고 한다. Juan Ruiz de Medina, S.J., *The Catholic Chursh in Korea —It's Origins 1566-1784,* Rome: Istituto Storico, 1991, p.50.

게 죽어가는 것을 보자, 그는 할 수 있는 한 많은 아이들에게 세례를 베풀었다. 또한 그의 종에게 항상 물통을 가지고 다니게 해 아이들을 발견하는 즉시 세례를 베풀어 어느 영혼도 잃지 않고 천국으로 갈 수 있도록 했다. 전쟁 중 약 이백 명의 아이들에게 세례를 주었으나, 대부분의 아이들은 도움의 손길 없이 죽어 천국으로 갔다. 만약 많은 기리스탄이 이와 같은 일을 했다면 더 많은 영혼이 천국으로 갈 수 있었을 것이다.[34]

프로이스의 임진왜란 기록을 보면, 그 전체를 결론적으로 요새 공격, 조선인 포로, 조선인의 일본 이송, 조선인의 그리스도교 개종, 조선 복음화 계획이라는 다섯 가지 주요 주제로 나눌 수 있음을 알 수 있다. 동시에 이 기록들은 한편으로 일본군의 기술적·전략적 우위를 보여주고 예기치 못한 침략과 맹렬한 공격에 놀란 조선군의 대비 부족, 전쟁이 야기한 참화를 보여준다. 다른 한편으로 이 기록들에서 다양한 도덕적 성격의 가르침도 알 수가 있다. 이는 전쟁 중 오무라 가의 기리스탄 일부가 보여준 고결함을 지키겠다는 서약에 대한 설명이나 일본 장수 '제로니모'가 포로로 잡혀 노예가 된 이들을 보호하려 애쓰고 사회적으로 일본에 동화시키기 위한 전략을 고민했던 것 등이 그 예이다. 프로이스의 임진왜란에 대한 시각은 친일본적인 것 외에도, 일본인 기리스탄의 행동을 보통 일본인보다 도덕적으로 우위에 둠으로써 그들의 행동을 부각시킨다.

이 전쟁에 대한 정보의 또 다른 중요한 자료는 예수회 신부 그레고리오 세스페데스(Gregorio Céspedes)이다. 이 성직자는 이 시기 동안 일본인 수도사 레앙 한칸(Leão Hankan)[35]과 함께 조선으로 파견되었다.

---

34) Luís Fróis, *Annua de Japão de Março de 94 até Outubro de 95*. ARSI, Jap Sin, fls.102v-103.

35) Leão Hankan/Fanca/Fanka/Fancam은 1538년에 태어나 1580년에 예수회에 들어갔

예수회 신부 중 왜 세스페데스가 선정되었는지는 여전히 의문이지만, 아리마(Arima)에서 1597년 2월 26일 클라우디오 악카비바(Claudio Acquaviva)에게 쓴 편지에서 설명하듯이, 그를 선정한 것은 알레산드로 발리냐누(Alessandro Valignano)로 전쟁에 참여한 기리스탄을 돕기 위해서였다.[36] 한칸이 세스페데스와 동행하도록 선정된 이유도 알 수 없지만, 그가 의술에 깊은 식견이 있었던 것과 관련이 있을 가능성이 높다. 1593년 12월 28일 고니시 유키나가가 건설한 요새를 통해 조선 땅에 발을 디딘[37] 세스페데스는 전쟁의 참화와 많은 조선인 포로를 목격한 증인 중 하나가 되었다. 그가 조선에서 보낸 정보는 예수회 신부 페드로 고메즈(Pedro Goméz)가 1594년 3월 22일 나가사키에서 쓴 편지를 통해 로마로 전달되었다.[38] 1594년 10월 20일 이탈리아인 예수회 수사 프란체스코 파지오(Fancesco Pasio) 역시 세스페데스와 한칸의 조선 방문을 대략적으로 요약해서 전하였다. 그것은 그들이 고니시의 요새에서 살았고 주변 요새에 살던 많은 일본인 기리스탄들이 이들이 근처에 머문다는 것을 알고서는 고해성사를 하러 그들을 방문했다고 설명했다. 파지오에 따르면, 이 시기 동안 많은 사람들이 그리스도교로 개종했다고 한다.[39]

같은 해 10월 28일 예수회 수사 페드로 고메즈가 '일본에서 보내는

다. 그는 가장 유명한 일본인 선교사 중 한명이다. 그는 1614년 마카오로 추방당했고 1627년 10월 6일 거기서 사망했다.

[36] ARSI, Jap Sin 13 1, fl.53.

[37] Ralph M. Cory, "Some Notes on Father Gregorio de Cespedes, Korea's First European Visitor," *Transactions of the Korea Branch of the Royal Asiatic Society,* 37, 1937, pp.1~55.

[38] Letter from Pedro Gómez to Claudio Acquaviva, 22-03-1594. ARSI, Jap Sin 12 I, fl. 182.

[39] Juan Ruiz de Medina, S.J., *The Catholic Church in Korea,* p.50.

연례보고서(*Annual Letter from Japan*)'를 로마로 보냈는데, 그것은 1593
년 3월부터 1594년까지를 다루고 있다. 이 보고서에서 그레고리오 세
스페데스의 조선 여행과 여러 기리스탄 다이묘와 그의 관계에 대해
알 수가 있다.[40] 다른 정보들은 비밀 서한을 통해 로마로 전달되었
다.[41] 1595년 고니시 유키나가는 세스페데스와 한칸에게 일본으로 돌
아갈 것을 명하였다. 자신의 경쟁자인 가토 기요마사(加藤清正, 1562~
1611년)가 금지령에도 불구하고 선교사를 데려가 일본인에게 그리스
도교를 가르치고 개종시켰다는 죄목으로 자신을 도요토미 히데요시
에게 고발할까봐 우려해서였다.[42]

또 다른 유럽인 성직자로서 예수회 신부 프란시스코 라구나(Francisco
Laguna, S.J., 1552~1617년)도 1597년 12월과 1598년 1월 사이에 일본인
수사 로망 타무라(Romão Tamura)와 함께 조선을 방문했다[43] 이 여행
의 목적은 세례명 프로타시오(Protasio)인 아리마 하루노부(有馬晴信)
의 임신한 아내와 전쟁에 참여한 기리스탄 군사들을 수행하기 위한
것이었다.[44] 불행히도 라구나는 이 여행에 대해 아무런 기록을 남기
지 않았다.[45] 이 시기를 다루는 그다지 알려지지 않은 유럽인 작가들

---

[40] Letter for Alessandro Valignano.

[41] ARSI, Jap Sin 52, fl.39.

[42] Juan Ruiz de Medina, S.J., *The Catholic Church in Korea*, p.71.

[43] 라구나와 동행해 조선으로 간 일본인 수사가 정확히 누구인지 적혀 있진 않지만,
이 시기 라구나의 조수였던 로망 타무라였을 것이라고 결론지어도 타당할 것이
다. Juan Ruiz de Medina, S.J., *The Catholic Church in Korea*, p.56; Juan G. Ruiz de
Medina, *El martirologio del Japón: 1558-1873*, Roma : Inst. historicum S.I., 1999, p.
106.

[44] Francisco Pasio, *Breve e Sumaria informação do estado da Cristandade di Japão,
comiçando desde Março de 1598 até principio de Outubro do mesmo año*. ARSI, Jap
Sin 54, fls. 2v-3.

[45] 예수회 수사 프란시스코 피레스(Francisco Pires)는 *Pontos do que me alembrar*라는
제목의 회고록에서 1597년 프란시스코 라구나가 조선을 방문했다고 적었다.

도 있다. 예수회 수사 아폰소 데 루세나(Afonso de Lucena, 1551~1623
년) 같은 이가 그런 사람이다. 루세나는 조선을 방문하도록 선정된 몇
안 되는 선교사 중 한 명이었지만, 조선에 들어오기 바로 직전 여행이
취소되었다. 1595년 기리스탄 다이묘 오무라 요시아키가 심각한 병에
걸려 곧 죽을 것 같자 아폰소 데 루세나를 청했다. 이 때문에 여러 가
신(家臣)들이 루세나를 조선으로 데려가기 위해 그를 방문했다. 상관
인 페드로 고메즈에게서 허락을 얻은 후 루세나는 오무라에 정박해
있던 다이묘의 배를 타고 떠날 준비를 했다. 떠나기 위해 배에 오른
루세나에게 오무라 요시아키가 회복되었으며 여행 중 난파의 위험이
있다며 여행이 취소되었다는 소식이 전해졌다.[46] 몇 년 후 마카오로
추방되었던 루세나는 회고록을 쓰기로 하는데, 그 속에는 임진왜란에
대한 설명과 이 전쟁 덕분에 많은 조선인들이 대거 개종함으로써 예
수회가 얼마나 이익을 보았는지에 대한 설명이 담겨 있다.[47]

Ⅲ. 일본의 조선인 포로

긴 후미코(金文子)의 연구에 따르면, 조선인 포로는 세 가지 유형으
로 분류될 수 있다. 조선으로 돌아간 포로와 조선으로 돌아가지 못해

---

*Monumenta Missionum Societatis IESU - Monumenta Historica Japoniae I - Textus
Catalogorum Japoniae 1553-1654,* ed. José Franz Schutte, Romae: Monumenta
Histórica Societatis IESU a Patribus Eiusdem Societatis Edita, 1975, vol I, p.410. Juan
Ruiz de Medina, S.J., The Catholic Church in Korea, pp.55~56.

[46] *Ibid.,* pp.53~54.

[47] Afonso de Lucena, *De alguãs cousas que ainda se alembra o padre Afonso de Lucena
que pertencem à cristandade de Omura.* ARSI, Jap Sin 22, fl. 134 e.

일본에서 살 수밖에 없었고 일본사회에 적응한 포로[48], 노예로 팔린 포로이다.[49]

첫 번째 범주의 경우, 16세기 전반 조선 정부를 대표하는 다섯 번의 조선통신사가 1607년, 1616년, 1624년, 1636년, 1643년에 조선인 노예를 모으기 위해 일본을 방문했다. 조선통신사는 포로를 송환하기 위해 세 가지 방법을 주로 사용했다.

1. 조선으로 돌아가는 길에 조선통신사 정사(正使)는 스스로를 조선인 노예라고 밝힌 사람들을 거두어 들였다.
2. 조선인 노예가 발견되면 조선인 노예들이 신분을 확인하기 위해 모여 사는 곳으로 그들을 보내었다.
3. 일본어가 능숙한 조선인 역관을 일본의 여러 곳으로 보내 그들이 방문하는 모든 곳에서 조선인 노예를 확인하고 모으도록 했다.

많은 조선인 포로들은 조선통신사의 일본 방문을 알게 되자 통신사를 직접 접촉하여 조국으로의 송환을 요구했다. 일부는 자신들의 거주 지역에 사는 조선인 포로의 이름이 적힌 명단을 통신사에게 가져갔다. 확인 절차를 거친 후 통신사는 포로 명단을 작성해 막부에 그들의 송환을 요청했다. 통신사 정사는 또한 노예들의 의사를 물었고 일본의 여러 지역에서 노예들을 대표할 수 있도록 부사들을 지명했다. 조선인 포로를 모으기 위한 이 과정은 세 가지 공식 문서를 필요로 했다.

------

48) 대다수의 포로는 이 범주에 속하는 것으로 추정된다.
49) 金文子, 「秀吉の朝鮮侵略と女性捕虜」, 2004, 116쪽.

1. 예조문서(禮曹論文)[당시 조선의 외교 기관인 예조에서 발행한 문서]
2. 사절문서(使節論文)[조선통신사가 발행한 문서]
3. 집정문서(執政文書)[포로의 송환을 허용하는 쇼군의 인가를 담은 막부의 공식 문서로 예조로 발송되었다][50]

물론 조선통신사의 이런 활동은 각 지역 다이묘의 허락 없이는 이루어질 수 없었다. 뜻밖에도 일부 다이묘들은 이런 요구에 자발적으로 응했고 조선인 포로의 송환에 신중하게 참여했다. 모리 히데모토(毛利秀元)와 호소가와 다다오키(細川忠興), 구로다 나가마사(黒田長政), 데라사와 마사나리(寺澤正成), 가타기리 사다타카(片桐貞隆)와 같은 다이묘들이 그런 이들이다.[51]

이제 조선으로 돌아가지 못해 일본에서 살 수밖에 없었고 일본 사회에 적응한 두 번째 포로 범주를 검토해 보자. 이런 포로들의 사회적 출신은 평범한 농부에서 조선 사대부에 이르기까지 다양했다. 일본에서 조선인 포로들은 주로 농사일을 했다. 전쟁 동안과 그 후 일본의 농업 노동력은 아주 부족했고, 이 때문에 조선인의 일손을 농업 부문에서 이용할 필요가 있었다. 일본 및 유럽의 자료에서 몇몇 사례들을 확인할 수 있다. 예컨대, 오키 추몬이라는 이름을 가진 도도 다카토라(藤堂高虎)의 부하 중 한 명은 조선인 부부를 잡아서 이요(伊予)로 데려갔는데, 이들은 그곳에서 농부로 살다 죽었다.[52] 유럽의 자료들에

---

[50] 米谷均, 「朝鮮侵略後における被虜人の本国送還について」, 103~128쪽.

[51] 호소가와와 구로다, 데라사와는 규슈 지역의 다이묘였다. 米谷均, 위의 논문.

[52] "この場合, 日本の農民を兵と為すというのはおそらく陣夫役などの雑用を負担することであろうが, いずれにせよ, 日本の耕作農民が払底し, その補塡に朝鮮農民をあてようとしたのである. したがって, 朝鮮農民のほとんどは, 朝鮮侵略した九州・中国・四国の諸大名の領国に連行されることとなった." 北島萬次, 『日記・記録による日本歴史叢書 近世編4 朝鮮日々記・高麗日記』, そしえて, 1982, 316쪽. 北島萬次, 『豊臣秀吉の朝鮮侵略』, 吉川弘文館, 1995도 참조.

도 역시 오무라 지역의 한 마을인 스즈타(鈴田) 촌에서 살았던 토메 쇼사쿠(Tome Shoosaku)나 사가(佐賀) 지역에서 살았던 토메 군나이(Tome Gunnai), 구치노쓰(口之津)에서 살았던 페드로 진쿠로(Pedro Jinkuroo) 같은 조선인 기리스탄 농민들에 대한 언급이 나온다.53)

또한 일본 영주의 가신이 된 포로도 있다. 전쟁 중 우키타 히데이에(宇喜多秀家)에게 붙잡혀 일본으로 끌려간 조선인 김요치요루(金如鉄)의 경우가 가장 잘 알려진 사례이다. 이후 그 조선인은 와키타 나오스케(脇田直賢)로 이름을 바꾸고 마에다 도시나가(前田利長)를 섬기기 시작했다. 그만큼 유명하진 않지만 다른 사례들도 유럽의 자료들에 열거되어 있다. 그런 사례로는 오무라의 주민으로 시종(小姓)과 출납원(勘定系)으로 일한 페드로 아리주(Pedro Arizoo)와 고토(五島)에 살며 일본인 고시마(五島) 씨의 하인이었던 안나(Ana)와 파울로(Paulo), 비젠(備前)의 나카스카(中須賀)에 살며 사무라이의 종(小者)이었다가 뒤에 말몰이꾼(馬方)이 된 이치베에(Ichibee), 아리마(有馬)에 살던 조선인 하인 마시마(Mashima)를 들 수 있다.54)

---

53) Lope de Vega, *Triunfo de la Fee en los reynos del Iapon por los años de 1614 y 1615,* Madrid: Por la viuda de Alonso Martin, 1615, p.86; François Trigault, *Histoire des martyrs du Japon depuis 1612 jusqu'en 1620,* Paris: Sebastian Cramoily, 1624, pp. 416, 633; Léon Pagés, *Religion Chrétienne au Japon,* Paris: Charles douniol, Libraire Editeur, 1869, vol. I, p.293; J. G. Ruiz-de-Medina, *The Catholic Church in Korea,* pp.248~253; Report of Carlo Spinola in 1615.3.18 - Relação dos Mártires do Japão de 1614, ARSI, Jap Sin 58, fls.78-78v, 138v; 五野井隆史, 「被虜朝鮮人とキリスト教 : 十六, 十七世紀日韓キリスト教関係史」, 『東京大学史料編纂所研究紀要』13, 2003, 41~59쪽; Lúcio de Sousa, *Escravatura e Diáspora Japonesa nos séculos XVI e XVII,* Braga: NICPRI Núcleo de Investigação em Ciências Políticas e Relações Internacionais, 2014, pp.229~239.

54) 日韓共通歴史教材制作チーム編, 『朝鮮通信使 : 豊臣秀吉の朝鮮侵略から友好へ』, 明石書店, 2005; Léon Pagés, *Religion Chrétienne au Japon,* vol. I, pp.132, 244~245, 408; Juan Ruiz de Medina, S.J., *The Catholic Church in Korea,* pp.241~243; 五野井

일본에서 높게 평가되고 필요하다고 생각된 특별한 기술을 가진 조선인 포로도 있었다. 예컨대 도요토미 히데요시는 부하를 보내 자수 장인을 모아 데려오게 했다. 또한 규슈와 주고쿠(中國) 지역으로 끌려간 포로 중에는 도공이 많았다. 16세기 말 차 문화가 유행하며 도자기에 대한 수요가 높아졌다. 이에 따라 조선인 도공도 주목받았고 일본인 엘리트들의 기호를 위해 적합한 장소에 거처를 정해 보호받았다. 예컨대 전쟁 중 일본으로 데려간 조선인 도공 중에는 아가노 요(上野燒), 아리타 요(有田燒), 하기 요(萩燒), 이마리 요(伊万里燒), 가라쓰 요(唐津燒), 고다 요(高田燒), 사쓰마 요(薩摩燒), 다카토리 요(高取燒), 야쓰시로 요(八代燒)에 전속되어 일한 도공 집단들을 확인할 수 있다.[55]

조선인 포로 중에는 주자학자들도 있었는데, 그 중 일부는 천 히도쿠(Chon Hidoku)와 홍 호연(Hon Hoyon)으로 알려지게 되었다. 또한 여대남(余大男)과 같이 일본 승려가 된 포로도 있었고,[56] 일본 포교 과정에서 유럽인 성직자 밑에서 일한 사람도 있었다. 드물지만 히라도(平戶)의 영국 상관에서 역관으로 일한 조선인 미구엘(Miguel)이나 나가사키에서 미즈노 모리노부(水野守信)의 역관이었던 안토니오 네레티(Antonio Neretti) 같은 전문 직업인도 있었다.[57]

隆史, 「被虜朝鮮人とキリスト教: 十六, 十七世紀日韓キリスト教関係史」, 41~59 쪽; Lúcio de Sousa, *Escravatura e Diáspora Japonesa nos séculos XVI e XVII*, pp. 229~239; ARSI, Jap Sin 57, fl. 265v-268v.

[55] Etsuko Hae-Jin Kang, *Diplomacy and Ideology in Japanese-Korean Relations*, p.108; Clare Pollard, *Master potter of Meiji Japan: Makuzu Kōzan (1842-1916) and his workshop*, Oxford: Oxford Univ. Press, 2002, pp.28~29; Nam-lin Hur, "The Imjin War (1592-98), War Captives, and the Slave Trade", p.2.

[56] 여대남은 구마모토(熊本) 혼묘지(本妙寺)의 3대주지 니쵸 화상(日遙和尚)이다. 하지만 교토 곤카이교묘지(金戒光明寺)의 사이운인(西雲院)을 개창한 소곤 화상(宗厳和尚)이라고 하는 이도 있다.

[57] 五野井隆史, 「被虜朝鮮人とキリスト教： 十六, 十七世紀日韓キリスト教関係史」,

세 번째로 노예로 팔린 포로들을 살펴보자. 이 범주와 관련해서는 규슈 지역으로 한정해서 기술하고자 한다. 이 지역에서는 나가사키가 조선인 노예를 모아 합스부르크 제국으로 수출하는 데 주도적 역할을 하였다.

여기에 제시된 일련의 설명들을 보면, 여전히 규모가 작아서 많은 노예를 받아들일 준비가 되어 있지 않던 나가사키에 예상치 못한 수의 많은 조선인 노예가 유입되면서 그 도시에 심대한 경제적·종교적 영향을 초래하게 되었음을 인식할 수 있다.

수가 많았기 때문에 조선인 포로들은 싼 값에 팔렸으며 그때까지 노예 시장의 주를 이루었던 일본인 노예를 대체했다.[58] 그와 동시에 규슈 지역에서 예수회 수사들은 일본인에 대한 포교 외에도 이제 **일본으로 대규모로 건너온 조선인 포로**의 세례를 주요 활동으로 삼았다.[59] 예컨대 1593년 12월 프로이스는 약 100명의 조선인이 나가사키에서 세례를 받았고, 오무라에서는 900명이 넘는 사람들이 세례를 받았는데 대부분 조선인이었다고 주장한다.

1593년 올해 크리스마스에 어떻게 나가사키 여성이 미사에 대해 들었는지 설명하기 위해, 예수회 신부들이 여러 그룹으로 나누어서 여성들이 모여 있는 각각의 집으로 찾아갔다. 이들의 방문은 테라자바(Terazava)[60]의 대신들이 여성이 교회에 가는 것을 여전히 허락하지 않았기 때문에 이루어졌다. 신부들은 9번의 미사를 드렸으며, 모든 미사에는 영적인 수행이 이루어졌다. 또한 이미

41~59쪽; 日韓共通歷史敎材制作チーム編, 『朝鮮通信使: 豊臣秀吉の朝鮮侵略から友好へ』; Reiner H. Hesselink, *The Dream of Christian Nagasaki,* North Carolina: McFarland, 2015, pp.213, 257, note 23.

[58] RAH, Cortes 566, Maço 21, fl. 273v.

[59] Luís Fróis, *Historia de Iapam,* vol. 5, p.457.

[60] 데라자와 히로타카(寺沢広高, 1563~1633년)를 말한다.

교리에 대해 배운 100명이 세례를 받았는데, 그 중 대다수가 일본으로 잡혀온 조선인 포로였으며, 여성들은 미사 중 위로를 얻었다. '모든 성인의 교회Church of All Saints)' 외에 우리는 나가사키에 3채의 예배당을 가지고 있다. 세 번째와 네 번째는 멀리 떨어져 있는데 각 예배당에는 지속적으로 한 명의 신부가 한 명의 수사와 살면서 4 내지 5,000명의 신자를 책임지고 있다. 나가사키에서와 [같은] 영적 열매를 맺기 위해 그곳에 모인 많은 비신자들에게 세례를 베풀고 있다. 이런 예배당 중 하나는 토키코(Toquico)라고 하고, 두 번째는 코냐(Conga), 세 번째는 코누라(Conoura)라고 한다. 이들 모두가 오무라 님이 소유한 기리스탄의 땅이며 여기에는 개종할 비산자가 전혀 없다. 그러나 이 땅에 온 조선인과 더 나은 보금자리를 찾아 다른 곳에서 온 비신자들 중에서 900명이 넘는 사람들이 이번에 세례를 받았다.[61]

역시 프로이스는 1594년에 아리마와, 오무라, 나가사키에서 예수회 성직자들이 2,000명이 넘는 조선인에게 세례를 행했고, 1595년에도 훨씬 더 많은 조선인이 세례를 받았다고도 한다.

일본 전역이 그렇듯, 오무라와 나가사키뿐 아니라 아리마에도 전쟁으로 포로가 된 많은 조선인이 있다. … 그리고 이러한 상황 속에서 1594년에는 2,000명이 넘는 사람들에게 세례를 베풀 수 있었고, 1595년에도 나머지 사람들에게 세례를 베풀었다.[62]

조선인 노예의 세례에 적극 참여한 예수회 수사 프란시스코 파지오(Francisco Pasio)는 1594년 10월 20일 클라우디오 악카비바(Claudio Aqcuaviva)에게 쓴 다른 편지에서 그 해 2,000명이 넘는 조선인이 세례를 받았다고 하여 이 정보를 확인시켜 주었다.[63]

---

61) Luís Fróis, *Historia de Iapam,* vol. 5, p.457.
62) ARSI, Jap Sin 52, fl. 137v.
63) Letter of Francisco Pasio to Claudio Acquaviva, Nagasaki, 20-10-1594. ARSI, Jap. Sin.

많은 수의 조선인 노예들이 일본 밖으로 운송되었음에도, 루이스 프로이스의 기록 덕분에 우리는 1594년에 세례를 받은 1,300명이 넘는 조선인 남녀 노예들이 1596년에도 나가사키에 살고 있음을 알 수 있다.

올해 우리는 남녀, 어린아이를 포함해 약 1,300명[64]이 넘는 조선인 포로들을 여기 나가사키에서 가르쳤으며, 이들 대다수는 2년 전 세례를 받았고 올해 고해성사를 했다.[65]

이 지역으로 유입된 조선인은 1597년, 적어도 정유재란 발발 직전에 그 수가 줄어든 것 같이 보인다. 1597년 관련 예수회 연례 보고에서 공식 편집자인 페드로 고메즈는 나가사키의 조선인 공동체에 대해

31, fol. 157v, transcribed in *Documentos Franciscanos de la Cristandad de Japón (1593-1597): San Martin de la Ascención y Fray Marcelo de Ribadeneira, Relaciones e Informaciones,* ed. Alvarez- Taladriz, J.L., Osaka: Japón Eikodo, 1973, p.104.

[64] 루이스 프로이스가 쓴 원본에는 300명이라고만 쓴 것으로 보인다. 왜냐하면 숫자 1이 전치사 "de" 다음에 있기 때문이다. 이것은 이탈리아어로 옮기면서 프란체스코 메르카티 로마노(Francesco Mercati Romano)가 300명으로 오역한 것으로 보인다. Luís Fróis, *Annua de la Vice Provincia del Japon de la Compañia de Jesus, de tres de Diziembre del año de 1596.* ARSI, Jap Sin 52, fol. 203 v. 프란체스코 메르카티 로마노가 번역한 이 서한의 이탈리아어판은 다음과 같다. Luis Fróis, *Lettera annua del Giappone dell'anno M.D. XCVI. scritta dal P. Luigi Frois, al R. P. Claudio Acquaviva Generale della Compagnia di Giesù,* Tradotta in Italiano dal P. Francesco Mercati Romano della stessa Compagnia. Roma: Luigi Zannetti, 1599, p.136.

[65] Luís Fróis, Annua de la Vice Provincia del Japon de la Compañia de Jesus, de tres de Diziembre del año de 1596. ARSI, Jap Sin 52, fol. 203 v.
존 헤이(John Hay, 1546~1607년)가 옮긴 이 편지의 라틴어판이 있다. 여기에는 1577년과 1601년 사이에 쓴 55통의 편지와 여타 문서가 들어 있는데, 일부가 조선을 다루고 있다. 그것을 편찬한 작자는 정보 일부를 스스로 번역했고 일부에는 서론을 달았다. John Hay, *De rebus Iaponicis, Indicis et Peruanis epistolae recentiores,* Antuerpiae: Officina Martini Nutij, ad insigne duarum ciconiarum, 1605, pp.439~40.

어떤 정보도 적지 않았고, 아리마 요새에서 외국인과 일부 조선인 포로를 포함한 100명의 어른들이 세례를 받았다고 했을 뿐이다.[66]

당시 세례를 받은 조선인 명단이 로마로 발송되진 않았지만, 예수회가 활동하는 각 지역에서는 새로운 개종자들의 명단을 작성했고 그 총수는 공식 기록관에게 보고되었다. 예컨대 1596년의 연례 보고에서 기록관인 루이스 프로이스는 임시 명단을 제출하는데, 그 명단은 무엇보다도 8,012명의 어른들이 세례를 받았고 이 해에 일본에서 고해성사가 6만 8,807번 있었음을 알려주고 있다. 하지만 이는 불완전한 것으로, 그 이유는 1596년 연례 보고가 메아코(Meaco)[67]의 고해성사자 명단이 도착하기 전에 완성되었기 때문이다.[68]

한편 오무라 지역에 도착한 조선인 포로들이 이웃 지역들로 배분되었는데, 이들이 2년의 기간에 걸쳐 그리스도교로 개종했다는 다른 증언도 있다.[69] 조선인의 존재를 확인하는 것이 가능한 다양한 장소에 대한 이런 설명은 조선인 포로의 일본 도착이 규슈 전 지역의 사회적 배치를 어떻게 바꾸었는지를 명백히 보여준다. 일부 조선인은 즉시 개종했고, 그들의 기록이 유럽 및 일본 자료에 남아있기까지 한다.[70]

---

66) Pero Goméz, *Carta Annua de Japão do anno de 1597. Pera nosso Reverendo Padre Geral, 3ª Via.* ARSI, Jap Sin 52, fol.258v.

67) 미야코(みやこ)를 표기한 것으로 교토를 말한다.

68) Luís Fróis, *Annua de la Vice Provincia del Japon de la Compañia de Jesus, de tres de Diziembre del año de 1596.* ARSI, Jap Sin 52, fol. 230.

69) Pierre-François-Xavier de Charlevoix, *Histoire et Description Generale du Japon; où l'on trouvera tout ce qu'on a pu apprendre de la nature et des productions du Pays, du caractere & des Coutumes des Habitans; du Gouvernement & du Commerce, des Revolutions arrivées dans l'Empire & dans la Religion; et l'examen de tous les Auteurs, qui ont écrit sur le même sujet,*, Paris: Rollin, 1736?, vol.II, p.2.

70) 앞서 언급한 오무라에 사는 페드로 아리주, 역시 오무라 지역에 살던 토메 쇼사쿠, 고토에 살던 안나와 파울로, 비젠에 살던 이치베에, 히라도에 살던 미구엘, 사가에 살던 토메 군나이, 구치노쓰에 살던 페드로 진쿠로 외에 데와(出羽)의 오

　일본에 도착한 직후 개종한 조선인 외에 개종하지 않거나 뒤에 개
종한 다른 조선인들도 많았다. 예컨대 마리나 박(Marina Pak)이라는 이
름의 조선인은 1606년 교토에서 개종해 미야코의 베야타스회(Society
of Beate of Miyako)[71]의 회원이 되었다.[72] 직업을 알 수 없는 조선인
호아킴 하치칸(Joaquim Hachikuan), 즉 하치칸 조친(八官常珍)과 그의
아내 안나(Ana)는 1609년 에도에서 세례를 받았다.[73] 1607년의 연례

　토(大戸)에 살던 부부 카탈리나(Catalina)와 치스토 쿠자에몬(Cisto Kuzaemon), 히
젠(肥前)의 기키쓰(喜々津)에 살던 주앙(João), 시키(志岐)에 살던 파울로, 히메지
(姫路)와 빗추(備中)에 사는 이름이 적혀있지 않은 두 조선인 여성들이 그런 기
록의 예들이다. Lope de Vega, *Triunfo de la Fee en los reynos del Iapon por los
años de 1614 y 1615,* Madrid: Por la viuda de Alonso Martin, 1615, p.86; François
Trigault, *Histoire des martyrs du Japon depuis 1612 jusqu'en 1620,* Paris: Sebastian
Cramoily, 1624, pp.416, 633; José Sicardo, *Christiandad del Japon, y dilatada
persecucion que padeciò. Memorias sacras de los martyres de las ilustres religiones
de Santo Domingo, San Francisco, Compañia de Jesus; y crecido numero de Seglares;
y con especialdad, de los Religiosos del Orden de S. Augustin,* Madrid: Por Francisco
Sanz, Impressor del Reyno, 1698, p.421; Léon Pagés, *Religion Chrétienne au Japon,*
Paris: Charles douniol, Lib. Ed., 1869, vol.I, pp.293, 582, 721; J. G. Ruiz-de-Medina,
The Catholic Church in Korea, pp.219~220, 244~245, 248~253; Report of Carlo
Spinola in 1615.3.18 -Relação dos Mártires do Japão de 1614, ARSI, Jap Sin 58,
fls.78-78v, 138v; ARSI, Jap Sin 54, fl. 210 v; *Annual report on Japan of 1608,* ARSI,
Jap Sin 56, fls.55v, 56; ARSI, Jap Sin 55, fl. 405v; 五野井隆史, 「被虜朝鮮人とキリス
ト教：十六, 十七世紀日韓キリスト教関係史」, 41~59쪽; Lúcio de Sousa, *Escravatura e
Diáspora Japonesa nos séculos XVI e XVII,* pp.229~239.

[71] 원어는 *Sociedade de Beatas de Meaco*이다.

[72] Francisco Colin, *Labor evangelica, ministerios apostólicos los obreros Compañia Iesus,
fundacion y progressos su provincia las islas Filipinas… Chirino el primero de la
Compañía que pafso de los Rey nos de Efpaña a eftas Islas por orden ya cofta de
la Catholica y Real Mageftad Parte Primera,* Madrid: Por Joseph Fernandez de
Buendia, 1669, p.754; 五野井隆史, 「被虜朝鮮人とキリスト教：十六, 十七世紀日
韓キリスト教関係史」, 41~59쪽; Juan Ruiz de Medina, S.J., *The Catholic Church in
Korea,* pp.245~247.

[73] François Trigault, *Histoire des martyrs du Japon depuis 1612 jusqu'en 1620,* pp.175,
181, 568; Lorenzo Pérez, "Héroes del cristianismo en el Japón en el siglo XVII,"

보고에는 또 도덕적 미덕의 교훈적 사례들이 많이 들어 있다. 예컨대 이름을 밝히지 않은 아마쿠사(天草)에 사는 조선인 여성 노예는 일본인을 섬겼는데, 그리스도교로 개종한 후 그녀는 문제가 되던 자신의 행동을 바꾸었다.[74] 13살 어린 나이에 잡혀온 조선인 페드로(Pedro)는 17년 후에야 구치노쓰(口之津)에서 개종했다.[75] 1612년 에도에서 마누엘(Manuel)이라는 이름의 조선인이 세례를 받았는데, 그는 청각장애인이었고 직업은 적혀 있지 않다.[76]

나가사키에서 매매된 이런 조선인 노예 중 일부의 경로를 검토하면, 희생자 대부분이 원래 인접한 지역으로 끌려갔다가 뒤에 노예 장사꾼들이 이 도시로 데려왔음을 확인할 수 있다.[77] 예컨대, 진자에몬(甚左衛門尉)이라는 이름의 나가사키 시민은 나가사키 관헌에 밝힌 진술에서 그의 부모가 모두 오무라로 끌려갔다가 거기서 세례를 받았

Archivo Ibero-Americano, vol. 15, n. 87, 1928, pp.309~314; ARSI, Jap Sin 58, fl.197; Juan Ruiz de Medina, S.J., *The Catholic Church in Korea,* pp.235~241; 五野井隆史, 「被虜朝鮮人とキリスト教 : 十六, 十七世紀日韓キリスト教関係史」, 41~59쪽.

74) Letter of João Rodrigues Giram to Claudio Acquaviva, Nagasaki, 25-02-1606. ARSI, Jap Sin 55, fl. 405v; Juan Ruiz de Medina, S.J., *The Catholic Church in Korea,* pp.203~204.

75) Lope de Vega, *Triunfo de la Fee en los reynos del Iapon por los años de 1614 y 1615,* p.86; François Trigault, *Histoire des martyrs du Japon depuis 1612 jusqu'en 1620,* pp.416, 633; Léon Pagés, *Religion Chrétienne au Japon,* vol. I, p.293; J. G. Ruiz-de-Medina, *The Catholic Church in Korea,* pp.248~253.; 五野井隆史, 「被虜朝鮮人とキリスト教 : 十六, 十七世紀日韓キリスト教関係史」, 41~59쪽; Report of Carlo Spinola in 1615.3.18 -Relação dos Mártires do Japão de 1614. ARSI, Jap Sin 58, fls.78-78v, 138v.

76) Léon Pagés, *Religion Chrétienne au Japon,* vol. I, p.283; Juan Ruiz de Medina, S.J., *The Catholic Chursh in Korea,* pp.255~259; 五野井隆史, 「被虜朝鮮人とキリスト教: 十六, 十七世紀日韓キリスト教関係史」, 41~59쪽; João Rodrigues Giram, Annual report on Japan in 1616-1617. ARSI, Jap Sin 58, fls. 395, 396, 401, 401v, 402.

77) RAH, Cortes 566, Maço 21, fl. 277v.

다고 한다. 아버지는 나가사키의 에도 마치(Edo-machi)에 살다가 1633년에 사망했고, 어머니는 시마바라 마치(Shimabara-machi)에서 1643년까지 생존했다. 일본에서 태어난 진자에몬은 지쿠고(筑後) 출신의 일본인과 결혼했다.[78] 마쓰(まつ)는 1612년 나가사키에서 태어났고 그의 조선인 부모는 1601년 히젠에서 왔다. 진자에몬의 부인은 1636년까지 히라도에서 살았다. 조선인 가와사키야 스케에몬(川崎屋助右衛門尉)은 1595년에 비젠의 오카야마(岡山)로 끌려갔고, 1614년부터 나가사키에서 살기 시작했다. 필시 이곳에서 그는 1611년부터 이 도시에 살고 있던 그의 조선인 아내를 만났을 것이다. 이름을 알 수 없는 이 조선인은 1599년 일본에 와 히고(肥後)의 야쓰시로(八代)로 끌려갔다. 1595년에 잡힌 조선인 이토(いと)는 1615년 나가사키로 끌려가기 전 모테기(茂木)에서 살았다. 선원 안드레 쿠로베에(Andre Kurobee)는 1592/93년에 잡혀 하카타(博多)로 끌려왔다. 그곳의 현지 교회에서 그는 예수회 신부 페로 라몬(Pero Ramon)으로부터 세례를 받았다. 1580년에 태어나 1592/93년에 잡힌 조선인 이네스 타케야(Ines Takeya)는 지쿠고로 보내졌고, 이곳에서 그녀는 세스페데스 신부로부터 세례를 받았다. 나가사키에서 그녀는 이미 조선인 코스메 타케야(Cosme Takeya)와 결혼했다. 이는 나가사키가 어떻게 남일본에서 조선인 노예의 중심지가 되었는지 보여주는 몇몇 예시들일 뿐이다.[79]

조선인 포로와 관련해 부각시킬 만한 또 다른 특징은, 대다수가 젊은이였지만 중년 이상의 나이에 잡혀 일본으로 온 예외적인 사례들도

---

[78] Reinier H. Hesselink, "An Anti-Christian Register from Nagasaki," Bulletin of Portuguese/ Japanese Studies, CHAM, vols. 18/19, 2009, pp.58~59.

[79] *Ibid.*, pp.9~66; Léon Pagés, *Religion Chrétienne au Japon*, vol. I, p.537; Luis Ruiz-de-Medina, *El Martirologio del Japón*, Rome: Institutum Historicum S.I., 1999.

있다는 것이다. 일본어로 늙은 여자를 의미하는 우바(うば)라고 불린 한 조선인 여성은 1547년에 태어나 1598년 잡혀서 51세에 일본으로 와 지쿠고로 끌려갔다. 1621년부터 이 조선인은 나가사키의 모토코젠 마치(本興善町)에 살면서 일본인 오사카야 야에몬(大坂屋弥右衛門)의 하녀 일을 했다. 1642년부터 우바는 나가사키의 히라도 마치(平戸町)에 살았다.[80]

이 시기에는 나가사키로 온 아이들도 많았다. 예컨대, 나가사키 히라도 마치에 살던 가메(かめ)라는 이름의 하녀는 1584년 조선에서 태어났다. 1593년 겨우 9살 나이에 그녀는 나가사키 야오야 마치(八百屋町)로 끌려왔다.[81]

여기서 언급할 만한 또 다른 측면은 1592년에서 1598년 사이에 조선인 여성 노예에 대한 수요가 남성보다 훨씬 더 높았다는 것이다.[82] 조선인 여성들이 나가사키에 갑작스레 대규모로 유입되면서, 이것은 경제와 사회에 상당한 영향을 미치게 되었고, 남자들만이 아니라 매년 도착하는 수많은 여자들도 수용하기 위해 도시에 새로운 주거 지역을 창출해야 했다. 고라이 마치(高麗町)는 이러한 목적으로 세워졌고, 맞은편 이마싯쿠이 마치(今石灰町)에는 새로운 유곽(遊廓)이 문을 열었다.

몇몇 작가만 언급하면 이탈리아인 프란체스코 카를레티(Francesco

---

[80] 五野井隆史, 「被虜朝鮮人とキリスト教: 十六, 十七世紀日韓キリスト教関係史」, 41~59쪽; Reinier H. Hesselink, "An Anti-Christian Register from Nagasaki", pp.58~59.

[81] *Ibid.*

[82] 이는 베르나르디노 데 아빌라 지론(Bernardino de Avila Girón)의 증언이 입증하는 바이다. 그 뒤에 지론은 자신이 조선인 노예 5명을 두었는데, 그 중 3명이 일본어에 능했고 가장 작은 노예의 이름이 마리아(Maria)였다고 한다. ARSI, Jap Sin, 58, fl. 198.

Carletti)[83]와 예수회 수사 가스파르 코엘류(Gaspar Coelho)[84] 및 마테우스 데 쿠로스(Mateus de Couros)[85]의 증언이 입증하듯이, 16세기 말 나가사키는 당시 무역상과 현지인들 사이에서 지켜지던 가톨릭적 기준에선 부도덕한 것으로 여겨지던 성적 자유와 행동들로 특징지어졌다. 그때까지 도시의 주된 유곽은 하카타 마치에 있었고, 이 지역의 기생과 포주로 구성되었다. 이들은 하카타가 공격을 받는 상황에서 그 도시를 떠날 수밖에 없었다.[86]

이 유곽의 원래 위치는 예수회와 갈등을 야기했을 것이다. 도시의 극빈층과 몸이 불편한 사람들을 돕던 그리스도교 시설인 자비의 집(Misericórdia)이 같은 거리에 세워졌기 때문이다. 이 사실은 이 유곽이 결국 16세기 말에 이마하카타 마치로 이전한 이유일 수도 있다. 이마싯쿠이 마치와 신카미야 마치(Shinkamiya Machi)에 있던 유곽은 마을 외곽인 하카타 마치에 있던 유곽과는 독립적으로 운영되었던 것으로 보인다. 임진왜란 시기 일본군이 데려온 조선인 노예들로 도시 내에 만든 조선인 유곽은 하카타 마치 유곽과 경쟁했다. 조선인 유곽이 성업을 이루었다는 것은 16세기 말 또는 17세기 초 무렵에 신고라이 마치(Shin Kourai Machi)에 두 번째 유곽이 들어선 것에서 알 수 있다.[87]

---

83) Francesco Carletti, *Ragionamenti di Francesco Carletti Fiorentino sopra le cose da lui vedute ne' suoi viaggi si dell'Indie Occidentali, e Orientali come d'altri paesi…*, Stamperìa di G. Manni, per il Carlieri, 1701, p.347.

84) Letter from Gaspar Coelho S.J. to Claudio Aquaviva, Hirado, 2-10-1587, ARSI, Jap. Sin., 10 II ff. 272-272v.

85) Jap Sin 2, fl. 160v-161. Lúcio Sousa, *The Jewish Diaspora and the Perez Family Case in China, Japan, The Philippines and the Americas (16th Century)*, Macau: Fundação Macau, 2015, pp.89~93.

86) 이 지역의 기생과 포주가 정확하게 언제 나가사키에 도착했는지는 알 수 없지만, 그것이 1577년 및 1580년, 1586년에 이 도시에서 일어난 반란과 약탈의 결과일 가능성이 있다.

그러나 이런 여자들은 대부분 나가사키에 머물지 않았다. 그들은 유럽 상인에게 팔려 마카오로 보내졌다가 다시 아시아의 여러 항구로 분산되었다. 마카오의 사창가에 대해 알려진 문서는 없지만, 중국 내 포르투갈인 거류지의 사창가로 분명 이때 조선인 여성들이 대거 공급되었을 것이다.

나가사키의 다인종 사회에 동화된 보다 운 좋은 조선인 노예들의 사례도 있었다. 이를 보여주는 일례로 일본인 곤자에몬(權左衞門)과 결혼한 이름을 알 수 없는 조선인 여성을 들 수 있다. 이 도시에서 그녀는 이사하야(諫早)에서 태어나 1606년부터 나가사키의 쓰키 마치에서 살았던 곤자에몬을 만났다. 이 부부에게는 시치조(Shichizo)라는 이름의 자식이 있었는데, 그도 일본인과 결혼했다. 흥미롭게도 곤자에몬의 아버지는 군인이었고 임진왜란 당시인 1592년 조선에서 사망했다.[88]

일본인 진스케(仁介)와 그의 아내의 사례도 들 수 있다. 진스케는 히라도 출신이며, 그의 아내는 1574년 조선에서 태어났다. 그녀는 1591년 17살의 나이로 나가사키로 끌려왔고 나가사키의 이마 마치(今町)에 살았다. 나가사키에서 그녀는 어떻게 노예 신분에서 벗어날 수 있었고 일본인 진스케와 결혼했다.[89] 마고에몬이란 이름의 또 다른 일본인도 전에 노예였던 조선인 여자와 결혼했는데, 그녀는 어린 나이에 일본으로 끌려왔고 겨우 18살의 나이였던 1600년부터 나가사키에 살기 시작했다.[90]

87) Bébio Amaro, "Nagasaki as Emporium: History of Social Composition in its Initial Years," in *Vanguards of Globalization: Port Cities from the Classical to the Modern*, Primus Books, 2014, p.247.

88) Reinier H. Hesselink, "An Anti-Christian Register from Nagasaki", pp.51~52.

89) *Ibid.*, pp.57~58.

Ⅳ. 강제 이주 및 기근, 그리고 나가사키 노예무역

수많은 조선인 포로가 일본에 도착하면서, 히데요시가 촉발한 전쟁의 결과가 규슈 전 지역, 특히 나가사키에 뚜렷해지기 시작했다. 1594년 나가사키에는 셀 수 없이 많은 일본인 난민이 있었고 이들은 예수회와 아울러 마카오 선박에서 생존의 기회로 찾았다. 예수회와 자비의 집을 통한 빈민 구제 시스템은 인접 지역의 기리스탄과 비기리스탄 일본인 모두를 끌어들였다. 마카오 선박은 많은 일본인에게 자기 자신이나 가족을 포르투갈 상인에게 팔아 일본을 떠날 수 있는 기회를 제공했다. 난민 외에도 실크나 다른 물품을 사기 위해 마카오 선박을 기다리는 일본인들도 많았고, 매년 나가사키에 정박하는 포르투갈 선박으로부터 얻는 수익에 의존한 광범위한 네트워크도 존재했다. 포르투갈인들에게 물건을 공급하는 점주나 지주 등이 이 네트워크에 속했다. 예수회 또한 일본에서 살아남기 위해 실크 판매로 얻는 금전과 부유한 상인들의 기부금에 정치적·경제적으로 의존했다. 그러나 1594년 이 중요한 해에 프란시스코 데 사(Francisco de Sá)선장의 배가 아쳄(Achem)에서 난파하면서 공식적인 항해가 전혀 없게 되었다. 이 민감한 전쟁의 시기에 이렇게 마카오 선박이 오지 않자 기근에 시달리는 사람의 수는 크게 늘어났다.[91] 1595년 나가사키에 도착한 마누엘 미란다(Manuel Miranda) 선장은 일본인들과 함께 많은 조선인 노예가 있는 모습을 보게 된다. 뒤를 이어 1596년에 온 루이 멘뎃 피게이레도(Rui Mendes Figueiredo) 선장과 1598년에 온 누노 데 멘돈사(Nuno de Mendonça) 선장도 동일한 상황을 목격했다.[92] 1597년 일본으로의

---

90) *Ibid.*, p.61.
91) Luís Fróis, Annual Letter of 1595, Nagasaki, 20-10-1595. ARSI, Jap. Sin. 52, fol. 91v.

상업 항해가 없었던 해에 페드로 고메즈가 최근 병에 걸린 루이스 프로이스를 대신해 일본 예수회 공식 기록관이 된다. 나가사키 사회에 대해 설명하면서, 고메즈는 포르투갈인들의 선박만이 아니라 일본인과 전쟁 희생자인 조선인 난민의 지속적인 유입으로 인해서도 나가사키 인구가 계속 증가했다고 한다. 그런 식으로 빈민이 증가하자, 나가사키의 자비의 집과 교단[93]는 모든 자원을 사회사업에 쏟아 부었고, 예수회 사제들은 기금을 모아 구제 활동을 지속하기 위해 나가사키에서 다양한 방식으로 기금을 구하러 다닐 수밖에 없었다.[94]

일본의 노예무역에 대한 포르투갈인의 참여가 가장 정점에 이른 시기도 바로 이 시기였다. 예컨대 1598년 마카오의 선장 누노 데 멘돈사가 나가사키 항을 방문했을 때,[95] 그는 한 척이 아니라 두 척의 배를 끌고 바다를 건넜다. 그와 동시에 인도(아마도 고아에서 출발했을 것이다)에서 마카오로 향하던 세 번째 포르투갈 선박이 나가사키로 왔고,[96] 아울러 마카오에서 캄보디아로 가던 네 번째 선박이 폭풍 때문에 방향을 바꿔 일본으로 왔다.[97] 뿐만 아니라 유럽의 기록들에는 같

---

92) Francesco Carletti, *Ragionamenti,* pp.9, 40.

93) 예수회를 말한다.

94) Pero Gomez, *Annual Letter of 1597.* ARSI, Jap Sin 52, fol.256-256v.

95) Francisco Pires S.J., *Pontos do que me alembrar in: Monumenta Missionum Societatis IESU -Monumenta Historica Japoniae I- Textus Catalogorum Japoniae 1553-1654,* ed. José Franz Schutte, Romae: Monumenta Histórica Societatis IESU a Patribus Eiusdem Societatis Edita, 1975, vol. I, p.411; Biblioteca da Ajuda, Jesuítas na Ásia, Códice 49-V-3, Francisco Pires S.J., *Pontos do que me alembrar,* fls.11v-12f.

96) Francisco Pires S.J., *Pontos do que me alembrar in: Monumenta Missionum Societatis IESU – Monumenta Historica Japoniae* I, p.413; Biblioteca da Ajuda, Jesuítas na Ásia, Códice 49-V-3, Francisco Pires S.J., Pontos do que me alembrar, fl.12v.

97) Francisco Pires S.J., *Pontos do que me alembrar in: Monumenta Missionum Societatis IESU – Monumenta Historica Japoniae* I, p.413; Biblioteca da Ajuda, Jesuítas na Ásia, Códice 49-V-3, Francisco Pires S.J., *Pontos do que me alembrar,* fl.12f.

은 시기에 포르투갈인 프란시스코 구베이아(Francisco Gouveia) 소유의 다섯 번째 선박이 반대방향으로, 즉 나가사키에서 마카오로 항해 중이었다고 적혀 있다. 프란체스코 카를레티의 보고에 따르면, 같은 시기에 포르투갈과 일본 혼혈인 선장이 지휘하는 또 한 척의 선박이 나가사키를 출발해 마카오에 기항했다가 코치(Kochi)를 향해 항해 중이었다.

노예의 값이 너무 쌌기 때문에 이 해에 이들 선박들이 나가사키에서 싣고 간 조선인 노예의 수는 엄청났으며, 배의 실내가 완전히 꽉 찰 정도였다. 그 결과 많은 조선인이 방치되었고, 주인마저 병에 걸려 식량을 제공하지 못했기 때문에 많은 조선인 노예들이 굶어 죽었다. 때로는 조선인 노예의 주인이 포르투갈인 소유의 아프리카 노예인 경우도 있었다. 이는 매우 흔치 않은 상황이기는 하나, 포르투갈인 소유의 노예가 다른 노예를 구입했던 것이다. 1598년 9월 열린 모임에서 일본의 예수회 활동을 주도한 이들이 행한 설명을 살펴보자.

> 무엇보다도 그들은 이 (노예 거래)로 많은 이익을 얻기 때문에 가능한 한 최대로 노예를 사들이며, 이에 따른 적절한 조사를 받지도 않고 아무런 양심의 가책을 느끼지 않으며 오직 수익을 얻는 일에만 집중하고 있다. 심지어 카사르(Cassares, 인도 용병)와 포르투갈인의 소년들[98]도 노예를 사서 마카오로 데려간다. ㅡ선내 가득히 노예들을 차곡차곡(on top of one another) 쌓아 날랐기 때문에ㅡ 항해 중 많은 이가 죽기도 하고, 주인인 병들게 되면 그들을 돌보지 않거나 그들에게 반드시 필요한 것들을 주지 않는 일도 벌어졌다. 이런 주인들 중엔 포르투갈인의 노예들인 흑인들도 일부 있었다.[99]

---

[98] 노예를 말한다.

[99] *Papéis sobre o cativeiro dos Japões. 1º assento que o Bispo e procuradores de Japão feserão em Setembro de 1598 sobre a liberdade dos Japões, e Coreas*. RAH, Cortes 566, Maço 21, fl. 274v.

이미 알고 있듯이, 마카오의 공식 선박이 "선내 가득히 노예들을 차곡차곡 쌓아 날랐다"는 것을 강조하고자 한다.[100] 노예들을 차곡차곡 쌓아 날랐다고 하는 것은 문자 그대로 노예들을 차곡차곡 포개어 놓았다는 의미라기보다는, 대서양에서 일반적인 노예 운송 시스템을 마카오-나가사키 무역로에 적용했다는 것을 뜻한다.[101]

---

[100] *Ibid.*, fl. 274v.

[101] 이 노예 운송 시스템은 노예의 목이나 다리를 고정해 한 가지 자세로 앉힌 채 운송하는 것이다. 이렇게 운반했을 때 전반적인 상황은 대서양보다는 나았던 것 같다. 왜냐하면 대서양 항로보다는 이 항로의 거리가 더 짧았기 때문이다. 이렇게 마카오-나가사키 무역로의 노예 운송을 특징짓는 것은 드문 일은 아니었다. 일본의 예수회에 대한 주요 비판자 중 한 명인 마르틴 데 라 아센시온(Martin de la Ascensión, 1556/57~1597)이 마카오 선박에 노예운반선이 있다고 언급했기 때문이다. *Documentos franciscanos de la Cristiandad de Japon (1593-1597). San Martin de la Ascension y Fray Marcelo de Ribadeneira. Relaciones e Informaciones,* ed. José Luís Alvarez-Taladríz, Osaka: author edition, 1973, p.72.
그렇게 많은 조선인이 운송되었다는 것은 노예 인증서 발행과 관련하여 예수회 수사들의 일이 늘어난 것을 뜻할 터이다. 바로 이런 맥락에서 예수회 수사들 사이에서 떠오른 첫 번째 의문 중 하나가 노예 인증서와 관련해 따라야 할 절차를 명확히 하는 것이 되었다. 조선인 노예는 교회법의 관점에서 합법인가 불법인가? 이런 의문과 그 외 다른 의문들에 답을 얻기 위해 일본 에수회의 행정관 질 데 라 마타(Gil de la Mata) 신부는 유럽으로 가서 신학자 가브리엘 바스케스즈(Gabriel Vásquez)를 만났다. 질 신부는 바스케즈에게, 전쟁의 원인이 의심스럽고 군인들이 각각 자기 장군에 의해 그런 전쟁으로 동원되었다면, 군인들은 자신이 노획물을 얻고 포로를 잡아 노예로 만드는 것에 양심의 가책을 느끼지 않아도 되는지 질문했다. 이에 대한 가브리엘 바스케즈 신부의 대답은 꽤 흥미롭다. 그는 군인들이 단지 자신의 주군의 명령에 복종하는 것인 한 군인들을 비난하지 않는 것이 예수회 수사에게 적합하며, 예수회 수사들의 입장에서 전쟁이 부당하다는 것이 명백하지 않으며 약탈이 불법이라고 여겨지지 않는다고 한다. Jesús López Gay, S.J., "Un Documento Inédito del P. G. Vázquez. (1549-1604) sobre los Problemas Morales del Japón," in *Monumenta Nipponica,* vol. XVI, 1960-61, pp.137, 143. 요컨대, 유럽의 교회에 비추어 조선인의 노예화는 완전히 적법한 것이었으며, 포르투갈-스페인 제국 내로 수출되고 매매되는 조선인 노예들에 대한 증서의 발부는 1598년 말까지 계속 수행되었다.

V. 나가사키의 조선인 공동체와 가톨릭

일본주재 주교인 포르투갈인 루이스 데 세르케이라(Luís de Cerqueira)는 1592년과 1597년 사이에 조선에서 바로 나가사키로 온 노예나 일본의 다른 지역으로 끌려갔다가 임진왜란 이후 나가사키로 온 조선인을 가장 활발하게 옹호한 이였다. 노예상이나 중개인, 구매자에 맞서 싸운 외에도 주교는 조선인 노예를 돕기 위해 여러 가지 조치를 취했다. 가장 중요한 것 중 하나는 나가사키의 일본인 기리스탄들에게 이들 노예를 사서 풀어주도록 요청하는 것이었다.[102] 이런 식으로 노예가 바로 풀려날 수도 있었고, 아니면 새로 구입한 노예가 일정 기간 동안 주인을 위해 일한 뒤 구입 대금으로 쓴 돈을 내고 풀려날 수도 있었다. 1591년 일본어로 발간된 구매 즉시 노예를 바로 풀어주는 경우도 있었지만, 구매 대금이 상환되는 시점까지 일한 후 풀려나기도 했다. 1591년 일본어로 발간된 『기독교 교리(ドチリナ・キリシタン)』에는 기리스탄이 익혀야 할 14개 조항의 자비 행위가 있는데, 그 중 여섯 번째가 일본인 기리스탄들에게 포로가 된 사람이나 감옥에 갇힌 사람들을 되사서 풀어주는 것을 가르쳤다.[103]

이런 사회적 전후사정 속에서 1592년 지역 대표 신부 페드로 고메즈는 그렇게 많은 조선인 노예가 나가사키에 있다는 것을 이용하는

---

[102] Inácia Rumiko Kataoka, *A vida e a acção pastoral de D. Luís Cerqueira S.J., Bispo do Japão (1598-1614)*, Macau: Instituto Cultural de Macau, 1997, p.208, n.204.

[103] *Ibid.*, p.208. 이 문제와 관련해서도 일본 예수회는 신학자 가브리엘 바스케즈로부터 지침을 받았다. 그는 개인의 구입을 위해 쓴 돈을 구입자를 위해 개인의 일을 통해 다시 얻는 것은 합법적이지만, 그것은 신중한 이, 즉 성직자의 판단에 따라 규제되어야 한다고 결정했다. Jesús López Gay, "Un Documento Inédito del P. G. Vázquez. (1549-1604) sobre los Problemas Morales del Japón", pp.123~127.

새로운 포교 계획을 짰다. 프란체스코 파지오에 따르면, 고메즈는 모든 예수회 수사들에게 조선인 노예들 중에서 지식인을 찾으라고 지시했다고 한다. 일단 가장 적당한 후보자들이 선택되자, 이들은 세 단계를 거쳐야 했다.

첫 번째 단계는 일본어와 가톨릭 교리를 배우는 것이었으며, 두 번째 단계는 교리와 가톨릭 기도문을 한국어로 옮기는 것이었고, 세 번째 단계는 이전에 노예였던 이런 조선인들을 통해 조선인을 그리스도교로 개종시키는 데 교리를 적용하는 것이었다. 이 계획은 주목할 만한 성공을 거두었고, 파지오에 따르면 조선인은 예수회의 확대에 중요한 역할을 하게 되었다. 이 조선인들이 1594년 예수회가 2,000명이 넘는 사람들에게 세례를 주는 데 도움을 주었을 것이다.[104] 이 서한에서 파지오는 조선인이 빠르게 개종한 것이 그리스도교의 메시지에 대한 그들의 믿음과 이해에 기반한 것인지, 아니면 절망과 자기 이해관계 때문인지는 밝히고 있지 않다.

프로이스도 1596년의 연례 보고에서 이 조선인 공동체를 약간 다루면서 이들 조선인 노예의 포교가 어떠한 저항도 없이 수행되었다는 점을 부각시키고 있고, 이들이 대부분 일본어를 익히는 속도가 아주 빨라 고해성사 때 통역자에게 몸을 돌려 얘기할 필요가 없을 정도라고 하였다. 조선인 공동체 사이에서 겪은 경험을 바탕으로 프로이스는 훨씬 더 나아가 조선인 노예들이 매우 지적이며 온건한 사람들이며 일본인에 비해 전혀 열등하지 않다고 인정하고 있다. 이로부터 조

---

104) Letter from Francesco Pasio S. J. to Claudio Acquaviva, Nagasaki, 20-10-1594, ARSI, Jap. Sin. 31, fol. 157v, transcribed in Alvarez- Taladriz, J.L. ed., *Documentos Franciscanos de la Cristandad de Japón (1593-1597): San Martin de la Ascención y Fray Marcelo de Ribadeneira, Relaciones e Informaciones*, Osaka: author edition, 1973, p.104.

선으로의 선교가 허락된다면 조선이 쉽게 기독교로 개종될 것이라는 결론을 내린다.105) 이를 뒷받침하기 위해 프로이스는 1596년 부활절에 나가사키에서 있었던 일을 설명한다. 그것은 성 베드로 교회 옆에서 한 무리의 조선인 노예들이 밤중에 그들 스스로 교리를 익혀 그 교회의 신부와 사제를 놀라게 한 일이다. 신부의 질문에, 피를 뒤집어쓴 채 무릎을 꿇고 있던 조선인들은 노예 신분인 그들이 낮에는 부활절 금요일 기념 행렬에 참석할 수 없으므로 일과를 마친 후 밤샘 기도로써 이 날을 기념하기로 결정했다고 답하였다.106) 이런 행동을 종교적으로 이해하기 위해서는, 16세기 말 일본의 모든 예수회 교회가 사순절(Lenten Fridays) 기간 동안 일본인 신도들에게 예수의 수난과 죽음에 대해 설교했다는 점을 아는 것이 중요해 보인다. 설교 말미에는 제단에서 십자가가 제거되었으며, '구세주의 고난'에 대한 기념과 감사를 위해 신도들이 고행을 하는 것이 관례였다. 여러 곳에서 신도들은 소위 '유혈 고행(blood discipline)'을 행하였는데, 이것이 바로 위에 언급된 조선인 기리스탄들의 행동과 유사하다. 나가사키에서는 아침 미사 후 '예수님의 고난'을 기념하는 대중 행렬이 거행되었다. 십자가는 교회 마당에 두고, 못 박힌 예수 그리스도의 십자가상과 예수의 고난과 관련된 다른 신비한 일을 담은 그림 사본들107)을 기리스탄들이 배포하였다.108)

---

105) Luís Fróis, *Annua de la Vice Provincia del Japon de la Compañia de Jesus, de tres de Diziembre del año de 1596*. ARSI, Jap Sin 52, fol. 203 v.; Luis Fróis, *Lettera annua del Giappone dell'anno M.D.XCVI. scritta dal P. Luigi Frois, al R. P. Claudio Acquaviva Generale della Compagnia di Giesù*, p.137.

106) *Ibid.*

107) 이들 제작하기 위해, 그림과 인쇄기를 유럽에서 가져왔다.

108) 이 행렬에 대한 자세한 묘사는, 1605년에 주교 루이스 데 세르케이라(Luis de Cerqueira)가 쓴 질문 20번을 보라. *Interrogatorio que o Padre Vice Provincial da*

조선인과 관련한 페드로 고메즈의 원래 계획은 또한 예수회 선임 사제들이 장래 조선 선교계획에 도움이 될 목적으로 나가사키의 조선인을 위한 세미나를 열기로 하면서 확대된다. 불행히도 이 세미나에 대한 정보가 많지는 않다. 하지만 나가사키의 많은 조선인이 세미나에 참석했다는 것은 입증 가능하며, 참석한 사람 중 일부는 교육 수준이 높은 사람들이었고 승려도 있었다. 스페인인 베르나르디노 아빌라 지론(Bernardino Avila Girón)은 자기 집의 물품 목록에 요아킨 하치콴(Joaquin Hachikuan)이라는 이름의 조선인과 세 명의 노예에 대해 기록했는데, 그 조선인 엘리트가 그리스도교를 알고 있다고 하였다. 로마예수회문서보관소(ARSI: ARCHIVUM ROMANUM SOCIETATIS IESU)에 보관된 한 원고의 사본에 이 세미나에 대해 언급한 흥미로운 방주(傍註)가 있다.[109]

이것이 하치콴이 말한 건지 저자가 말한 건지 알 수 없지만 조선과 중국 전역에 그런 일이 전혀 없다는 것은 확실하다. 중국에는 많은 예수회가 있고 일본의 일부 신학교에는 조선인들이 있기 때문이다. 그리고 그들은 자신들의 법을 잘 알고 있었고, 이 법은 중국과 일본에서도 마찬가지였다. … 만약 여성 노예가 그렇게 말했거나, 그가 그들의 말을 이해하지 못했다면, 노예 또는 하층민인 그들이 조선의 일들을 몰랐을 것이기 때문이다. 그리고 우리 성직자들의

Companhia de Jesus nos Reinos de Jappão appresenta para por elle serem perguntadas as testemunhas, que appresenta asim de se entender a verdade do que se contem na enformação e resposta que por mandado do Reverendissimo Senhor Dom Luis de Cerqueira Bispo de Jappão daa alguns arrezoados, e papeis, de que teve noticia, pellos quaes os religiosos das Felipinas e outras pessoas das ditas partes pretendem mostrar ser subreticio o breve do Papa Clemente 8º em que manda que não venhão, nem estejão em Jappão Religiosos das Felipinas. ARSI, ARSI, Jap Sin 21, fl.76.

[109] 이 원고 자체는 페드로 모레욘(Pedro Morejón S.J.) 신부가 작성한 것으로 보인다.

집에는 조선인 승려들이 있고, 그들은 그런 일이 전혀 없다고 말한다.[110]

이 세미나의 궁극적 목표는 조선을 그리스도교로 개종시키는 것이었다. 이 계획의 기원은 1566년으로 거슬러 올라가는데, 그때 일본 예수회 원장 코스메 데 토레스(Cosme de Torres)가 조선 선교를 위해 교토와 사카이 지역의 예수회 선교 창시자인 포르투갈인 가스파르 비렐라(Gaspar Vilela, 1525/26~1572년)를 선정하였다. 이 계획은 일본의 정치적 동란 때문에 비렐라가 국경을 넘지 못해 실행되지 못했다.[111]

1610년 나가사키에서는 이전에 노예였던 일단의 조선인 극빈자들이 교회를 세우고 교단[112]을 만들 작은 땅을 구입하기 위해 조선인 기리스탄 공동체 내에서 기금을 모았다. 이 계획을 실행하기에는 기금이 부족하자, 조선인들은 결국 작은 예배당을 겨우 짓고 이를 로마의 성 라우렌시오(Saint Lawrence)에게 헌정했다. 가톨릭 순교자이며 초기 가톨릭교회의 첫 일곱 부제(deacon)중 한 명인 성 라우렌시오를 선택한 것이 아주 흥미롭다. 로마의 전승에 따르면, 성 라우렌시오는 258년 로마 황제 발레리아누스에게 교회의 보물을 전달하기 위해 소환되었다. 그러나 그는 이를 거역하고 가난한 그리스도교 신자들을 모아 황제 앞에 데려가서 이들이 교회의 보물이라고 말했다. 그에 대한 보복으로 황제는 그를 산채로 불태웠다. 조선인들이 이 성자를 택한 것은 교회의 재물을 지키며 죽음도 불사하겠다는 그들의 의지를 상징한 것일까? 베비오 아마로(Bebio Amaro)의 연구에 따르면, 로마의

---

110) ARSI, Jap Sin, 58, fl. 198.

111) Letter of Gaspar Vilela S. J. to Francesco Borgia/ Francisco de Borja y Aragón (1510-1572), Goa, 03-11-1671, fls. 80v-81; Juan Ruiz de Medina, S.J., *The Catholic Church in Korea,* pp.201~202.

112) 교회 조직(Irmamdade)을 말한다.

성 라우렌시오 예배당은 신고라이 마치(新高麗町)에 있었다고 한다.[113] 1610년의 연례 보고에서 예수회 사제 주앙 로드리게스 지랑 (João Rodrigues Girão)은 이 예배당이 문을 연 것을 조선인만이 아니라 많은 일본인들도 축성했다고 한다. 원문을 살펴보자.

이 도시에는 그들만의 교회를 건축하고 교단을 확립하기로 결심한 열정적인 조선인 기리스탄들이 많이 있다. 가난하지만 스스로 돈을 모아 좋은 장소를 구했다. 더 이상 돈을 구할 수 없는 시점에 이르자 이들은 성 라우렌시오를 기념하는 예배당을 지어 이를 헌정하였다. 엄숙한 가운데 조선인과 많은 일본인이 참석해 헌당을 기념했다. 일본인은 조선인 기리스탄의 독실함과 헌신, 영혼 구원과 관련한 단결과 조화에 크게 감명 받았다.[114]

예배당이 작고 도시 외곽의 가장 가난한 지역에 위치했기 때문에 1614년 예수회 추방 후 그리스도교 건물을 파괴한 일본 당국의 눈에 띄지 않고 남을 수 있었다.[115] 또 다른 문서에 따르면, 1619년 여러 교회에 있던 기리스탄들의 뼈를 파서 이곳에 모아 태웠다고 한다. 이때 로마의 성 라우렌시오 예배당은 이미 교회로 지정된 것으로 보인다. 그래서 미루어 보건대 원래 예배당이 좀 더 규모가 큰 교회로 바뀌었을 가능성이 있다.[116] 다음 해 자비의 집과 함께 나가사키 외곽에 위치한 성 미구엘 교회와 로마의 성 라우렌시오 교회가 파괴되었고 아

---

[113] Bébio Vieira Amaro, 「港市長崎におけるキリシタン施設に関する研究」, 東京大學校 博士學位論文, 2016, 477쪽.

[114] Annual Letter from João Rodrigues Girão to Claudio Aquaviva, 1610. ARSI, Jap Sin 57, fols. 5v-6r. ARSI, Jap Sin 57, fl.71에는 같은 보고서의 두 번째 사본이 있다. 또한 Bébio Vieira Amaro, 위의 논문, 477쪽도 보라.

[115] 위의 논문.

[116] Copy of the letter of Sebastião Vieira? to Father Pietro Spinello, Macau, 1656. ARSI, Jap Sin 22, fl.361v. 또한 Bébio Vieira Amaro, 위의 논문 참조.

울러 우라카미(浦上)에 있던 산타 클라라 교회도 파괴되었다.[117]

일본에서 성직자들이 공식적으로 추방되었을 때인 1614년부터 이 조선인 기리스탄 공동체는 규슈 지역의 선교활동에서 중요한 역할을 했다. 이전에 노예였던 조선인들은 종교인을 돕기 위한 비밀스런 네트워크를 조직했다. 아래에서 밝히듯이, 많은 유럽인 성직자들이 불법으로 일본에 들어왔고 나가사키 관헌에 의해 발견되어 체포되었을 때 그들은 조선인의 집에 숨어있었다. 이전에 노예였던 이런 사람들 중 많은 이들이 박해 시기 동안 남일본에서 가톨릭 전통을 보존하면서 전도사가 되었다는 것도 역시 놀랄 만한 일이다.

박해 시기 이전과 그 시기 동안 일본인과 조선인 기리스탄들은 두 가지 유형의 그리스도교 기관으로 조직되었다. 자비의 집과 '교단(Brotherhood)'이 그것이다. 자비의 집은 주로 사회적 구제 활동에 중심을 둔 반면, 교단은 교인들의 교육에 중심을 두었다. 각 교단의 지도자가 해야 할 주된 의무는 교인 집단의 구성원들에게 교리를 읽어주고 가르치는 것이었다. 또한 장례 절차를 준비하거나 아프고 가난한 사람을 돕는 일도 주도했다. 뒤의 세 가지 의무는 각 자비의 집의 지도자들 역시 수행했다. 그러나 17세기 초 자비의 집이 파괴되면서 그 기관의 활동을 일부 '비밀 교단'으로 옮길 수밖에 없었다. 일본인과 조선인 기리스탄들은 자신의 성직자와 영적 이끌림을 따라 교단을 선택했고 동시에 여러 교단에 이름을 올리는 것도 가능했다.[118]

---

[117] Letter from Mateus de Couros S.J. to Muzio Vitelleschi, Nagasaki, 20-03-1620. ARSI, Jap Sin 35, fl.138; Juan Ruiz de Medina, S.J., *The Catholic Church in Korea,* pp. 279~280.

[118] Lorenzo Pérez, "La Venerable Orden Tercera y la Archicofradía del Cordón en el Extremo Oriente (conclusión)," *Archivo Ibero Americano,* n.98, XVII, no year, p.179.

도미니크 수도회

일본에서 도미니크 수도회는 조선인 노예를 보호하는 데 중요한 역할을 했다. 나가사키에 사는 일부 조선인 기리스탄들은 도미니크 수도회가 조직한 로자리오 그룹(Grupo do Rosário)이라 불리는 교단에 참여했다. 이 교단의 여러 구성원들은 박해 시기 동안 도미니크회 수사들을 돕고 나가사키와 주변의 기리스탄들을 가르쳤다.

이 교단에서 눈에 띄는 첫 번째 조선인은 코스메 타케야 소자부로(コメス竹屋長兵衛)로, 코스메 코레아(Cosme Corea)나 코스메 타쿠에(Cosme Takue)라고도 했다. 겨우 11살에 일본으로 끌려온 코스메는 나가사키에서 세례를 받았다. 이름이 알려지지 않은 지쿠고 출신의 부자를 오랫동안 섬긴 후 그에 대한 보상으로 코스메는 관리인(Steward)[119] 이 되었고 집과 약간의 땅을 얻었다. 그때부터 그는 자신의 집을 도미니크회 성직자를 돕는 데 사용했다. 마닐라를 통해 비밀리에 일본에 온 사제들인 후앙 데 산토 도밍고(Juan de Santo Domingo)와 안젤로 페레르(Angelo Ferrer)가 그의 집에 머물렀다. 코스메는 숙식을 제공하는 외에 그들에게 일본어도 가르쳤다.[120] 1618년 9월 13일 한밤중에 일본 관헌은 성직자를 숨겨준다고 의심되는 나가사키의 여러 집들을 불시에 수색했다. 4집에서 성직자가 발각되었다. 코스메 타쿠에의 집에서는 도미니크회 성직자 후안 데 산토 도밍고와 안제로 페레르가 살고 있었고, 포르투갈인 도밍고스 조르헤(Domingos Jorge)의 집에는 예수회 수사 카를로스(Carlos)와 암브로시오 에스피뇰라(Ambrosio Espinola) 형제가 살고 있었으며, 안드레 토콴(Andre Tokuan)의 집에는

---

119) 포르투갈어로는 Mordomo이다.
120) G. Boero e P. A. del Niño Jesus, *Los doscientos cinco martires del Japon*, Mexico: Imprenta de J. M. Lara, 1869, pp.30~31.

스페인인 프란시스코 모랄레스(Francisco Morales)가, 주앙 쇼운(João Shoun)의 집에는 스페인인 알론소 데 메나(Alonso de Mena)가 머물고 있었다. 1619년 11월 14일 나가사키의 부교 하세가와 곤로쿠(長谷川權六, 1615~1625년)는 이 조선인들을 화형시켰다.[121] 코스메의 아내 이네스 다케야(イネス·竹屋) 역시 조선인으로 그녀는 1580년에 조선에서 태어났다. 임진왜란 때 그녀는 노예로 나가사키에 끌려왔다. 이 조선인 여성은 나가사키의 로자리오 그룹의 중요 인물로 활동하다가 1622년 10월 19일 사망했다.[122]

역시 로자리오 그룹의 구성원인 안토니오 데 코레아(António de Corea; アントニオ·高麗人, Antonius Hamanomachi "The Corea"라고도 한다)도 성직자를 숨겨 주었다는 이유로 사형당했다. 정확히 그가 언제 죽었는지 확실하지 않지만 1622년 10월 9일이거나 1622년 8월 19일 나가사키 앞바다에 세운 네 개의 기둥 중 하나에서 죽었다.[123]

도미니크 수도회를 도운 것으로 눈에 띠는 또 다른 조선인은 카이우스 아카시 지에몬(カヨ次右衛門)이다. 1627년 8월 16일 나가사키에서 순교한 그는 박해 시기 동안 중요한 전도사 중 한 명이었다.[124] 시복령(beatification decree) 기간 동안 카이우스는 도미니크 수도회에 속해 있었다. 그러나 일부 증거는 그가 제3프란시스코 수도회(the Third Order of Saint Francis)에 속했음을 보여주기도 한다.[125]

---

121) *Ibid.*, pp.63~64.

122) Luis Ruiz-de-Medina, *El Martirologio del Japón,* Roma: Institutum Historicum S.J., 1999; newsaints.faithweb.com/martyrs/Japan02.htm.

123) G. Boero e P. A. del Niño Jesus, *Los doscientos cinco martires del Japon,* p.56.

124) Luis Ruiz-de-Medina, *El Martirologio;* newsaints.faithweb.com/martyrs/Japan02.htm.

125) 이 논란과 관련한 더 많은 정보는, Lorenzo Pérez, "La Venerable Orden Tercera y la Archicofradía del Cordón en el Extremo Oriente", pp.201~202를 보라.

예수회

도미니크회 수사들과 협력한 외에도, 일부 조선인들은 예수회 수사들이 나가사키 관헌을 피하도록 도왔다. 예수회가 조직한 '교단'은 노사 세뇨라 다 아순사웅 그룹(Grupo da Nossa Senhora da Assunção)이라 불리었다. 아리마 지역에는 산토 에스피리토 산토(Santo Espírito)라 불리는 교단도 있었다.126) 예수회와 관련 있는 가장 중요한 조선인 선교사 중 한 명은 카요(Cayo; カヨ, Caio, Caius라고도 한다)로, 그는 1571년 조선에서 태어나 임진왜란 중 나가사키로 끌려와 일본 귀족에게 팔렸다. 교토에서 예수회 수사를 통해 그리스도교로 개종한 카요는 선교사들과 함께 타카쿠와 오사카, 사카이를 다녔다. 1614년에 카요는 기리스탄 다이묘 주스토 우콘도노(Justo Ucondono, 다카야마 우콘[高山右近]을 말한다)와 함께 마닐라로 갔지만, 주스토가 죽은 후 나가사키로 돌아와 그곳에서 순교했다. 나가사키에서 그는 공개적으로 그리스도교 신앙을 표명한 주도적인 조선인 전도사 중 한명이었다. 그는 배교를 거절한 이유로 체포되었다. 수감 중 그의 예수회 가입이 승인되었지만, 이 사실을 모른 채 그는 1624년 11월 15일 처형되었다.127)

예수회 소속 또 다른 조선인 도주쿠(道塾)는 빈센테 칸(Vicente Caun/Vincentius Kaun; ビセンテ・かうん)이다. 1579년 조선에서 태어난 그는 1595년 그레고리오 데 세스페데스 신부가 나가사키로 데려왔다.128) 그때 빈센테는 세례를 받고 그리스도교로 개종하였고 세미나에

---

126) ARSI, Jap Sin 58, fl. 76v.
127) G. Boero e P. A. del Niño Jesus, *Los doscientos cinco martires del Japon,* pp.120~121; Luis Ruiz-de-Medina, *El Martirologio;* newsaints.faithweb.com/martyrs/Japan02.htm.
128) Ralph M. Cory, "Some Notes on Father Gregorio de Cespedes, Korea's First European Visitor", pp.20, 24; Sung-hwa Cheong and Lee Kihan, "A Study of 16th century Western Books on Korea: The Birth of an Image," *Korea Journal,* 40-3, 2000, pp.

참여하게 되었다. 수년 뒤 그는 조선으로 돌아가 조선을 그리스도교로 개종시키기 위해 북경으로 파견되었다. 7년간 이어진 귀국 시도에도 불구하고, 그는 조선으로 다시 들어가지 못했고 일본으로 돌아갈 수밖에 없었다. 박해 시기 동안 그는 기리스탄들과 예수회 수사들을 도왔으며, 결국 1606년 일본에 온 이탈리아인 신부 죠반니 바티스타 졸라(Giovanni Battista Zola)와 함께 체포되었다. Vicente는 1626년 7월 20일 나가사키에서 화형 당했다.[129]

또 다른 독실한 인물은 '중(o bonzo)'이라는 별명을 가진 안토니오 마르틴스(António Martins)이다. 그는 조선 출신으로 나가사키에 살고 있었다. 그는 임진왜란 당시 노예가 되었다가 풀려난 사람이었다. 노예로서 그는 나가사키에 사는 루이스 마르틴(Luís Martins)라는 이름의 포르투갈 상인을 섬겼고, 세례를 받을 때 그의 성을 따르게 되었다. 조선인 안토니오 마르틴스는 성직자를 돕기 위한 비밀 조직망에 속해 있었다. 특히 그는 주앙 밥티스타 포로(João Baptista Porro) 신부를 도왔다.[130] 예수회의 서한에서 언급된 그는 박해를 피해 도망친 것으로 보이는데, 그의 이름이 순교자 명단에 포함되지 않았기 때문이다.

예수회를 도왔지만 중요도가 떨어지는 다른 조선인들도 있다. 코라이 미구엘(Corai Miguel)[131] 같은 이가 그러한데, 그는 1593년 임진왜

255~283; Donald F. Lach, *Asia in the Making of Europe,* 1965, Chicago: the University of Chicago Press, 1994, vol. I, p.721.

[129] ARSI, Jap Sin 29, fol.140; Luis Ruiz-de-Medina, *El Martirologio.*

[130] Manoel Dias, Prov. de Macau.; Informationes, 10-11-1638. ARSI, Jap Sin 18-1, Codice 50, fl. 172.

[131] Lope de Vega, *Triunfo de la Fee en los reynos del Iapon por los años de 1614 y 1615,* p.85; François Trigault, *Histoire des martyrs du Japon depuis 1612 jusqu'en 1620,* pp.407, 633; J. G. Ruiz-de-Medina, *The Catholic Church in Korea,* pp.248~253; 五野井隆史, 「被虜朝鮮人とキリスト教 : 十六, 十七世紀日韓キリスト教関係史」,

란 중에 잡혀 일본으로 끌려왔다.[132] 그의 나이에 대해서는 몇 가지 설이 있지만, 여전히 확인되지 않고 있다.[133] 그는 1597년 정유재란 때 참전하는 자기 주인과 함께 조선으로 돌아갔었다.[134] 그는 노예가 된 자신의 여동생을 풀어주기 위해 일본으로 돌아와 '하인(下僕)'이 되었다. 이후 그는 노예 신분에서 다시 벗어나게 되며, 그가 살던 구치노쓰에서 결혼도 하였다. 그는 산토 에스피리토 교단에 속해 나병 환자를 도왔다. 후에 그는 발각되어 1614년 11월 23일 처형당했다.

같은 날 페드로 코레아노(Pedro Coreano, Pedro Corea나 Jincuroo Pedro라고도 했다)도 처형당했다. 이 조선인은 13살에 잡혀와 일본에서 여러 해 동안 종살이를 했고 자유를 얻은 후 그리스도교로 개종했다.[135] 그는 떠돌이 생활을 한 탓에 집을 소유하지는 않았으며, 구치노쓰의 한 셋집에서 발각되었다.[136]

41~59쪽; Léon Pagés, *Religion Chrétienne au Japon,* vol. I, pp.291~292; Report of Carlo Spinola, *Relação dos Mártires do Japão de 1614,* 18-3-1615, ARSI, Jap Sin 58, fls.72v, 76, 136, 136v; Bernardino de Avila Girón, ARSI, Jap Sin 58, fls. 263-263v.

[132] Carlo Spinola, *Relação dos Mártires do Japão de 1614,* ARSI, Jap Sin 58, fl.76.

[133] 트리고(Trigault)에 따르면 그는 1615년 48세에 죽었다. 레옹 파제스(Léon Pagés)는 그가 42세에 죽었다고 한다. *Relação dos Mártires do Japão de 1614*에는 조선인 미구엘이 사망 시에 역시 48세에 였던 것으로 확인된다. François Trigault, *Histoire des martyrs du Japon depuis 1612 jusqu'en 1620,* p.407; Léon Pagés, *Religion Chrétienne au Japon,* vol. I, pp.291~292; Carlo Spinola, *Relação dos Mártires do Japão de 1614,* ARSI, Jap Sin 58, fl.76.

[134] *Ibid.*

[135] Lope de Vega, *Triunfo de la Fee en los reynos del Japón por los años de 1614 y 1615,* p.85.

[136] *Ibid.,* p.86; François Trigault, *Histoire des martyrs du Japon depuis 1612 jusqu'en 1620,* pp.416, 633; Léon Pagés, *Religion Chrétienne au Japon,* vol. I, p.293; J. G. Ruiz-de-Medina, *The Catholic Church in Korea,* pp.248~253; 五野井隆史, 「被虜朝鮮人とキリスト教: 十六, 十七世紀日韓キリスト教関係史」, 41~59쪽; Report of Carlo Spinola in 18-03-1615 - *Relação dos Mártires do Japão de 1614,* ARSI, Jap Sin 58, fls.78-78v, 138v.

1623년 과거에 도주쿠로서 예수회를 위해 일했던 이름을 알 수 없는 조선인 농부도 그의 집에 성직자를 숨겨주었다가 발각되어 순교했다.[137)

프란시스코 수도회

프란시스코 수도회가 조직한 교단은 코르돈 신도회(Confraria do Cordão/ Confradía del Cordon)와 세수타코(Sesutakō)라고 불렀다. 이전에 노예였던 조선인들은 박해 시기 동안 마닐라를 거쳐 일본으로 들어온 프란시스코회 수사들을 돕는 데에도 중요한 역할을 했다. 하지만 프란시스코 수도회가 예수회나 도미니크 수도회와 비교할 경우 그 중요도가 훨씬 미미했다는 것이 주목된다. 프란시스코 수도회와 관련해 가장 유명한 조선인 순교자는 호아킨 하치칸(ホアキン・ハチカン; 八官常珍)으로, 사실 그는 최초의 조선인 순교자였다. 그는 1609년 역시 조선인인 아내와 함께 알론소 데 라 마드레 데 디오스(Alonso de la Madre de Dios, ?~1633년) 신부에게서 세례를 받았다. 이후 그는 요아킴(Joachim)이라는 세례명을, 그의 아내는 안나(Ana)라는 세례명을 받았다. 하치칸은 코르돈 신도회의 관리인[138)으로서 에도의 프란시스코회 교단의 지도자 중 한 명이 된다. 성직자들이 박해를 받자 그는 프란시스코회 신부 루이스 소텔로(Luis Sotelo)를 보호했다. 그는 동료들을 밝히기를 거부한 후 1613년 8월 16일 에도의 도리고에(鳥越)에서 처형당했다. 처형자 명단에 그의 아내 안나의 이름이 없으므로, 그녀

---

137) Letter of Francisco Pacheco to the Superior of Japan, 22-09-1623, Doc. 78 in: *Monumenta Missionum Societatis IESU -Monumenta Historica Japoniae I- Textus Catalogorum Japoniae 1553-1654.*
138) 포르투갈어로 Mordomo이다.

의 그 당시 행적에 대해서는 알려진 바가 없다. 하치칸의 전기(傳記) 일부가 벨나르디노 아빌라 지론의 저서를 통해 알려지게 되었다. 1928년 프란시스코회 성직자 로렌초 페레즈(Lorenzo Pérez)는 하치칸과 관련해 소텔로에게서 온 편지를 옮겨 적었다. 해당 편지는 마드리드의 프란시스코회 수녀원에 있었는데, 프란시스코회 수사들이 일본에서 스페인으로 보낸 상자도 같이 있었다. 이 상자 안에는 이 조선인 기리스탄의 머리가 있었다.[139]

이 외에도 프란시스코 수도회와 관련해 두드러진 이름들 중에는 가스파르 바스(Gaspar Vaz; ガスパル・バス)와 토마스 사토 시에몬(Thomas Sato Shi'Emon; トマス・オウ甚右衛門) 같은 이들이 있다. 가스파르 바스는 아이 때에 일본군에게 붙잡혀 포르투갈 상인에게 팔렸다. 마카오에서 자란 그는 몇 년 뒤 일본으로 돌아왔다. 그는 포르투갈인으로 여겨졌다.[140] 나가사키에서 가스파르는 어느 나라 사람인지 알 수 없는 마리아(Maria)라는 여자와 결혼했다. 파제스에 따르면, 마리아는 1591년 일본에서 태어났다고 하며,[141] 호세 시카르도(José Sicardo)는 그녀가 일본인이 아니라 조선인이라고 한다.[142] 파제스에 따르면, 가스파르는 일본에 사는 성직자를 숨겨주는 비밀 네트워크에 속해 있는 것이 발각되자 자신의 집을 팔았다. 1607년 그는 성직자를 숨겨주기 위해 두 번째 집을 구입했는데, 그 때 이용한 가짜 이름은 프란시스코 쿠플로이에(Francisco Coufloye)였다(이 이름은 그의 친구의 실명이었다). 이후 20년 동안 그는 프란시스코회 성직자만이 아니

---

139) Lorenzo Pérez, "Héroes del cristianismo en el Japón en el siglo XVII," pp.309~314.
140) José Sicardo, *Christiandad del Japon, y dilatada persecucion que padeciò*, p.332.
141) Léon Pagés, *Religion Chrétienne au Japon*, vol. I, p.663.
142) José Sicardo, *Christiandad del Japon, y dilatada persecucion que padeciò*, p.332.

라 도미니크회 성직자들도 감추어 주었다. 1627년 5월 프란시스코 데 산타 마리아(Francisco de Santa Maria) 신부가 그의 집에서 발각되었다. 그는 다른 성직자와 기리스탄 비밀 네트워크 구성원들의 정체를 밝히기를 거부하여 1627년 8월 16일 나가사키에서 화형 당했다.[143]

나가사키에 살았던 토마스 사토 시에몬(또는 진이에몬)은 프란시스코회 성직자들과 연관되었음에도 다른 교단에 속한 성직자들도 도왔다. 그의 집도 비밀 은닉처로 사용되었는데, 예수회 수사 발타자르 토레스(Baltazar Torres)가 여기서 발각되었다. 이 때문에 그는 가스파르 바스와 같은 날 같은 장소에서 처형당했다.

예수회와 도미니크 수도회를 도운 다른 조선인과 마찬가지로 가스파르와 토마스는 중요한 전도사로서 첫 번째 박해 때 살아남은 일본인 기리스탄 집단들에게 교리를 설교하였다.[144]

Ⅵ. 일본 밖의 조선인 디아스포라 사례들

불행히도 나가사키에서 거래된 노예들 중 조선인이 일본 밖에서 존재를 확인하기가 가장 어렵다. 마카오에서 이 디아스포라를 설명하는 정보는 주로 중국에서 나온 것이다. 첫 번째 정보는 광저우(廣州)의 감독관 전생금(田生金)이 쓴 비문인데, 거기에는 세 사람이 조선의 부산 출신임을 고백했다고 적혀있다. 그들이 아직 어렸을 때, 일본인이 그

---

143) 五野井隆史, 「被虜朝鮮人とキリスト教: 十六, 十七世紀日韓キリスト教関係史」, 41~59쪽; Léon Pagés, *Religion Chrétienne au Japon,* vol. I, p.663.
144) Juan Ruiz-de-Medina, *El Martirologio;* newsaints.faithweb.com/martyrs/Japan02.htm; 五野井隆史, 위의 논문, 41~59쪽.

들을 포르투갈인에게 팔았고, 그 포르투갈인은 그들을 데리고 마카오와 샹산(象山), 광둥(廣東)으로 다녔다. 일본인이 어린 그들을 포르투갈인에게 팔았고, 이들은 주인을 따라 마카오 및 샹산, 광둥으로 가게 된다. 마에르사이공(Maersaigong; 馬爾賽公)과 마페이유루오(Mafeiyuluo, 嗎吠籲囉), 마페이지루오(Mafeizhiluo; 嗎吠吱囉)라는 이름의 이 조선인 3명은 마카오의 성 바오로 교회 근처의 거리에서 살았다.[145] 이 이야기는 매우 중요한 것으로, 그것이 성 바오로 교회 근처에 마카오로 온 수많은 조선인들이 거주하는 조선인 구역이 존재했음을 보여주기 때문이다. 성 바오로 성당에 가까웠던 것은 성직자들이 이들 노예들에게 세례를 주고 그리스도교 교리를 가르칠 수 있게 해주었다.

마카오의 중국 관헌은 이 노예들을 일본인으로 착각했다. 위에서 언급한 기념비에는 또 다른 문장이 쓰여 있는데, 그것은 전금생이 이 조선인들을 처음 보고서 일본인으로 생각했다고 하고 있다. 그는 머리 모양을 보고 그들이 다르다는 것을 알았다. 조선인들은 짧게 머리를 잘랐고 일본인은 긴 머리를 하고 있었던 것이다.[146]

일본인과 조선인을 이렇게 혼동하는 것은 포르투갈인의 경우도 마찬가지였을 것이며, 아시아의 다른 지역에서도 일어났을 것이다. 왜냐하면 포르투갈인들은 일본과 조선의 언어와 문화를 모두 무시했고 이 때문에 조선인 노예를 일본인과 구분하기가 어려웠기 때문이다. 이것은 일본 밖에서 조선인 디아스포라를 확인하기가 왜 그렇게 어려운지를 설명해 주는 가장 합당한 이유일 것이다.

이러한 어려움에도 불구하고 마닐라 및 마카오, 고아, 이탈리아에

---

145) Kaijian Tang, *Setting Off from Macau: Essays on Jesuit History During the Ming and Qing Dynasties*, Netherlands: Brill Academic Pub., 2015, p.93.
146) *Ibid,,* p.94.

서 일부 조선인의 일대기들을 제구성하는 것이 가능했다. 몇 가지 사례를 들어보면 다음과 같다.

첫 번째 사례는 1579년 조선에서 태어난 가스파르(Gaspar)이다. 임진왜란 중에 사로잡힌 그는 겨우 13살의 나이에 나가사키로 끌려가 노예로 팔렸다. 그는 뒤에 세례를 받고 가스파르라는 세례명을 받았다. 그를 잡은 것이 정당함을 확인하는 증서가 이 사실들을 증명하고 있다.(증서는 예수회 성직자가 발행한 것이다). 이런 절차를 거친 후 그는 확실히 포르투갈 상인에게 팔렸다. 그는 스페인어를 절대 할 수 없었기 때문이다. 이 조선인은 정확히 알 수 없는 시기에 포르투갈 상인 루이 페레즈(Rui Perez)에게 다시 팔려 마닐라로 가게 되었다.147)

또 다른 사례는 임진왜란 중 다른 노예들과 함께 아주 어린 나이에 나가사키에 끌려온 토마스(Tomas)이다. 나가사키에서 팔린 그는 결국 마닐라로 가게 되었고, 거기서 도미니크회 수사를 통해 그리스도교로 개종했다. 어찌어찌해서 그의 아버지와 연락이 닿았고 아버지는 그에게 조선으로 돌아올 것을 설득했다. 나가사키로 간 뒤에 거기서 도미니크회 수사들의 도움을 받은 토마스는 마침내 조선으로 귀향했고 다시는 일본으로 돌아가지 않았다.148)

또 다른 유명한 이야기는 안토니오 코레아(Antonio Korea)의 이야기이다. 그는 1597년 나가사키에서 프란체스코 카를레티가 구입한 노예로, 카를레티는 그를 피렌체와 로마로 데려갔다.149)

조선인 줄리아 오타(Julia Ota)는 임진왜란 중 붙잡혀 노예가 된 또

---

147) AGN, Inquisición, vol. 237, fls. 458v-459.

148) Diego Aduarte; Baltasar de Santa Cruz, *Historia de la provincia del Santo Rosario de Filipinos, Iapon, y China, de la sagrada orden de Predicadores*, Zaragoça: D. Gascon, 1693, pp.471~472.

149) Francesco Carletti, *Ragionamenti,* p.40.

다른 희생자였다.[150] 뒤에 그녀를 기리스탄 다이묘 고니시 유키나가[151]가 풀어주고 일본으로 데려갔다. 그녀가 석방되면서 크리스천 다이묘 고니시 유키나가에 의해 일본으로 가게 되었다는 내용이 D. Agostinho의 포르투갈 기록에 남아있다.[152] 그리스도교로 개종한 뒤 그녀는 배교를 거부해 니이지마(新島) 섬에 유배되었다.[153] 1605년의 연례 보고에서 주앙 로드리게스 지랑은 줄리아의 일대기를 자세하게 적어놓았다.[154]

마카오 상인 페루 데 로베레두(Pero de Roberedo)는 자신의 유언에서 2명의 조선인 여성 노예을 언급한다. 로베레두는 안젤라(Angela)라는 이름의 조선인 노예의 결혼을 위해 20페소를, 그리고 고아 지방의 프란시스코 페레이라 데 사(Francisco Pereira de Sá)에게 그가 팔았던 조선인 노예 헬레나(Helena)의 몸값으로 20파르다오를 남긴다.[155]

또 다른 유명한 조선인은 마리나 파쿠(Marina Paccu/Pak)이다. 이 여자는 1592년과 1597년 사이에 임진왜란의 와중에 나가사키에 도착했다. 1606년 그리스도교로 개종한 뒤 그녀는 일본인 여성 기리스탄들 사이에서 핵심적인 인물이 되었다. 그녀는 근검과 순결, 복종의 세 서약을 만들었다. 일본에서 고문을 받아 시력을 잃은 그녀는 마닐라로 가서 1636년 5월 25일 74세의 나이로 그곳에서 사망했다.[156]

---

[150] ARSI, Jap Sin, 57, fl. 244.

[151] 1555~1600년.

[152] ARSI, Jap Sin 55, fl. 283v.

[153] ARSI, Jap Sin, 57, fls. 243v-244; Juan Ruiz-de-Medina, *The Catholic Church in Korea*, pp.243~245.

[154] ARSI, Jap Sin, 57, fls. 243v-244.

[155] AHM, Misericórdia, Legados, Treslados de testamentos, testamento de Pero Roveredo, fl. 10.

[156] Juan Ruiz-de-Medina, *The Catholic Church in Korea*, pp.245~248.

　　포르투갈 선박에 실려 일본 밖으로 나간 노예들은 대부분 일본으로 돌아오지 못했지만, 팔려서 마카오로 끌려간 일부 조선인 여성들은 뒤에 일본으로 돌아왔다. 예컨대 1599년 10살의 나이로 히고 지방의 야쓰시로(八代)에 노예로 끌려 온 이름을 알 수 없는 여인이 있었다. 1611년 이 조선인은 나가사키로 가서 마카오로 팔렸는데, 1616년 다시 나가사키의 호카우라 마치(Hokaura-machi)로 돌아왔다. 그녀가 노예에서 풀려난 건지 아니면 스스로 자유를 싼 것인지는 알 수가 없다. 그녀는 1616년 전에 노예였던 또 다른 조선인 가와사키야 스케에몬 노 조(Kawasakiya Suke'emon no Joo)와 결혼했다.[157] 가와사키야는 1594년 12살에 일본에 도착해 비젠의 오카야마(岡山)로 끌려갔다. 그 역시 노예였지만 이후 노예 신분에서 풀려났다. 1614년 그는 나가사키의 우와 마치(Uwa-machi)로 옮겼다. 이전에 노예였던 이 부부 사이에는 타쓰라는 이름의 딸(1623년 출생)과 이노스케라는 이름의 아들(1626년 출생)이 있었다.[158]

　　또 다른 조선인 디아스포라의 사례는 암보이나 학살 사건(Amboyna massacre, 1623년 2월 23일~3월 9일)에서 찾을 수 있다. 영국 동인도회사와 네덜란드 동인도회사 사이에 발생한 이 사건으로 암본(Ambon)에서 9명의 일본인이 처형되었다. 그들은 히라도에서 온 용병들인 24살의 히툇소(七蔵?)와 32살의 치오사(長左?), 32살의 신사(神三?), 코라에츠(Coraets)[159]에서 온 32살의 용병 키안다요(久太夫), 쏜켓고(Tsonketgo)[160] 출신의 32살의 용병 자빈다(左兵太), 피시엔(Fisien)[161] 출신의 22살 용

---

157) Reinier H. Hesselink, "An Anti-Christian Register from Nagasaki", p.35.
158) *Ibid.*
159) 가라쓰(唐津)?
160) 지쿠고(筑後)?
161) 히젠이나 히바리?

병 잔초(三忠), 나가사키에서 온 23살의 암본 영국 무역소 고용인 시드니 미지엘(Sidney Migiel, Simon? Miguel), 31살 용병 페드로 콘지에(Pedro Congie), 50살 용병 토메 코레아(Thome Corea, Tome Coreano)이다.[162]

하지만 희생자의 이름을 자세히 살펴보면, 토메 코레아는 조선인이었을 가능성이 높다. 나가사키에서 태어났다는 그의 주장에도 불구하고, 그의 성은 포르투갈어로 조선을 뜻한다. 그리고 그의 출생 년도는 도요토미 히데요시가 전쟁을 일으키기 훨씬 전인 1573년이다.

VII. 마카오에서 조선인 및 일본인 노예의 종식과 필리핀의 중국인 노예무역으로의 대체(1600~1614년)

16세기 말 1595년과 1597년 사이에 나가사키 성주는 마카오 시의회와 마카오에 있던 페드로 마르틴(Pedro Martin)주교에게 노예제를 비난하는 편지를 썼다. 이로 인해 노예 거래 금지령을 지키지 않은 모든 사람들이 기독교 당국에 의해 파문을 당했다. 1598년 주교 루이스 데 세르케이라(Luís de Cerqueira)는 다시 한 번 파문을 행하는데, 이러한 정치적·종교적 압력은 결국 마카오 시가 이에 대한 조치를 취하도록

---

[162] 이 정보는 역사가 토머스 록리(Thomas Lockley)가 제공해 준 것이다. 그에게 감사드린다. Elkanah Settle, *Insignia Bataviæ, or, The Dutch trophies display'd being exact relations of the unjust, horrid, and most barbarous proceedings of the Dutch against the English in the East-Indies : whereby is plainly demonstrable what the English must expect from the Hollanders when at any time or place they become their masters,* London: Printed for Thomas Pyke in Pall-Mall; And are to be Sold by the Booksellers of London and Westminster, 1688, p.27. http://tei.it.ox.ac.uk/tcp/Texts-HTML/free/A59/A59322.html

이끌었다. 마카오 시의원들이 일본을 오가는 선장들에게 어린이 노예들을 사서 선박에 싣는 것을 금하였으나, 당시 상황에서는 이러한 조치를 강제해야 할 당국 자체도 완전히 이를 이행하지 않았다. 예컨대 1600년 포르투갈의 파울로 왕(Paulo of Portugal)을 대표해 선장 오라시오 네레티(Orazio Neretti)가 나가사키로 항해했을 때, 그는 세례명이 안토니오 네레티(Antonio Neretti)인 조선인을 구입하여 그에게 세례를 주었다. 이 조선인은 자유를 얻은 후 나가사키의 주도적인 역관 중 한 명이 되었고, 도쿠가와 막부의 관리로서 1626년에서 1631년까지 나가사키 부교였던 미즈노 모리노부(水野守信, 1577~1637년)를 섬겼다. 1627년 작은 선박 하나가 마카오를 출발해 나가사키에 도착했을 때, 그는 모든 내부 서한을 읽어야 하는 책임을 졌다. 네레티는 포르투갈어를 하는 것만이 아니라 라틴어도 익혔고 두 언어를 모두 읽고 쓸 수 있었다. 그는 또한 카톨릭 교육을 받아서 현지의 그리스도교 공동체에 대해 깊은 식견을 가지고 있었다.[163] 1600년 포르투갈 배의 선장은 마카오에서 머무는 동안을 이용하여 안젤라(Angela)라는 이름의 조선인 노예를 현지 상인에게서 구입했다.[164] 노예 거래가 지속적으로 이루어졌음을 보여주는 또 다른 사례는 1603년 2월 25일 싱가포르 해협에서 벌어진 산타 카타리나(Santa Catarina) 호에 대한 네덜란드인의 공격에서 찾을 수 있다. 일본에서 온 이 배는 마카오를 출발해 고아로 향했는데, 배에는 100명의 여자와 아동 노예들이 실려 있었다.[165] 이

---

163) Reinier H. Hesselink, *The Dream of Christian Nagasaki,* p.257, note 23.

164) Arquivo Histórico de Macau, Misericórdia, Legados, Treslados de testamentos, Testamento de Pero Roveredo, fl. 10.

165) Peter Borschberg, "The Santa Catarina Incident of 1603," *Revista de Cultura,* International Editon 11, 2004, pp.13~23; Borschberg, "The Seizure of the Sta. Catarina Revisited: The Portuguese Empire in Asia, VOC Politics ans the Origins of

여성의 역할은 여전히 미스터리이다. 그들은 단지 말라카 시장과 고아 시장에서 팔릴 노예였을까? 아니면 포르투갈인의 성 노예였을까? 사실, 이 여성들에 대한 언급은 16세기 전체에 걸쳐 여러 곳에서 나타난다.166)

1603년의 산타 카타리나 호의 급습 사건으로부터 끌어낼 수 있는 결론 중 하나는, 마카오-나가사키 항로를 오고간 이 상선이 인도로의 귀환 시에 계속해서 아시아인 노예들을 싣고 갔다는 것이다. 두 번째 결론은 마카오에서 말라카 및 코치, 고아로의 노예 거래의 수가 16세기 말에 알려진 수치에 비해 상당히 낮았다는 것이다. 이런 노예 거래의 감소는 일본 예수회의 노예 거래 금지와 마카오 시의회의 통상 금지와 명백히 연관되었고, 17세기 초 고아에 근거를 두고 있던 일본인 노예상에 대한 왕실의 압력이 강화된 것 때문이기도 했다. 산타 카타리나 호에 탄 아시아 노예의 적은 숫자는 이 시기(1602~1604년) '인도 항로(India Run)'167)에 운항하던 사웅 로케(São Roque) 호와 노사 세뇨라 다 인디아(Nossa Senhora da India) 호의 일지 둘 모두의 내용과 일치한다. 이 두 선박에 실려 있던 256명의 노예 중 조선인이나 일본인 노예는 한 명도 없었고 포르투갈로 보내진 중국인 노예가 몇 명 등록되어 있다. 이것은 이미 고아와 유럽에서 중국인 노예의 중요한 흐름이 조선인과 일본인 노예를 대체했다는 것을 보여준다.168)

---

the Dutch-Johor Alliance," *Journal of Southeast Asian Studies* 33, no. 1, 2002, pp.43, 47; Borschberg, *The memoirs and memorials of Jacques de Coutre : security, trade, and society in 16th and 17th-Century Southeast Asia,* Singapore: NUS Press, 2014; Tatiana Seijas, *Asian Slaves in Colonial Mexico,* 2014, p.55.

166) *Arquivo Portuguez Oriental,* ed. Joaquim Heliodoro da Cunha Rivara, Nova Goa: Imprensa Nacional, 1862, Fasc. 4º, pp, 179~180, 261; Real Academia de la Historia, Cortes 566, Maço 21, fl. 274v.

167) 포르투갈어로 Carreira da Índia이다.

나가사키와 고아를 잇는 노예 네트워크에 대한 마지막 타격은 1607년 1월 27일 직후에 일어나게 될 것이다. 그때 펠리페 2세가 몇 번의 실패 후 부왕(Viceroy) 미르팀 데 카스트로(Martim de Castro)에게 포르투갈의 왕 세바스찬 1세가 1570년 반포한 노예 금지 법안을 고아에 공포하도록 강요하였다.

주목해야 또 다른 중요한 측면은 국제적 수준에서 이 항로가 쇠퇴했음에도, 지역 수준에서는 비록 수가 적기는 했지만 포르투갈인들은 계속해서 나가사키에서 일본인 노예를 거래했다는 것이다. 아마도 현지에서 사용할 목적이었을 것이다. 주교 루이스 데 세르케이라가 1609년 3월 6일에 작성한 편지에 따르면 포르투갈 상인들은 계속해서 일본인 노예를 마카오로 데려갈 수 있는 허가를 요청하고 있었다.[169]

마카오에서 조선인 및 일본인 노예 거래가 침체기에 접어들자 포르투갈 상인들은 관심을 필리핀으로 돌렸고 조선인 및 일본인 노예 대신 중국인 노예와 아울러 동남아시아와 인도, 모잠비크의 여타 나라들로부터 노예 공급을 늘려갔다.

Ⅷ. 결론

16세기 동안에 전개된 일본의 노예 거래는 세 가지 국면으로 구분할 수 있다. 즉 중국인 국면, 일본인 국면, 조선인 국면이 그것이다.

포르투갈인들이 중국에 정착하고 아울러 일본인과 무역관계를 연 첫 번째 국면 동안 상인과 성직자들이 남긴 정보는 노예들이 압도적

----

168) *Arquivo Portuguez Oriental,* ed. Joaquim Heliodoro da Cunha Rivara, p.345.
169) RAH, Madrid, Legajo 2665/a-13-7, fl. 94.

으로 중국 출신이라는 것을 가리킨다. 이들은 연안 마을에서 붙잡혀 일본의 규슈 지역으로 운송되었다. 그들은 매년 일본에 온 포르투갈 상인에게 팔려 마카오로 가서 말라카 및 고아로 보내졌고, 유럽을 비롯한 몇몇 다른 항구들을 따라 다시 분배되었다. 이 초기 국면 동안 남중국해와 동중국해에서 포르투갈인의 존재는 산발적이고 그다지 통일되어 있지 않았으며 소수의 상인과 용병 모험가들로만 제한되어 있었다. 체계적이고 계속적인 노예무역을 할 만큼 의미있는 잉여노동의 공급이 전혀 없었기 때문에 매 순간 필요한 만큼만 사람을 얻는 데 만족해할 뿐이었다.

1570년 이후 그리고 1592년까지 노예무역은 재편되었고, 중국인 노예를 지방 다이묘간의 전쟁의 결과로 피폐해진 규슈의 가난한 지역 출신 일본인 노예들이 점차 대체했다.

이 국면 동안 두 가지 사건이 분명히 노예무역에 영향을 주었다. 첫 번째는 마카오 무역에 큰 변화를 가져온 이베리아 왕국들의 통일(Iberian Union)이었다. 마카오는 일본에서 노예를 받아 그들을 아시아 대륙 전역에 흩어진 포르투갈인 공동체로 수출하는 것 외에, 이제 필리핀으로 가는 중요한 노예 거래 경로를 세울 수 있게 되었다. 두 번째는 나가사키가 포르투갈 무역의 중심 항구가 된 것이다. 이전에 교역을 위해 임의로 정박하던 것에 비해, 나가사키로 드나드는 포르투갈 선박의 빈번한 입항은 좀 더 체계적이고 영속적인 노예무역 네트워크의 창출에 유리했다.

1592년 이후 그리고 1597년까지는 조선인 국면이다. 도요토미 히데요시는 이 시기 동안 조선에서 중요한 군사 작전을 추진했고, 이 전쟁에서 잡힌 많은 조선인 포로들이 일본으로 보내져서 포르투갈인에게 팔렸다. 이 조선인 중 많은 이들이 나가사키에 머물렀지만, 그들 중

꽤 많은 사람들이 마카오와 마닐라 같은 아시아 항구들로 보내졌을 터이다.

규슈 지역에 남은 조선인 희생자들은 일본의 예수회와 프란시스코회, 도미니크회, 아우구스티노회의 도움을 받았다. 그들은 조선인 노예를 해방시키고 이 집단을 선교하기 위해 많은 역할을 했다. 원래 목표는 일본을 통한 조선 선교 계획이었다. 결국 이 계획은 실패했지만 조선인 기리스탄의 역할은 일본의 그리스도교 박해 시기에 매우 중요해졌다. 1614년 일본에서 성직자들이 추방된 후 이전에 노예였던 조선인들이 주로 규슈의 유럽 성직자들을 숨겨주고 지원했다.

포르투갈인에게 팔린 조선인 노예와 관련하여 1592년과 1597년 사이에 그런 노예의 수가 연간 1,000명에서 2,000명에 이르렀다는 것을 알고 있지만, 이런 노예들을 아시아의 항구 와 요새, 포르투갈의 거래 거점에서 추적하는 것은 매우 어렵다. 일본인 노예와 달리 조선인 노예에 대한 수요는 주로 여성에 집중되었다. 이 유형의 노예를 찾는 특수성이 조선인 노예에 대한 기록이 거의 없는 것은 조선인 노예가 아시아 성 시장과 관련이 있다는 나의 이론에 기여한다.

1598년 이후 얼마간은 조선인 노예 거래로 인해 마카오는 조선인 및 일본인 노예를 포르투갈령 인도로 재분배할 수가 없게 되었다. 1607년 이후 고아에서 일본인 노예 거래가 공식적으로 종식되면서 마카오의 포르투갈 상인들은 노예 거래를 마닐라와 카비테, 아메리카로 옮겼다. 그러나 이때 수출된 노예는 대부분 일본인이나 조선인이 아니라 중국인이었다.

예수회 신부 吳漁山의 '十年海上' 사목활동과 天學詩 고찰

최낙민

Ⅰ. 들어가는 말

1941년 미국의 동양미술사학자 유디트(Judith)와 버링(Arthur Hart Burling)은 상하이(上海)에서 발간되는 『THE CHINA JOURNAL』에 한 예술가를 소개하는 글을 발표하였다. 그 예술가는 명(明)나라 말기에 태어났고, 은둔자의 삶을 살았으며, 마카오에서 포르투갈 출신의 예수회원들과 함께 생활하였고, 유럽을 여행했다고 말해지며, 기독교도가 되었고, 상하이 쉬자후이(徐家匯)에 있는 가톨릭 수도원에서 신부로서 생을 마감하였다.[1] 비록 로마 바티칸으로 가려던 그의 계획은 실현되지 않았지만, 이 파란만장하고 특별한 삶을 산 주인공은 바로 '청초육대가(淸初六大家)'[2]의 한 사람으로 당시 화단을 대표하던 중국

---

[1] Judith and Arthur Hart Burling, 「Wu Li, A Famous Chinese Painter」, 『THE CHINA JOURNAL』 April 1941, p.162.

[2] "청초육대가"란 왕시민(王時敏), 왕감(王鑒), 왕운王惲(왕운), 王原祁(왕원기), 오

인 예수회 신부 오력(吳歷, 1632~1718)[3]이었다.

국내적으로는 명나라가 망하고 청(淸)나라가 건국되는 피바람이 몰아치던 왕조교체기를 살았고, 국제적으로는 16세기부터 본격화된 서양 식민주의와 기독교의 세계진출이라는 대격변의 시대를 살았던 오어산의 일생을 오늘날을 사는 미술사학자가 개괄했다면 근대 초기 '글로벌적'인 삶을 살았던 화가라고 부르기에 충분했을 것이다. 그러나 20세기 초반까지도 세계적인 관점, 상품, 아이디어, 그리고 다양한 문화의 상호작용으로 인해 야기되는 국제적인 통합 과정이라고 정의되는 '글로벌화(globalization)'[4]라는 단어의 사용은 일반화 되지 않았다.[5]

21세기의 시작을 전후해서는 16세기 세계경제의 등장이 오늘날 '글로벌화'의 기원이라는 주장이 강력하게 제기되고 있다.[6] 글로벌화가 가져온 전 지구적 '통합(intergration)'과 '연결(connectiion)'이라는 측면에 있어 문화적 요소는 경제적 요소만큼이나 큰 중요성을 가진다. 특히, 기독교와 같은 종교는 글로벌화 시대의 가장 초기 문화 요소 중의 하나로 군대, 이주자, 식민주의자, 제국주의자, 무역업자들에 의해 확산되어갔다.[7] 또한 15세기 지리상의 대발견과 함께 시작된 기독교의

력(吳歷), 운수평(惲壽平)을 이른다. "四王, 吳, 惲"이라고도 불렸으며, 명대 동기창(董其昌)의 뒤를 이어 청나라 초기의 화단을 영도하였다.

[3] 오력의 호는 어산(漁山)이며, 장쑤성(江蘇省) 창수(常熟)에서 태어났다.

[4] Albrow, Martin and Elizabeth King (eds.) (1990). *Globalization, Knowledge and Society*, London: Sage. from Wikipedia. 검색일: 2017. 05. 10.

[5] '글로벌화'라는 단어가 일상적으로 사용되기 시작한 것은 20세기 70년대 후반부터라고 한다. 또한 많은 학자들은 글로벌화의 기원을 현대에서 찾고 있다. 하지만 다른 연구자들은 그 기원을 유럽의 대항해 시대와 신대륙 발견 훨씬 이전까지 끌어올리고, 기원전 3천년까지 소급하기도 한다. 안드레 군드 프랑크, 이희재 역, 『리오리엔트』, 이산, 2003, 31~52쪽 참조.

[6] 현재열, 「현재의 글로벌화는 '1571'에 시작되었는가?: 16세기 글로벌화기원론에 대한 비판적 평가」, 『서양사론』 132호, 2017 참고.

[7] McAlister · Elizabeth, "Globalization and the Religious Production of Space." *Journal*

선교 역사는 선교와 세속 정치권력의 결탁 등 여러 상황들이 공모하여 특히나 위험스러운 유럽주의를 배태시켰다.[8] 이에 16세기가 끝나갈 즈음에는 일부 선교사들 사이에서 유럽주의의 오류에 대한 각성이 일기 시작했다. 신설 수도회인 예수회원들이 그들이었다.

1540년 이냐시오 로욜라(Ignatius de Loyola)에 의해 설립된 예수회는 그 출발부터 글로벌화와 밀접하게 연관되어 있었고, 근대 초기 이베리아 반도의 식민주의의 확장과 함께 종교적 사명과 교육기구를 토대로 글로벌화의 개척자가 되었다.[9] 하지만 그들은 유럽주의에서 벗어나 선교 지역의 고유문화에 대한 존중을 기초로 하는 문화 적응주의 선교방식을 펼쳐나가기 시작했다.[10]

예수회의 문화 적응주의 선교방식이 가장 훌륭하게 적용된 곳이 바로 중국이었다. 예수회는 포르투갈인들이 조차한 마카오에 성 바오로학원(Colégio de São Paulo, 聖保祿學院)을 설립하고, 중국 내지 전교에 나설 선교사들을 교육하였다.[11] 이곳에서 중국어와 중국의 고유문화를 학습한 예수회원들은 중국 내 선교활동을 통해 서구의 지리학, 천문학, 수학 등 과학지식을 소개했고, 다른 한편으로 중국의 역

---

for the Scientific Study of Religion, Vol. 44, No 3, September 2005, 249~255. from Wikipedia. 검색일 2017. 05. 10.

8) "교회의 선교의 역사는, 다소 지나치게 단순화하자면 로마제국 개종, 북유럽 개종, 그리고 15세기 대발견과 함께 시작된 근현대 외방선교 시기 등 세단계로 나눌 수 있다." 조지 듄, 문성자·이기면 역, 『거인의 시대: 명 말 중국 예수회 이야기』, 지식을만드는지식, 2016, 5~15쪽.

9) Thomas Banchoff and José Casanova. The Jesuits and Globalization: Historical Legacies and Contemporary Challenges, 2016, Georgetown University Press. p.1.

10) 조지 듄, 문성자·이기면 역, 『거인의 시대: 명 말 중국 예수회 이야기』, 21~31쪽.

11) 성 바오로학원은 1594년 마카오에 설립된 동아시아 최초의 유럽식고등교육기관이다. 발리냐뇨(Alessandro Valignano)에 의해 설립된 이 학원은 중국 선교를 위해 파견된 예수회 선교사들이 현지의 언어와 문화를 배우고 영성을 강화하는 장소였다.

사와 문화, 공자의 사상과 철학 등을 유럽에 적극적으로 소개하였다. 글로벌화한 관점을 가졌던 코스모폴리탄적 소수자, 이를테면 초기 예수회 선교사나 철학자 그리고 계몽주의 학자들은 동질적인 가치의 보편성과 지구상에 존재하는 문화의 이질적 복수성(複數性) 사이에 생겨나는 긴장을 해결하려고 씨름한 개척자였다.[12]

본문에서는 1688년 57세의 나이로 사제 서품을 받고, 상하이 지역에서 10년간 선교활동('十年海上')을 수행한 예수회 신부 오어산의 삶을 『삼여집(三餘集)』 속에 수록된 광의의 천학시(天學詩)[13]들을 통해 살펴볼 것이다. 이를 통해 먼저 상하이 지역의 기독교 선교기지였던 노천주당(老天主堂)을 중심으로 바티칸의 포교성과 밀접하게 연계된 예수회 오어산 신부의 글로벌한 종교생활을 알아보고, 예수회의 중국 선교활동에 있어 중요한 작용을 했던 서양의 천문학과 자연과학지식에 대한 그의 태도를 알아보고자 한다. 그리고 오어산 신부가 상하이 지역의 선교활동에서 보여준 목자로서의 노력, 사람 낚는 어부가 되고자 한 선교사로서의 모습을 통해 기독교의 토착화를 위한 그의 노력을 살펴보고자 한다. 나아가 동질적인 가치의 보편성을 추구하는 가톨릭과 유교문화를 중심으로 하는 중국 고유문화 사이에서 발생하는 긴장을 해결하고, 두 문화를 융합하기 위한 오어산 신부의 노력을 살펴보고자 한다.

---

[12] 위르겐 오스터함멜·닐스 P 페테르손, 배윤기 역,『글로벌화의 역사』, 에코리브로, 2013, 8~9쪽.

[13] '천학시'란 명말 청초 중국 고전 시가의 형식을 빌려 천주교의 교리와 전례 등에 관련한 내용을 담아낸 시를 이르는 말로, 청나라 초기 중국인 예수회 신부 오어산이 처음 사용하였다. 기독교문화와 예수회 신부들의 활동, 기독교 문화를 수용한 중국인들의 감상을 담아낸 천학시를 광의의 천학시라 이야기 한다. 이에 대한 자세한 내용은 졸고「吳漁山의『三巴集』에 나타난 天學詩硏究」,『中國學』第54輯(2016.03) 참고 바람.

Ⅱ. 노천주당(老天主堂)의 중국인 신부

상하이성(上海城) 남문(南門) 밖, 루지아빈(陸家濱) 남안에 위치한 예수회 성묘당(聖墓堂)에 남아 있던 오어산 신부의 묘비명에는 공의 이름은 휘력(諱歷)이고, 세례명은 시몬(Simon Xaverius, 西滿 沙勿略)이며, 창수 현(常熟縣) 사람이다. 강희(康熙) 21년(1682) 예수회에 입회, 강희 27년 신부가 되어 지아딩(嘉定)과 상하이(上海)에서 행교(行教)했고, 강희 57년(1718) 성 마티아 축일(Matthias, 瑪弟亞瞻禮日) 상하이에서 병으로 선종하였다고 적혀 있었다.[14] 본 장에서는 1688년 사제 서품을 받고 정식으로 예수회 신부가 된 오어산이 상하이에 파견되어 노천주당이라 불렸던 경일당(敬一堂)에서 지낸 10년간의 생활을 살펴보고, 예수회의 중국 선교에 있어 중요한 도구가 되었던 서양의 과학지식에 대한 그의 태도를 밝히고자 한다. 아울러 예수회 신부가 되면서부터 바티칸 포교성의 지휘와 감독을 받게 된 중국 지식인의 글로벌한 종교 활동이 갖는 의미를 재고하고자 한다.

1. 경일당의 중국인 신부

상하이에 기독교가 처음 전래된 것은 명 만력(萬曆) 36년(1608)이다. 생전에 세례를 받은 부친의 상례를 치르기 위해 베이징(北京)에서 상여를 모시고 고향 상하이로 돌아오던 대학사 서광계(徐光啟)[15]의

---

14) 오어산의 보다 자세한 생평에 대해서는 졸고 「吳漁山의 죽음에 대한 인식과 태도에 관한 고찰」, 『해항도시문화교섭학』 제14호, 2016 참고 바람.

15) 서광계(徐光啟, 1562~1633)는 이지조(李志藻), 양정균(楊廷均)과 함께 '중국 선교 개척의 3대 대들보(開敎三大柱石)'라 불린다. 만력 23년(1595) 광동(廣東) 사오저우(韶州)에서 카타네오 신부를 처음 만났고, 1603년 선교사 로차(Juan de Rocha,

요청으로 항저우(杭州)에 있던 이태리 출신의 예수회원 카타네오 (Lazarius Cattaneo, 郭居靜) 신부가 상하이에 도착하면서부터였다. 서 광계가 마련한 임시거처에서 생활하던 카타네오 신부가 1609년 성모 마리아 기도소라는 작은 교회를 건립하고 성탄 자정미사를 봉헌하며 서광계의 가속과 친우 등 200여 명에게 세례를 주면서 상하이 지역 천주교 선교는 본격화 되었다. 당시 서광계의 지위와 명망이 높았기 때문에 상하이 지역에는 천주교를 믿는 신도들이 빠르게 늘어났고, 지아딩과 창수 등 주변지역에도 전파되었다.

상하이 지역의 천주교 선교에 큰 공을 세운 사람은 이태리 출신의 예수회원 브란카티(Francesco Brancati, 潘國光) 신부였다. 숭정(崇禎) 10년(1637)부터 28년간 상하이에 주석한 브란카티 신부는 상하이의 명 문가 위위엔(豫園) 반씨(潘氏) 집안으로 출가한 서광계의 넷째 손녀 마르티나(Martina, 瑪爾第納)의 도움을 받아 1640년 상하이 현성 샤오 둥문(小東門) 인근 반윤서(潘允瑞)의 고택 세춘당(世春堂)을 구입하여 300여 명의 신도들을 수용할 수 있는 교회로 개수하였다. 그는 "오직 주 예수 그리스도 한분만을 숭경(崇敬)한다"는 의미를 담아 교회 이름 을 '경일당(敬一堂)'이라 지었다. 교회 곁에는 사제관과 함께 작은 규 모의 천문관측소 '관성대(觀星臺)'를 지어 천문을 연구할 수 있도록 하 였다.[16]

1688년 8월 1일, 최초의 중국인 주교 라문조(羅文藻, Gregorio Lopez) 의 축원 속에 예수회 사제 서품을 받은 오어산과 萬其淵(Paul Vanhes), 劉蘊德(Blaise Verbiest)은 상하이로 파견되어 파스테리(Antonie Posateri, 張安當) 신부의 업무를 돕는 보좌신부가 되었다. 오래지 않아 두 중국

羅如望)에게서 세례를 받고 '바오로'라는 세례명을 받았다.
[16] 孫金富 主編, 『上海宗教志』, 上海社會科學院出版社, 2001, 323쪽.

인 신부는 상하이를 떠났지만 오어산은 강희 35년(1696) 여름까지 상하이에서 활동하였다. 이후에는 지아딩의 본당 신부가 되어 동당(東堂)에 상주하였고, 1708년 다시 상하이로 돌아와 여생을 정리하였다. 오어산 신부는 여러 편의 시 속에서 상하이에서 지낸 시간을 "십년해상(十年海上)"이라 표현하였다. 방호(方豪) 신부는 오어산 신부가 말한 "십년해상", 즉 상하이에서 10년 동안 선교활동을 했다는 말은 상하이를 근거지로 하여 때론 지아딩과 창수 혹은 수저우(蘇州) 등을 오가며 활동하셨다고 보아야한다고 했다.[17]

  1669년 로마의 포교성성(Congregatio de Propaganda Fide, 布敎省)[18]은 "시암의 아유타야에서 회합을 가진 포교성성의 선교사들이 작성한 중국·통킹·코친차이나·시암 전교지에서 사도적 활동을 적합하게 수행하는 데 매우 유용한 지침"이라는 긴 부제가 달린『포교성성의 선교사를 위한 지침서(Monita ad Missionarios S. Congregationis de Propaganda Fide)』를 공포하였다. 지침서에는 선교사의 기본적인 마음가짐으로서 선교지에 도착하면 가장 먼저 피정을 하고, 악마와 싸울 준비를 하며, 현지상황을 파악하는데 열정을 쏟고 언어 공부는 필수적이므로 게을리 하지 말 것을 당부하였다. 그러면서 삶의 기준을 절제, 기도에 두고 세속적인 수단을 멀리하라고 독려하였다.[19] 마카오성 바오로학원에서 예수회원이 되기 위한 교육을 받고,[20] 57세의 나

---

17) 方豪,『中國天主敎人物傳』, 光啓社, 2003, 383쪽.
18) "1622년 교황 그레고리오 15세는 직접 전 세계의 선교교무를 관할하여 선교를 식민지 활동과 분리하여 교회적이고 영적인 순수한 활동으로 바꾸고, 선교사들을 모든 형태의 정치권력으로부터 자유롭게 하며, 선교지의 관습과 문화를 존중하고, 현지인 성직자를 양성하여 지역 교계를 설립한다는 취지로 포교성을 설립하였다." 포교성은 포교성성(S. Congregationis de Propaganda Fide, 布敎聖省)이라 불리기도 한다. 김혜경,『예수회의 적응주의 선교』, 서강대학교출판부, 2012, 211쪽.
19) 김혜경,『예수회의 적응주의 선교』, 221쪽.

이로 전교지 상하이에 도착한 오어산은 포교성성이 정한『선교사를
위한 지침서』에 따라 선교사 생활을 충실히 이어나갔다.

> 塵世日多感, 티끌세상 나날이 감개함도 많지만,
> 此心觸不驚. 이 내 마음은 동요하지 않네.
> 病身如瘦竹, 병든 몸은 마른 대나무와 같고,
> 道侶類飄萍. 형제 사도들은 부평초처럼 흩어졌네.
> 畏俗逐高下, 고하를 쫓는 속세를 경계하고,
> 避人稱重輕. 경중을 따지는 인간 세상을 피하네.
> 棲遲擬深處, 조용한 곳을 찾아 피정에 드니,
> 何必買山耕. 어찌 산을 사고 논밭을 갈겠는가.[21]

    1688년 8월 1일 오어산 등 3명의 중국인이 예수회 사제 서품을 받을
때 일부 서양인 선교사들은 기쁜 마음으로 그들을 받아들였지만, 일
부 서양인 선교사들은 그들이 너무 일찍 사제 서품을 받는다고 생각
하고 어떠한 대가를 지불하더라도 이를 저지하고자 하였다. 또한 비
판세력들은 새로운 중국인 신부들을 경계하고, 그들의 행위에서 자신
들의 의심을 밝힐 수 있는 증거를 찾고자 하였다.[22] 오어산 신부는 교
회 내의 이러한 상황을 잘 알고 있었기 때문에 조용한 곳으로 물러나
피정에 들어 묵상과 침묵기도로 성령을 강화하고, 서양 선교사들이
현지 선교활동을 위해 중국어를 공부하는 것처럼 라틴어로 교회의 성

---

20) 오어산의 마카오에서의 활동에 대해서는 졸고「예수회신부 吳漁山의 『三巴集 ·
澳中雜詠』을 통해 본 해항도시 마카오」,『中國學』第43輯, 2012 참고 바람.

21)『三餘集』,「次韻雜詩七首」第一首. 본문에서 인용한『三餘集』은 吳漁山 撰, 章文
欽 箋注,『吳漁山集箋注』(中華書局, 2007)를 저본으로 하였다. 아래에서는 서지
사항을 생략한다.

22) Liam Mathew Brockey(栢里安), 陳玉芳 譯,『東遊記(Journey to the East): 耶穌會在
華傳教史, 1579-1724』, 澳門大學, 2014, 109쪽.

사를 거행하고 미사를 집전할 수 있도록 "마치 책 속에 갇힌 수인(囚人)처럼 문을 닫아걸고"[23] "서양의 언어와 문자를 배우기 위해"[24] 열심히 노력하였다. 하지만 이미 환갑을 바라보는 오어산 신부는 "평소의 소원대로 형적을 감추고 수련에 몰두하여, 매일매일 서양의 학문을 궁구했지만 여전히 부족함을 느꼈다."[25]

　포르투갈에 부여한 호교권(Padroado, 護敎權)을 제한하고, 정치권력에서 벗어나 교회의 선교활동에 관한 모든 일을 관장하며, 인류 복음화 사업을 지휘하고 협력하기 위해 설립된 포교성성은 선교사업에 필요한 각종 지원을 아끼지 않았다. 뿐만 아니라, 전 세계에 파견된 선교사들의 동향을 파악하고 선교사 개인에게 선교지의 상황을 포교성성에 보고하도록 하여 선교지의 상황을 하나도 놓치지 않고 알고자 하였다.[26] 오어산이 남긴 「서등(西燈)」이라는 시는 상하이에서 활동하던 예수회원 오어산 신부의 생활이 대서양 넘어 바티칸의 포교성성과 밀접하게 연결되어 있었음을 보여준다.

燈自遠方異, 먼 곳에서 온 이 등은 기이하구나,
火從寒食分. 한식(寒食)이 되면 묵은 불씨(舊火)를 새 불씨(新火)로 바꾼다네.
試觀羅瑪景, 로마의 경관을 살펴보며, (敎宗所居地名, 교황이 거주하는 곳의 지명)[27]
橫讀辣丁文. 횡으로 라틴문자를 읽는다네. (西古文, 서양의 고대 문자)

---

23) 『三餘集』, 「次韻雜詩七首」 第四首: "潛修惟耐久, 閉戶等書囚. ……"
24) 『三餘集』, 「次韻雜詩七首」 第一首: "近究西文學, 竟虛東下帷. ……"
25) 『三餘集』, 「六十吟」: "……閉影潛修素願欲, 西學日究猶未足."
26) 김혜경, 『예수회의 적응주의 선교』, 208~212쪽.
27) 청나라 초기를 대표하는 산수화가, 시인으로 일찍부터 문명이 높았던 오어산은 동서양의 문화가 혼재된 마카오를 방문하고부터 이국적인 경물이나 서양의 문화를 접하면 그 감상을 시로 남겼다. 또한 시에 간단하게 주석을 달아 시를 읽는 사람들이 처음 접하게 된 낯선 땅과 서양의 문물과 문화를 이해할 수 있도록 했다.

> 蛾繞光難近, 등불을 맴도는 나방도 가까이 가기 어렵고,
> 鼠窺影不群. 그림자 살피던 생쥐도 예사롭지 않음을 아네.
> 擎看西札到, 서양에서 온 서찰을 받아들고 보니,
> 事事聞未聞. 모든 일들이 듣도 보도 못한 일들이라네.

　　방호 신부는 오어산이 시에서 언급한 "먼 곳에서 전래되어 온 이상한 등"이 구식의 환등기일 수 있다고 하였다.[28] 1646년 독일의 A.키르허의 저술에 처음 언급된 환등기는 원래 기독교 선교사들이 전도사업을 목적으로 고안한 것으로, 암실에서 환영(幻影)처럼 영출(映出)하여 관중에게 불가사의한 감명을 주었던 것이 환등기(magic lantern)의 어원이 되었다.[29] 오어산 신부는 경일당에서 생활하는 동안 서양 선교사들이 들여온 환등기를 통해 교황이 거처하고 있다는 바티칸의 경관을 눈으로 확인했을 것이다.

　　사제 서품을 받고, 전교지 상하이에 부임한 후에도 라틴어 학습을 계속해 왔던 선교사 오어산은 서양에서 온 서찰을 받아들고도 당황하지 않았다. 서양에서 온 서신은 로마로 돌아간 쿠플레(Philippe Couplet, 柏應理)[30] 신부가 보낸 것이거나 포교성이나 예수회 총본부가 현지의 선교사들에게 내려 보낸 교규(敎規)나 교의(敎義)를 포함한 공문이었

---

[28]　方豪, 「吳漁山神父領洗年代進鐸地點及拉丁文造詣考」 周康燮 主編, 『吳漁山(歷) 研究論集』, 崇文書店, 1971, 139쪽.

[29]　http://terms.naver.com/entry.nhn?docId=2232520&cid=51293&categoryId=51293. 검색 일: 2017. 05. 01.

[30]　순치(順治) 16년(1659) 중국에 온 쿠플레 신부는 중국어로 된 7편의 짧은 저작을 지을 정도로 중국어를 통달하였으며 사대부들과 긴밀한 접촉을 하였다. 한학에 도 밝아 『서문사서직해(西文四書直解)』를 저술했고, 예수회신부들과 함께 라틴 어로 쓴 『중국 철학가 공자(Confucius Sinarum Philosophus)』는 1687년 파리에서 출판되어 유럽에서 상당한 화제를 불러일으켰으며, 유럽의 중국학연구의 시작에 중요한 역할을 하였다. 데이비드 E. 먼젤로,『진기한 나라, 중국: 예수회 적응주 의와 중국학의 기원』, 나남. 2009, 411~417쪽.

을 것이다.[31] 오어산 신부는 상하이에서 활동하고 있었지만, 그의 생활은 성무일도(聖務日禱)와 로마 포교성성이 정한 『선교사를 위한 지침서』에 따라 진행되었고, 바티칸으로부터 받은 서신을 통해 전 세계에 흩어져 활동하고 있는 예수회원들의 활동 상황을 접하고 있었을 것이다.

상하이 경일당에서 생활하는 동안 오어산 신부는 천주와의 일치를 위해 영성을 강화하고, 라틴어로 성사와 미사를 진행할 수 있을 정도의 언어능력을 갖추기 위해 부단히 노력하였으며, 교리뿐만 아니라 교회와 예수회의 역사, 성인들의 삶을 학습하며 서양에 대한 이해를 높여갔다. 오어산 신부는 부단한 학습을 통해 중국인 신부들에 대해 믿을 가지지 못했던 서양 선교사들의 의심을 털어내고자 하였다. 또한 오어산 신부는 바쁜 와중에도 시간을 내어 선교 과정에서 느낀 감회를 담은 천학시를 짓고, 경일당의 "오동나무 그림자가 드리운 북쪽 창가에 앉아, 차향(茶香)을 즐기며 『시경(詩經)』「요아편(蓼莪篇)」을 암송하며"[32] 돌아가신 어머님에 대한 사모의 정과 두고 온 자식과 형제들에 대한 애정을 시화(詩畵) 속에 담아내는 중국 지식인의 풍모도 잃지 않았다.

2. 경일당의 서양문물

1583년 마테오 리치(Matteo Ricci, 利瑪竇)가 광둥성(廣東省) 자오칭(肇慶) 거주를 허가 받으면서 예수회의 중국 내지 선교가 시작되었다.

---

31) 方豪,「吳漁山神父領洗年代進鐸地點及拉丁文造詣考」周康燮 主編,『吳漁山(歷)研究論集』, 崇文書店, 1971, 139쪽.

32) 『三餘集』,「六十吟」:"……我今桐陰北窓下, 茶香感誦蓼莪篇."

마테오 리치는 예수회 집을 찾아오는 많은 방문객에게 서양문화를 소개하기 위해 유럽에서 가져온 각종 서적과 예술품 등을 선보였다. 방문객들은 무엇보다 중국에 없는 유럽의 관측 기술에 관심을 보였는데, 서양 문명이 기계방면에서 그 천재성을 드러낸 천구의(天球儀), 태양상한의(太陽象限儀), 프리즘, 자명종 등을 꼼꼼히 살펴보았다.[33] 이후 적응주의적인 선교정책을 채택한 예수회원들은 중국의 지식층 인사들과의 교류를 위해 천문학·지리학·수학 등 서구의 근대적인 과학지식을 적극 활용하였다. 숭정(崇禎) 3년(1630) 서광계의 추천으로 흠천감(欽天監)에서 일하게 된 아담 샬(Adam Schall, 湯若望) 등 예수회원들은 숭정황제의 명을 받아 『숭정역서(崇禎曆書)』 137권을 편찬하는 등 많은 성과를 내었다.

청나라가 건국된 후에도 아담 샬 등 예수회 신부들은 『숭정역서』에서 과시한 서양 천문학 지식을 바탕으로 월력 제작의 책임을 맡게 되었고, 서양 천문학에 기초하여 '시헌력(時憲曆)'을 완성하였다. 하지만 시헌력의 반포는 일부 중국 지식인들의 비판을 야기하는 의외의 결과를 가져왔다. 1665년 양광선(楊光先)이 서양 천문학에 기초한 시헌력의 채택을 비판하고, 이를 제작한 서양의 선교사들을 탄핵하면서 '흠천감교안(欽天監敎案)'이 일어난 것이다. '흠천감교안'이 진행되는 동안 아담 샬은 세상을 떠났고, 심대한 타격을 입은 북경의 예수회원들은 그들의 명성을 회복하기 위해 여러 가지 방안을 강구하였다. 페르비스트(Ferdinand Verbiest, 南懷仁)를 중심으로 한 예수회원들은 마침내 과학의 본령으로 그들의 결백을 증명하고 사태를 마무리 짓겠다는 결론을 도출하였다.[34] 그들의 결연한 의지는 페르비스트의 『역법부

---

33) 조지 듄, 문성자·이기면 역, 『거인의 시대: 명 말 중국 예수회 이야기』, 49쪽.
34) Liam Mathew Brockey, 陳玉芳 譯, 『東遊記: 耶穌會在華傳敎史, 1579-1724』, 94쪽.

득이변(曆法不得已辯)』 자서(自序)에서 확인할 수 있다.

　　다행히 황제께서 통찰해주신 덕에 죽지 않고, 남회인 등은 하사해주신 저택에서 여전히 살아가고 있었다. 문을 닫고 조용히 살아가는 여가에 양광선이 써서 퍼뜨린 「적류십론(摘謬十論)」 등의 글을 자세히 살펴보았다. 그가 베낀 것은 모두가 지난 왕조 때 이미 폐기하였던 낡은 역법이었으며, 그가 헐뜯고 비방한 것은 모두가 세조께서 특별히 채용하였던 새 법이었다. 나 남회인은 격분을 이길 수 없어 『부득이변(不得已辯)』을 지어 공정한 평가를 기다리고자 한다.[35]

　　그러나 북경 예수회원들의 결정과 달리 바티칸의 포교성성은 신앙을 선포하는 수단으로서 철학과 세속적인 지혜와는 거리를 두었고, 정치권력으로부터 거리를 두었다.[36] 특히 '흠천감교안'이 마무리될 즈음인 1669년에 공포된 『포교성성의 선교사를 위한 지침서』는 선교사들이 사도직의 수단으로서 과학 활동에 종사하는 것에 대한 부정적인 입장을 분명하게 표명하였다.

　　천문학과 그 밖의 자연과학은 물론 회화·기술·예술과 재능 등도 마찬가지입니다. 선교사들은 이런 모든 것들을 통해 활동에 도움 받기보다는 부담과 방해를 받을 수 가 있습니다. 기도와 사도직을 위해 바쳐야 하는 많은 시간을 거기에 투자함으로써 본질을 잃어버릴 수 가 있습니다. …… 게다가 그런 일들은 선교사들로 하여금 평판과 존경에 신경을 쓰게 만들어 덧없는 허영심으로 마음을 빼앗길 위험도 있습니다.[37]

---

35) 양광선·이류사·남회인, 안경덕·김상근·하경심 역, 『不得已: 17세기 중국의 반기독교 논쟁』, 일조각, 2013, 237쪽.
36) 김혜경, 『예수회의 적응주의 선교』, 220~225쪽.
37) 위의 책, 223쪽.

바티칸의 포교성성에서 공포한 선교지침은 중국에서 활동하는 예수회의 적응주의 선교정책과 정면으로 배치되는 것이었다. 하지만 중국 내지 선교를 주도하고 있던 예수회는 포교성의 지침에도 불구하고 서양의 천문학과 자연과학 지식을 이용하여 실추된 그들의 명성을 회복하고, 다시 황제의 신임을 얻어 교세를 확장하고자하는 의지를 굽히지 않았다. 강희 7년(1668) 친정에 나선 어린 황제는 페르비스트에게 양광선이 이끄는 흠천감과 다시 한 번 천문관측을 두고 경쟁할 수 있는 기회를 부여했고, 예수회원들은 서양 천문학의 정확성과 우월성을 증명해 내었다. 강희제의 신임을 얻게 된 예수회 신부들은 황궁과 흠천감으로 복귀하여 황제를 위해 역법을 개정하고, 대포를 제작하는 등 서양의 천문학과 과학지식을 선교 활동에 적극적으로 활용하여 교회는 큰 발전을 이루었다.

이처럼 당시 중국 교회는 선교사들의 천문학 지식과 과학지식에 절대적으로 의지하고 있었다. 하지만 황제의 태도가 언제 돌변하여 또 다시 박해가 일어날지 알 수 없는 일이었다. 때문에 중국 선교의 책임자가 된 페르비스트 신부는 중국인 사제를 양성하고, 중국말로 미사 집전을 하고, 중국말로 성사 집행을 해야 교회의 기초가 튼튼해질 수 있다고 생각했다.[38] '흠천감교안'을 통해 현지인 성직자의 필요성을 절감하게 된 페르비스트와 선교사들의 적극적인 노력으로 오어산이나 유온덕과 같은 중국인 신부들이 탄생하게 된 것이었다.

상하이 경일당에 머물게 된 오어산도 가타네오 신부가 만든 관성대라고 하는 작은 천문기상대와 경일당의 왼쪽 서편, 아름다운 누각 앞에 설치된 서양식의 해시계에 많은 관심을 가졌다. 관성대의 높이는

---

[38] 서양자, 『청나라 궁중의 서양 선교사들』, 순교의 맥, 2010, 309쪽.

2, 3장(丈)에 불과 했지만 태호석(太湖石)을 쌓아올려 정교하게 모양을 낸 것이었고, 빙빙 돌아 오르기 때문에 꽤 멀리 느껴졌다.[39]

愛此日晷鑿地成, 평평한 돌을 파서 만든 이 해시계를 좋아하네,
樓前測驗便且明. 누각 앞에서 계측하면 (시간이) 바로 명확해 지네.
石庭俯視球影午, 돌로 꾸민 정원에서 공의 그림자가 오정(午正)에 이름을
　　　　　　　　　내려다 볼 때,
廚下飯香鐘自鳴. 주방에서는 밥 짓는 냄새가 피어나고 종은 절로 울리네.
膳後談天步履熟, 식후엔 천문을 담론하며 산책함이 익숙해져,
踏破莓苔秋更綠. 이끼를 밟으며 걸어 오르니 가을이라 더욱 푸르네.
較分節序在須臾, 순식간에 절기의 차례가 환히 밝혀지니,
轉脚光陰方寸促. 걸음을 옮기는 사이에도 마음은 촉급하네.
西東字樣硃塡好, 서양과 동양의 문자가 붉은 글씨로 새겨져 있으니,
落葉紛侵常用掃. 낙엽이 어지러이 떨어지면 언제나 소제를 하네.
老我天文學未能, 늙어버린 나는 천문학을 배울 수 없어,
徒羞髩髮如霜草. 공연히 서리 맞은 풀처럼 세어버린 머리털을 부끄러워하네.
占測雖地猶可喜, 이 지평식해시계를 관측하는 것만으로도 즐거우니,
不在欽天監局里. 흠천감에 있지 않은들 어떠리.[40]

　　오어산 신부는 매일 식사시간을 전후하여 경일당에서 생활하는 동료들과 정원을 산책하고 관성대를 오르며 서양의 천문학을 담론하며, 강희제의 총애를 받으며 흠천감에서 활동하고 있는 예수회 신부들의

---

[39] 嘉慶『上海縣志』卷七「疆域古迹」: "觀象臺, 明流寓西域人造, 向在敬業書院, 高不過二三丈, 湖石疊成, 極玲瓏嵌空之致. 盤旋上之", 彌迂遠."
[40] 『三餘集』,「石庭日晷」에는 "해시계 아래쪽으로는 석순(石笋)들이 우뚝 솟아있고, 정상에는 철선이 있고, 비스듬하게 작은 공이 매달려 있다. 매번 식사를 전후하여 산책을 할 때면 그 그림자를 살펴보았다(敬一堂西左, 花樓前之石庭, 刻成爲日晷. 其下石笋聳立, 頂上有鐵綫, 曲懸小球, 每膳前後行走, 測驗其影)"는 주석이 달려있다.

활동에 대해 기쁜 마음으로 이야기했을 것이다. 특히 그와 함께 사제 서품을 받고 상하이에 파견된 유온덕은 세례명이 페르비스트였는데, 예수회에 입회하기 전 흠천감에서 우감부(右監副)로 일하며 페르비스트 신부를 도와 황도경위의(黃道經緯義)·적도경위의(赤道經緯義)·천체의(天體義)·지평경의(地平經義)·지평위의(地平緯義) 등 관상대 천문의기 제작에 참여하고, 『신제령대의상지(新制靈臺儀象志)』를 필수(筆受)[41]한 인물이었다.[42] 때문에 오어산은 유온덕을 통해 자주색 돌 위에 서양과 동양의 글자로 황도와 적도, 경도와 위도선들을 새겨 놓은 평평한 해시계(新法地平日晷, 地平式日晷)를 보고 시간과 계절을 계측하는 방법뿐만 아니라, 서양 천문학에 관한 여러 가지 지식들을 배울 수 있었을 것이다.

오어산 신부는 해시계가 오정(午正)을 가리킬 때 자명종이 울리는 광경을 보며 서양 과학기술의 정확성에 대해 놀라움을 느꼈다. 그는 기독교의 교리와 서양의 천문학을 제대로 배우기에 너무 늦어버린 자신에 대해 회한을 가졌지만, 천문학을 배우고자 하는 의지를 결코 접지 않았다. 1696년 원단(元旦) 밤에 쓴 「세조춘사수(歲朝春四首)」는 오어산 신부가 1392년 다시 경일당으로 돌아온 유온덕과 함께 상하이를 떠나기 직전까지 서양 천문학에 대한 배움을 이어갔음을 보여준다.

---

41) "범문(梵文)으로 된 불전(佛典)을 한문으로 번역하는 역장(譯場)에서, 낭독하는 범문을 듣고 그 음을 그대로 한자로 옮기는 역할, 또는 그 일을 맡은 사람." 곽철환, 『시공 불교사전』, 시공사, 2003.

42) 方豪, 『中國天主教史人物傳』, 天主教上海教區光啟社, 2003, 394~395쪽. 정수일 편저, 『실크로드 사전』, 창비, 2013.

瑞雪初晴鵲報晨, 서설이 그치고 하늘이 맑게 개니 까치가 아침을 알리고,

梅花全放北枝新. 매화가 활짝 피니 북쪽 가지가 새롭구나.

高眠自有天文學, 베개를 높이 베니 절로 천문학이 들어오고,

衾暖先知子候春. 이불이 따뜻하여 봄이 왔음을 먼저 아네.[43]

오어산 신부는 경일당에서 생활하는 동안 천문대와 해시계 외에도 "위쪽의 모래가 아래쪽으로 다 흘러내리면 한 시간이 지났음"[44]을 알려주는 모래시계, "언제고 잊지 못하는 국화꽃이 만개한 고향을 눈앞에 보여줄 듯한"[45] 망원경, "밤낮으로 회전하며 스스로 시간을 알리는"[46] 자명종, 환등기 등 서양 선교사들이 들여온 여러 가지 서양문물을 접할 수 있었다. 특히 "작은 것을 올려놓으면 천금을 보듯 명확히 드러내고, 잠시 살펴보아도 환해져서 의구심이 없게 하고, 순식간에 확실하게 보여줘서 마음을 즐겁게 해 주는"[47] 현미경에 대한 놀라움을 금하지 못했다.

경일당에서 생활하는 동안 성령을 강화하기 위해 노력하고, 라틴어 학습과 함께 교리와 의례 공부를 소홀히 하지 않았던 오어산은 건강이 악화되어 "환갑이 되지 않았지만, 머리가 하얗게 센지 이미 오래였다."[48] 음식을 조절하며 백방으로 약방문을 찾던 오어산은 서양선교사들로부터 약재를 섞어 가루로 만들어 코로 흡입하는 일종의 담배인 비연(鼻煙)[49]을 구할 수 있었다. 서양 선교사들은 서양의 의술과 함께

---

43) 『三餘集』, 「歲朝春四首」 第三首.

44) 『三餘集』, 「舊沙漏」: "…一倒去一時, 歲月能幾有?"

45) 『三餘集』, 「試觀千里鏡」: "…未忘故舊黃花處, 此鏡懸看得也無?"

46) 『三餘集』, 「自鳴鐘聲」: "…鐘聲不管愁難度, 日夕廻環只自鳴."

47) 『三餘集』, 「顯微鏡」: "…微投即顯見千金. 乍窺奪目能無訝, 轉盼分明盡快心."

48) 『三餘集』, 「次韻雜詩七首」 第二首: "六十來周促, 二毛久已侵.……"

49) "비연이라 하는 것은 담배인데, 가는 가루를 만들어 작은 병에 넣었으니, 병은 한

의약품을 가지고 들어왔고, 비연은 그들의 비상약품 중의 하나였다.

> 病因口腹累無休, 병은 음식으로 인하지만 쉬는 날이 없어 누가되고,
> 偏覓醫方得遠傳. 두루 약방문을 구하다 원방에서 온 동료에게서 얻었네.
> 未驗是煙能療治, 이 담배가 병을 고칠 수 있는지 아직 증험하지 못했지만,
> 但令鼻孔亦饕求. 콧구멍은 이미 비연을 탐하여 찾게 되었네.

비연을 들이마시는 습관은 아메리카 인디언들에게서 시작되었고, 16세기 중엽 유럽에 전해졌다. 17세기 이후에는 서양의 배들이 비연과 비연호(鼻煙壺)를 광주에 수입하기 시작했고, 건륭년간(乾隆年間)에는 광동의 공품(貢品) 중의 하나가 되었다.[50] 오어산 신부는 서양에서 온 동료 선교사들로부터 선물 받은 비연의 효과에 대해 아직 회의를 품고 있다고 말하면서도, 이미 자신의 콧구멍은 음식을 탐하는 입과 같이 비연을 찾고 있다고 하였다.

중국 내지에 첫 전교기지를 마련한 마테오 리치는 예수회의 집에 프리즘, 지구의, 자명종과 같은 서양의 과학의기들을 전시하고 사람들에게 서양의 문화를 소개하였다. 그로부터 한 세기가 지난 후 상하이의 경일당을 출입하는 신도들과 방문객들은 환등기로 교황이 살고 있는 로마의 바티칸을 구경할 수 있었고, 관성대에 올라 천문관측기

치 남짓하되, 다 호박(琥珀)이나 금패(錦貝)와 수정(水晶) 마노(瑪瑙) 같은 보배로 만들었으며, 병을 기울여 가루를 손가락 끝에 찍어 코에 대고 기운을 들여보내니, 그 가루가 속으로 들어가며 재채기를 할듯하나 그렇지 않고, 사람마다 이 병을 사용하지 않은 자가 없으니, 처음은 만주 사람밖에 하는 자가 없더니, 근래는 한인(漢人)도 즐기지 않는 자가 없다 하며, 우리나라 사람을 만나면 문득 병을 주며 쓰는 법을 가르쳐 이르되 '비기(鼻氣)를 소통하니 극히 좋은 법이라' 일컫더라." 서유문(徐有聞), 『무오연행록(戊午燕行錄)』 제4권 기미년(己未年, 1799) 1월 11일.

50) 章文欽, 『吳漁山及其華化天學』, 中華書局, 2008, 368쪽.

구를 살펴보거나, 현미경과 같은 여러 가지 과학의기들을 접할 수 있었다. 경일당의 서양문물은 여전히 천주교를 전교하는데 유용한 도구였고, 서양의 과학의기들을 접한 오어산이 남긴 시들은 근대 초기 서양의 과학에 대한 중국인의 인식을 살펴볼 수 있는 소중한 자료가 되고 있다.

Ⅲ. 황푸강(黃浦江)을 건너는 중국인 신부

가톨릭에서는 주님과의 일치라는 영성적인 차원이 차지하는 자리도 크지만 만민을 향한 관심과 사랑의 실천을 위한 사도적인 덕이 더 강조된다[51]고 한다. 1688년 오어산 신부가 상하이에 부임했을 때에는 파스테리(Antonie Posateri, 張安當) 신부 혼자서 상하이 교구에 속한 8만여 신도들을 돌보고 있었다.[52] 본 장에서는 보좌신부로 황푸강을 넘나들며 신도들을 만나고 선교하는 오어산의 사목활동을 살펴보고자 한다.

1. 황푸강을 건너는 목자

17세기 후반 중국 내지에서 활동하던 예수회 신부는 36명 전후였다. 그 중 베이징에 6명, 상하이에 3~4명, 송쟝(宋江)에 2명이 주석하

---

51) 김승혜·석재문·진 토마스, 『그리스도교와 불교의 수도생활』, 바오로딸, 2001, 214쪽.

52) 方豪, 「吳漁山神父領洗年代, 晉鐸地點及拉丁文造詣考」周康燮 主編, 『吳漁山(歷) 研究論集』, 崇文書店, 1971, 132쪽.

였고, 나머지 20여 명의 신부들이 전국으로 흩어져 활동하고 있었다.[53] 송쟝과 충밍다오(崇明島)를 포함한 상하이 교구는 베이징과 함께 아시아 대륙에서 로마 가톨릭이 가장 번성한 두 곳의 중심지 중 하나였다.[54] 상하이에서 사목했던 쿠플레 신부에 따르면 1680년, 그가 중국을 떠나기 전 상하이와 송쟝 일대에는 브란카티 신부가 서광계의 아들 야곱과 둘째 손녀 캔디드 부인(Madame Candide Hiu, 許太夫人徐甘弟達)의 도움을 받아 건립한 대당(大堂) 90곳, 소당(小堂) 45곳이 있었다.[55] 하지만 쿠플레 신부가 유럽으로 떠난 후, 1682년부터 1688년 오어산과 유온덕, 만기연이 파견될 때까지는 파스테리 신부 혼자서 상하이 지역의 교무와 전교사업을 책임지고 있었다.

예수회원들은 전교에 대한 열정으로 가득했지만 교무가 너무 많아 전체 신도들을 돌보기에는 언제나 인력이 부족했다. 이에 선교사들은 선교활동을 효율적으로 수행하기 위해 반년은 교구를 순회하며 부녀자와 아이들 그리고 노인들을 돌보고, 나머지 시간에는 상하이에 머물면서 교회를 찾아오는 향촌의 남자 신도들을 만났다.[56] 또한 송쟝과 상하이 등지에서는 동정 성모마리아를 공경하는 성모회(聖母會), 전문적으로 아이들을 육성하는 천신회(天神會), 예수의 고난을 기억하고 존숭하는 고난회(苦難會)와 같은 신심회를 조직하였다. 이 외에도 성 이냐시오를 수호성인으로 하는 문인회(文人會, 혹은 로욜라성회)[57]와 성 프란체스코 하비에르를 수호성인으로 모시는 요리회(要理

---

53) Liam Mathew Brockey, 陳玉芳 譯, 『東遊記: 耶穌會在華傳教史, 1579-1724』, 127쪽.

54) 조지 듄, 문성자·이기면 역, 『거인의 시대: 명 말 중국 예수회 이야기』, 501쪽.

55) Philippe Couplet, 徐允希 譯注, 『許母徐太夫人甘第大事略』, 天主教上海教區光啟社, 2003, 18쪽.

56) Liam Mathew Brockey, 陳玉芳 譯, 『東遊記: 耶穌會在華傳教史, 1579-1724』, 124쪽.

57) '문인회'는 생원(生員)이나 문인(文人), 학생을 대상으로 문자선교에 주력하는 단

會, 혹은 프란체스코회)58) 등을 조직하여 효율적인 선교활동을 수행하고자 하였다.

상하이에 도착한 중국인 보좌신부들은 파스테리 신부를 도와 각종 단체들을 관리하고, 황푸강을 넘나들며 많은 신도들을 만나야 했다. 사목활동을 시작한 오어산은 사제 서품 의식 때 소리 높여 불렀던 "여호와는 나의 목자시니 내게 부족함이 없으리로다. 그가 나를 푸른 풀밭에 누이시며 쉴 만한 물가로 인도하시는 도다."는 「시편」의 말씀을 가슴에 새기고 상하이 지역의 신도들을 천주의 품으로 인도하는 훌륭한 목자가 되고자 하는 열망을 「목양사(牧羊詞)」에 담았다.

渡浦去郊牧,	황푸강 건너 교외로
紛紛羊若何.	사목을 나가니, 많은 양들은 어떠한가?
肥者能幾群,	살이 오른 것은 몇 무리뿐인데,
瘦者何其多.	여윈 것들은 어찌 그리 많은지!
草衰地遠似牧遲,	풀밭은 쇠하고 땅이 멀어지니 목양도 더디어 지지만,
我羊病處惟我知.	나의 양이 병든 곳은 오직 나만이 알 수 있다네.
前引唱歌無倦怠,	앞에서 인도하며 노래를 부르니 권태로움이 없고,
守棧驅狼常不臥.	목책을 지키고 이리를 쫓기 위해 언제나 눕지 않네.
但願長年能健牧,	그저 오래토록 건강하게 목양할 수 있길 바라며,
朝往東南暮西北.	아침엔 동남으로 저녁에는 서북으로 향하네.59)

"흠천감교안" 이후 상하이를 비롯한 강남지역의 천주교 신도들은 늘어났고, 40년간 선교의 운은 정점에 달했다고 하였다.60) 하지만 오

체였다.

58) Philippe Couplet, 徐允希 譯注, 『許母徐太夫人甘弟達大事略』, 20~21쪽.
59) 『三餘集』, 「牧羊詞」.
60) Liam Mathew Brockey, 陳玉芳 譯, 『東遊記: 耶穌會在華傳敎史, 1579-1724』, 90~128

어산 신부가 선교 현장에서 느끼기에는 독실한 믿음을 가진 신도들은 줄어들고, 냉담한 태도를 보이는 신도들이 늘어가고 있었다. 때문에 황포강을 사이에 두고 푸둥(浦東)과 푸시(浦西)에 흩어져 생활하는 신도들을 찾아 사목을 하는 일도 점차 힘들게 느껴졌다. 하지만 예수와 같은 훌륭한 목자가 되기를 서원한 오어산은 "내 양들은 내 목소리를 알아듣는다. 나는 그들을 알고 그들은 나를 따른다."는 성경의 말씀처럼 믿음이 약해진 신도들에게는 신앙심을 고취시키고, 새롭게 예수회에 입회한 신도들을 축복하며, 외부의 유혹으로부터 그들을 지키기에 여념이 없었다. 오어산 신부는 단지 오래토록 목양할 수 있는 건강을 허락해 주실 것을 기도할 뿐, 푸둥과 푸시를 오가는 사목의 수고로움에 대해서는 아무런 불평도 가지지 않았다.

당시 상하이 지역의 신도들 중에는 푸둥의 농촌지역에 거주하는 사람들이 많았다. 때문에 오어산 신부는 경일당을 떠나 푸둥 지역에 세워진 첫 번째 교회 '금가항교당'(金家巷敎堂, 현 Immaculate Conception Church)[61]에 머물면서 신도들을 만나기도 하였다. 상하이에서 선교활동을 하는 동안 오어산 신부는 계절에 관계없이, 밤낮을 가리지 않고 나룻배를 타고 푸둥과 푸시를 오가며 신도들을 만났다. 그 과정에 높은 파도와 쏟아지는 빗줄기에도 아랑곳 하지 않고 이익과 명리를 쫓아 앞 다투어 강을 건너려는 많은 사람들의 모습을 바라보며 안타까움을 금치 못하였다.

쪽; 조지 듄, 문성자·이기면 역,『거인의 시대: 명 말 중국 예수회 이야기』, 598쪽.
[61] 숭정년간 서광계와 일정한 관계를 가지고 있던 金씨 성을 가진 한 교도가 이 지역에 기독교를 전파하고, 헌금을 내어 골목 서쪽에 작은 교당을 지었다. 후에 골목의 동쪽에 좀 더 큰 건물을 지어 교회로 사용하였다고 알려져 있다. Gandar,『Origines de Pou-tong』. Augustinus M. Colombel, S.J. 周士良 譯,『江南傳敎史』上篇 第一册, 天主敎上海敎區光啟社, 2008, 150쪽 재인용.

潮初來,　　　　　조수가 밀려드니,

客滿渡船不敢開. 과객을 가득 태운 나룻배는 감히 출발하지 못하네.

勢若雨衝萬騎過, 그 형세는 비를 뚫고 일만의 기마(騎馬)가 지나는 듯하고,

海魚擲起鳥驚墮. 바닷고기가 뛰어 오르니 새들이 급히 내려앉네.

我因顧病向浦東, 병자성사를 위해 포동으로 향하는 이 몸,

欲往正值秋潮大, 이제 막 출발하려 하는데 가을 조수가 크구나.

潮大如山即衰矣, 산체만한 파도도 곧 쇠하는데,

人事如潮那能止. 조수(潮水) 같은 인간사는 어찌하면 그치려나.

紛紛爭渡去復來, 분분히 다투어 건너고 갔다간 다시 오니,

歌雜悲啼櫓聲哀. 노래엔 슬픈 울음이 섞였고 노 젓는 소리도 애달프네.

不知鑿此初何意, 이 강을 판 처음 뜻은 모르겠으나,

隨設險危於其地. 어찌하여 이 땅에 위험을 두었을까?

莫爲重利輕是波, 이익을 중시하여 이 파도를 가벼이 여기지 마시라,

風波名利兩應避. 풍파와 명리는 둘 다 반드시 피해야만 하는 것.

須臾潮平落照濕, 순식간에 파도는 잦아들고 석양이 내려앉으니,

兩三舟子沙間立. 두세 명의 사공이 모래톱에 내려섰네.

招我登舟不及停, 나를 불러 배에 태우고 지체하지 않음은,

卻恐病轉人危急. 병이 깊어져 사람이 위급할까 걱정함이네.

渡黃渡黃莫遲誤, 황포강을 건너세! 건너세! 늦어 일이 잘못되지 않도록,

來朝顧病浦西路. 내일 아침에는 고병(顧病)을 위해 푸시(浦西)로 가야 하네.

상하이 교구의 책임자 파스테리 신부를 돕는 보좌신부 오어산이 담당했던 주요 교무는 '고병(顧病)'을 행하는 것이었다. '고병'이란 성체성사를 받은 신자가 병이나 노쇠로 인해 죽을 위험에 놓였을 때 영혼을 하나님께 의탁하는 '종부성사(extrema unction, 終傅聖事)'를 이르는 말로, 강남지역 교회에서 사용되었던 용어다. 상하이 지역의 신도들 사이에 가장 유행하는 말 중의 하나는 "종부성사를 청한다(請終傅)"는 것이었고, 신도들이 "종부성사를 청하면" 신부들은 반드시 낮이든 밤

이든 '성체(聖體)'와 '성유(聖油)'를 지니고 서둘러 병자들을 방문해야 했다.[62)]

중국의 고유문화에 익숙했던 쿠플레와 같은 서양 신부들도 죽음을 예비하는 중국인의 상례문화를 낯설게 여겼다. 쿠플레는 서양의 귀부인들에게 "중국에서는 부모님이 돌아가시기 전에 자식들은 먼저 관을 준비 합니다. 유럽인이 보기에는 놀라운 일이지만 중국에서는 오히려 효행으로 받아들여집니다. 웃어른을 살아생전 잘 봉양하고, 돌아가신 후에는 정중히 장사 지내는 것을 자식의 첫 번째 의무로 여깁니다."[63)] 라고 소개하였다. 죽음을 눈앞에 둔 신도들은 종부성사를 받음으로써 평생의 죄가 모두 사면되고, 사후에 천당에 오를 수 있다고 여겨 정신상의 위로를 받았다. 신도의 가족들 역시도 정성스럽게 종부성사를 준비함으로서 병자에 대한 종교적 책임을 다했다고 여길 수 있었기 때문에 이를 중시했다. 종부성사를 마치고 늦은 밤 홀로 귀로에 오른 늙은 신부는 시골길에서 길을 잃기도 하였지만 신도들의 청을 결코 마다하지 않았다.[64)]

> 黃浦東歸夜二更, 황푸강 건너 푸둥으로 돌아가려니 밤은 이미 이경인데,
> 海潮江雨合縱橫. 바다의 조수와 강위에 내리는 비가 종횡으로 합쳐지네.
> 風波任爾兼天涌, 바람과 파도가 몰아쳐서 하늘까지 솟구쳐도,
> 我自睡眠舟自行. 나는 절로 잠이 들고 배는 절로 나아가네.[65)]

---

62) 孫金富 主編, 『上海宗敎志』, 上海社會科學院出版社, 2001, 402쪽.
63) 栢應理, 徐允希 譯注, 『許母徐太夫人甘第大事略』, 76쪽.
64) 『三餘集』, 「暮程」: "日薄荒荒道, 憑誰慰暮程. 獨行心似火, 四顧路來生. 聽鳥啼多異, 逢人喜且驚. 不愁前去晚, 山月出林明."
65) 『三餘集』, 「浦歸」.

푸시에서 종부성사를 마치고 푸둥으로 돌아가는 칠흑 같은 밤, 강을 거슬러 밀려오는 조수와 쏟아지는 빗줄기를 뚫고 황푸강을 건너는 일은 결코 쉬운 일이 아니었다. 하지만 오어산 신부는 신도들에 대한 깊은 사랑으로 황푸강의 거친 물길을 망설임 없이 건넜고, 심하게 요동치는 나룻배에서도 파도를 잠재우시는 예수 그리스도에 대한 굳은 믿음으로 편안히 잠들 수 있었다.

2. 황푸강의 사람 낚는 어부

오어산이 상하이에 부임한 1688년경, 상하이 지역의 대외무역과 그 국외시장은 해금(海禁)정책이 실시되었던 명대에 비해 주목할 만한 변화들이 발생하였다. 강희 23년(1683) 정성공(鄭成功)이 지배하던 대만을 무력으로 정복한 청나라 조정은 천계령(遷界令)을 해제하고, 다음 해에는 해상무역을 진작시키기 위해 상하이에 강해관(江海關)을 설치하였다. 동남아나 일본 등지와의 전통적인 해외무역은 다시 허가되었고 구체적인 세금제도도 명문화되었다. 외국 상선이 상하이로 와서 무역을 진행했을 뿐만 아니라 중국의 해선(海船)들 역시 해외로 장삿길에 나서면서 황푸강 하류지역 도시들의 경제는 부분적으로 회복되었다.

청나라 초기 아시아 각국으로 수출되던 상하이의 주요 상품은 본색포(本色布), 자화포(紫花布), 청람포(靑藍布) 등 여러 가지 색상의 면포였다.66) 강물에 실려 온 토사가 퇴적되어 형성된 상하이 지역의 토양은 사질점토의 성격이 강했기 때문에 일부 벼농사에 적합한 지역을

---

66) 張忠民,『上海: 從開發走向開放(1368-1842)』, 上海社會科學院出版社, 2016, 174~176쪽.

제외한 대부분의 땅은 면화를 재배하기에 적합하였다. 특히, 13세기 효율성 높은 방적 신기술이 전래된 이후 면화는 전체 상하이 지역의 가장 중요한 상업 작물이 되었고, 방적과 직포는 농촌 가정의 주요한 수입원이 되었다.[67]

城近浦橫郭, 상하이 현성 가까이서 황푸강은 성곽 곁을 흐르고,
西東路不遙. 푸시에서 푸둥에 이르는 길은 멀지 않다네.
村行紡處月, 마을을 지날 때 사람들은 달빛 아래 실을 뽑고,
艇待渡時潮. 나룻배는 강을 건너려 조수가 불기를 기다리네.
道化欣相得, 도(道)로써 교화하는 즐거움을 서로 얻으니,
土儂熟便招. 농부들도 친숙해져 인사를 나누네.
十年勞未倦, 십년을 노력하며 태만하지 않았고,
忘却鬢霜凋. 귀밑에 서리 내리는 것도 잊고 지냈네.[68]

고령의 나이에도 불구하고 10년 동안이나 황푸강을 넘나들며 선교 사업에 분주했던 오어산 신부는 배를 타기 위해 포구로 가는 길에 밝은 달빛 아래에서 늦게 까지 실을 뽑고, 면포를 짜고 있는 신도들을 보며 편하게 인사를 나눌 정도로 친숙해 졌다. 농촌 사람들이 밤늦게 까지 생산한 면포는 상하이에서 직접 해외로 수출되기도 하고 푸젠(福建)이나 광둥(廣東)의 상인들에 의해 외국으로 판매되기도 하였다. 해금정책이 폐지되고 해외무역이 활성화 되면서 농촌 사람들의 삶도 조금씩 나아졌다. 강희 35년(1696) 원단(元旦), 황푸강을 건너던 오어산은 푸둥의 한 늙은 신도가 새로 지은 따뜻한 솜옷을 입고 자손들과

---

67) Linda Johnson, 「上海, 一个定在崛起的江南港口城市(1683-1840)」, 『上海九章』, 上海華東師範大學出版部, 2011, 79쪽.
68) 『三餘集』, 「十年海上」.

행복한 시간을 보내는 모습을 보며 시를 남겼다.

> 浦東村老度年晨, 푸둥의 촌 늙은이 새해를 맞아,
> 手紡身袍楚楚新. 손수 뽑은 실로 솜옷을 지어 입으니 단정하고 새롭네.
> 四代兒孫歡聚處, 사대의 자손들과 즐거움이 모인 곳,
> 盡知較雪量晴春. 눈 쌓인 겨울보다 맑게 갠 봄날이 좋음을 알겠네.[69]

그러나 명·청시기 상하이와 지아딩이 속한 송쟝부(松江府)와 수저우부(蘇州府)의 과중한 세금은 전국적으로도 유명했다. 무거운 세금을 견디지 못한 백성들 중에는 유민이 속출했고, 의탁할 곳을 잃은 자들도 많아져 마을마다 도망한 자가 절반에 가까웠다.[70] 오어산 신부는 선교활동을 위해 황푸강을 넘나들며 상하이 지역 토질의 성질이나 잠업(蠶業) 등 농사일에 대해서도 대략적인 이해를 가지게 되었고, 주인을 잃은 많은 땅들이 묵혀지고 있음도 목격했다. 늙은 신부의 가슴 속에는 과중한 세금으로 관리들에게 핍박을 받는 백성들에 대한 동정과 안타까움이 그칠 날이 없었다.

> 十畝閒閒誰并耕, 버려진 십 무의 땅을 누구와 함께 갈까,
> 較知土性雨多情. 토질과 비는 교분이 두터움을 견주어 알겠네.
> 農桑但願如圖畫, 농사와 누에치는 일이 그림 같기만 바랄 뿐,
> 不願催租識爾名. 세금을 재촉하며 그대 이름 적는 것은 바라진 않네.[71]

---

69) 『三餘集』, 「歲朝春四首」 第二首.
70) 嘉慶, 『松江府志』 卷20 「田賦志」: "因賦重而流移失所者多矣. 今之粮重去處, 每里有逃去一半上下者."
71) 『三餘集』, 「乃韻題留耕圖」 第三首.

　　과중한 세금으로 인한 고충은 농사를 짓는 신도들만의 일이 아니었다. 가용할 수 있는 자금이 많지 않았던 상하이와 송쟝 지역의 교회들은 부유한 신도, 특히 서광계 가족으로부터 희사 받은 헌금을 이용하여 조방(租房)과 농전(農田)을 마련하여 교회에서 필요로 하는 경비를 충당하고자했다.72) 당시 상하이 성당은 상등, 중등, 하등의 총 300여 무의 땅을 소유하고 있었지만 1년에 세금을 내고 나면 남는 것은 거친 쌀 몇 말에 불과했고, 그마저도 역은(役銀)으로 가져가 버렸기 때문에 신부들은 자신의 봉급으로 부족분을 보충해야만 했다. 땅이 사람에게 폐를 끼치는 것이 이와 같았기 때문에 교회에서는 이익이 작고 부담만 많은 땅을 사는 것을 꺼려하게 되었다. 오어산 신부는 과중한 세금으로 발생하는 경제적인 어려움 때문에 신부들이 상하이 지역으로 오기를 희망하지 않을까 걱정하였다.73)

　　신부가 되기 전, 오어산은 각지를 다니며 그림을 팔아 생계를 영위했기 때문에 강과 바다에 의지해 고기를 잡으며 살아가는 어부들의 고단한 삶을 자주 접했고, 그들의 힘겨운 살림살이를 동정하였다. 당시는 천계령이 실시되고 있었기 때문에 어민들은 삶의 터전인 바다를 빼앗기고 생업의 기회마저 박탈당했지만, 그들에게 부과되는 세금은 조금도 줄지 않았다. 오어산은 "골목안의 집들 중에 열에 여덟아홉이 비었는데, 어떻게 강제 징세를 견디는지 이웃 어민들에게 물으며"74) 어민들에게 과도한 세금을 부과하는 청나라 조정에 대한 비판의 목소

---

72) Liam Mathew Brockey, 陳玉芳 譯, 『東遊記: 耶穌會在華傳敎史, 1579-1724』, 128~129쪽.

73) 『續口鐸日抄』: "上洋主堂田約三百餘, 分上中下三等. …… 一歲之中, 納糧所餘, 不過糙米數斗, 而又爲役銀所去. 歲以司鐸俸銀五十餘, 損賠糧尙憂不足. 田之累人, 大致如此. 然上洋司鐸有四, 故損賠猶易. 倘止一司鐸, 則仰屋無措矣. 故今主堂不願買田, 恐利微累重, 將來司鐸願至者鮮也."

74) 『寫憂集』, 「問隣漁」: "里巷茅茨八九虛, 那堪征稅問隣漁."

리를 높였다. 그러나 이 같은 상황은 천계령이 해제된 이후에도 크게
바뀌지 않았고, 가렴주구에 시달리는 어민들에 대한 오어산 신부의
관심에도 변함이 없었다. 그는 「방주파조음(放舟把釣吟)」 속에서 당
(唐)나라 말기 서호절도사(西湖節度使)로 재직하며 높은 세금으로 어민
들을 괴롭혔던 전무숙왕(錢武肅王)의 고사를 빌어 현실을 비판하였다.[75]

　황포강의 어민들은 과중한 세금 외에도 군왕에게 바쳐야 하는 진상
품을 마련해야 했기 때문에 몸이 고달파다 낡아서 터진 그물을 수선
하는 등 쉴 겨를이 없었다. 오어산 신부는 배 위에서 헤진 그물을 깁
고 있는 어부들을 보며 갈릴리해변을 다니시다가 베드로와 안드레라
는 고기 잡는 어부를 사람 구원하는 어부로 인도하셨던 예수님의 행
적을 떠올리고 「어부사(漁父詞)」를 지었다.

　　　破網修多兩眼花, 터진 그물을 오래토록 깁느라 두 눈은 침침한데,
　　　淘河不厭細魚蝦. 사다새는 작은 고기와 새우조차 마다않네.
　　　採鰣曾進君王膳, 준치를 잡아 임금님 수라상에 진상하려니,
　　　四體雖勞敢辭倦. 사지가 힘들다고 어찌 감히 거부할 수 있으리오.
　　　撒網常迷水似天, 그물을 던지나 언제나 하늘같은 물에 미혹되고,
　　　歌殘醉傍蛟龍眠. 노래의 여운이 끝나려니 옆의 교룡은 잠이 드네.
　　　鬢髭白盡豊姿老, 살쩍과 코밑수염이 모두 쇠어 풍모는 노인처럼 변했고,
　　　驚遍風潮怕秋早. 바람과 파도에 깜작 놀라 가을이 빨리 올까 두려워하네.
　　　朋儕改業去漁人, 친구들 업을 바꿔 사람 낚는 어부가 되기로 하였는데,
　　　聞比漁魚更苦辛. 고기 잡는 어부보다 더욱 힘들다 들었다네.
　　　晚知天學到城府, 늦게 천학을 알게 되어 성부(城府)에 이르렀고,
　　　買魚喜有守齋戶. 생선을 사니 소재(小齋)를 지키는 사람들이 좋아하겠지.[76]

---

75) 『三餘集』, 「放舟把釣吟」: "……隨潮莫漫去西湖, 却恐追租供使宅." 錢肅王時, 西湖
　　有使宅魚稅.
76) 『三餘集』, 「漁父吟」.

오어산 신부는 어부들의 삶의 터전인 강과 바다가 하늘만큼이나 크고 넓지만 그들이 던지는 그물은 너무도 작다는 것을 잘 알고 있었다. 매일 작은 배를 저어 강과 바다로 나가 새벽부터 밤늦게까지 그물을 던지고, 진상품을 마련하기 위해 또 그물을 던지다 보니 어느새 귀밑머리가 하얗게 쉰 노인처럼 변해버린 어민들을 동정하였다.

오어산 신부는 십년동안 상하이 지역에서 선교사업에 종사하며 세상은 넓고 사람들은 많지만 기독교에 관심을 가진 사람들이 점점 줄어들고 있다는 사실을 알게 되었다. 오어산 신부는 중국 동포들을 하느님의 품으로 인도하기 위해서는 실패를 두려워하지 않는 용기와 인내심이 필요하다는 것도 알았다. 하지만 선교사로서 사람을 얻어서, 사람을 낚아서 그리스도에게로 인도하는 것이 자신이 해야 할 처음 일이고 마지막 사업이라는 것에 대해 회의하지 않았다. 늦은 나이에 천주의 부름을 받은 오어산 신부는 어떤 어려움 속에서도 그리스도에 대한 절대적인 믿음과 충만한 성령으로 사람 낚는 어부가 되기를 희망하고, 동포들을 하느님의 푸른 초원으로 인도하는 목자가 될 수 있기를 포기하지 않았다.

Ⅳ. 나오는 말

천주의 부르심을 받아 늦은 나이로 목회자가 된 중국의 전통 지식인 오어산은 이미 그리스도교도로서 여러 세대를 내려왔으리라고 생각될 만큼 가톨릭적이었다. 오어산 신부는 상하이에서 지낸 10년을 통해 천주와의 일치를 위해 성령을 강화하고, 라틴어로 미사를 집전하고 성사를 수행할 있을 정도의 언어능력을 갖추기 위해 부단히 노력하는 수사로서의 삶을 살았다. 또한 길 잃은 예수 그리스도의 어린 양을 하느님의 품으로 인도하는 목자로서, 사람을 낚는 어부로서의 삶을 살았다. 「가탄(可歎)」이라는 시는 예수회 신부이면서 중국인인, 중국인이면서 기독교도인 오어산 신부의 "십년해상"의 삶과 선교 활동을 집약적으로 보여준다.

人生何草草,　　인생 무엇 거리 바쁜가?
但憂貧賤不憂道!　빈천을 걱정할 뿐 도를 근심하지 않네.
死別太匆匆,　　사별은 너무 급해,
不待齒豁與頭童!　이 빠지고 머리 벗어지기를 기다려주지 않네.
死生茫然無自見,　나고 죽음은 망연하여 스스로 알 수 없고,
不入參悟定烹煉.　깨달음에 들지 않으면 반드시 괴로움을 당하리니.
紛紛歧路久迷漫,　분분한 갈림길에서 오랫동안 방황하다,
所誤非獨鬢霜散.　그르친 일이 단지 백발뿐일까.
……
子今村鐸爲誰鳴,　내 지금 마을을 돌며 누구를 위해 요령을 흔드나,
十年躑躅無倦行.　십년을 배회하며 게으름을 피우지 않았네.
安得千村與萬落,　어찌하면 많은 신도들을 얻어,
人人向道爲死生.　사람들을 참된 진리로 이끌고 나고 죽음을 벗어나게 할 거나.

　오어산 신부는 자기 자신의 민족적인 전통과 문화적인 유산 일체를 고스란히 지닌 채 기독교에 귀의한 중국의 전통 지식인이었다. 오어산 신부의 삶은 유한한 인생을 살아가며 "군자는 도를 추구하지 먹을 것을 추구하지 않는다."[77]는 공자의 말씀을 기억하고 '안빈락도(安貧樂道)'를 추구하는 사대부의 모습을 잃지 않았고, "다북쑥이 더부룩이 자랐다면 다북쑥이 아니라 약쑥이지. 슬프다 부모님은 나를 낳으시고

---

77) 『論語』 「衛靈公」: "子曰: 君子謀道不謀食."

기르느라 수고하셨네."[78]라는 『시경』 구절을 읊조리며 돌아가신 어머님에 대한 그리움에 눈물짓는 효성스러운 중국인이었다.

국내적으로는 명나라와 청나라가 교체되던 피비린내 나는 격변기를 살았고, 국제적으로는 16세기부터 본격화된 서양식민주의와 기독교의 세계진출이라는 대전환의 시대를 살았던 오어산 신부는 결코 글로벌화의 진행과정에 대해 인식하지 못했다. 하지만 마카오 성 바로로학원에서 예수회에 입회하고, 1688년 사제 서품을 받고 예수회 신부의 길을 걷게 되면서 그의 삶은 대서양 넘어 바티칸의 포교성과 긴밀하게 이어졌고, 자신의 의지와 관계없이 글로벌화의 조류 속으로 편입되어갔다. 동양의 전통과 그리스도교 간에 매우 특별한 근친성이 있다고 여겨질 만큼 양자를 잘 결합시킨 오어산 신부의 '十年海上'의 선교활동은 21세기 글로벌시대를 맞아 아직도 문화적, 인종적, 민족적 오만의 장벽을 어떻게 타파해야 할지 답을 찾지 못하고 있는 우리에게 일정한 시사점을 던져주고 있다.

---

78) 『詩經』, 「小雅 · 蓼莪」: "蓼蓼者莪, 匪莪伊蒿. 哀哀父母, 生我劬勞.……"

해항도시 나가사키(長崎)와 표상 정치

: 철도원(鐵道院) 편 여행 가이드북을 소재로

하야나기 가즈노리(葉柳和則)

Ⅰ. 들어가며

이 논문의 과제는 근대 일본의 중앙관청인 철도원이 1914년에 발행한 영문 여행 가이드북『동아시아 공식안내(*An official Guide to Eastern Asia*)』(이하『공식안내』)의 나가사키 시[1]에 관한 기술을, 같은 철도원이 1910년에 발행한 일본어 여행 가이드북『철도원선연도 유람지안내(鐵道院線沿道游覽地案內)』(이하『유람지안내』)의 기술과 비교하는 작업을 통해 근대 해항도시 나가사키가 어떠한 표상의 역학 속에 놓여 있었는지를 확인하는 것이다.

필자는 현행 여행 가이드북에서 나가사키의 도시 이미지를 형용할 때 자주 사용되는 '이그조틱(exotic)', '이국정서'라는 단어에 착목하여, 그 배경에 있는 표상의 정치를 부각시킴으로써 가이드북을 자료로 한

---

[1] 이하, 특별히 언급하지 않는 한 '나가사키'라고 표기한다.

나가사키 표상 연구에 착수했다. 처음으로 시도한 작업은 전전기(戰前期) 철도원[2]이 『유람지안내』를 시작으로 그 뒤로도 제목과 디자인을 바꿔가면서 계속 발행한 국내여행용 일본어 가이드북[3]에 관한 연구였다. 그 성과를 2014년 4월 25일 한국해양대학교에서 개최된 WCMCI 제4회 국제컨퍼런스에서 구두로 발표했고, 같은 해 10월 「Japanese Orientalism and the Representation of Nagasaki」라는 제목으로 동 대학의 학술지 『해항도시문화교섭학』에 게재했다. 이를 바탕으로 본 논문에서는 철도원이 펴낸 영문판 가이드북을 분석함으로써 근대 나가사키의 도시 이미지를 보다 입체적으로 파악해보고자 한다.

단 이 논문에서는 여행 가이드북이라는 실용 서적을, 도시와 공간에 대한 시선을 편성하는 미디어 텍스트로서 분석하기 위한 이론과 방법, 그리고 그럼으로써 분명해질 『공식안내』와 『유람지안내』의 사회적, 역사적 자리매김을 둘러싼 논의에 대해서도 충분한 지면을 할애할 예정이다. 왜냐하면 여행 가이드북 속에 나타나는 도시 표상에 관한 연구는, 특히 일본에서는 역사가 깊지 않기 때문에 철도원 편 가이드북의 나가사키 이미지를 분석하기 위한 전단계로서, 이를 자료로서 다루는 작업의 학술적 의의를 충분히 설명해둘 필요가 있기 때문이다.

다니엘 부어스틴(Daniel J. Boorstin)의 연구를 시작으로 1960년대 초부터 서구 관광사회학에서는 관광가이드북의 연구 자료로서의 가치가 주목되어왔다.[4] 그러나 관광미디어에 묘사된 지역, 국가, 도시 이

------

2) 철도원=1908~1919년, 철도성=1920~1943년.
3) 단, 각권 말미에 조선, 만주, 대만, 사할린에 관한 기술이 여러 페이지 포함되어 있는 차이점이 있다.
4) Daniel J. Boorstin, 星野郁美 · 五島和彦 역, 『幻影の時代: マスコミが製造する現實』, 創元社, 1962=1964, 299~300쪽, 아―リ, ジョン・ラースン, ヨーナス, 加太宏邦 역, 『觀光のまなざし 增補改訂版』, 法政大學出版局, 2011=2014, 166~169쪽.

미지에 관한 폴리틱스 연구가 본격적으로 이루어진 것은 1990년대에 들어서의 일이다.[5] 일본에서는 더욱 시간차가 있다. 『공식안내』를 본격적으로 분석한 유일한 연구자인 나가사카 게이나(長坂契那)가 서술하고 있듯이, 일본에서 발행된 여행 가이드북을 미디어텍스트로서 분석한 연구는 아직 얼마 되지 않는다.[6] 일본에서는 도서관이나 문서관 역시 가이드북의 학술적 가치를 충분히 인식하고 있지 않으며, 소모품으로 취급하는 경향이 강했기 때문에 계통적인 소장이 이루어지지 않았다는 사정도 있다.

  이 같은 연구 상황에 변화가 일어나게 되는 것은 금세기에 들어서부터이다. 예를 들면 일본의 젊은이와 관광미디어의 관계에 대해 사회학적 시점에서 접근한 야마구치 마코토(山口誠)는 19세기의 가이드북을 대표하는 머레이 사(Murray社)의 일본가이드를 통시적으로 분석하여 외국인 여행자에게 비친 '일본' 표상의 변천을 밝힐 가능성을 시사했다. 그는 "양질의 가이드북은 귀중한 역사 자료가 되고, 복수의 가이드북이나 동시대의 신문 자료를 비교분석함으로써 가이드북에 의한 역사사회학도 가능하다"[7]라고 말했다. 다만 야마구치 자신은 주로 제2차 세계대전 후의 일본어판 여행 가이드북을 연구대상으로 삼고 있어, 근대화 시대의 일본에 관한 가이드북은 다루고 있지 않다.

---

5) ミルン, ダニエル, 「英語による日本のガイドブックに見る言説の變遷: 二つの出版最盛期におけるマレーとロンリー・プラネット」, 『人間・環境學』 22, 2013, 63쪽.

6) 후술하는 나카가와 고이치(中川浩一)가 1970년대에 수행한 가이드북 연구는 유일한 예외로, 선구적 시도로 높이 평가할 수 있다. 단 나카가와의 연구는 일본 국내에서 간행된 가이드북이 아니라 '베데커(Baedeker)'의 가이드북에 역점을 두고 있다. 주15 참조. 長坂契那, 「明治初期の英文旅行ガイドブック觀光をめぐる近代日本の表象に關する歷史社會學的研究: 探險紀行から旅行ガイドブックへ」, 慶應義塾大學博士論文, 2015, 20쪽.

7) 山口誠, 「ガイドブック: その變遷と可能性」, 安村克己・堀野正人・寺岡伸悟 편, 『よくわかる觀光社會學』, ミネルヴァ書房, 2011, 145쪽.

이러한 상황 속에서 나가사카의 논고는 여행 가이드북을 근대 일본이 처한 국제관계와 국내 상황이 서술된 텍스트로서 분석하고 있는 점에서 주목할 가치가 있다. 그러나 근대 일본의 영문가이드북의 전체상을 밝히려는 나가사카의 논고는 그 성격 상 개별 지역의 서술에 관한 상세한 분석이 아니라 오히려 텍스트가 생성한 역사학적·사회학적 문맥을 밝히는 데 역점을 두고 있다. 또 나가사카는 『유람지안내』와 같이 일본어로 된 가이드북은 검토 대상으로 하지 않는다. 이에 대해 본 연구는 같은 편집 주체(철도원)에 의해 4년의 간격을 두고 간행된 일본어판과 영문판의 가이드북을 비교하는 작업을 통해 두 가이드북 사이에 있는 텍스트로서의 차이를 명확히 한다. 그 위에서 나가사키에 관한 기술에 초점을 맞춰 근대 나가사키의 도시이미지를 만들어낸 표상의 역학의 일면을 해명할 것이다.

Ⅱ. 텍스트로서의 여행 가이드북

여행 가이드북은 말 그대로 여행자에게 여정과 목적지에 관한 정보를 전달하는 실용서이며, 기술이 정확하면 할수록 신뢰도가 높아지는 리얼리즘 지향의 텍스트이다. 바꾸어 말하면 여행 가이드북은 허구를 배제할수록 그만큼 가치가 높아지는 것이다.

그러나 다른 한편 '관광 스폿'을 의미하는 독일어 Sehenswürdigkeiten (볼 가치가 있는 것)이 시사하고 있는 것처럼, 여행 가이드북은 방문할 가치가 있는 장소와 가치가 없는 장소 사이에 선을 그어, 전자를 부각시켜 관광의 시선(the tourist gaze)8)을 유도함과 동시에 후자를 음지로서 비가시화 한다. 이와 같은 이항대립적인 의미 부여의 공간을 이동하는 여행자는 이야기 텍스트 속의 등장인물과 유사한 관계에 있다. 결국 여행 가이드북은 허구를 극력 배제하면서 동시에 이야기적 성격을 강하게 지닌 텍스트인 셈이다. 이 텍스트는 결코 가치중립적인 입장에서 편성된 것이 아니다. 가이드북이 가진 정치성에 대해 나가사카는 "어떤 사물을 표상하는 일은 결코 중립적이지 않으며, 반드시 어떤 권력관계 하에서 구축되고, 그러한 권력관계의 재생산을 동반하는 시도이다"⁹⁾라고 말한다. 즉 '볼 가치가 있는 것'을 둘러싼 선택·배제 그리고 재구성의 계기가 작용하는 표상 정치의 장으로서 여행가이북은 존재한다.

21세기의 오늘날에도 여행 가이드북은 도시와 장소를 둘러싼 표상의 장으로서 계속 존재하고 있다. 현재 일본에서 간행되고 있는『루루부(るるぶ)』나『맛푸루(まっぷる)』와 같은 가이드북의 표지가 그러하듯이 현실의 단편적인 화상과 텍스트로 이루어진 꼴라주는 선택/배제와 재구성의 역학의 전형적인 사례이다. 그러나 미디어가 다양화됨으로써 여행정보 전체에서 가이드북이 차지하는 비율은 상대적으로 줄어들었다. 특히 1990년대 후반 이후 여행정보는 인터넷에 의해 제공되는 비율이 높아지고 있다. 그러나 19세기부터 20세기 전반에는 "가이드북은 국외를 목적지로 하는 관광객에게 거의 필수적인 것으로, 여행자, 호스트, 목적지 사이의 주요한 미디어로서 기능했다."¹⁰⁾ 일본

---

8) アーリ, ジョン, 加太宏邦 역, 『觀光のまなざし: 現代社會におけるレジャーと旅行』, 法政大學出版局, 1990=1995.

9) 長坂契那, 『明治初期の英文旅行ガイドブック觀光をめぐる近代日本の表象に關する歷史社會學的研究: 探險紀行から旅行ガイドブックへ』, 3쪽.

10) Milne, Daniel, "Discourses on Japan at the End of the Nineteen Century in Murray Guidebooks", *Socialsystems: political, legal and economic studies* (『社會システム研究』) 16, 2013, p.135.

에서도 사정은 마찬가지였다. 도중기(道中記)의 전통을 이어받은 기행문학과 함께 가이드북은 가장 주요한 여행정보 미디어였다. 그렇기 때문에 특히 근대 도시이미지 연구에서 여행 가이드북을 분석하는 의의는 크다고 할 수 있다.

Ⅲ. 여행 가이드북의 세 가지 유형

본장에서는 대상으로 하는 자료를 확정하기 위해 텍스트로서 여행 가이드북이 내포하는 "호소구조(the appeal structure)"[11]에 착목한다. 이것은 볼프강 이저(Wolfgang Iser)가 텍스트를 편성하는 주체와 그것을 읽는 주체의 상호행위를 해명하는 "독서행위(act of reading)"론의 중핵에 있는 개념이다.

> 존재조차 알지 못하는, 있는지 없는지조차 의식화되지 않는 장소로, 사람은 향할 수 없다. 그렇다고 한다면 가이드북이라는 미디어는 여행자의 체험을 전적으로 구속하지는 않지만, 그러나 그 시야의 틀을 구성하고 규정하는 중요한 정보원이라고 할 수 있다.[12]

야마구치는 독서행위론 개념을 사용하고 있지는 않다. 그러나 여행 가이드북을 매개로 하여, 집필 내지 편집 주체와 읽는 자와의 사이에 상호작용이 생겨나고, 그 과정에서 읽는 자의 '시야의 틀' 즉 '관광의 시선'이 생성된다고 야마구치의 논의를 풀어 설명할 수 있을 것이다.

---

[11] Iser Wolfgang, *Die Appellstruktur der Texte. Unbestimmtheit als Wirkungsbedingung literarischer Prosa*, Konstanz: Universitätsverlag, 1970.
[12] 山口誠, 『ニッポンの海外旅行』, 筑摩書房, 2010, 234쪽.

일본에 관한 여행 가이드북의 '호소 구조'의 관점에 선다면 세 가지 유형을 상정할 수 있다. 첫째는 〈일본에서 출판된 일본어 가이드북〉이고, 둘째는 〈일본에서 출판된 외국어 가이드북〉, 셋째는 〈해외에서 출판된 일본여행 가이드북〉이다. 이러한 것들은 각기 집필·편집 주체와 상정하는 독자를 달리 한다. 첫 번째 유형은 일본인 집필·편집 주체가 일본어 화자에 대해 '일본에서 볼 가치가 있는 것'이 무엇인지를 '가이드'함으로써 '관광의 시선'을 편성하는 텍스트이다. 앞에서 언급한 것처럼 필자는 이 유형에 관한 텍스트 분석으로부터 근대 일본의 여행 가이드북 연구에 착수했다. 이에 비해 두 번째 유형은 일본인 집필·편집 주체가 외국어 화자에 대해 '일본에서 볼 가치가 있는 것'이 무엇인지를 '가이드'하는 것이다. 세 번째 유형에서는 (일본인의 입장에서 볼 때) 외국인 집필·편집 주체가 비(非)일본어 화자에 대해 '일본에서 볼 가치가 있는 것'을 가이드한다. 즉 이 유형의 가이드북은 외국에서 일본을 향한 시선 편성의 일부분을 담당하는 텍스트이다. 그러나 본 연구에서는 철도원이 편집한 일본어판과 영문판 가이드북, 즉 동일한 주체가 첫 번째 유형과 두 번째 유형의 텍스트를 편찬한 사례로 과제를 한정하고, 세 번째 유형에 대해서는 필요에 따라 부차적으로 언급하는 데 그친다.[13]

Ⅳ. 가이드북과 오리엔탈리즘

독일 베데커 사와 영국 머레이 사의 가이드북으로 대표되는 근대의

---

[13] 세 번째 유형에 해당하는 여행 가이드북에 관한 연구는 향후의 과제로 한다.

가이드북은 19세기 서구의 "심리적 세계지도"[14]를 형성하는 주요 미디어였다.[15] 식민지주의 시대에 서구 부르주아지들 사이에서 생겨난 해외여행 붐은 이 '심리적 세계지도'에 필연적으로 오리엔탈리스트적 편견을 주입시켰다. 예를 들면 알리 베다드(Ali Behdad)는 19세기 이후 선교사나 모험가와 같은 개인이 저술한 여행기를 대신하여 여행 가이드북이 "오리엔탈리스트적 여행 문학에서 광범위하게 유포되는 언설 방식"이 되었다고 말하고 있다.[16] 일본 역시 19세기 중엽 이후 서구의 오리엔탈리스트적 시선에 노출되어 글로벌화하는 관광여행 시스템 속으로 편입되어갔다.[17]

---

[14] 西川長夫, 『(增補) 國境の越え方: 國民國家論序說』, 平凡社, 2001, 24쪽.

[15] 근대 관광가이드북은 독일인 칼 베데카(Karl Baedeker)와 영국인 존 머레이(John Muray)라는 두 출판자가 여행가이드 시리즈를 창간한 데서 비롯한다. 전자는 1828년, 후자는 1836년에 처음 책을 발간했다. 두 사람이 시리즈 명에 자신들의 이름을 붙였기 때문에 '베데카'와 '머레이'는 여행 가이드북의 보통명사가 되었다.(岩佐淳一, 「旅行とメディア: 戰前期旅行ガイドブックのまなざし」, 『學習院女子大學紀要』 3, 2001, 12쪽) 베데카의 가이드북은 군사목적으로 이용할 수 있을 정도의 지리학적 정확함, 서술의 높은 인문학적 수준 그리고 독일·영국·프랑스 3개 국어로 발행된 점 등으로 인해 그 뒤 가이드북의 규범적 역할을 했다. 본 논문이 갖고 있는 문제의식과의 관계에서 주목할 점은 베데카의 가이드북이 처음부터 관광 스폿에 **, *, 무인(無印)이라는 3단계의 가치를 부여함으로써 '볼 가치가 있는 것'의 히에라르키를 만들어낸 사실이다(Boorstin, 『幻影の時代: マスコミが製造する現實』, 343쪽). 이 가치 부여 히에라르키는 '볼 가치가 없는 것'이라는 아무런 표시조차 없는 스폿의 암묵적 배제 위에 성립할 수 있는 것이다. 전전(戰前) 베데카는 인도판, 동남아시아판을 출간했지만 이어서 계획하고 있던 일본판과 중국판 간행은 1914년 제1차 세계대전이 발발함에 따라 중지되었다. 이에 반해 머레이의 일본판은 그 전신까지 고려하면 1881년부터 간행되었다. 따라서 철도원 편 가이드북과 비교할 수 있는 것은 머레이 뿐이다.

[16] Behdad Ali, *Belated Travels,* Durham: Duke University Press, 1994, p.37.

[17] 1872년 최초의 세계일주 여행이 토머스 쿡 사(Thomas Cook社)에 의해 개최되어, 일행은 다음해 요코하마에 들러 며칠간 체재했다. 즉 이 시점에서 이미 일본은 패키지화된 세계일주 여행에서 '볼 가치가 있는' 목적지로 되어 있었던 것이다. 長坂契那, 「明治初期の英文旅行ガイドブック觀光をめぐる近代日本の表象に關す

가장 오래된 일본가이드북은 니콜라스 데니스(Nicholas B. Dennys) 등에 의해 1867년에 간행된『중국과 일본의 조약항: 양국의 개항장 및 베이징·에도·홍콩·마카오 완전 가이드(*The Treaty Ports of China and Japan: a Complete Guide to Open Ports of Those Countries, together with Peking, Yedo, Hongkong and Macao)*』[18]이다. 그러나 이 가이드북의 일본편은 정보의 출처가 애매하고 기술도 개괄적이다. 나가사카는 데니스가 일본에 한 번도 체재한 적이 없고 전해들은 이야기에 근거하여 일본편을 집필한 것으로 추측하고 있다.[19]

메이지시대가 되면 실제로 일본 국내를 여행한 경험에 입각한 여행기가 출판되게 된다. 가장 널리 알려진 것은 이사벨라 버드(Isabella Bird)가 1880년에 간행한『일본오지기행(*Unbeaten Tracks in Japan*)』[20]이다. 제목이 단적으로 보여주고 있듯이 급속한 근대화를 이룬 일본에 아직 남아 있는 미지의 땅에 대한 서구 모험자의 시선, 즉 오리엔탈리스트적 시선이 버드의 여행기의 기조에 깔려 있다.

극동 최후의 미답지 일본에 관해서는 부르주아지를 대상으로 한 가이드북도 이른 단계에서 출판되었다. 가장 초기의 가이드북으로는 윌리엄 그리피스(William E. Griffis)가 1874년에 간행한『요코하마 가이드(*The Yokohama Guide*)』와『도쿄 가이드(*The Tokio Guide*)』가 비교

る歷史社會學的研究: 探險紀行から旅行ガイドブックへ」, 42쪽.

[18] Dennys, Nicholas B., Mayers, William F., and Charles King, (eds), *The treaty ports of China and Japan. A complete guide to the open ports of those countries, together with Peking, Yedo, Hongkong and Macao,* London: Trübner and co; Hongkong: A. Shortrede and co, 1867.

[19] 長坂契那, 「明治初期の英文旅行ガイドブック觀光をめぐる近代日本の表象に關する歷史社會學的研究: 探險紀行から旅行ガイドブックへ」, 36쪽.

[20] バード イザベラ·L, 金坂清則 역주, 『完譯日本奧地記行 1-4』, 平凡社. 1880= 2012-2013.

적 잘 알려져 있다. 그러나 이러한 초기의 일본여행 가이드북은 지역이 한정되어 있고 페이지수도 100페이지 이하인 것이 대부분이다.[21]

일본에 대한 최초의 포괄적이고 본격적인 영문 가이드북은 1881년에 어니스트 사토우(Ernest M. Satow)와 앨버트 호즈(Albert G. Hawes)에 의해 요코하마의 켈리&월슈 상회(Kelly&Walsh商會)에서 간행된 『여행자를 위한 중부·북부 일본안내(A Handbook of Travellers in Central and Northern Japan)』[22](이하『중부·북부 일본안내』)이다. 이 가이드북은 위에서 언급한 머레이 핸드북 시리즈를 최대한 참고하여 만들어졌는데,[23] 그것은 19세기 말부터 20세기 전반에 이르기까지 오랜 기간에 걸쳐 서구인이 제작한 일본여행 가이드북 중 가장 신뢰도가 높은 가이드북으로 여겨졌다. 사토우는 1883년에, 호즈는 1885년에 일본을 떠났기 때문에 1891년의 제3판부터는 바질 체임벌린(Basil H. Chamberlain)과 윌리엄 메이슨(William B. Mason)이 편집을 담당하고, 머레이 사와 케리&월슈 상회의 요코하마 지점이 공동 출판하는 형태가 되었다. 『중부·북부 일본안내』는 제3판 이후 정식으로 머레이 가이드북 시리즈의 한 권이 되었던 것이다.

『중부·북부 일본안내』에 대한 높은 평가의 배경에는 이 서적이 메이지시대 전반의 일본연구의 학술적 성과를 전면적으로 반영하고 있다는 사실이 있다. 사토우와 체임벌린을 비롯하여 집필자의 대부분은

---

21) Guth, Chritine M. E., *Longfellow's Tattos. Tourism, Collecting, and Japan*, Seattle: University of Washington Press, 2004, p.21.; 長坂契邪, 「明治初期の英文旅行ガイドブック觀光をめぐる近代日本の表象に關する歷史社會學的研究: 探險紀行から旅行ガイドブックへ」, 39~40쪽.

22) Satow, Ernest M. and Hawes, Albert G.S., *A Handbook for Travelers in Central and Northern Japan*, Yokohama: Kerry&Walsh Co. 1881.

23) 庄田元男, 「譯者解說」, アーネスト・サトウ, 庄田元男 譯, 『明治日本旅行案内〈下卷〉ルート編Ⅱ』, 平凡社, 1996, 序文.

"일본 및 다른 아시아지역 나라들의 제목에 관한 지식 수집과 조사"를 목적으로 1872년에 설립된 학술단체 '일본아시아협회(The Asiatic Society of Japan)'의 회원이었다.[24] 협회의 기관지『일본아시아협회기요(*The Transactions of the Asiatic Society of Japan*)』는 최초의 일본연구 저널로 일본과 아시아를 향한 오리엔탈리스트적 시선을 학술적으로 뒷받침했다.[25]

다니엘 밀른(Daniel Milne)과 나가사카가 지적하듯이『중부·북부 일본안내』속에는 오리엔탈리스트적 시선에 입각한 서술이 곳곳에 나타나 있다.[26] 예를 들면 초판에는 당시 도쿄에 대해 다음과 같은 가치평가를 내리고 있다.

두 자루의 칼을 찬 사람은 볼 수 없게 되었고, 가마는 인력거로 대체되었다. 부유한 계급의 상당수가 서구식 복장을 하게 되었고, 머리를 틀어 올리는 방법도 유럽풍이 되었다. 지금은 지극히 일반적이 되어버린 이러한 모습들이 이전에는 외국에서 온 방문자들에게 매우 매력적이었던 Picturesque한 풍경을 일본의 거리에서 사라지게 했다.[27]

---

24) 楠家重敏, 『日本アジア協會の研究: ジャパノロジーことはじめ』, 近代文藝社, 1997, 53쪽.

25) 사토우와 체임벌린은 버드의『일본오지기행』의 후원자이다. 역으로 버드는『중부·북부 일본안내』집필 당시의 조언자였으며, 초판 서문에 있는 감사의 말에는 버드의 이름이 있다. 이처럼 초기 일본학자들은 긴밀한 네트워크를 구축하고 서로의 언설을 인용함으로써 오리엔탈리스트적 지(知)의 체계를 구축해갔다.

26) ミルン, ダニエル, 「英語による日本のガイドブックに見る言説の變遷: 二つの出版最盛期におけるマレーとロンリー・プラネット」; Milne, Daniel, "Discourses on Japan at the End of the Nineteen Century in Murray Guidebooks"; 長坂契那, 「明治初期の英文旅行ガイドブック觀光をめぐる近代日本の表象に關する歷史社會學的研究: 探險紀行から旅行ガイドブックへ」.

27) Satow, Ernest M. and Hawes, Albert G.S., *A Handbook for Travelers in Central and Northern Japan*, p.8.

'Picturesque'란 '그림처럼 아름다운'이라는 의미이다. 18세기 영국 귀족의 자제는 교육의 총정리로서 이탈리아를 최종 목적지로 유럽 대륙 여행(그랜드 투어)에 나섰다. 여행 도중 그들이 목격한 알프스의 웅대함과 장엄함은 지고의 미적 체험을 불러일으켰다.[28] 그 배경에는 루소와 같은 사상가나 낭만주의 예술가들에 의한 자연미의 발견이 있었다. 같은 무렵 철도와 선박 네트워크를 이용하여 세계여행이 가능하게 되었고, 청년 귀족뿐만 아니라 광범위한 부르주아지층도 국외여행에 참가하게 되었다. 그 과정에서 'Picturesque'라는 말은 서구는 물론 세계의 풍경미를 표현하는 키워드로서 사용되었다.

밀른에 따르면 『중부 · 북부 일본안내』의 저자들이 일본인의 생활과 일본의 풍경을 'Picturesque'라고 표현할 때, 이 단어는 "더할 나위 없이 동양적이고 이국적인 〈옛 일본〉"과 긴밀한 관계에 있었다.[29] 일반적으로 오리엔탈리즘은 모험기(冒險記)적 언설에서 학문적이고 정치적인 언설을 거쳐 "이국적인 것을 추구하는 욕망으로 중심화된 여행자적 언설"로 변해갔지만,[30] 『일본오지기행』, 『일본아시아협회기요』 그리고 『중부 · 북부 일본안내』의 관계에서 알 수 있듯이 일본에 관한 오리엔탈리스트적 언설에서는 모험기 단계에서 학술적 단계 그리고 여행자적 단계로의 이행이 동시에 일어났던 것이다.

---

28) イム · ホーフ, ウルリヒ, 森田安一 · 岩井隆夫 · 米原小百合 · 佐藤るみ子 · 黑澤隆文 · 踊共二 역, 『スイスの歴史』, 刀水書房, 2001=1997, 137쪽.

29) Milne, Daniel, "Discourses on Japan at the End of the Nineteen Century in Murray Guidebooks", p.149.

30) Ibid., p.136.

V. 철도원 여행 가이드북의 폴리틱스

1. 배경

일본에서 여행 가이드북 연구의 선구자인 나카가와 고이치(中川浩一)는 머레이 가이드북을 "산업혁명이 낳은 자식"이라고 말했다.[31] 즉 산업혁명으로 인해 국외여행을 실현하기 위한 교통 인프라 네트워크가 구축되고, 같은 시기 도시에서 자연환경이 파괴됨에 따라 신흥 부유층인 부르주아지가 국외에서 '그림처럼 아름다운' 풍경을 소비의 대상으로 발견했던 것이다.

이러한 과정은 메이지유신 이후 급속한 근대화를 추진한 일본에서도 반복되었다. 그러나 일본이『중부·북부 일본안내』에 집약적으로 나타나 있는 근대 서구의 오리엔탈리스트적 관광의 시선이 향해진 객체이기도 했다는 점이 일본의 관광언설(tourism discourses)에 특유의 굴절을 초래했다.

메이지유신 이후 '그림처럼 아름다운' 풍경을 희구하는 서구의 시선은 일본 속에서 '알프스'를 발견해갔다. 윌리엄 고랜드(William Gowland), 월터 웨스턴(Walter Weston) 등에 의해 일본의 '산악미(山岳美)'가 발견된 것은 그 대표적인 사례이다. 이와사 준이치(岩佐淳一)에 의하면 1894년에 발행된 시가 시게타카(志賀重昂)의『일본풍경론』은 그러한 서구인의 시선을 일본인에 의한 일본론으로 받아들인 것으로, "일본 3경(日本三景)과 같은 유형적인 경관이 아니라 지리학적 관점에서 일본의 새로운 풍경미를 처음으로 제시한" 작품이었다.[32] 시가의 의도

---

31) 中川浩一,『旅の文化誌: ガイドブックと時刻表と旅行者たち』, 傳統と現代社, 1979, 10쪽.

는 서구화를 최고의 가치로 삼는 사회적 분위기에 대항하여 일본과 일본인의 아름다운 점을 발견하려는 국수주의적 동기에서 비롯하고 있었지만, 그 안에는 서구인의 오리엔탈리스트적 시선에 의한 매개라는 굴절이 내포되어 있었던 것이다.[33]

이와 같은 일본적 풍경의 발견과 연동하는 형태로 오하시 오토와(大橋乙羽), 다야마 가타이(田山花袋), 도쿠토미 소호(德富蘇峰), 오마치 게이게츠(大町桂月) 등 당대 일류의 작가와 사상가들이 여행을 통해 전국의 산수미(山水美)를 발견했다. 그들의 기행문학은 많은 독자를 여행으로 인도했다. 에도시대 일본에서 대중적인 여행이란 이세참배(お伊勢参り)로 대표되는 신사불각(神社佛閣)을 참배하는 여행이었지만, 메이지시대부터 다이쇼시대에 걸쳐 풍경이 아름다운 곳을 찾아다니는 여행으로 역점이 크게 변화했다. 서구에 비해 늦게 개시된 산업혁명이 농촌에서 도시로의 인구이동을 재촉하고, 도시부에서 자연 풍경을 사라지게 한 것이 지방의 풍경을 찾는 여행 수요를 만들어낸 것이다.[34]

『일본풍경론』 출판과 때를 같이하여 1890년경부터 일본에서도 여행 가이드북이 출판되게 되었다. 에도시대에 이미 넓은 의미의 가이드북이라고 할 수 있는 도중기(道中記)가 출판되었고, 1700년경에는 그것을 이용하여 단체여행을 하는 모임(講)이 결성되었다. 1830년대부터 40년대에 걸쳐 연간 약 500만 명이 이세신궁(伊勢神宮)을 향했다.[35] 단 도중기는 도보에 의한 참배여행의 실용정보를 기록한 것으

---

32) 岩佐淳一, 「旅行とメディア: 戰前期旅行ガイドブックのまなざし」, 17쪽.

33) 그뿐 아니라 『일본풍경론』이 『중부·북부 일본안내』의 기술과 표를 무단으로 인용하고 있는 부분도 주목된다. 中川浩一, 「英文日本旅行案內書の系譜」, 『地圖』 13-4, 1975, 11쪽.

34) 岩佐淳一, 「旅行とメディア: 戰前期旅行ガイドブックのまなざし」, 17쪽.

로, 베데카나 머레이처럼 인문지리학적 토대를 갖추고 공공 교통기관을 활용하여 이동하는 것을 목적으로 하는 가이드북과는 성격을 달리하는 것이었다.

서구와 마찬가지로 근대 일본의 가이드북 간행도 철도나 선박 네트워크의 충실을 전제로 하고 있었다. 1889년 도카이도센(東海道線) 개통을 계기로 대중 투어리즘을 위한 가이드북이 출판되기 시작했다. 이 시기의 가이드북은 민간이 주체였지만, 1907년 철도국유법 발포로 제국철도청이 여행 가이드북 편찬에 착수했다. 이후 발행 주체의 명칭은 철도행정 조직의 개편에 따라 변화했지만 "태평양전쟁 전의 출판 사업에서 각종 가이드북을 편찬하고 관광여행을 주도한 것은 국유철도 그 자체였다."[36] 가이드북 편찬의 직접적인 의도는 러일전쟁 이후의 물자와 병력 수송이라는 실용적인 목적 이외에 유흥을 목적으로 하는 철도 이용을 촉진시킴으로써 수입 증가를 꾀하는 데 있었다. 그러나 산수(山水) 붐이라는 국수주의적 사회 심리의 고양과 연결지어 생각해 볼 수도 있다.

주변의 이름도 없는 산과 강이나 시골의 풍경이 실은 '아름다운 풍경'으로 신선하게 다가오는 놀라움. 그 집합적인 경험이 내셔널리즘을 환기시키기 때문에 국가는 그렇게까지 가이드북 간행에 열의를 보인 것이 아닐까.[37]

로컬적 질서를 가진 공동체의 연합체로서의 에도시기 일본과는 다른 일본, 즉 국경 내부에 균질한 공간과 시간을 공유하는 근대 국민국

---

35) 山本光正, 「旅行案內書の成立と展開」, 山本光正 편, 『旅: 江戸の旅から鐵道旅行へ』(國立歷史民俗博物館研究報告 155), 國立歷史民俗博物館, 2010, 120~123쪽.

36) 中川浩一, 『旅の文化誌: ガイドブックと時刻表と旅行者たち』, 198쪽.

37) 岩佐淳一, 「旅行とメディア: 戰前期旅行ガイドブックのまなざし」, 25~26쪽.

가로서의 일본을 시각적 · 신체적으로 경험하는 목적도 여행 가이드
북에는 존재하고 있었던 것이다.

2. 『철도원선연도유람지안내(鐵道院線沿道遊覽地案內)』

국유철도가 주체가 되어 편찬한 최초의 여행 가이드북은 1903년
『철도작업국선로명소안내(鐵道作業局線路名所案內)』였는데, 이것은
제5회 내국권업박람회에 출품된 연선 사진과 해설이 그 주요 내용이
었다. 본격적인 연선 안내는 일본어판과 영어판으로 1905년과 그 다
음해에 잇달아 출판된 『철도작업국선로안내(鐵道作業局線路案內)』였
다. 하지만 이러한 것들은 일반용 여행안내서라기보다 여행업계의 실
무자를 위한 매뉴얼이었다.[38]

명확하게 여행객을 사용자로 상정한 가이드북 『유람지안내』가 발
행된 것은 1910년 6월의 일이었다. 이 가이드북은 다음해까지 비매품
으로 발행되다, 1913년 박문관(博文館)이 허가를 얻어 시판했다. 226
쪽 분량의 본문과 19쪽에 걸친 철도 및 선박 이용 여행을 위한 설명
그리고 한 장의 노선도가 첨부되어 있었다. 기본적으로 국내를 여행
하기 위한 관광 가이드이지만 본문 맨 마지막에는 14쪽을 할애하여
한국 여행에 관한 개설이 서술되어 있다.[39] 명소와 구적(舊蹟)의 삽화
가 아니라 사진이 다수 게재되어 있고, 본문은 미문조(美文調)의 문어
체이다.

---

[38] 平田剛志, 「鐵道院編『鐵道旅行案內』諸版の比較研究」, 『コア・エシックス』 8,
2012, 514쪽.
[39] 초판이 간행된 1910년 8월 한국이 일본에 합병되었는데 이를 예상한 기술이라고
생각된다.

출판 경위에 대한 상세한 설명은 없지만 후기에 다음과 같은 문장이 있다.

　　원래 이 책은 얄팍한 소책자에 지나지 않지만 설명하는 바는 간결하고 빠짐이 없음은 물론이다. 바야흐로 무더위가 기승을 부려 피서여행을 계획하는 자도 많을 것으로 예상하여 동도(東道)[40] 일조하는 마음으로 간행을 서두름에 따라 행문과 취재에 오류와 거친 곳이 적지 않다. 이러한 것은 이후 판을 거듭하면서 증보·수정을 기할 예정이다. 부디 독자제현의 질정을 구한다.

여기에는 '피서여행'과 같은 유흥을 목적으로 하는 여행 수요의 증가, 철도원이 지금까지 가이드북 작성 경험이 부족하여 정보량의 빈약함과 기술의 부정확함을 고려하지 않고 출판을 서둔 점, 이후 증보와 개정을 지속할 계획 등이 기재되어 있다. 실제로 유람지 시리즈는 계속적으로 출판되어 1914년부터는 서명을 『철도여행안내』로 변경하고 중일전쟁이 일어나기 바로 전년인 1936년까지 판을 거듭했다.[41]

『유람지안내』는 일본 국내에 근대 서구를 모델로 한 철도 및 선박 네트워크가 구축된 시대의 여행 가이드북의 대표적 존재이다. 그러나 한편으로는 전통적인 책 장정, 앞에서 인용한 것과 같은 미문조의 문어체 문장, 본문과 관련된 와카(和歌), 단카(短歌), 한시(漢詩)를 삽입하여 관광 스폿을 소개하는 등 에도시대 기행문의 성격을 계승하고

---

[40] 주인이 되어 손님의 시중을 들고 안내하는 사람.

[41] 철도성이 편찬한 또 하나의 여행 가이드북으로 1929년부터 간행되기 시작하여 1936년에 전 8권으로 완결된 『일본안내기』 시리즈가 있다. 이 시리즈에 대해서는 "전전의 가이드북(여행안내서) 가운데 상세하고 면밀할 뿐 아니라 학문적 수준에 입각한 최고의 완성도를 보였다"(中川浩一, 『旅の文化誌: ガイドブックと時刻表と旅行者たち』, 198쪽)는 평가가 있지만, 이 논문에서는 지면관계상 검토하지 않았다.

있다. 이 경향은 1914년에 발간된 『철도여행안내』에서 오히려 강화되어 명소 사진을 대신해 우키요에(浮世繪)가 삽입되었다. 이처럼 메이지시기부터 다이쇼시기에 걸쳐 편찬된 철도원의 일본어판 가이드북은 근대적인 여행 가이드북과 전통적인 기행문이나 도중기의 성격을 겸비한 텍스트였다.

3. *An Official Guide to Eastern Asia*

철도원이 설치된 1908년은 일본이 국제적인 교통 네트워크에 본격적으로 참가한 해였다. 이 해 브뤼셀에서 열린 제5회 시베리아경유 국제연락회의에 철도원, 만철, 오사카상선이 참가하여 삼연락운수협정(三連絡運輸協定)을 체결했다. 즉 ① 캐나다 및 시베리아 경유 세계일주 연락, ② 서구와 일본·조선, 중국러시아령 간의 연락, ③ 시베리아 및 스위스 경유 주유(周遊) 연락이 그것이다.[42]

이러한 움직임을 추진한 인물은 고토 신페이(後藤新平)였다. 만철 초대총재였던 고토는 이 해 7월 제2차 가쓰라(桂) 내각의 체신대신에 취임한 뒤 12월 5일 철도원관제 공포 이후 철도원 초대총재를 겸임했다. 철도원이 만철 감독권도 갖고 있었기 때문에 고토는 "일본 국철과 만철을 총괄하는 입장에 있었다."[43] 고토는 철도원총재에 취임함과 동시에 동아시아를 대상으로 한 영문 여행 가이드북의 편찬과 간행을 지시했다. 그러나 철도원의 전신인 철도청 내부에서는 이미 그 전년

---

[42] 老川慶喜, 「後藤新平の大陸政策と『東亞英文旅行案內』」(別刷解說), 老川慶喜 감수, 『東亞英文旅行案內』(復刻板), エディション・シナプス, 2008, 10~12쪽. 이 복각판에서는 *An Official Guide to Eastern Asia*를 『東亞英文旅行案內』라고 부르고 있다. 이 책은 어디까지나 복각판으로 번역이 아니다.
[43] 老川慶喜 감수, 위의 책, 10쪽.

도에 여객과장으로 취임한 기노시타 도시오(木下淑夫)를 중심으로 여행 가이드북 편찬 움직임이 시작된 상태였다. 나카가와는 따라서 실질적인 기획과 편찬을 총괄한 것은 기노시타였다고 지적하고 있다.[44]

고토는 가이드북 작성의 전단계로서 대상 지역에 대한 철저한 조사를 명하고[45] 당시 금액으로 20만 엔 이상의 거액의 예산을 조성하여 전문가를 현지에 파견하고 방대한 자료를 수집하도록 했다.[46] 이를 바탕으로 일본어 원고를 작성하고 그것을 유학경험자가 영문으로 번역한 뒤 다시 한 번 영국인 2명이 교열하여 인쇄용 원고를 작성했다.[47] 제1권이 출판된 것은 1913년 10월의 일로, 전5권이 완결된 것은 1917년 4월이었다. 그 편성은 이하와 같다.

『동아시아 공식안내: 유럽-아시아 대륙 간 접속(*An Official Guide to Eastern Asia: Trans-Continental Connections between Europe and Asia*)』
『제1권: 만주·조선』 *Vol. 1 Manchuria & Chosen* 1913년 10월
『제2권: 서남일본』 *Vol. 2 South-Western Japan* 1914년 7월
『제3권: 동북일본』 *Vol. 3 North-Eastern Japan* 1914년 7월
『제4권: 중국』 *Vol. 4 China* 1915년 4월
『제5권 동인도: 필리핀, 프랑스령 인도차이나, 타이, 말레이반도, 네덜란드령 동인도 포함』 *Vol. 5 East India including Philippine Island, French Indo-china, Siam, Malay Peninsula and Dutch East Indies* 1917년 4월

각권의 장정은 짙은 적색의 상제본(上製本)으로 베데카의 장정을

---

[44] 中川浩一, 『旅の文化誌: ガイドブックと時刻表と旅行者たち』, 234~236쪽.
[45] 일본 본토뿐만 아니라 조선, 만주, 중국, 인도차이나, 남양제도를 조사대상으로 했다.
[46] 長坂契那, 「明治初期の英文旅行ガイドブック觀光をめぐる近代日本の表象に關する歷史社會學的研究: 探險紀行から旅行ガイドブックへ」, 101쪽.
[47] 鶴見祐輔, 『〈正傳〉後藤新平 第五卷: 鐵道院時代』, 藤原書店, 2005, 237~238쪽.

모방한 것이 분명했다. 쪽수는 모두 350쪽 전후이고 『유람지안내』보다 정보량이 훨씬 많다. 고토의 전기를 집필한 쓰루미 유스케(鶴見祐輔)는 "독일의 『베데카 안내기』를 저본으로 삼았지만 구상은 베데카보다 훨씬 웅대했다"[48]고 적고 있다. 실제로 『공식안내』에는 철학, 문예, 다도, 무대예술 등 다양한 문화에 관한 중후한 기술이 있는 등 베데카보다 포괄적인 지역연구서로서의 성격이 강하다.[49] 영문가이드북 간행에는 일본과 동아시아에 대한 서구인의 관심을 불러일으키고 외국 관광객의 증가를 노리는 경제적인 이유도 거들고 있었다. 그러나 그곳에는 오리엔탈리즘의 객체였던 일본 또는 동아시아 측이 표상의 주체가 되어 자신들의 문화와 사회에 관한 정보를 발신하려는 의도도 포함되어 있었다. 이에 대해 나가사카는 다음과 같이 말한다.

> 러일전쟁 이후 구미인의 여행가이드가 아닌 자신의 시각에서 일본을 해외에 소개하는, 다시 말해 일본인의 손으로 진정한 일본문화와 일본정신을 전 세계에 선전함으로써 일본의 국제적 지위를 높이고자 하는 바람이 일어난 것은 당연한 추세였을 것이다.[50]

여기서 말하는 '진정한 일본문화와 일본정신의 선전'도 결코 가치중립적인 것은 아니다. "러일전쟁 후부터 다이쇼 초기에 걸친 외국 관광객 유치는 관광이라는 수사를 사용한, 적극적인 국민국가 형성과 식민지국가의 확립을 의도한 것이었다."[51] 시리즈 전체의 부제가 '유럽-

---

48) 鶴見祐輔, 위의 책, 237쪽.
49) 老川慶喜 감수, 『東亞英文旅行案內』(復刻板), 16~17쪽.
50) 長坂契那, 「明治初期の英文旅行ガイドブック觀光をめぐる近代日本の表象に關する歷史社會學的硏究: 探險紀行から旅行ガイドブックへ」, 96쪽.
51) 長坂契那, 위의 논문, 105쪽.

아시아 대륙 간 접속'인 점, 제1권이 일본편이 아니라 만주·조선편인 사실은 그러한 것을 단적으로 방증해주고 있다. 물론 표면적으로는 일본의 공공 교통 네트워크가 유럽까지 접속된 데 즈음하여 동아시아 전체를 시야에 넣은 여행 가이드북 시리즈로서『공식안내』를 출판했다. 그러나 베데카와 머레이의 여행 가이드북 간행이 민간 출판사 사업이었던 것에 반해『공식안내』는 일본의 국책으로서 간행된 것이었다.『공식안내』는 두 번의 전쟁을 거쳐 서구 국가들과 어깨를 나란히 하게 된 근대 국민국가, 그리고 그것의 또 다른 이름이라고 말할 수 있는 식민지주의국가 일본의 **공식**적인 자기 이미지와 동아시아 이미지를 발신하는 미디어로서 존재하고 있었다.『중부·북부 일본안내』의 일본이 서구인의 오리엔탈리즘적 시선에 의해 표상된 일본이었다면,『공식안내』는 일본의 시선에서 본 동아시아와 일본에 관한 대항표상(counter-representation) 혹은 대안표상(alternative-representation)이었다.

이상과 같이『공식안내』는 식민지주의 시대의 일본과 동아시아를 둘러싼 표상 정치로부터 자유롭지 못하다. 그러나 베데카를 능가할 정도의 면밀한 현지조사에 입각하여 서술된 학술적 텍스트로서의 성격을 지닌『공식안내』는 일본과 동아시아에 관한 가장 신뢰할 만한 영문 여행 가이드북으로서 제2차 세계대전 이후에도 이용될 정도였다. 특히 중국과 만주에 관해서는 베데카와 머레이를 포함하여 구미 출판사가 가이드북 출판을 실현할 수 없었기 때문에 1960년대에 이르기까지 여행뿐만 아니라 인문지리학적으로도 중요한 정보원으로 이용되었다.[52]

---

52) 長坂契那, 위의 논문, 101쪽.

Ⅵ. 『철도원선연도유람지안내』 속의 나가사키 표상

『유람지안내』는 제2절의 분류에 따르면 첫 번째 유형, 즉 '일본에서 출판된 일본어 가이드북'에 해당한다. 때문에 그 안에는 철도원이라는 편집주체가 일본인 독자를 향해 환기시키고자 하는 나가사키의 도시 이미지가 그려져 있을 터이다. 『유람지안내』에서 나가사키에 관한 서술은 다음과 같이 시작한다.

철로 【나가사키】에 이르러서 끝난다. 이곳은 아름다운 풍광, 온난한 기후, 저렴한 물가로 인해 외인(外人)들에게 '세계의 낙토'로 격찬 받는 땅. 예전 天文(1532년부터 1555년까지의 연호), 永綠(1558년부터1570년까지의 연호)의 시기 에스파냐와 포르투갈의 상선이 처음으로 와서 무역을 개시했을 때부터 이 땅은 오랫동안 외국 교통의 유일한 문호였다. 서방의 문물과 소식이 모두 이 땅을 경유하여 들어왔고, 외인의 글 가운데 이곳을 언급하는 경우가 많아 일본을 아는 자 이 항구의 이름을 모르는 사람이 없었다. 항구의 풍광은 실로 아름다워 일찍부터 【다마노우라(瓊浦)53)】라는 아름다운 별칭이 있었다. 언덕과 산과 바다가 삼면을 껴안아 두르고 있으며, 파도는 잔잔하여 쟁반 속의 물과 같아 일찍이 바다가 노하는 것을 볼 수 없었다. 몇 개의 섬이 사이사이 흩어져 있어 일대의 경치를 수놓고 있고, 36개의 만과 24개의 다리가 절경을 이루고 있다.

이 서술의 서두에서 나가사키의 특징으로 강조되고 있는 것은 '근세 일본에서 서구문명(근대문명)의 유일한 입구'라는 요소이다. 즉 쇄국시대 일본에서 서구를 향해 개방되어 있었다는 희소성이 나가사키라는 도시의 '볼 가치가 있는 것의' 본질을 이루고 있는 것이다. 이 점은 나가사키의 '그림처럼 아름다운' 풍경 역시 외국인에 의해 상찬되

---

53) 瓊은 아름다운 보옥(寶玉)이라는 의미.

고, 그들이 집필한 여행기 속에 언급되었다는 것을 근거로 삼아 가치가 부여되고 있는 사실에서도 알 수 있다. 문맥에서 이해할 수 있듯이 여기서 '외인'이란 서구인을 가리킨다.

이어지는 단락에서는 스와신사(諏訪神社), 이나사야마(稲佐山), 데지마(出島), 시볼트 현창비에 대한 설명이 있고, 마지막 단락이 되어서 나가사키의 사원(寺院)에 관한 언급이 나온다. 여기에서는 16세기 말 크리스트교 포교와 탄압의 역사에 대해 한 줄 남짓 설명한 뒤 탄압 후에 세워진 불교사원의 이름을 열거하고 마지막으로 그러한 사원의 일부가 '南京寺', 다시 말해 중국계 사원이라는 점을 언급하고 있다. 중국 이외의 아시아 국가에 대한 언급은 전혀 찾아볼 수 없다.

에도시대 나가사키에서 네덜란드 무역과 중국 무역을 비교하면 후자의 규모가 압도적으로 컸다. 중국계 상인의 거주구역이었던 '도진야시키(唐人屋敷)'는 네덜란드인의 거주구역인 '데지마'의 약 3배 크기였으며, 연인원 6,000명이 출입했다. 이는 당시 나가사키 인구의 약 10퍼센트에 해당한다. 그에 비해 데지마에 거주하는 네덜란드인은 평소에는 십 수 명, 네덜란드 선박이 내항한 때에도 수 십 명 정도였다. 1666년부터 1731년까지 중국 선박 내항 수의 총계는 3,182척, 네덜란드 선박은 251척이었다.[54] 더구나 위에서 언급한 중국계 사원은 일본인 신자도 받아들였으며, 승려들은 1급의 지식인으로서 나가사키뿐만 아니라 전국의 다이묘나 학자와 교류했다.[55] 경제적 시점은 물론 문화적인 시점에서도 에도시대 나가사키는 네덜란드와의 관계보다 중국과의 관계가 압도적으로 강한 도시였다.

그럼에도 불구하고 『유람지안내』에는 '에도 시기 서구문명에 개방

---

54) 荒野泰典, 『近世日本と東アジア』, 東京大學出版會, 1988, 69쪽.
55) 徐興慶, 「心越禪師と德川光圀の思想變遷試論」, 『日本漢文學研究』 3, 2008, 44~49쪽.

된 유일한 창구' 나가사키라는 이미지가 전면에 부상하고, 중국과의 관계는 부차적으로 언급될 뿐이다. 이러한 현실과 표상의 괴리는 서구와 관련된 문화유산은 '볼 가치'가 있지만 중국 관련 유산에는 상대적으로 낮은 가치밖에 없다는 철도원 편집자의 판단이 깔려 있었다는 점을 시사하고 있다. 다시 말해 여기에는 근대 서구를 모델로 하여 근대화를 추진한 일본이 서구에 대해 가지는 동경과, 그것과 표리일체의 관계에 있는 비서구에 대한 멸시라는 시선의 역학이 작동하고 있는 것이다. 일본은 서구에 의해 식민지가 되지는 않았지만『중부 · 북부 일본안내』에 전형적으로 나타나는 것처럼 서구에 의한 오리엔탈리즘적 시선의 대상이 되었다. 그러나 근대화를 통해 서구적인 시선을 획득하려고 한 일본에게 서구와의 교류의 역사적 흔적은 '볼 가치가 있는 것'이었지만 중국과 같은 아시아 국가들과의 교류는 관광이라는 시선의 대상으로서 이차적인 것에 불과했다. 오리엔트의 일부이면서 다른 오리엔트 국가를 서구의 시선으로 바라보는 인식과 가치판단 방식을 '일본형 오리엔탈리즘'이라고 부를 수 있을 것이다. 해항도시 나가사키의 이미지는 그러한 굴절된 시선이 그려낸 것이었다.[56]

Ⅶ. An Official Guide to Eastern Asia 속의 나가사키 표상

An Official Guide to Eastern Asia(『공식안내』)는『유람지안내』가 나온

---

[56] Hayanagi, Kazunori, Japanese Orientalism and the Representation of Nagasaki: Based on the analysis of guidebooks in the modern era, *Cultural Interaction Studies of Sea Port Cities* 11, 2014, pp.242~244.

지 3년 뒤에 간행이 시작되었다. 앞에서 언급한 바와 같이 1908년에 간행준비가 시작된 점에서 미루어보면『공식안내』의 일본편(제2권과 제3권)과『유람지안내』는 자료의 대부분을 공유하고 있고, 원고 집필 시기도 2년 정도밖에 차이가 나지 않는다. 그럼에도 불구하고 나가사키에 관한 두 여행 가이드북의 기술에는 몇 가지 차이점이 보인다.

『공식안내』는 '장소와 역사 등'이라는 제목 하에 해항도시 나가사키의 성립에 대해 지리학적·역사학적 설명을 하고 있다. 나가사키가 일찍이 후카에노우라(深江の浦) 혹은 다마노우라(瓊浦)라고 불렸다는 설명은『유람지안내』에서도 볼 수 있다. 그러나『공식안내』는 더 나아가 '나가사키'라는 지명이 12세기 미나모토노 요리토모(源賴朝)로부터 이 땅을 하사받은 나가사키 고타로(長崎小太郎)라는 인물에서 유래하는 데까지 거슬러 올라가고 있다. 나가사키 고타로의 이름은『신 나가사키시사(新長崎市史)』[57]와 같이 상세한 역사를 서술할 경우 언급되지만, 일반적으로는 마치 16세기 전반 포르투갈 선박의 내항을 계기로 나가사키의 역사가 시작된 것처럼 설명하는 것이 대부분이다.[58] 역사에 이어서 경도나 위도 등 지리적 정보에 관해서도 상세한 정보를 제공하고 있다. 이와 같이『공식안내』에 보이는 나가사키에 대한 역사학·지리학적 시점에서의 정보는『유람지안내』보다 풍부하고 정확하다. 이런 점에서도 베데카의 서술 스타일을 모델로 하고 있는 것을 엿볼 수 있다.

---

[57] 長崎市史編さん委員会 편,『新長崎市 第一卷 自然編: 先史·古代史·中世編』, 長崎市, 2013, 486~487쪽, 641~644쪽.

[58] 예를 들면 나가사키 시 공식 홈페이지에 있는 역사연표는 1570년 포르투갈과의 사이에서 나가사키 개항 협정이 성립된 데서부터 시작한다. 長崎市,「歷史年表: 室町時代」, http://www.city.nagasaki.lg.jp/syokai/750000/757000/p007003.htm 2016년 6월 1일 열람.

이어서 나가사키 항에 대해 다음과 같이 설명한다.

> 마을은 아름다운 천연항의 안쪽 해안을 따라 펼쳐져 있다. 이 항구는 외해에서 약 3마일이나 되는 거리에 걸쳐 안으로 굽어져 있는 깊은 후미이다. 농밀한 나무 언덕으로 삼면이 둘러싸여 있어 서쪽 방향으로만 열려 있다.[59]

여기에 보이는 '그림처럼 아름다운 항구' 이미지는 『유람지안내』의 그것과 유사하다. 그 외에 공통되는 점은 "서양과학(특히 의학, 식물학, 포술)은 나가사키를 통해 조금씩 유입되었다"[60]는 기술에서 볼 수 있듯이 '일본에 있어서의 서구문명의 입구'라는 이미지이다. 서구문명의 입구로서의 나가사키의 특질에 관해서는 학술도시와 무역항이라는 두 가지 측면을 언급하고 있다.

> 1859년 개국했을 당시 나가사키는 일시적으로나마 매우 중요한 위치를 획득하여 후년 저명한 지도자가 되는 많은 의욕적인 젊은이가 서구 학문을 좇아 이곳에 모여들었다. 그러나 다른 도시들의 학술적 지위와 무역시장으로서의 중요성이 상승하자 나가사키는 독점권을 잃었다. 그 뒤 나가사키는 적어도 쇠퇴하지는 않았지만 번영을 멈추었다.[61]

나가사키의 크리스트교 포교의 역사에 대해 『유람지안내』는 16세기 말 "기리스탄 종파가 횡행하여(切支丹宗門横行し)" 교회가 다수 건립되었지만 "도쿠가와 씨의 엄금이 있고나서 사원은 모두 파괴되었다"라고 겨우 한 줄로 설명하는 데 그치고 있다. 이에 반해 『공식안내』

---

59) Imperial Japanese Government Railways, *An Official Guide to Eastern Asia*, Tokyo: IHGR, 1914, p.44.
60) Ibid., p.45.
61) Ibid., p.45.

의 가톨릭 관련 기술은 비교가 되지 않을 정도로 상세하다. 『유람지 안내』에서는 쇄국시대의 무역에 대해 "외국 교통의 유일한 문호"라는 설명이 있지만 그 이상의 언급은 없다. 반면『공식안내』는 서구 국가들 중 네덜란드만 무역을 허가받은 경위에 대해 다음과 같이 상세하게 설명하고 있다.

> 포르투갈과 스페인의 추방이 로마·가톨릭의 프로파간다와 밀접하게 관련이 있었던 것처럼 정치적 야심의 혐의가 있었을 뿐만 아니라 불교 신도와 충돌할 것이 분명해진 점이 크리스트교 금지의 주된 이유였던 것으로 생각된다. 오직 네덜란드와 중국만이 1859년 개국하기까지 엄격한 규제 하에서였지만 나가사키에서 거래하는 것을 허락받았다(1637년). 네덜란드인은 프로테스탄트이기 때문에, 다시 말해 로마·가톨릭교가 아니라는 의미에서 크리스트교도(기리스탄)가 아니라고 주장했다. 네덜란드인은 도쿠가와 막부의 가톨릭 추방 방침을 지원하고, 크리스천 서적을 들여오지 않겠다는 극비 서약 아래 데지마 주재를 허가받았다. 도시 교외에 있던 이 장소는, 말하자면 쇄국 하의 일본에서 유일하게 세계를 향해 열려 있는 눈이었다.[62]

이와 같은 상세한 설명은 외국인을 대상으로 하는 일본 여행 가이드북의 편집 주체가 상정하는 독자가 일본(나가사키)과 외국(서구 국가)의 관계나 일본의 크리스트교에 대한 사고방식이나 태도에 흥미를 품고 있는 것을 전제로 하고 있다. 그러나 자세히 읽어보면 여기서 이야기하는 크리스트교 관련 서술의 문맥은 오늘날의 그것과 차이가 있음을 알 수 있다. 현재 나가사키 현, 구마모토 현, 일본 정부는 '나가사키와 아마쿠사(天草) 지방의 잠복 기리스탄 관련 유산'이라는 틀 아래, 나가사키를 중심으로 종교 금지 기간 중의 가톨릭신앙과 관련이 깊은

---

[62] Ibid., p.45.

문화유산의 세계유산등록을 추진하고 있다. 이러한 사실에도 불구하고 『공식안내』의 '흥미로운 장소' 항목에는 크리스트교 역사에서 매우 중요한 사건인 '신도 발견'[63]의 장소인 오우라 천주당(大浦天主堂)의 이름조차 거론되지 않고 있다. 반대로 중국 사찰인 숭복사(崇福寺)와 흥복사(興福寺)에 관해서는 몇 줄의 설명이 있다. 앞의 인용도 논의가 수렴되는 지점에 착목하면 금교의 역사보다 네덜란드와의 무역사를 설명하는 것이다. 교회에 대해서는 '학교, 병원, 교회, 신문' 항목에 기술이 있지만, "로마·가톨릭 성당, 12개의 프로테스탄트 교회"라고 간단히 기재하고 있을 뿐이다. 결국 나가사키의 역사를 이해하기 위해서는 막부에 의한 금교와 네덜란드의 무역독점에 이르기까지의 경위를 서구 독자들에게 설명하는 것이 중요하다고 인식하고 있는 반면, 교회 그 자체는 관광 대상, 즉 '볼 가치가 있는 것'으로 여겨지지 않고 있는 것이다. 교회에 관한 언급은 여행 도중에 미사 참가 가능성의 유무라는 관점에서 이야기되고 있을 뿐이다. 오히려 중국 사찰이 서구에서 온 여행자들에게 이국정취를 환기하는 장소로서 초점이 되고 있다.

『공식안내』에 나오는 나가사키 시의 역사 서술은 앞에서 언급한 것처럼 12세기부터 시작한다. 그러나 서술의 중심은 16세기 이후, 즉 해외 무역이 시작된 이후의 역사이다. 한마디로 나가사키 표상의 핵심이 되고 있는 것은 이국 이미지이다. 그러나 중국 사찰을 '볼 가치가 있는 것'으로 확실히 전경화시키고 있는 데서 단적으로 드러나듯이 여기서 말하는 이국 이미지는 『유람지안내』의 서구 중심의 이국 이미지와는 다르다. 『공식안내』의 이 같은 중국 중시 경향은 더 나아가 아

---

[63] '신도 발견'이란 일본 개국 이후, 1865년 3월 17일에 오우라 천주당의 프랑스인 선교사 베르나르 쁘티장(Bernard-Thadée Petitjean) 신부를 잠복 크리스천들이 방문해 자신들의 신앙을 고백한 사건이다.

시아 전체를 시야에 넣은 서술로 이어진다. 16세기 나가사키의 무역을 설명할 경우 상대국으로서 스페인, 포르투갈, 네덜란드 등과 같은 서구 국가는 물론 중국, 타이완, 필리핀, 시암(타이) 등의 아시아 국가들도 거론되고 있다.

> 당시(16세기) 많은 무역선이 포르투갈, 스페인 그리고 네덜란드로부터 끊임없이 이 항구를 찾았을 뿐만 아니라 이 시기 이후 규슈의 몇몇 다이묘가 소유한 일본 선박과 민간인이 소유한 배가 중국, 타이완, 필리핀, 시암 등을 향해 긴 항해의 길에 오르게 되었다.[64]

『유람지안내』뿐만 아니라 그 이후에 출판된 철도원 계열의 일본어판 가이드북에도 필리핀이나 시암과 같은 국명은 자주 등장한다. 이와 같이 아시아와의 관계에 대한 상세한 설명, 더 나아가 일본 측도 적극적으로 무역선을 보냈다는 설명이 『공식안내』의 국제관계 이미지를 형성하고 있다. 즉 16세기에 존재했던 동아시아의 무역 네트워크와 바다 너머까지 미치는 대항해시대의 서구 무역 네트워크에 대해 언급하면서 그 동쪽 끝에 존재하는 허브로서 해항도시 나가사키를 자리매김하는 방향성이 현저한 것이다. 이러한 서술로 비로소 쇄국 이후 막부가 공식적인 무역항을 나가사키로 한정하고 네덜란드 선박과 중국 선박에게만 입항을 허가한 시기에도 나가사키 혹은 일본이 17세기 이후 계속 발달해간 근세 글로벌 무역 네트워크에 실질적으로 접속되어 있었다는 사실을 독자는 이해할 수 있는 것이다. 그리고 나가사키에 관한 설명이 묘사하는 동아시아의 공간적 확대는 『공식안내』가 5권의 지폭을 빌어 표상하려고 한 동아시아라는 권역과 겹친다. 이에 비해

---

[64] Imperial Japanese Government Railways, *An Official Guide to Eastern Asia*, p.44.

『유람지안내』는 나가사키를 서쪽 끄트머리에 있는 해항도시로 파악하여 그 너머까지 확대하는 네트워크에 대한 기술은 거의 하고 있지 않아, 메이지부터 다이쇼시기에 걸쳐서도 아직 쇄국시대의 공간 표상을 강하게 반영한 역사서술로 되어 있다.

앞 절에서 확인한 바와 같이『유람지안내』에는 서구적 가치를 내면화하여 아시아적인 것을 '볼 가치가 없는 것'으로 폄하하는 '일본형 오리엔탈리즘'의 한 단면을 발견할 수 있다. 이에 비해『공식안내』에는 서구에 의한 아시아 식민지화 혹은 준(準)식민지화에 대항하는 형태로, 아시아의 맹주로서의 일본의 잠재적인 영향권을 공간적으로 표상하는 '대항적 오리엔탈리즘'으로서 '일본형 오리엔탈리즘'이 변용되어 있다.

Ⅷ. 나가며

이 논문에서 분석한 두 권의 가이드북은 같은 철도원이라는 주체에 의해 편집되었을 뿐만 아니라 기초 자료도 동일하고 거의 비슷한 시기에 출판된 것임에도 불구하고, 그것이 상정하는 독자와 텍스트의 커뮤니케이션 구조가 다른 까닭으로 각각의 나가사키 편에 그려진 나가사키의 도시이미지 사이에는 본질적인 차이가 발생했다. 일본어판인『유람지안내』는 '(외국에 대한) 유일한 창구 모델', 즉 에도시대를 쇄국시대로 규정함에 따라 발생하는 세계관의 영향을 강하게 받고 있다. 이러한 세계관에 서구적 가치를 내면화한 일본형 오리엔탈리즘이 접속될 경우 '서구문명에 개방된 유일한 창구' 나가사키라는 측면이 선택적으로 초점화되어, 현실에서 훨씬 밀접한 관계에 있었던 중국과의 관계가 후경화된다.

이에 비해 『공식안내』는 '유럽-아시아 대륙 간 접속'이라는 부제가 단적으로 나타내고 있듯이 동아시아, 더 나아가서 지구 규모의 사람, 상품, 정보의 유통의 결절점으로서 나가사키를 묘사하고 있다. 말하자면 '글로벌 네트워크 모델'에 입각하고 있다. 그것이 상정하는 독자는 글로벌 네트워크 위를 이동하는 서구 출신 투어리스트들이다. 『공식안내』는 베데카를 모방하기는커녕 베데카조차 실현할 수 없었던 일본과 아시아에 관한 상세한 역사적·지리적 설명을 제공함으로써 독자로 하여금 19세기부터 20세기 초에 걸쳐 글로벌한 관광여행에 나서는 것을 가능하게 했다. 그러나 이 네트워크 모델 또한 표상 정치의 한가운데에 있었다. 영어로 발신된 **공식적인** 동아시아 모습 속의 해항도시 나가사키의 이미지는 이 지역에서 권익 확대를 노린 러일전쟁 이후의 일본의 식민지주의적 상상력을 강하게 반영한 것이었다. 그 때문에 독자는 서구 국가에 대해 신흥 근대국가로서 자기주장을 개시한 일본이 설정한 커뮤니케이션 틀 안으로 들어가면서 표상 속의 일본과 아시아를 여행하게 되는 것이다.

(번역 : 한현석, 한국해양대)

망국민의 恨辭, 「桑海淚談」의 의미와 시공간적 맥락 연구

: 요코하마와 광저우에서의 베트남인 해외혁명활동(1906~1915)을 중심으로

노영순

I. 들어가며

망명지사 응우옌 트엉 히엔(Nguyễn Thượng Hiền, 阮尚賢, 1868~1925)은 조국 베트남을 떠난 지 6년 가량 되었을 즈음인 1913년 여름 베이징에서 「상해누담」(桑海淚談)[1]을 썼다. 「상해누담」은 응우옌 트

---

[1] 이 글은 다음 각각 한문, 베트남어, 그리고 영어로 된 「상해누담」을 텍스트로 삼았다. 한문본은 羅惇曧(1872~1924)이 편찬한 『賓退隨筆』에 들어있는 越南流民淚談, http://big5.dushu.com/showbook/101462/1047987.html, 2011.5.25; 베트남어본은 Nguyen Thuong Hien, "Giot le be dau (Tang Hai Le Dam), *Van Su Dia* 43(Aug. 1958), pp.80~88; 그리고 영어본은 Truong Buu Lam, *Colonialism Experienced, Vietnamese Writings on Colonialism, 1900-1935*에 있는 자료6 Tearful Conversation over the Mulberry Fields and the Sea, The University of Michigan Press, 2000, pp. 165~175를 이용했다. 「상해누담」의 내용에 관한 한 별도의 주를 달지 않았다.

엉 히엔이 오랫동안 고대해 왔던 '신세가 같은 이'(身世之類我者)를 만나 망국의 한을 토로하고 좌절감을 떨쳐버리기 위해 나누었던 대화를 그 내용으로 한다. 망국의 恨事를 논하고 恨交를 맺은 벗은 그가 三韓人이라고 표현했던 일제강점시기 한국인이었다. 「상해누담」에는 그가 閔氏였음을 언급하고 있을 뿐이어서 누구였는지 단언하기 어렵다. 베트남과 한국의 두 망명 지사들이 나눈 대화의 정확한 시점과 장소 또한 모호하다. 먼저 시점을 보면 「상해누담」의 시작 부분에서는 某年月日이라고 표현하고 있지만, 대화 중에 乙酉(1885년) 5월 23일이 '吾國國破君亡之大紀念日'이라고 한 점, 프랑스가 "우리 관리를 노예화하고, 우리 인민을 가축화하고, 우리 수족을 묶고, 우리 고혈을 빨아낸 지가 26년 정도 되었다"라는 문장을 참고해 계산하면 恨交가 이루어진 시점은 1911년 정도로 보인다. 응우옌 트엉 히엔이 민씨와 대화를 나누었던 장소는 "어느 부둣가의 작은 산 위"(某埠之小山上)였다.

「상해누담」은 응우옌 트엉 히엔이 저술한 『南枝集』(Nam Chi Tập)에 실려 있다. 『昭明文選』 古詩十九首의 하나인 「行行重行行」중의 '胡馬依北風, 越鳥巢南枝' 구절을 상기시키는 제목의 『남지집』은 3권으로 구성되는데, 제1권과 제2권은 시를 편집한 것이다. 「상해누담」은 여러 글들과 함께 제3권에 수록되어 있다. 『남지집』의 편찬에는 당시 중국의 유명 문인들이 관여했다. 1912년 徐良弼이 시문을 고르고, 1913년 章炳麟이 서문을 쓰고, 王展成은 표지 제목을 썼다. 서양필은 응우옌 트엉 히엔을 베트남의 范蠡, 申包胥라고 칭했다.[2] 중국 문인들이 응우옌 트엉 히엔의 시문에 書와 題簽을 붙여 편집해 낸 배경에는 그의 시문을 가득 채우고 있는 망국이 불러일으킨 비분강개나

---

[2] 阮尚賢僕, 『南枝集』, 民國14年(1925).

슬프고 처량한 음조에 정서적으로 공감했기 때문만은 아니었다. 이들과 응우옌 뜨엉 히엔은 중국과 베트남의 독립을 찾고 지키는 데에 뜻을 같이한 동지이기도 했다.

「상해누담」에 대한 이처럼 간략한 소개만으로도 여러 가지 흥미로운 의문이 생긴다. 1910년대 초 베트남 망명지사와 한인 망명지사 간 한교의 내용이 구체적으로 무엇인지? 왜 이들의 만남이 부둣가가 있는 제3의 해항도시들에서 이루어졌는지? 아시아의 해항도시들이 국적을 달리하는 망명 지사들의 활동공간으로서 어떤 의미를 가지고 있었는지? 어떠한 관련성으로 중국인 지사들이 베트남인과 한인 지사들의 이야기를 출판하게 되었는지? 1910년대 베트남과 한국의 독립 운동이나 중국의 혁명 활동에 아시아적 맥락이 작동하고 있었는지, 만약 그렇다면 어떻게 기능하고 있었는지? 「상해누담」을 놓고 이러한 질문들을 제기하다보면 1910년대 베트남인·한인·중국인 간의 공감의 수준과 동지의 관계는 높고 밀접했으며 이들의 활동 공간도 국경을 넘어 서로 중첩되어 있다는 사실이 가장 먼저 눈에 띈다. 다시 말해 1910년대 베트남인·한인·중국인 지사들은 인적 네트워크, 조직적 연계 등을 통해 우리가 지금 아시아적 맥락이라고 부를 수 있는 구조망에서 뜻을 나누고 활동을 같이 했다. 이들의 만남과 활동이 아시아의 여러 해항도시라는 공간에서 전개된 것도 특기할 만하다.

본 연구는 「상해누담」으로 인해 제기된 위의 몇 가지 문제를 베트남 역사의 맥락에서 그리고 요코하마와 광저우에서 이루어진 베트남인의 해외 혁명 활동을 중심으로 풀어보고자 한다. 2장에서는 바로 베트남인, 중국인 그리고 한인이 함께 만들었다고도 할 수 있는 「상해누담」의 내용을 먼저 파악한다. 그 내용이 베트남에서 가지고 있는 역사적 맥락과 의미도 설명될 것이다. 3장에서는 해항도시 요코하마와 광저우

를 중심으로 펼쳐지는 베트남 유신회와 광복회의 활동에 초점이 두어
진다. 이를 통해 베트남의 해외 혁명 활동이 아시아적 맥락에서 작동
하는 방식은 물론 베트남의 망명지사 응우옌 트엉 히엔과 민씨 간의
정서적인 만남이 이루어진 배경도 살펴볼 것이다. 마지막으로 결론에
대신하여 「상해누담」의 두 주인공인 응우옌 트엉 히엔과 閔氏의 恨交
가 이루어진 장소와 민씨가 누구였는가를 추론해 보고자 한다.

Ⅱ. 「상해누담」의 내용과 의미 그리고 그 역사적 맥락

「상해누담」의 내용으로 들어가기 전에 우리에게 잘 알려져 있는
『越南亡國史』[3]와 비교해 보는 것도 의미 있을 것이다. 이렇게 함으로
써 베트남인 지사와 한인 지사간의 공감의 교류가 가지고 있는 의미
가 더 잘 드러나기 때문이다. 이 둘은 모두 베트남 망명 지사들에 의
해 쓰였으며, 망국과 식민의 경험을 그 내용으로 하고 있다는 면에서
는 동일하다. 게다가 각각의 작가인 판 보이 쩌우(潘佩珠, Phan Boi
Chau, 1867~1940, 필명 중 하나는 巢南)와 응우옌 트엉 히엔은 후에 자
세히 논하겠지만 사상을 공유하고 활동을 같이 한 동지였다. 그러나
7년 정도 늦게 출판된 「상해누담」이 『월남망국사』의 재판은 아니다.
이 두 글은 쓰인 동기와 시기, 궁극적으로 전달하고 싶은 메시지, 구
성과 내용 그리고 책이 미친 영향 면에서 많이 다르다.

---

[3] 『월남망국사』에 대해 우리학계의 관심은 크다고 할 수 있다. 몇 논문을 예시하
면 다음과 같다. 송명진, 「『월남망국사』의 번역, 문체, 출판」, 『현대문학의 연구』,
2010, 171~203쪽; 박성석, 「베트남 문학 전근대에서 근대로:『월남망국사』의 유통
과 수용」, 『연민학지』, 2010, 81~104쪽; 최박광, 「『월남망국사』와 동아시아 지식
인들」, 『인문과학』, 2005, 7~23쪽.

먼저 우리 사회에 미친 영향이라는 면에서 본다면 전자는 후자를 따라올 수 없다. 『월남망국사』는 상하이(上海)에서 발간되었던 1905년 바로 그 해에 조선의 신문이나 잡지에 소개되었고 1906년부터는 여러 번역본이 출판되어 널리 읽혔다. 당시 사립학교의 교과서에도 실렸으며 국채보상운동을 비롯한 민족주의 운동에 활용되었다. 「상해누담」은 우리의 역사와 관련하여 그런 영광을 얻을 수 없었는데, 이는 이야기가 서술되고 쓰인 배경과 시기, 목적이 달랐기 때문이다. 『월남망국사』는 일본으로부터 반프랑스 투쟁을 위한 물자와 무기를 지원받으려는 시도가 가망 없자 도쿄(東京)에 인접한 해항도시 요코하마(橫濱)에서 활동하고 있던 량치차오(梁啓超, 1873~1929)의 권고를 받아들여 판 보이 쩌우가 집필했다. 량치차오는 프랑스의 포악한 식민지배상을 만천하에 알리고 베트남인의 민지를 높이는 작업이 베트남의 독립을 위해 시급하고 중요한 대안이라고 제시했던 것이다. 베트남의 식민경험이 반식민화 상태에 놓여있는 중국인에게 반면교사의 역할을 해 줄 것으로 기대하며 량치차오는 판 보이 쩌우가 쓴 본문에 서론을 붙이고 부록을 정리해 넣었다. 식민화의 위기 앞에 놓인 조선에서도 『월남망국사』는 베트남의 망국에 대한 동정이나 천주교에 대한 반감을 불러일으키기도 했으나 기본적으로 베트남처럼 국가를 잃지 않기 위해 필요한 교본으로 읽혔다. 판 보이 쩌우에게도 『월남망국사』는 국내의 지사들을 모을 수 있는 기회와 同文·同種인 한중일의 최소한 심정적인 지원과 연대의식을 심어주는 계기가 되기도 했다.

반면 「상해누담」은 망국/식민 상태로 인해 겪게 된 복잡한 심정을 같은 정서적 체험을 하고 있는 이와 나누고자 했던 작지만 절박한 바람이 계기가 되었다. 응우옌 트엉 히엔은 오랫동안 각지를 헤매며 찾아왔던 벗인 식민지 조선 출신의 지사를 중국의 한 해항도시 부둣가에서 만났다. 베트남의 식민경험을 알고 싶어 하고 망국의 고통에 공감하며 조선의 식민경험 또한 크게 다르지 않다는 이야기를 해주는 閔氏 성을 가진 한인과의 교감을 통해 응우옌 트엉 히엔은 식민의 억압과 모욕 자체가 주권을 되찾게 만들어 주는 힘이 됨을 발견하게 된다. 同文, 同種에 기대해 일본과 중국으로부터 물질적 지원을 받고자한 판 보이 쩌우와 비교해 응우옌 트엉 히엔은 동문, 동족이면서도 同病인 한인 지사로부터 정서적 구원을 구한 셈이라고 할 수 있다. 閔氏가 이야기했듯이 말도 다르고 차림새도 다르지만 한국과 베트남은 모두 '망국민'이라는 같은 이름을 가졌으며 같은 식민 치욕도 겪고 있는 감정공동체였기 때문이다. 응우옌 트엉 히엔도 閔氏도 망국과 식민경험이 민족적 비극이라는 서사에 갇히기 이전에 한 인간의 비극적 정서 경험의 중요한 구조물로 역할 함을 잘 알고 있었다. 그러나 망국의 분노와 좌절을 해소하기 위해서만 「상해누담」의 내용을 이룰 이야기를 끄집어 낸 것은 아니었다. 응우옌 트엉 히엔으로서는 식민국가가 다르고 따라서 당연히 식민관계가 다르기에 식민경험이 다를 수 있다는 閔氏의 인식을 바로 잡을 필요가 있었다. "프랑스는 지리적으로 멀리 떨어져 있고 부유한 국가이니 (베트남) 사람을 해함이 덜하지요"라는 閔氏의 질문은 서양의 일원으로 문명화되고 부유한 프랑스의 식민지가 된다는 것이 "지리적으로 가깝고 힘으로만 밀고 핍박해 들어와 기력이 약한 노인의 재산을 빼앗고 죽이려는 강도떼"인 "倭人"의 식민지가 된다는 것과 다르다는 인식을 드러내고 있다.4)

---

4) 이에 반해 『월남망국사』에 보이는 바, 베트남 사람들은 당시 망국의 전말을 3살 짜리 아이인 베트남과 힘센 장년인 프랑스와의 싸움으로 비유했다. 이웃 강도떼의 노인에 대한 폭력이든 멀리서 온 장년의 3살짜리 아이에 대한 폭행이든 그 결과는 망국이었다.

「상해누담」은 글의 배경으로서 한인 지사와의 만남 그리고 말미에 놓인 자신의 각오와 원망 부분을 제외한다면 베트남에 30여 년 동안 식민 지배를 관철시키고 있던 프랑스의 비인간적이고 잔인한 식민 통치와 그것이 불러일으키는 분노와 좌절에 대한 이야기이다.[5] 「상해누담」에서 응우옌 트엉 히엔은 프랑스의 虐政은 혹독한 형벌, 무거운 부역, 生路의 단절과 지식의 枯死라는 네 가지 범주로 설명할 수 있으며 그 목적은 민족말살이라고 단언했다. 이하에서는 응우옌 트엉 히엔이 직접 보고 듣고 쓴 「상해누담」이 전하는 내용을 따라가면서 그 의미를 파악하고 역사적인 사건의 맥락 안에 위치 지워 설명하고자 한다. 「상해누담」에 실린 식민 학정의 사례들은 실상 1885년에 시작된 勤王(Cần Vương)運動에서 1908년 抗稅運動, 타인 타이(Thành Thái, 成泰, 1889~1907 재위) 황제의 퇴위, 東遊運動(Phong Trào Đông Du)에 이르기까지 사반세기 이상의 베트남의 식민역사를 포괄하고 있다.

베트남이 국가와 왕을 잃은 국치일인 1885년 5월 23일[6] 이래 프랑스는 여러 종류와 차원을 가진 식민정책을 시행했다. 응우옌 트엉 히

---

[5] 반면, 판 보이 쩌우가 쓴 부분만 한정시켜 본다면 『월남망국사』는 네 부분으로 구성되어 있다. 베트남이 프랑스의 식민화로 떨어진 이유와 정황, 망국에 울분하여 일어났던 반프랑스 저항운동, 프랑스의 가혹한 식민통치의 실상 고발 그리고 베트남의 장래에 대한 비전 제시가 그것이다.

[6] 베트남 역사에서 국치일 설정이 갖는 의미도 생각해 볼 필요가 있다. 우리 역사는 국치일을 한일병합조약이 공포된 날짜인 8월 29일로 기록한다. 베트남에서 국가와 왕을 잃은 국치일은 후에 조정이 프랑스의 보호체제를 수용한 날도 아니요, 프랑스가 중국으로부터 베트남에 대한 자유권 사실상 식민 권리를 갖게 된 조약에 서명한 날(참고로 톈진 조약 서명일은 1885년 6월 9일)도 아니다. 베트남에서 국치일은 주전파가 조정을 장악하고 조정 군을 동원하여 후에에 주둔하고 있는 프랑스 군대를 습격한 사건(경성후에전투 혹은 병변이라고 불린다)이 하루 만에 실패한 1885년 5월 23일(음력, 양력으로 하면 1885년 7월 5일)이다.

엔은 「상해누담」의 첫머리에 똔 떳 뚜엣(Tôn Thất Thuyết, 尊室説, 1839~1913)이 프랑스의 식민의사를 거슬러 후에(Huế)에서 兵變을 일으키고 황제를 궁에서 빼내 근왕령을 내리게 하자 식민당국이 팔순이 넘어 노쇠한 그의 부친에게까지 죄를 물은 이야기, 쩐 쑤언 소안(Trần Xuân Soạn, 陳春撰, 1849~1923)이 타인 호아(Thanh Hóa) 지방에서 근왕운동에 응하여 군대를 일으키고 투항하지 않자 그의 부친의 묘를 파서 유골을 읍내에 전시하고 뼈를 강물에 던져버린 사례, 마찬가지로 근왕운동에 참여했던 판 딘 풍(Phan Đình Phùng, 潘廷逢, 1847~1895)의 부친의 묘에서 유골을 꺼내 가루로 만들어 바람에 날려버린 일을 언급하고 있다. 이외에도 응우옌 트엉 히엔은 무고한 이에게 가해지는 가혹한 형벌의 사례를 여럿 들고 있다.

이상의 예를 통해 응우옌 트엉 히엔은 프랑스 식민 형벌의 잔인함을 넘어 야만성을 고발함과 동시에 식민 정권의 정통성을 부정하고 있다. 그에게 정권의 정통성이나 문명의 기본은 도덕에 기반을 두어야 했다. 산 자와 죽은 자를 막론하고 연좌제를 동원하여 죄를 묻는 프랑스의 행위는 인간 도리의 근간인 효를 침해하는 행위일 뿐만 아니라 하늘에서라도 뜻을 도와줄 조상과의 연계를 끊는 일이며 베트남의 전통윤리를 무너뜨리는 그야말로 통탄할 일이었다. 무고한 이들에게 죄를 물어 처벌하는 행위 또한 식민화된 공간의 사람들이 겪었을 억울함과 무력함을 증언해 주고 있다. 응우옌 트엉 히엔이 보여주고 싶었던 것은 식민정권의 가혹한 형벌의 사례만은 아니었다. 부당한 형벌을 통해 인륜과 공리가 부정당하는 전체적인 상황에 대한 고발은 프랑스문명 그 자체에 대한 비판이었다. 응우옌 트엉 히엔은 바로 '문명인'이라고 자부하는 프랑스가 베트남에서 일삼고 있는 야만의 행위를 고발함으로써 억울함을 일정정도 상쇄하고 심리적인 균형 상태를 유지하고 있을 뿐만 아니라 프랑스의 문명 자체의 유효성을 부정하고 있다. '문명화의 사명'은 프랑스제국주의의 근간이자 특성이라고 보았을 때 베트남인에게 이는 이미 최소한 정신적 가치는 없는 것으로 판명이 난 것이나 다름없었다. 개인적 차원에서 효는 응우옌 트엉 히엔에게 중요한 도리였다. 그는 모친의 상으로 인해 1884년 전시를 치르지 않았으며 병든 부친을 돌보며 국내에 머물러 소극적인 저항운동을 했다. 아마도 이후 쓸모없는 전시를 치르고 관직에 나아간 것 또한 효행의 차원에서였을 것이다.

응우옌 뜨엉 히엔이 언급한 이상의 사건은 근왕운동이라는 사회적 맥락을 가지고 있다. 그가 언급하고 있는 똔 떳 뚜엣, 쩐 쑤언 소안 그리고 판 딘 풍은 모두 근왕운동의 주요 인물이었다. 사실상 근왕운동이라기보다는 근왕전쟁이라고 표현해야 옳을 정도로 이들의 항불 투쟁은 재조명될 가치가 있다. 그러나 여기에서는 근왕운동과 관련하여 두 가지 정도만 언급하고자 한다. 근왕운동의 실패는 결과적으로 해외 특히 광시(廣西), 광둥(廣東)에 베트남망명지사 공동체가 형성하는 계기로 작용했다. 이에 대해서는 아래에서 더 자세하게 다루게 되나 근왕운동 이후 몇 망명 사례를 들면 다음과 같다. 똔 텃 뚜엣은 淸朝에 구원을 요청하기 위해 1887년 2월 광둥으로 갔다. 쩐 쑤언 소안은 근왕운동이 실패하고 부친의 유골이 욕을 당하고 얼마 후 똔 떳 투엣을 만나기 위해 광시의 롱저우(龍州)로 향했다. 그는 거기에서 화남(淮河 이남의 중국)의 여러 지사들의 도움을 받아 군대를 재조직하고 변경지대에서 활동했다.[7] 응우옌 트엉 히엔은 근왕운동의 중심인물

---

7) *Từ điển bách khoa toàn thư (bản điện tử) và Từ điển nhân vật lịch sử Việt Nam*, p.903. 쩐 쫑 낌에 따르면 쩐 쑤언 소안은 똔 텃 투엣과 함께 중국으로 갔다고 한다. Tran Trong Kim, *Việt Nam sử lược*, Trung Tam Hoc Lieu Xuat Ban, p.329.

인 똔 텃 투엣의 사위로 병변에서 근왕운동까지 모두 가까이에서 접했을 뿐만 아니라 후술하겠지만 바로 근왕운동 실패 후 망명한 이들과 판 보이 쩌우와 같은 베트남 민족운동 제1세대의 해외활동을 연결하는 역할을 했다는 점도 중요하다. 응우옌 트엉 히엔은 「상해누담」에서 근왕운동에 참여했던 용감한 반프랑스 지사들의 애국투쟁 행위를 영웅적으로 그리는 대신 이들이 당했던 또 다른 모욕을 말하고 있다는 점도 특기할 만하다.

두 번째, 閔氏에게 전해 주고 싶었던 응우옌 트엉 히엔의 경험은 모든 식민지민의 삶을 직접적으로 위협하고 생로를 차단하기에 이른 식민지 조세와 부역에 관한 상황이었다. 식민지 착취는 주로 프랑스식민정부가 부과했던 높은 세액, 수없이 많은 세 종류, 악랄한 징수의 방법 그리고 이로 인해 베트남사람들이 받았던 고통과 희생을 이야기하는 가운데 잘 드러난다. 「상해누담」에 묘사되어 있는 식민지 조세의 현황은 『월남망국사』에서 판 보이 쩌우가 고발했던 내용과 크게 다르지 않다. 판 보이 쩌우는 프랑스 식민통치의 폭력성을 가장 설득력 있게 드러내는 것이 조세라고 보았으며 때문에 헤어가며 열다섯 가지 조세에 대해 자세히 기술했다. 그도 그럴 것이 프랑스 식민정부의 '식민지 개발'은 베트남인에게 과다한 조세와 부역을 강요함으로써만 가능했다.

그렇다면 이렇듯 베트남지사들에게는 식민당국을 세계에 고발하는 주요 주제가 되었으며 농민들을 시위에 나서게 하고 감옥과 형장으로 보냈던 식민지 베트남에서의 조세 상황이 어떠했는지 응우옌 트엉 히엔의 말을 통해 보자. 이전에는 가볍기도 하고 수확량에 따라 조정이 가능했으며 면제되기도 했던 토지세가 백배되었다. 토지의 등급을 한두 단계 높이고 면적도 배로 늘려 징수했으며 황무지에도 토지세를 부과했다. 세를 납부하지 못하면 온 집을 쑤시고 가족을 잡아 감옥에 넣었기 때문에 가난한 농민은 아이와 아내를 팔거나 삶을 스스로 마감했다. 매년 인두세를 내고 그 영수증을 휴대해야 했는데, 영수증을 가지고 있지 않은 이들은 감옥에 갇히고 벌금으로 2배의 인두세를 내야했다. 체포 성과가 없으면 심한 처벌을 받았기에 경찰은 거리로 나와 되는 대로 사람을 잡아들였다고 한다.

관료들은 인두세가 면제되는 대신 3배에 달하는 금액을 '애국기금'으로 내야했다. 도시에 사는 사람들은 이에 더하여 왕래 세를 내고 사진을 붙인 시민증을 받아 휴대하고 다녀야 했다. 일 때문에 시외에서 온 이들도 시내에서 3일 이상 머물려면 이 세금을 내야했다. 도시에 사는 사람들은 사실상 가정에 있는 모든 물품과 부산물에도 세금을 내야했다. 즉 집은 물론 이들이 소비하는 음식과 옷가지 그리고 사용하는 모든 가제도구에 세금이 붙었다. 소변과 대변에도 세금이 붙었다. 사람한테만 세금이 부과되었던 것은 아니었다. 개에게도 세금이 부과되었다. 도시에서 개를 키우려면 세금을 납부하고 증명서를 개목에 채워야 했다. 정부는 소, 물소에는 세금을 부과하지 않았는데 이는 목우를 전문으로 하는 프랑스 사기업에 특권을 주었기 때문이었다. 소를 가진 집안은 누구나 2전의 보험료를 그 사기업에 내야했다. 병으로 소가 죽으면 보험료를 되돌려 받을 수도 없었다. 그 대신 원인을 밝히기 위해서는 검시를 해야 한다는 이유로 죽은 소마저 가져갔다. 농촌에서 시장세는 매우 부담이 되었다. 채소를 파는 가격보다도 돼지를 판 가격보다도 시장세가 높은 경우가 비일비재했다.

응우옌 트엉 히엔의 말을 그대로 인용하면 "한마디로 간단히 말해 풀 한 포기, 나무 한 가지, 깨진 타일 조각, 심지어 돌멩이 하나, 그 어떤 것이라도 어떤 사람에게 필요하다면 프랑스의 세금명부에 그 세목이 올랐다." 주거지에 대한 세금은 대지와 건물에 각각 따로 부과되었으며 등·취득세는 매년 올랐다. 거리에서도 세금은 매 순간 베트남인을 따라 다녔다. 세금은 매일 매일 버스, 말, 바구니, 멜대 어디에고 붙었다. 연락선 요금은 내와 강이 전국 어디에고 많은 베트남 사정을 감안해 볼 때 아주 막대한 부담이 되었다. 술에 부과된 세금은 이보다 더 무겁고 부당한 것이었다. 예전에는 매우 낮았던 술 가격이 약 10년 전 프랑스의 주류 기업이 문을 열면서 베트남인이 사적으로 제조하는 술에도 세금이 붙였으며 얼마 지나지 않아 술은 전매품이 되었다. 이에 따라 사적으로 술을 주조하는 행위는 불법행위가 되었다.8) 누룩이라도 띄우면 300~400전의 벌금을 내야 했으며 친척과 마을 사람 모두가 연좌되어 공동으로 책임을 져야했다. 벌금을 내지 못할 경우 6개월에서 1년에 걸쳐 감옥에 수감되어 강제노동으로 벌금을 대신해야 했다. 술의 가격은 천정부지로 높아졌으며 독성은 더욱 강해졌다. 술의 판매가 부진하자 모든 사람으로 하여금 한 달에 3리터를 강제 구매하도록 했다. 물론 술을 마시지 않아도 그 가격을 지불해야 했으며 익숙지 않은 독주로 인해 쇠약해지고 심지어 죽는 이도 적지 않았다. 가난해 세금을 낼 수 없다고 하소연하는 사람들에게 식민당국은 "그렇다면 차라리 죽는 것이 낫다"며 총을 쏘았다. 이 소식을 듣고 정말로 그렇게 세금을 낼 수 없다고 말한 사람들이 있었냐면서 "놀랍다!"라는 말을 3번 외친 이가 있었다. 그는 당국에 체포되어 처형당했다. 부적절한 말을 해서 사람들을 선동시켰다는 혐의에서였다. 세금의 종류는 이보다 더 많았으며 그로 인해 야기되었던 베트남인의 고통은 상상의 범주를 넘었다. 판 보이 쩌우 식 표현을 빌린다면 많은 세금과

---

8) 퐁탠(Fontaine)라는 프랑스 회사가 베트남에서 술의 제조와 판매에 대한 독점권을 가지고 있었다.

악랄한 징수방법은 모두 베트남 사람들을 "곤하고 약하게" 만드는 프랑스의 식민 방식이었다.

응우옌 트엉 히엔은 식민지 체험의 사례로 부역도 언급하고 있다. 어떤 것이 입장에 따라 전혀 다른 이름으로 불리고 기억될 수 있음을 보여주는 고전적인 예가 되지 않을까 한다. 베트남 국경에 인접한 3지역에서 중국의 윈난(雲南)까지 가는 철도를 건설하기 위해 수많은 베트남인들이 급여는 고사하고 제대로 먹거리를 제공받지 못했기 때문에 이역만리 타향에서 죽어갔으며, 운이 좋게도 집에 돌아갈 수 있었던 이들도 후유증으로 인해 정신적·신체적 장애를 안고 살아갔다. 응우옌 트엉 히엔은 "때문에 이 길을 프랑스인을 비롯한 백인들은 철도라고 부르지만 우리 사람들은 핏길이라고 부른다."고 閔氏에게 말해 주었다.

「상해누담」은 많은 지면을 프랑스 식민당국의 가혹한 세금과 부역 부과에 할애하고 있지만 베트남 농민이 감당해야 했던 모든 부담을 다 이야기하지는 못했다. 철로를 놓기 위한 부역만이 있는 것은 아니었다. 도로확충, 수리사업, 준설공사 등 많은 식민 토목사업이 진행되면서 부역은 생계활동을 위협할 지경에 이르렀다. 철도 부역만 보더라도 하노이-윈난(雲南) 철도 부역으로 인해 25,000명이 생을 달리했다. 프랑스의 독점권은 술에만 적용된 것이 아니라, 소금, 아편에도 미쳤다. 본격적으로 베트남 식민지를 '개발'하기 시작한 인도차이나총독 두메(Joseph Athanase Paul Doumer, 1897~1902 재직)와 보(Jean Baptiste Paul Beau, 1902~1908 재직)가 강요한 식민체제에 점차 더 긴박되면서 베트남 중부 지역의 농민들은 자신들의 전통적인 사회 패턴이 심각하게 교란됨을 목격했으며 자신들의 경제적, 정치적 고통의 원인을 인식하기 시작했다. 먼저 꽝남(Quảng Nam)에서 항세 저항운동이 폭발했으며 이는 1908년 3월부터 6월까지 중부 베트남의 거의 전 지방을 휩쓸었다.[9] 수 주 동안 수천의 농민이 관청 앞에서 중세와 부역에 반대하는 시위를 벌였다. 식민당국은 시위대의 요구를 묵살하고 강제 해산시키는 과정에서 시위대와 경찰 사이에 충돌이 발생했다. 시위대의 요구는 조세감면 그리고 조세 전면거부로까지 확대되었다. 식민당국은 이를 철저히 무력으로 진압했다. 뿐만 아니라 후술하겠지만 프랑스 당국은 1908년 항세운동을 계기로 국내에서 전개되고 있던 동경의숙(東京義塾, Đông Kinh Nghĩa Thục)을 비롯해 개혁운동을 탄압하고 일본 당국과 접촉해 재일본 베트남인들을 추방하도록 했다.

응우옌 트엉 히엔이 마지막으로 식민지가 된다는 것의 의미를 보여주는 사례로 들고 있는 것은 독재정권 하에서나 경험할 수 있는 억압적인 분위기이다. 그처럼 길을 찾아 해외를 떠도는 망명 지사들의 남아있는 가족들에 대한 협박과 회유, 새로운 지식이나 사유방식을 제공하는 서적에 대한 금서화, 국제사정에 대한 정보와 논의를 차단하는 행위, 그리고 베트남인으로서는 기업이나 회사를 차려 상행위를 할 수 없게 만드는 조치들은 모두 사실상 베트남인의 주체적인 발전 노력이나 의지를 억압하는 것이 식민당국의 이해이자 목적임을 여실히 드러내 주는 사례들이다. 이를 통해 응우옌 트엉 히엔은 망국이 1885년 5월 23일이라는 특정한 시점이 완료된 반면 이후 계속되고 있는 식민통치는 프랑스가 망민, 그의 표현을 빌자면 인종말살의 계속적인 과정임을 말하고 있다.

---

[9] Nguyễn Thế Anh, Le mouvement de protestation de 1908 contre les corvées et les impôts au Centre Việt-Nam, Martine Raibaud et François Souty (eds.), *Europe-Asie. Echanges, éthiques et marchés (XVIIe XXIe siècles)*, Paris, Les Indes Savantes, 2004, p.159.

베트남황제도 억압적인 분위기에서 자유롭지 못했다. 동 카인 (Đồng Khánh, 同慶, 1885~1889 재위)을 이어 1889년에 프랑스 식민당국이 세운 타인 타이 황제는 일거수일투족을 감시하는 궁정의 유령들을 속이기 위해 한편으로는 프랑스 식민당국에 유순하게 굴면서 다른 한편으로는 미친 사람처럼 행동했다. 그의 마음 깊은 곳 소극적인 저항의식이 새로운 지식을 추구하고 베트남의 자치를 위한 군대를 양성하고자 하는 의지로 발전하고 마침내는 끄엉 데와 판 보이 쩌우 그리고 응우옌 트엉 히엔이 연계를 가지고 있는 중국으로 빠져나와 저항운동에 합류하려는 순간 유령의 포로가 되었다. 프랑스 식민당국에 의해 체포된 황제는 1907년 폐위되어 종국에는 인도양에 있는 먼 섬 레위니옹(Reunion)에 유배되었다.[10] 황제도 이런 상황이다 보니 보통 베트남 사람들은 모두 식민당국의 잠재적·현재적 죄인이거나 반도들이었다. 응우옌 트엉 히엔에 따르면 재수 나쁘게 식민유령과 악마에 걸린 희생자들은 자신이 도대체 무슨 잘못을 저질렀을까 대답을 찾으며 울부짖었다. 당장 화를 면해 재수가 좋았던 이들도 가시 덩굴 위나 난롯불 위에 앉아있는 것 같은 불안한 마음과 치밀어 오르는 분노를 침묵으로 누르고 있었다고 한다. "수십만 명의 정보원들이 도처에 유령과 악마처럼 도사리고 있었다"는 응우옌 트엉 히엔의 진술은 왜 반프랑스 성향을 가진 이들이 베트남을 떠나 일본과 중국의 수도와 해항도시들을 떠돌며 활동하게 되었는지에 대한 이유를 짐작케 한다. 이 부분은 다음 장에서 상술된다.

---

10) Lãng Nhân, *Giai-thoại Làng Nho*, Sài Gòn: Nam-chi Tùng-thư, 1964. pp.103~113.

Ⅲ. 요코하마와 광저우에서의 베트남인 해외혁명 활동 (1906~1915)

근왕운동이 실패한 이후 그리고 1941년 베트민(Độc Lập Đồng Minh Hội)의 활동이 시작되기 이전 반세기 동안 베트남의 독립 혁명 활동은 주로 해외에서 수행되었다. 지사 개인의 생존은 물론 국가의 독립과 사회의 혁명에 필요한 지식과 물자 그리고 지원은 모두 엄혹한 식민지배 하에 있는 베트남의 공간에서는 꿈조차 꿀 수 없었다. 때문에 많은 이들이 생존, 지식, 물자, 지원을 찾아 해외로 망명하게 되면서 해외 혁명 활동의 근거지가 형성되고 망명 지사들의 독립운동 조직체들이 탄생했다. 해외에서의 근거지와 조직체들은 그 영토국가와 도시의 정치적 상황과 외교관계로 인해 불안정했으며 유동적이었다. 그럼에도 불구하고 베트남 국내에서의 혁명 활동을 위한 불씨를 언제나 살리고 있었다. 응우옌 트엉 히엔이 민씨와 장빙린을 만나고 「상해누담」을 쓴 시기를 포괄하고 있는 1906년부터 1915년 시기 동안 요코하마와 광저우는 바로 이 베트남 해외 독립활동의 중심에 있었다.

요코하마와 광저우에서의 응우옌 트엉 히엔을 비롯하여 베트남인 해외 망명 지사들의 활동을 상술하기에 앞서 응우옌 트엉 히엔의 개인사를 따라가며 그의 경험이 누적되는 시공간에 대한 이해를 먼저 하고자 한다. 이는 「상해누담」의 배경을 이해하는 데에 도움이 될 뿐만 아니라 일단의 해외 망명 지사들을 접할 수 있는 기회이기도 하다. 응우옌 트엉 히엔은 프랑스가 베트남의 남부(코친차이나) 식민화에 만족치 않고 북부의 홍하델타까지 지배코자 하는 야심을 드러내고, 응우옌(Nguyễn, 阮)왕조의 뜨득(Tự Đức, 嗣德) 조정은 영국에 도움을 청하는 밀사를 파견하고 있던 1868년에 하노이 교외 지역이었던 하동(Hà Đông)에서 태어났다. 응우옌 트엉 히엔이 향시와 회시에 1등으로 합격한 1884~1885년에는 중국(청)이 베트남에 대한 프랑스의 보호권을 인정해 준 天津條約(中法新約)과 베트남의 프랑스령화를 완성하게 된 보호국조약인 후에조약(Treaty of Huế, Patenôtre Treaty)[11]이 체결되어 주권국가로서의 베트남은 존재하지 않게 되었다. 1885년 주전파의 영수인 똔 텃 투엣이 주도한 프랑스군 후에 수비대에 대한 조정군의 공격인 兵變도 실패로 끝났다. 이어 똔 텃 투엣은 어린 황제 함응이(Hàm Nghi, 咸宜, 1872~1943, 재위 1884~1885)를 궁궐 밖으로 데리고 나가 황제의 이름으로 문인들에게 프랑스의 침략에 저항할 것을 호소하는 근왕조서(Chiếu Cần Vương, 勤王詔)를 발포했다.[12]

응우옌 트엉 히엔이 이 똔 텃 투엣의 사위로 이 시기에 어떤 경험을 했는지는 확실히 알 수 없으나 베트남의 중부와 북부에서 격렬히 전개되었던 근왕운동과 그에 대한 프랑스의 무력탄압 속에서 그가 「상해누담」에서 드러내고 있는바 망국의 실상과 정서를 체험하기 시작했음은 분명하다. 식민화 이후 8년 만에 처음으로 열린 1892년 전시에 급제하여 나아가게 된 망국 관료의 길은 보잘 것이 없었음에도 불구하고 아니면 오히려 그러한 연유 때문에 응우옌 트엉 히엔은 반식민사상을 가진 이들과 어울리고 진보적인 사상과 해외 세계의 동향에도 눈을 떴다. 그는 『天下大勢論』(Thiên hạ đại thế luận)의 저자인 응우옌 로 짜익(Nguyễn Lộ Trạch)과 교우하면서 영향을 받게 되고 중국에서 들어온 신서를 접하게 되었다. 그가 읽은 신서 목록에는 『瀛環志略』, 『海國圖志』 등이 포함되어 있었을 것으로 보인다. 초기 베트남 민족주의 운동의 주역인 판 보이 쩌우(潘佩珠, Phan Bội Châu)와 판 쩌우 찐(潘周楨,

---

11) 19조로 이루어진 조약 전문(프랑스어판과 영어판)은 워키에 올라있다.

12) 근왕조서의 원본은 www.lichsuvietnam.info/index.php?...chieu-can-에서 볼 수 있다.

Phan Châu Trinh)과도 교감을 나누며 땅 밧 호(Tăng Bạt Hổ, 曾拔虎, 1858~1906)와 후인 툭 캉(Huỳnh Thúc Kháng, 黃叔沆, 1876~1947)과도 교유했다. 이러한 인적 네트워크는 이후 동유운동[13]을 비롯해 그의 국외 활동 전반에 영향을 미치게 되는데 그 중에서도 판 보이 쩌우와의 만남은 가장 중요했다. 판 보이 쩌우는 1903년 베트남의 현실을 류큐 (琉球)에 빗대어 상기시키고 학자-관료의 지지를 확보하기 위해 쓴『琉球血淚新書』(Lưu Cầu Huyết Lệ Tân Thư)를 출판했다. 이 책을 계기로 둘은 향후 계속될 동지의 만남을 이루었다고 보인다.[14] 판 보이 쩌우가 망명길에 오르기 전 1904년 9~10월에 응우옌 트엉 히엔을 비롯한 북부의 동지들을 만났다는 서술[15]에서 보건데 응우옌 트엉 히엔은 판 보이 쩌우의 망명 외유 여정과 계획을 알고 있었다고 판단할 수 있다. 판 보이 쩌우와 끄엉 데(Cường Để, 疆柢, 1882~1951)를 중심으로 한 해외 독립운동 조직에 합류하기까지 응우옌 트엉 히엔은 3~4년을 더 국내에 머물렀다. 이 시기 응우옌 트엉 히엔의 구체적인 활동은 분명치 않으나 때를 기다리며, 프랑스에 소극적으로 저항하며 베트남의 자치를 확대하고자 한 타인 타이를 보좌하고, 뜻이 같은 관료와 지사들과 함께 독립을 위한 방안을 암중모색하고 있었을 것으로 보인다.

응우옌 트엉 히엔이 망명대열에 합류하게 된 계기와 시점은 두 가

---

[13] 러일전쟁에서의 일본의 승리를 지켜본 베트남인들은 일본이야말로 프랑스와 같은 서구세력을 이길 수 있는 부강과 문명의 비결을 터득하고 있는 나라였으며 유교와 아시아인이라는 동문(同文)·동족(同族)으로서 베트남을 도와주리라 기대할 수 있는 국가였다. 이런 인식하에서 1906년에 시작되어 프랑스와 양해각서를 체결한 일본당국에 의해 출국당하는 1908년까지 약 200여 명의 베트남 학생이 일본에서 유학하게 되는데, 이를 일컬어 동유운동이라고 한다.

[14] Translated by Vinh Sinh and Nicholas Wickenden, *Overturned Chariot: The Autobiography of Phan-Boi-Chau*, University of Hawai'i Press, 1999, p.66.

[15] Ibid., p.76.

지 사건과 깊이 연관되어 있다. 하나는 오랫동안 병환을 앓고 있었던 부친이 1907년 사망했다. 앞서 언급했듯이 그는 그간 효를 다하기 위해 베트남을 떠날 수 없었다. 둘은 앞서 언급한 타인 타이의 폐위였다. 그의 항불 의도를 의심치 않았던 프랑스는 1907년 7월 타인 타이가 프랑스가 인명한 관리를 비준해 주지 않자 그 해 9월 그를 폐위시켰다. 아무 것도 할 수 있는 상황에서 타인 타이는 중국에서 항불 저항운동을 하고 있는 지사들에 합류하기 위해 탈궁을 시도했으나 실패했다. 응우옌 트엉 히엔은 이 사건에 직접 개입했을 것으로 보인다. 그러나 타인 타이가 잡혀 유폐되는 바람에 '제2의 함 응이'의 꿈은 좌절되었다. 이에 응우옌 트엉 히엔은 관직을 버리고 종국에는 판 보이 쩌우와 끄엉 데에 합류하기 위해 일본의 요코하마로 향했다.[16]

「상해누담」의 내용과 국내의 역사적 맥락은 물론 응우옌 트엉 히엔의 국내에서의 활동에 대한 이상의 이해를 바탕으로 하여 이하에서는 장소로 말하자면 요코하마와 광저우에서의, 조직으로 말하자면 유신회와 광복회의 베트남 해외혁명 활동에 대해 상술하고자 한다. 이는 초기 베트남 해외혁명 활동을 이해하는 지름길이자 「상해누담」의 아시아적 시공맥락에 접근하는 방법이다.

응우옌 트엉 히엔이 합류하기 전 요코하마를 중심으로 전개된 유신회(維新會, Duy Tân Hội)의 활동은 많은 부분이 판 보이 쩌우의 기술이 가장 중요한 자료의 역할을 하고 있어서 이기도 하지만 그의 활동과 긴밀히 연관되어 있다. 요코하마를 중심으로 한 유신회의 활동 선은 요코하마-홍콩-상하이-광저우-방콕이었다. 이 중에서도 요코하마-홍콩

---

[16] Anh Minh, ed., *Nguyen Lo Trach*, pp.9, 48~51. David G. Marr, *Vietnamese Anticolonialism* p.92에서 재인용. Lãng Nhân, *Giai-thoại Làng Nho,* Sài Gòn: Nam-chi Tùng-thư, 1964. pp.103~113.

의 왕래가 주를 이루었는데, 판 보이 쩌우의 말에 따르면 요코하마는 동유운동의 본부로, 홍콩은 베트남 국내와 국외를 연결하는 통로, 즉 국내에 사람(유학생, 활동가)과 물자(혁명 서적, 자금, 무기)를 반입출시키는 거점으로 이용되었다.[17] 요코하마에서 유신회 활동은 중국인들에 힘입은 바 컸다. 당시 베트남망명가들은 요코하마를 활동근거지를 하고 있던 량치차오의 입헌파는 물론 쑨원(孫中山, 1886~1925)을 비롯한 혁명파, 중국남부 유학생 조직과 광둥출신 화교들의 기반을 이용하여 정서적 지지는 물론 베트남의 독립을 위한 정보와 전략에 대한 조언, 베트남에 동정적인 일본의 정치인과 중국남부(윈난, 광둥, 광시, 홍콩, 싱가포르)에 있던 인적네트워크 소개 그리고 일상생활 상의 도움까지도 받을 수 있었다.[18] 때문에 유신회에 있어서 요코하마는 중국인 네트워크와 접촉하고 이를 이용하는 데 최적의 장소라는 역할을 수행했다고 해도 과언이 아니다.

응우옌 트엉 히엔이 처음으로 참여한 정치 조직인 유신회의 활동에 있어서 다음으로 중요한 해항도시는 현재 광둥 성의 성시 광저우인 칸톤(Canton)이었다.[19] 당시 광둥은 윈난, 광시와 함께 베트남북부와 접경하고 있었다. 광둥은 육로와 해로를 통해 그리고 윈난과 광시는 철로를 통해 베트남 북부와 바로 연결되었다. 이러한 지리적인 조건에 당연히 결부되는 정치·경제적으로 긴밀한 상호관계에 더하여 광저우

---

17) *Overturned Chariot: The Autobiography of Phan-Boi-Chau*, pp.114~115.

18) 이에 대한 구체적인 진술이 판 보이 쩌우의 자서전이라고도 할 수 있는데 특히 응우옌 트엉 히엔이 합류하기 전 유신회 기간에 이루어진 중국인들과의 교류는 자서전의 특히 86페이지에서 229페이지에 상술되어 있다.

19) 당시에는 광둥의 영어식 표현이 광저우가 광저우를 부르는 명칭으로 널리 사용되면서 베트남인들도 광저우를 지명함에 있어서 광둥과 광저우를 혼용했기에 여기에서는 특별한 지적이 없는 한 광저우를 광저우라고 표기한다.

는 여러 베트남 항불전쟁 지사들이 망명처로 삼고 있었던 공간이라는 특별한 의미가 있었다. 가깝게 가더라도 그 기원은 태평천국의 잔당인 흑기군도 참여했었던 베트남에서의 항불전쟁에 닿아있다. 淸佛戰爭의 종결로 류용푸(劉永福, 1837~1917)를 영수로 한 黑旗軍은 국경을 넘어 되돌아갔으나 그와 함께 항불전쟁에 참여했던 베트남인들은 다시 근왕운동의 깃발 아래 대 프랑스 전쟁터에 뛰어들었다. 프랑스의 평정작업이 가열차자 이들은 국경을 넘었으며 류용푸의 근거지이자 근왕운동의 지휘자 똔 텃 투엣이 은거하고 있다고 보이는 광둥으로 모여들었다. 같은 해항도시인 홍콩과 싱가포르에 살고 있었던 베트남인들이 대체로 프랑스인에 고용된 가정부, 심부름꾼, 선원이었던 점과 비교한다면 광둥의 베트남인 공동체가 갖는 성격은 더욱 확연해진다. 몇 예를 들어보자. 광둥 북부에서 근왕운동을 주도했던 응우옌 티엔 투엇 (Nguyễn Thiện Thuật, 1844~1926)은 1888년 근왕운동을 재조직하기 위해 똔 텃 투엣을 찾아 롱저우를 거쳐 광저우에 도착했다.[20] 응우옌 티엔 투엇은 류용푸와 똔 텃 투엣을 비롯해 중국 남부에 은거하고 있었던 항불운동의 잔여세력과 독립을 위해 새로운 방법론을 모색하고 있던 첫 근대 정치조직인 유신회를 연결하고 있던 이들 중의 하나였다. 땅 밧 호(Tăng Bạt Hổ, 曾拔虎, 1858~1906)도 이 범주에 속했다. 땅 밧 호는 항불전쟁과 근왕운동과의 인연에다가 일본에서의 활약과 발판 확보로 이후 동유운동과 유신회에 중요한 역할을 수행했다.[21]

---

[20] *Overturned Chariot: The Autobiography of Phan-Boi-Chau*, p.93.

[21] 땅 밧 호는 류용푸의 흑기군에 참여하여 항불 전쟁터에서 싸웠다. 똔 텃 투엣이 이끄는 1885년 5월 22일 兵變이 실패하고 내려진 근왕령을 따라 근왕운동에 참가 했다. 기의가 탄압되자 땅 밧 호는 국경을 넘어 류용푸를 찾았으며, 나중에는 상선 의 선원이 되었다. 요코하마, 시모노세키를 자주 들리게 되자 일본어에도 능통하 게 되었으며 일본해군에 들어가 러일전쟁 시 공을 세웠다. 덕분에 일본이 베트남

판 보이 쩌우는 1905년부터 거의 매년 1~2차례 이들을 만나기 위해 광저우를 방문했다. 불문의 유신회 프로그램과 강령을 성문화하여 찍어 낸 곳도 1906년 광저우에서였다.[22] 홍콩과 마찬가지로 광저우는 유신회의 목표인 베트남의 독립을 실현하기 위한 전방기지였지만 베트남 내부, 특히 중부와 북부 지역의 혁명운동을 진작시키고 국내로의 무장 세력 진입의 발판지로서 훨씬 더 중요한 의미를 가지고 있었다. 광저우에서 롱저우로 그리고 까오방(Cao Bằng)과 타이 응우옌(Thái Nguyên)으로 이어지는 지역은 일종의 다공성(多孔性)[23]이 존재하는 공간으로 유신회의 조직가들에게는 가능과 희망의 통로였다. 시와 때에 따라 변하기는 했으나 프랑스 식민세력이든 淸 정권이든 중앙권력이 약했던 반면 베트남지사들로서는 접촉범위 내에 있거나 가능성이 있는 지방 세력이 독자적인 힘을 가지고 있었으며, 합법 무장 세력과 무장 도적떼의 경계가 모호하고 변하며, 중국인과 베트남인 혹은 중국인이면서 베트남인인 사람들과 중국인도 베트남인도 아닌 소수민족들이 혼거하고 있었다.[24] 즉 광저우는 베트남 국내의 상황을 무르익게 하는 작업을 하는 최전선이자 때가 되면 무장 세력을 진입시킬 통로에 가까이 있으면서도 상대적으로 안정적인 공간이었다.

유학생을 수용할 수 있는 분위기를 만들었으며 동유운동에 주요한 역할을 하게 된 인물로 판 보이 쩌우, 끄엉 데, 응우옌 트엉 히엔을 비롯한 망명 지사들을 요코하마로 안내한 이도 그였다. Thăm mộ chí sĩ Tăng Bạt Hổ tại Huế http://www.baobinhdinh.com.vn/568/2004/5/11011/[2011-5-11]

[22] *Overturned Chariot: The Autobiography of Phan-Boi-Chau*, p.104.

[23] 다공성의 개념은 발터 벤야민에게서 빌려와 재해석하려고 시도했다. 특히 그램 질로크, 노명우 역, 『발터 벤야민과 메트로폴리스』, 효형출판, 2005, 55~64쪽 참조.

[24] 광시와 광둥에서 화인과 베트남인 간의 결혼 관행이 베트남 혁명가들의 활동에서 했던 역할에 대한 흥미로운 연구에 대해서는 Christopher E. Goscha, *Thailand and the Southeast Asian networks of the Vietnamese revolution, 1885-1954*, Psychology Press, 1999 참조.

　응우옌 트엉 히엔이 망명길에 올랐던 1907년과 광저우를 거쳐 요코하마로 오게 된 1908년 두 해는 베트남역사의 격변기 중 하나였다. 국내에서 유신의 분위기는 타인 타이의 자치를 향한 움직임, 東京義塾(Đông Kinh Nghĩa Thục)을 비롯한 개혁교육 기관의 창설과 맞물리면서 근왕운동 이후 처음으로 고조되었다. 그러나 식민당국의 강도 높은 예방조치로 인해 타인 타이는 폐위되고 동경의숙은 폐쇄되었다. 출구를 찾지 못한 불만은 독극물 사건을 비롯하여 도시 곳곳에서의 테러로 표현되었으며 그럴수록 프랑스의 감시와 탄압은 강력해졌다. 중부지방에서의 평화적인 항세운동이 1908년 '항세반란'으로 격화되었던 사정에도 이러한 맥락이 작용했다. 프랑스의 식민지 통제는 국내정책으로만 머물지 않았다. 이 모든 '소요사태'가 요코하마에 본부를 두고 있는 유신회나 동유운동과 연관되어 있다고 판단한 프랑스는 일본과 협상했다. 일본은 고종을 강제 퇴위시켰던 1907년 7월 바로 그 달에 프랑스와 조약을 맺었다. 일 년 후 200명이 넘는 동유운동 참가 학생들은 강제로 귀국해야 했으며 유신회 간부들도 일본을 떠나야 했다. 유신회는 이름만 남게 되었다.

　1907년 9월 타인 타인가 폐위되자 당시 남딘의 독학이었던 응우옌 트엉 히엔은 망명길에 올랐다. 응우옌 트엉 히엔은 1906년 판 쩌우 찐이 그랬던 것처럼 광저우를 거쳐 요코하마로 갔다. 판 보이 쩌우에 따르면 1908년 6월 사암에서 돌아오는 길에 광둥에서 응우옌 트엉 히엔을 만났으며 일본으로 초청했다. 응우옌 트엉 히엔이 요코하마를 거쳐 끄엉 데가 머물고 있는 도쿄에 도착한 시기는 1908년 10월이었다.[25] 응우옌 트엉 히엔은 북베트남을 떠난 뒤 약 일 년 정도 남중국

---

[25] *Overturned Chariot: The Autobiography of Phan-Boi-Chau*, pp.159~160, p.141.

의 각지를 돌았으며, 동유운동과 유신회의 전성기이자 급하강기에 일본에 들어온 것이 된다. 요코하마와 도쿄에서 응우엔 트엉 히엔의 활동에는 특별한 사항이 없어 보인다. 유학생을 격려하고 글을 써서 국내에 반입시키는 것이 주요한 일이었다.

응우엔 트엉 히엔이 요코하마에서 했던 구체적인 활동보다도 그가 경험했던 상황들, 즉 이후 그를 비롯해 유신회 활동가들의 사상과 행동반경에 변화를 초래한 상황이 더 중요하다. 하나는 유신회가 근간으로 하고 있던 입헌군주제에 대한 점진적인 환멸이다. 판 보이 쩌우가 목표로서의 군주제가 아니라 방법론으로, 즉 군주제를 이용해 특히 베트남남부에서 기금을 모으고 프랑스를 축출하기 위해 군주제를 이용했다고 밝힌 때도, 중국혁명파와 만남을 거듭할수록 군주제를 부정하고 민주공화주의를 선호하는 씨앗이 싹트기 시작했다고 고백한 시점도, 군주제에 대한 찬반으로 민족운동 세력이 분열되고 있다는 우려를 밝힌 시점도 1907년이었다.[26] 이는 앞서 언급한 바와 같이 이 시기에 베트남에서는 타인 타이가 폐위되고 중국에서는 혁명파의 영향력이 거세지고 있었다는 사실과 무관치 않았다. 응우엔 트엉 히엔도 차후 민주공화제를 근간으로 한 베트남광복회 조직에 적극 찬동하고 참여한 것으로 보아 이러한 대세의 영향을 수용한 것을 알 수 있다. 둘은 베트남혁명을 위한 해외근거지가 사암에 처음으로 건설되었다. 일본에서 추방당한 판 보이 쩌우는 베트남으로 귀국하지 못하고 어렵사리 남아있는 50여 명의 유학생들과 사암에 망명하고 있던 베트남인들을 모아 농사를 짓고 상부상조하는 반영구적인 근거지를 만들었다. 가장 상황이 어려울 때, 즉 생존을 확보하며 기약 없는 때를 기

---

[26] *Overturned Chariot: The Autobiography of Phan-Boi-Chau*, p.129.

다리기 위해 방콕 외곽에 마련한 이 농장공동체는 차후 운동의 퇴조기 베트남공산주의 운동가들에게도 중요한 해외근거지가 되었다. 1909년 일본으로부터 추방당한 유신회 구성원(응우옌 트엉 히엔을 포함해)들은 바로 이 방콕과 광저우 그리고 근처의 홍콩과 마카오의 부둣가를 오가며 목숨을 연명하고 때를 기다렸다.[27]

셋은 동아시아적 시각에서 볼 때 가장 중요한 변화이다. 판 보이 쩌우 식으로 표현하자면 이는 일본으로부터 아무 것도 기대할 수 없음을 깨달음과 동시에 중국의 혁명운동과 베트남처럼 독립을 잃은 나라 사람들에게 관심을 기울이고 연계를 맺게 된 변화이다.[28] 전자의 조직적 표현은 윈난·광시·베트남동맹회이며 후자의 그것은 東亞同盟會(Đông Á Đồng Minh Hội)였다. 1908년 말 조직된 동아동맹회에는 중국의 혁명파 황싱(黃興), 장빙린(章炳麟), 조선의 趙素昻(李鏞殷)[29], 인도와 필리핀의 많은 민족 지사들이 참여했다.[30] 여기에서 중요한 포인트는 동아동맹회의 구체적인 활동에 대한 논증이 아니다. 동문, 동족, 동대륙에 기반하고 일본에 희망을 거는 아시아주의가 동병상린의 아시아주의로 전화해갔다는 데에 있다. 물론 이는 일본에 있었던 베트남 망명 지사들만의 생각은 아니었다. 일본의 한인유학생들은 아나키스트와 같이 전향적인 사고를 가지고 있다하더라도 일본인이 참여한 범아시아조직에 참여하기를 거부했다. 1907년 동병상린은 억압

---

27) Ibid., p.141. 172-173, 178, 150.

28) Ibid., p.160~161.

29) 趙素昻(李鏞殷)-1887년생으로 명치대학졸업, 조선법학전수학교 교원. 1917년 설립된 조선사회당 대표, 3.1운동이전부터 상해를 들락, 임시정부에 참가. 파리강화회의에 파견. 스위스의 제2인터내셔널 대회에 출석.

30) 마사야 시라이시는 다케우치(竹內)의 회고록을 참고하여 1907년 여름에 조직된 아주화친회가 다름 아닌 동아동맹회였다고 한다. Masaya Shiraishi, Phan Boi Chau and Japan, *South East Asian Studies*, vol. 13, No. 3, December 1975, pp.338~340.

받는 아시아 민중들 사이의 연대 필요성을 주장했던 중국혁명파들의 키워드이기도 했다.31) 동병상린의 의식은 응우옌 트엉 히엔이 조선의 민씨를 만나고 정서를 공유하게 된 맥락을 이해하게 해 준다. 뿐만 아니라 동감의 수준을 넘어 동지로서의 아시아혁명가들의 연대의식이 자리 잡고 있었음을 알 수 있다.

광저우는 1911년 10월 신해혁명 이후 베트남 민족운동에서 더욱 중요한 역할을 수행하게 되었다. 베트남 해외 혁명 활동 사에서 요코하마에서 광저우로의 중심 근거지의 이동이나 변화가 함의하는 바는 적지 않다. 유신에서 혁명으로, 입헌군주에서 민주공화에로, 무장투쟁 준비로의 중점 이동, 중국혁명과의 신크로나이징이 이에 속한다. 1912년 1월 1일 난징(南京)에 쑨원을 임시대총통으로 하는 중화민국이 들어섰으며, 요코하마 시절 친분을 다졌던 후한민(胡漢民)이 광둥의 도독으로, 천치메이(陳其美)가 상하이의 도독이 되었다. 요코하마 시절부터 시작하여 베트남 문제에 물심양면으로 지지를 해 주었던 데다가 이제는 권력까지 가지게 된 중국혁명파들의 지원을 받을 수 있기를 기대하며 중국 전역과 사암에 흩어져 있던 유신회 성원들이 광저우로 속속 모여들기 시작했다. 1912년 초에는 장펑린과 천치메이를 비롯한 여러 혁명파 인사들의 고무를 받아 방콕에서 온 판 보이 쩌우, 홍콩에서 온 끄엉 데를 비롯하여 광저우에 모인 100여 명의 베트남 지사들은 명목뿐인 유신회를 재조직했다.32) 1912년 3월말 류용푸의 사당에서 개최된 총회에서 "프랑스를 몰아내고 베트남을 광복시키며 민주공화국을 창설한다"라는 가치 아래 베트남광복회(Việt Nam Quang Phục Hội)가 탄생한 것이다.33) 총리에는 끄엉 데, 핵심기구인 심의회에는

---

31) Masaya Shiraishi, Phan Boi Chau and Japan, p.336.

32) *Overturned Chariot: The Autobiography of Phan-Boi-Chau*, pp.187~189.

북부대표 응우옌 트엉 히엔, 중부대표 판 보이 쩌우, 남부대표 응우옌 턴 히엔(Nguyễn Thần Hiến, 1856~1914)이 선출되었으며 그 아래 집행위원회와 국내활동대표단을 두었다. 베트남광복회는 군주제를 포기하고 민주공화정체를 채택했으며, 처음으로 국기를 제정했다. 또한 베이징과 광시 등의 군관학교에서 교육을 받는 이들을 중심으로 군대를 조직하고, 광복군의 전략을 편찬해내고 임시정부와 군대가 쓸 비용을 마련하기 위해 군표를 발행하는 등 요코하마의 유신회 시절과 비교한다면 많은 조직적 진전을 이루었다. 그러나 광저우에서의 베트남광복회는 중국혁명파가 1906년부터 1911년 10월 우창(武昌)에서 성공하기까지 끊임없이 시도해왔던 무장봉기를 베트남에도 적용하는 것이 최대관심사였으나 그다지 성공적이지 못했다. 중국혁명파의 지원을 얻으려는 노력이 커다란 성과를 가지고 오지 못했으며 세력을 과시하기 위해 베트남 국내에서 시도한 모험적인 행동주의가 탄압을 가져왔기 때문이다.

끄엉 데와 3인의 심의회 구성원의 주 업무는 중국의 지원, 구체적으로는 자금과 무기를 이끌어내는 것이었다. 이를 위해 판 보이 쩌우는 1912년 초반 난징에 가서 쑨원과 황싱을, 상하이에 가서 천치메이를 만났다. 일본에서 만났을 때 중국에서 혁명이 성공하면 베트남을 돕겠다고 약속한 쑨원은 얼굴만 보았을 뿐이었다. 여러 차례 만날 수 있었던 황싱은 베트남을 도와야 할 의무는 있으나 현재로서는 베트남학생을 중국의 군관학교에 수용하여 10년 이내에는 오게 될 기회를 준비하게 하는 일이라고 말했다. 국경을 접하고 있기에 광둥이 가장 베트남을 돕기에 좋은 위치에 있다며 도독 후한민에게 소개장을 써주는

---

33) David Marr, *Vietnamese Anticolonialism, 1885-1925,* Berkeley: University of California, 1970, p.216.

것도 잊지 않았다. 천치메이 만이 원하는 것을 주었는데 이는 30개의 수류탄에 불과했다.[34] 이에 좌절하지 않고 베트남광복회는 집행부에 1912년 9~10월 중국인이 참여할 수 있도록 조직을 재편했다. 광둥인을 대거 참여시켜 회원 수도 늘리고 군표도 많이 팔기 위한 전략이었다. 이에 더하여 振華興亞會(Chấn Hoa Hưng Á Hôi)를 창설했다.[35] 동아동맹회의 광저우판인 진화흥아회는 동아공제사(東亞共濟社)와 상당 정도 비슷한 맥락에서 조직되었으며 유사한 역할을 했던 것으로 보인다.[36]

국내외의 지원을 이끌어 내기 위해 베트남광복회는 1912년 말에는 인도차이나총독 사로(Albert Sarraut)를, 1913년 초에는 근왕운동의 탄압 주역 호앙 까오 카이(Hoàng Cao Khải, 黃高啟)를 암살하려고 시도했다. 이를 구실로 프랑스 식민당국은 수 백 명을 검거했을 뿐만 아니라 베이징에 압력을 가해 베트남광복회 관련자들을 넘겨줄 것을 요구했다. 위안스카이(袁世凱)를 만나기 위해 베이징에 간 끄엉 데가 두안치루이(段祺瑞)와의 면담을 통해서 광저우에 베트남광복회는 폐쇄를 면할 수 있었다. 그러나 1913년 중반에 쏭자오런(宋敎仁)의 암살을 비롯한 중국 혁명파에 대한 위안스카이의 무력탄압을 계기로 발발한 제2혁명으로 광저우의 상황은 변했다. 親袁波인 룽지광(龍濟光)이 광둥을 접수함에 따라 2년간 유지되었던 광둥의 국민당 정권은 붕괴했

---

34) *Overturned Chariot: The Autobiography of Phan-Boi-Chau*, pp.193~194. David Marr, *Vietnamese Anticolonialism, 1885~1925*, pp.218~219.

35) 판 보이 쩌우에 따르면 행동강령의 내용은 중국은 아시아의 큰 형의 책임감이 있으며 작은 아시아 국가들의 독립을 도울 사명이 있으며…만주왕조는 장형으로서의 중국의 사명을 저버렸다… 경제, 군사적인 면에서 중국과 베트남의 프랑스에 대한 승리의 가능성은 열려 있으며 대프랑스전에서 중국의 선봉으로 삼기 위해서도 베트남혁명당을 지원해야 한다…행동강령의 절차에 따르면 아시아 국가의 독립 차례는 처음이 베트남, 두 번째가 인도와 버마, 그리고 셋째가 한국이었다. *Overturned Chariot: The Autobiography of Phan-Boi-Chau*, pp.201~204.

36) 김희곤, 『중국관내 한국독립운동단체연구』, 지식산업사, 1995, 54~57쪽.

다.[37] 베트남광복회 사무실도 폐쇄되었다. 동시에 사로는 광저우에와 베트남광복회 관계자들을 추방해 줄 것을 강력히 요구했다. 그는 홍콩의 영국당국에도 같은 요구를 했기에 끄엉 데는 1913년 말 홍콩에서 체포되었다. 1914년 초 판 보이 쩌우는 이전 광둥의 도독과 비밀 접선을 하고 있다는 이유로 광저우에서 체포되었다.[38]

당시 베이징에 있었던 응우옌 트엉 히엔은 바로 광저우로 돌아왔다. 이제 그는 베트남광복회가 가지고 있던 유일한 지도자로 제1차세계대전기에 베트남광복회를 이끌어야 했다. 그는 유신회 시절에 마련해 놓았던 방콕주재 독일대사관과의 연계를 이용하기 위해 사암으로 갔다.[39] 베트남이 독립을 얻을 수 있는 가능한 방법은 독일이 프랑스를 공격할 때라는 인식은 예전부터 있어왔다. 게다가 제1차 세계대전이 발발하자 사암에 있던 독일인들은 베트남에서의 상황을 궁금해 했다. 독일로부터 어느 정도 지원을 약속받은 응우옌 트엉 히엔은 베트남광복회가 프랑스에 타격을 가할 수 있음을 보여주어야 했다. 이를 위해 그는 광시의 롱저우로 가 베트남과의 접경지역에서 랑선에 대한 공격을 감행했으나 실패했다. 제1차 세계대전 시기 그는 무장봉기를 일으키기 위해 홍콩, 양광지방, 베이징 그리고 사암을 오고갔으나 별다른 성과를 거두지 못했다. 그 후 응우옌 트엉 히엔은 장핑린과 천치메이의 고향인 항저우(杭州)에 있는 절에 들어가 은거했다.[40]

이상에서는 광저우가 베트남 민족주의자들에게 1910년 초반에 어떤 의미를 가지고 있었는지를 베트남광복회의 활동을 통해 접근하고자

---

37) Chan Lau Kit-Ching, *China, Britiain and Hong Kong, 1895-1945*, The Chinese University Press, 1990, p.129.

38) *Overturned Chariot: The Autobiography of Phan-Boi-Chau*, pp.216~218.

39) Ibid., p.225.

40) Ibid., pp.159~160, p.249.

했다. 사상(입헌에서 공화로)과 조직적인(정당에서 임시정부로) 차원에서의 발전은 있었으나 중국혁명파에 과도하게 의존하는 성향은 베트남 국내에서는 모험적 행동으로 그리고 중국혁명의 파고를 그대로 맞이하는 결과를 초래했다. 「상해누담」과 관련해서는 간접적으로 이 대화가 일어난 시기와 장소, 대화의 주체 그리고 출판 시기의 역사적 맥락을 이해하고자 했다. 한인 망명지사 민씨의 이름도, 대화가 일어난 정확한 해항도시도 특정하지 못했지만 몇 가지 의미 있는 추론은 가능하다.

Ⅳ. 나가며

이제 논의의 초점을 응우옌 트엉 히엔이 민씨를 만나 대화를 나누고 「상해누담」을 썼던 1911년에서 1913년에 맞추어 보자. 궁극적으로 민씨가 누구이며 어디에서 만났을까를 추론하기 위해서이다. 이 시기 응우옌 트엉 히엔의 행적에 관한 뚜렷한 기록은 현재로서는 없으며, 한인 민씨와 응우옌 트엉 히엔과의 교우를 말해주는 우리 측 자료와 연구도 전혀 없는 실정이다. 때문에 상당 부분이 논리적인 추론의 수준에 의존할 것이다. 앞서 언급했듯이 응우옌 트엉 히엔이 '망국민'이라는 같은 이름을 가진 민씨를 만나 「상해누담」에 실린 대화를 한 시점은 1911년 언저리였다. 그렇다면 그 해에 응우옌 트엉 히엔은 어디에 있었는가? 응우옌 트엉 히엔은 「旅晉感懷」라는 시의 序에 이르기를 "辛亥九月八日, 晉軍起事, 余在晉城…"라고 했다.[41] 이는 유일하게

---

41) 阮尚賢僎, 『南枝集』, 民國14年(1925).

자신의 거취를 밝히고 있는 구절이다. 진군이 옌시산(閻錫山)의 군대를 말하며 그 근거지는 산시(山西)였기에 응우옌 트엉 히엔은 1911년 9월에 타이위안(太原)에 있었던 것이 된다. 응우옌 트엉 히엔이 일본에 있었을 때 옌시산은 중국동맹회에서 활동했으며 일본육군사관학교를 다니고 있었기 때문에 이미 서로를 알고 있었을 가능성은 많다.

옌시산보다는 장빙린(章炳麟)의 행로를 따라가면서 응우옌 트엉 히엔의 행방을 따져보는 것이 더 의미있을지 모른다.[42] 장빙린이 「상해누담」의 序에서 밝힌 바 "有越南河內遺民阮尚賢號鼎南者, 以癸丑夏六月來游京師, 所著「桑海淚談」設為與韓人問答, 共道國亡之慘."에 의하면 응우옌 트엉 히엔은 1913년 여름 베이징에 있었으며 「상해누담」을 저술했다. 1913년을 통해 장빙린의 활동이 이루어진 공간은 주로 상하이와 베이징이었다. 장빙린은 당시 베이징에서 응우옌 트엉 히엔을 만

[42] 요코하마와 도쿄에 있던 유신회 성원들은 중국 혁명파는 물론 그 기관지인『민바오』(民報)와 밀접한 관계를 가지고 있었다. 1906년 도일 이래 청의 요청으로 일본당국에 의해 민바오가 폐간될 때까지 장빙린은 주필을 맡았다. 베트남 망명 지사 중 최고 지식인인 응우옌 트엉 히엔과 장빙린의 만남은 1908년 도쿄에서 이루어졌다고 보인다. 응우옌 트엉 히엔의 동선을 짐작해 보기 위해 먼저 장빙린의 그것을 보면 다음과 같다. 1911년까지 장빙린은 계속 도쿄에 머무르면서 학생들을 가르쳤다. 우창(武昌)기의 소식을 들은 장빙린은 도쿄를 출발해 1911년 11월 상하이에 도착했다. 1912년 2월 난징에 임시정부를 세운 쑨원이 그에게 대총통의 고문직(樞密顧問)을 주자 난징으로 갔다. 베이징에서 위안스카이가 대총통이 된 이후에도 이 직에 있었다고 한다. 잠시 동삼성에 갔다. 1913년 3월 숭자오런(宋敎仁)이 상하이에서 암살당하자 4월 중순 장춘(長春)에서 상하이로 왔다. 5월 하순 우한(武漢)을 거쳐 베이징으로 갔다가 6월 상하이로 돌아와 혼례를 치렀다. 7월 제2혁명이 폭발했으며 바로 실패했다. 장빙린은 국외로 망명하지 않고 공화당을 재조직하기 위해 위험을 무릅 쓰고 8월에 베이징으로 갔다. 도착하자마자 가택연금에 놓였으며 1916년 위안스카이가 사망한 후에야 풀려났다. 1917년 7월 쑨원이 광둥에 군 정부를 세우자 장빙린은 총서기로 임명되었다. http://baike.baidu.com/view/2003.htm; Leung Man-kam, Chang *Ping-lin(1869-1936): His Life and Career, Theses for the degree of Master of Arts,* University of Hawaii (Honolulu). pp.105~106.

났다. 그가 「상해누담」의 서를 쓴 것은 우연이 아니었던 것이다. 이들의 만남은 응우옌 트엉 히엔이 도쿄에 갔으며, 유신회가 장빙린과 조소앙 등 아시아 지사들의 지지를 받아 동아동맹회를[43] 조직했던 1908년 10월과 11월에는 이루어졌다고 보인다. 이 사실은 1913년 시점에 둘은 이미 친분을 가지고 있었음을 의미할 뿐만 아니라 후술하는 바와 같이 좁게는 민씨를 만났을 장소와 넓게는 베트남 유신회 지사들이 조선에서 온 지사들과 관계를 맺는 계기나 기회를 설명해줄 수 있다. 응우옌 트엉 히엔이 어떻게 1913년 여름에 베이징에 있게 되었는지는 알 수 없다. 1913년 초 사로 암살 기도사건과 관련해 프랑스가 베이징의 위안스카이 정부에 광복회 관련자들을 넘겨줄 것을 요구하자 이 문제를 해결하기 위해 끄엉 데가 베이징으로 갔을 때에 응우옌 트엉 히엔이 동반했을 가능성을 생각해볼 수 있다. 판 보이 쩌우는 자서전에서 1913년 말 사로의 요구로 홍콩에서 끄엉 데가 체포되고 판 보이 쩌우가 親袁 세력인 광둥의 실력자 룽지광의 손아귀에 들어가자 당시 베이징에 있었던 응우옌 트엉 히엔에게 광복회에 동정적인 태도를 가진 두안치루이에게 도움을 구하라는 전보를 보냈다고 한다.[44] 이로 볼 때 응우옌 트엉 히엔은 1913년과 1914년은 베이징에 있으면서 위안스카이 정부에 지원을 요청하는 활동을 주로 했으리라 보인다. 베트남혁명 운동에 특별히 적대적이지 않은 위안스카이와 동정적인 두안치루이 그리고 장빙린의 존재감으로 인해 그는 최소한 수인의 신세는 되지 않았다.

마지막으로 응우옌 트엉 히엔이 만나 한사를 나눈 한인이 누구였는지에 초점을 맞추어 보자. 1909년 판 보이 쩌우와 끄엉 데가 일본에서

---

43) 동아동맹회에 대한 전론적 분석은 Masaya Shiraishi, *Phan Boi Chau and Japan*, *South East Asian Studies*(東南アジア研究), Vol. 13, No. 3, 1975, pp.427~440.

44) *Overturned Chariot: The Autobiography of Phan-Boi-Chau,* pp.219~220.

추방된 시점까지는 대다수 망명 베트남지사들은 일본을 떠났다고 보인다. 응우옌 트엉 히엔의 당시 행적은 묘연하나 장빙린의 비호를 받아 도쿄에 더 머물다가 신해혁명 소식이 전해진 1911년 10월 그와 함께 상하이로 향했을 가능성도 있다. 그가 1912년 3월 광저우에서 광복회가 조직될 당시 참여했으며, 공화제 강령 채택에 적극 지지했으며 심의부의 북부대표가 되었다는 사실은 분명하다. 민씨를 만나 「상해누담」의 내용이 될 대화를 나눈 시기를 1911년 언저리로 보았을 때 장소는 광저우나, 요코하마와 광저우 중간기착지였던 상하이였을 것으로 볼 수 있다. 광저우가 베트남 독립운동의 해외 요람이었다면 상하이는 한국의 그것이었다.[45]

한말 상하이의 한인으로 대표격인 이는 윤치호와 閔泳翊(1860~1914)이었다. 특히 민영익은 을사조약 직후 상하이로 망명해 1914년 생을 마칠 때까지 그곳에 있었다. 비슷한 연배에 문장 실력이 뛰어나고 격동기 정치적인 삶을 살았다는 의미에서 민영익은 응우옌 트엉 히엔의 가장 적당한 '한사의 벗'으로 보인다. 다른 가능성도 열려있다. 한인 지사들이 본격적으로 상하이로 진출한 것은 1910년 한일합방 직후였다. 상하이에서 신규식을 비롯한 망명 독립지사들은 1912년 7월 해외 독립운동 기지라는 의미에서 베트남광복회와 유사한 역할을 한 同濟社를 결성했다. 또한 중국 혁명가들과 유대 관계를 맺기 위해 1912년 말에서 1913년 초 사이 신아동제사를 결성하였다.[46] 중국인 네트워크나 아시아를 포괄하는 조직이라는 연계나 차원을 통해 응우옌 트엉 히엔과 민씨와의 만남이 이루어졌다면 위 두 조직에 속해 활동했었던 이들도

---

[45] 강영심, 김도훈, 정혜경, 『1910년대 국외항일운동 Ⅱ —중국·미주·일본』, 한국독립운동사편찬위원회 독립기념관 한국독립운동사연구소, 2008, 39~40쪽,
[46] 손과지, 『상해한인사회사: 1910-1945』, 한울아카데미, 2001, 60~61쪽.

생각할 수 있다. 그 명단 중에서 민씨를 가진 이는 민재호, 민필호, 민충식, 민병호 등이 포함될 수 있으나 분명 세대가 응우옌 트엉 히엔과 다르다. 「상해누담」의 두 주인공은 상하이가 아니라 광저우에서 만나 이야기를 나누었을 가능성도 있다. 그러나 현재로서는 김규흥, 김택영 등 광둥을 망명지로 선택하여 1911~1913년 거기에서 활동했던 소수의 한인 중에는 민씨 성을 가진 이가 없었던 것으로 보인다.

마지막 가능성은 앞서 언급했듯이 응우옌 트엉 히엔은 산시나 베이징에서 민씨를 만났었을 수도 있다. 「상해누담」의 내용인 대화가 이루어지고 쓰인 1911년에서 1913년 사이 응우옌 트엉 히엔의 활동지는 주로 관내 지역이었기에 이런 추론이 가능하다. 광복회 시기 기록에 남아 있는 응우옌 트엉 히엔의 행적지가 관내 지역인 이유는 추정 가능하다. 심의회의 중부대표인 본부가 있는 광저우를 중심으로 판 보이 쩌우의 이 시기 행적은 베트남에 인접해 있는 중국의 남부와 서남부에 집중되어 있고 국내에서의 무장투쟁을 촉발시키려는 목적를 가지고 있었다. 반면 심의회의 남부대표인 응우옌 턴 히엔은 주로 홍콩에서 혁명 자금과 무기 조달 그리고 제조와 운송 등의 일에 관여했다. 반면 응우옌 트엉 히엔은 산시와 베이징이 말해주듯이 관내 지역에 머물고 있으며 베이징 정권에 도움을 요청하는 외교 활동을 중심으로 전개된 듯하다.

이상의 가능한 합리적인 추론에도 불구하고 민씨를 찾는 작업은 차후 더 많은 자료와 연구가 나오기를 기다려야 한다. 그러나 베트남 지사와 한인지사의 만남이 20세기 초 제3의 공간인 일본과 중국의 도시에서 그것도 아시아적 혁명운동의 맥락에서 극히 개인적이라고 할 수 있는 동병 의식과 정서의 공유를 통해 이루어졌다는 점은 기억할 필요가 있다.

식민지시대 한·일해역의 자원과 해녀의 이동

안미정

I. 머리말

고대 지중해 세계를 생생히 재현한 페르낭 브로델은 그의 책『지중해의 기억』첫머리에서 이렇게 말하고 있다.[1] "바다를 보라." 이 책에서 말하는 '지중해'란 물리적 공간으로서 지중해인 것만이 아니라 그것과 연결된 생태적, 사회적 주변세계의 역사적 상호작용을 아우르는 문화적 범주라고 말할 수 있다. 따라서 그의 이 한 마디 말에는 '바다와 그 주변(外), 그 안(內=裏)'을 고찰함으로써 우리가 발견할 수 있는 그 무엇이 새롭게 조명됨을 뜻하는 것이라 본다.

해양세계가 인문학의 연구주제로 주목받고 있는 것은 일본의 학술계를 통해서도 쉽게 알 수 있다. 여기에도 브로델의 영향은 적지 않았다. 더군다나 동아시아 해역을 제국의 무대로 삼았던 일본의 경우 '바다'란 일국사의 바운더리 안에 머무는 것이 아니라 세계사와 조우하

---

[1] Fernand Braudel, *LES-MÉMOIRES DE LA MÉDITERRANÉE*, 강주헌 역,『지중해의 기억』, 한길 히스토리아, 2006.

는 연구영역인 것에 다름 아니다. 가령 하나의 '해역'으로서 아시아의 역사를 재조명하는 논의가 그 하나인데,[2] 대항해시대로 시작되는 유럽세력의 아시아 진출 혹은 그 이전의 아시아 해역의 역사를 대칭적으로 둠으로써 세계사를 조명하는 하나의 대항적 관점이다. 이때의 대칭적 중심축이 일본을 중심으로 두고 있다는 것은 어렵지 않게 파악할 수 있다. 또 한편으로, 아시아의 역사를 바다 사람들(종종 海民으로 표현되는)의 생활터로서 조망하는 논의들도 있다. 바다의 생태 혹은 바다를 터로 삼아 사는 사람들의 생활에 초점이 두어진 이러한 논의에는 육상과 다른 '바다'의 영역을 강조하여 육지중심의 역사에 비판적 시선을 두고 있다.[3]

그런데 이러한 바다에 관한 연구들이 하나의 공통점은 '대항해'라는 특정의 시점(대략 15~16세기) 이후 유럽세력으로 인해 일어나는 전세계의 역사적 변동을 다루며, 그 대항적 혹은 보충적 측면에서 아시아의 해양세계가 등장한다는 점이다. 그리고 이러한 논의에서 언제나 '빈 공간'으로 남아 있는 하나의 해역이 있는데 바로 한반도와 일본 열도로 이어지는 한·일해역이다.

'해역(海域)'은 일정한 바운더리로서의 바다가 아니라, 육지 혹은 기존의 인식적 틀의 상대적이며 상호적인 개념으로 고려할 수 있으며, 또한 앞에서와 같이, 하나의 바다와 그 주변세계와의 생태적, 사회적 상호작용을 아우르는 문화적 범주로 설정해 볼 수 있다. 따라서 자주 언급되곤 하는 '바다를 통해' 혹은 '바다로부터' 보는 관점도 하나의 연구 틀로써 결국 필자는 다음과 같이 간략화 해 보고자 한다. 첫째, 바

---

[2] 桃木至朗 편, 『海域アジア史研究入門』, 岩波書店, 2008 참조.
[3] 오모토 케이이치·하마시타 다케시 외 10인, 『바다의 아시아 1』, 다리미디어, 2003, 12~13쪽.

다를 무대로 한 인문사회과학적 접근으로서 해양 세계의 특성을 밝히는 데에 역점을 두는 연구, 둘째, 주변화 되고 간과된 역사와 사회에 대한 연구로서 정치적으로 변방화 된 사회들에 관한 지역 연구, 셋째 왕조중심·서구중심·육지중심의 역사적 서술과는 다른 서술을 지향한다고 하겠다. 종합해 '바다'에 주목하고 있는 연구들은 기존의 패러다임에 대한 재해석을 시도하고 있는 공통적 특징이 있다고 하겠다.

　이러한 맥락에서, 이 글은 한·일 해역세계를 무대로 식민지시대 전개된 여성 노동력의 이동에 대해 고찰하고자 한다. 이로써 세계사 속에서는 '빈 공간'으로 간주되거나, 항로를 통해 연결되는 점으로서의 해역세계가 아니라 보다 입체적 공간으로 접근해 보고자 한다. 이를 위해 해양생물의 자원화, 자원 수요가 발생시킨 여성노동력의 이동 현상을 중심적으로 살펴볼 것이다. 결국 일본 제국주의 체제 하에서 발생한 이러한 현상을 통해 기존의 교역 항로로서의 바닷길, 그 연결점들로 형성된 해역세계와는 또 다른 '제국(帝國)의 바다'에 대한 시사점을 얻고자 한다.

　그렇다면 왜 해녀인가?[4] 일반적으로 1910년에서 1945년까지의 일본의 조선 통치 기간 동안은 한국사에서 식민지지배로 인한 억압과 착취의 시대이자 봉건왕조에서 근대적 시스템으로 전환하는 시기였다는 것이 한국 역사계의 주론이다. 정치, 경제, 사회, 종교, 교육 등 총체적 사회변동이 일어났던 이 시대에 고향을 떠나 한시적으로 타지에 이동해 해산물을 채취하곤 했던 제주 잠수(잠녀, 해녀)들의 역사는 항

---

4) '해녀(海女)'는 해산물을 채취한 여성을 말하며, 현재 한국과 일본에서 동일한 한자로 표기하고 있다. 그러나 이들은 동일한 역사를 가진 어로집단이 아니며, 또한 현지어를 고려하여 이 글에서는 문맥에 따라 제주의 경우 잠수(潛嫂, 즘수), 일본의 경우에는 해녀(아마, あま)로 사용한다.

일항쟁사의 일부, 혹은 여성들의 고된 타향살이에 따른 애환과 설움, 나아가 제주여성의 도전과 진취성으로 전해지고 있다. 그런데 해녀의 이동에는 무엇보다 어장이라는 바다가 필요하고, 해산물 및 인력 유통이 이뤄지는 시장, 노동 인력의 수급, 이동 교통수단 등이 개입되기 마련이다. 특히 식민지시대의 채취한 해산물의 주요 소비지는 중국과 일본이었다. 게다가 이 시대에 이들의 이동이 폭발적으로 일어났다는 점은 식민지 지배의 구조적 양상 및 동아시아의 교역체계 등을 이해하지 않고서는 설명하기 어려운 부분이 있다는 것을 뜻한다.

때문에 식민지시대의 한 · 일해역에서 채취활동을 했던 한 · 일 해녀들은 해역세계를 기층집단으로부터 조명해 볼 수 있는 기회를 준다. 일본 아마(海女)는 조선에 출어했으며 조선의 제주도 잠수(潛嫂)들의 한반도 및 일본의 출어 했었다. 상호 교차식 출어에는 이들의 이동에 개입된 다양한 매개자들이 있었다. 이들을 모집한 모집인과 해조상인, 현지 어장주인 등. 반면 일본 아마들의 경우에는 마을 주민들이 가족과 함께 조선으로 출어했다. 현재 이러한 사실들에 대한 역사적 경험들이 구술되고 있으나 개인적 경험담에 그치고 있다. 따라서 필자는 이 기층 여성들의 이동을 해역세계의 사회적 구성물로서 조명해 보고자 한다.

Ⅱ. 식민지시대 한 · 일 해녀의 이동

20세기 전반, 한 · 일 해역에 큰 이동의 흐름을 낳은 것은 일본의 식민지 통치와 함께 일어났다. 이전의 봉건왕조와 막부 간의 교역, 혹은 조공체제 속에 전개된 '전통적' 교역의 흐름과 달리, 조선과 일부 중국

대륙으로 일본의 식민통치는 물자(농수임광업 자원)가 흘러가는 방향을 바꾸었고, 사람들의 이동을 촉발시켰다. 여기에는 일본의 조선지배라는 동아시아 정치적 변동이 큰 요인이며, 그 양상이 구체화 되어 나타난 곳 중의 하나가 바로 한반도 주변의 한·일 해역이었다.

1876년 강화도조약은 일본 어민들의 조선 출어계기가 되었으며, 이로부터 3년 뒤인 1879년 조선 바다에 '선구자'로 잠수기(潛水器)업자들이 조선 해역에 진출하였다. 1883년 조일통상장정에 의해 일본 어민들의 진출이 합법화 됐으나 지역적으로 보면, 제주도 주변 해역은 1890년에, 1900년에는 경기도가 추가되었고, 1904년 러일전쟁 직전 일본인의 통어 해역은 한반도 전역으로 확장되었다.

일제의 조선 식민지 지배는 양국 사이의 바다를 '하나의 바다'로 만들었고, 곧 일본어민에게는 '열린 바다'가 되었다. 그리고 '변방의 섬'이었던 제주도 잠녀들에게도 새로운 변화가 나타났다. 이들의 노동력을 필요로 하는 "모집인"들이 마을의 여성들을 모아 다른 어장으로 "인솔"했다. 15~20여 명의 작은 집단을 이룬 여성들이 제주도 밖의 타지 어장으로 이동하였으며 현금소득의 기회를 가졌다. 그렇다면 이 이동은 풍요로운 기회의 시간이었을까?

1. 제주도 잠수(潛嫂)들의 일본 출어

제주도는 한반도 남쪽 해상의 위치한 화산섬으로 이 섬의 전복은 조선시대 주요 진상품의 하나였다. 전복을 채취했던 남성들(鮑作人)이 감소함에 따라 그 부역은 미역을 채취하던 여성들(潛女)에게 전가되었다. 19세기 말, 수산물 상품경제에 의해 이들은 한반도의 남부지방으로 이동하기 시작했으나,5) 이동의 대전환기는 1910년 한일병합을 기점으로 시작되었다.

이러한 이동의 이유에 관해서는 그동안 여러 가지 지적들이 있었다. 첫째, 일본 잠수기선(潛水器船)의 한반도 진출로 인해 제주도 주변 어장이 황폐화 되었으며, 둘째, 제주와 일본으로 연결된 해상교통 수단의 발달하였고, 셋째, 제주도 부녀자들의 현금소득의 기회가 되었기 때문이다. 이처럼 사회 내부적 요인 외에도 이동을 촉발시킨 데에는 외부적 요인도 크게 작용했다. 그것은 첫째, 당시 채취된 해초들은 일제의 수산 및 군수산업의 원료가 되었으며, 둘째, 이를 채취하기 위한 노동력이 일제의 '모집'을 통해 이뤄졌다. 결국 이들의 이동한 거시적 배경에는 일본 제국주의의 팽창을 염두에 두지 않을 수 없는 것이다.[6]

이처럼 제주 섬 '밖'으로 출어하기 시작하면서 한반도 외에도 일본의 태평양 연안 일대 및 중국의 다롄(大連)과 칭다오(靑島), 그리고 러시아의 블라디보스토크에 이르기까지 출어하였던 것으로 알려지고 있다. 이들의 이동이 어느 정도의 규모였는지는 다음의 표를 통해 추정해 볼 수 있다.

---

[5] 제주도 잠수(潛嫂, 줌수)가 외부 지역으로 이동한 그 시작은 1879년 전라남도 청산도였다고 하거나, 1880년 경상남도 울산과 기장을 비롯하여 전라남도 다도해 각 도서와 거제도, 부산 근해, 경상북도 각 연해와 강원도, 함경도까지 이르게 되었다고도 하며, 1895년 부산의 영도였다는 주장도 있다. 이에 관해서는 강대원, 『濟州潛嫂權益鬪爭史』, 제주문화, 2001; 최성애, 「해녀의 이주생활사: 부산 용호어촌계 해녀에 관한 사례연구」, 『水産業史研究』 2, 1995; 진관훈, 『근대제주의 경제변동』, 각, 2004, 259쪽 등을 참조.

[6] 제주도, 『濟州의 海女』, 제주도인쇄공업협동조합, 1996; 진관훈, 위의 책; 이지치 노리꼬(伊地知紀子), 「제국 일본과 제주도 출가 잠수」, 『글로벌시대의 여성과 생활실천』(동국대 문화학술원 일본학연구소 국제학술심포지엄 발표자료집), 2011, 74~110쪽; 안미정, 「'열린' 바다 위의 분쟁: 식민지 관행과 해양자유론의 재고찰」, 『日本學』 34, 2012, 120~ 150쪽 등을 참조.

〈표 1〉 1920~30년대 제주 잠수 출어 현황

연도	출어 잠수 수(명)	송금액(엔)	비고(명)
1929	4,310	-	
1930	3,860	908,000	
1931	3,950	687,350	
1932	5,078	1,100,000	일본 1,600/ 국내 3,478
1936	3,360	770,000	
1937	4,402	-	일본 1,601/ 국내 2,801
1939	4,132	-	일본 1,548/ 국내 2,584

자료: 朝鮮總督府, 『濟州道勢要覽』, 1939(진관훈, 『근대제주의 경제변동』, 266쪽에서 재인용).

대략 1930년대를 통틀어 제주 섬을 나간 잠수는 해마다 약 4천명에서 5천 명 가량 안팎이었다. 이러한 이동이 제주도 지역사회에는 어떠한 영향을 미쳤을까? 당시의 제주도 지역경제를 분석한 진관훈은 '해녀노동'이 제주도 농촌 경제력을 상승시키고 노동력 기반을 확충시켰다고 한다.[7] 그의 주장에 따르면, 1900년 이전의 제주도는 외부와의 교류가 드물고 자급자족적 성격이 강했으나 이러한 '고립적, 폐쇄적 분위기를 가장 먼저 일소시킨 요인'이 "해녀노동"이었다. 즉 일본 무역상의 등장으로 해산물의 수요가 증가하였고, 이에 따라 해녀노동의 가치도 증가하였다.

이들은 교통수단의 발달에 힘입어 타지로 이동했으며 이들이 고향으로 송금하는 등 지역사회의 경제적 초석을 만드는 데 기여하였던 것이다. 한편, 이들의 이동은 지역사회 안에서 또 다른 변화들과 함께 진행되었다. 종래의 중산간 지대에 분포했던 인구가 해안지대로 이동하였다. 포구를 중심으로 한 해안 마을의 인구가 증가한 것이다. 비단 해녀만이 아니라 농촌노동력의 이동이 일어나 1930년대에는 당시 제

---

[7] 진관훈, 『근대제주의 경제변동』.

주도 전체 인구의 1/4가 이동하였다고 전해지고 있다. 그 연령과 성별을 보면 20대~50대 자작농 출신 남자의 비율이 가장 높았다. 그 결과 도내의 노동력 부족으로 노약자와 여성노동력이 강화되는 현상을 초래했다.[8]

<표 2> 1930년대 제주 잠수들의 이동지역과 인구수 (단위: 명)

		전남	전북	경남	경북	충남	강원	함남	함북	황해	합계
1937	한반도	408	19	1,650	473	110	54	32	5	50	2,801
	일본	對馬島	高知	鹿兒島	東京	長崎	靜岡	千葉	愛媛	德島	합계
		750	130	55	215	65	265	51	10	50	1,591
1939	한반도	전남	전북	경남	경북	충남	강원	함남	함북	황해	합계
		367	7	1,581	308	141	60	106	~	14	2,584
	일본 외	對馬島	高知	鹿兒島	東京	長崎	靜岡	千葉	愛媛	靑島	합계
		686	95	18	144	54	365	67	35	28	1,492

1) 1939년 *청도는 중국의 칭다오를 말한다.
2) 일본과 일본 외 지역의 합계는 인용 원문(강대원, 『濟州潛嫂權益鬪爭史』, 제주문화, 2001, 146쪽)의 오차를 정정하여 제시하였다.

<표 2>는 1937년, 1939년 제주잠수들의 이동을 지역별로 나타낸 것이다. 한반도 외에도 주요 출어지역으로 일본의 많은 연안 지역으로 이동이 전개되었다. 제주도내보다 타지, 특히 일본으로의 출어가 활발했던 것은 소득을 비교해 봄으로써 그 이유를 찾을 수 있다. 예를 들어, 1929년 제주도내 잠수 7,300명이 약 25만 엔을 벌어들인 데 반해, 일본으로 출어한 경우 3,500명이 40만 엔을 벌어들였다.[9] 평균적으로 도내 잠수 1인당 약 34.2엔을 벌었다면 일본 출어한 경우에는 1인당 114.2엔을 벌었다. 간단히 비교하자면, 일본 출어자가 도내에서

8) 위의 책, 269~270쪽.
9) 위의 책, 266쪽.

보다 3.3배 높은 소득을 벌었다고 볼 수 있다. 이것은 개별적 역량을 고려하지 않은 단순 비교이다. 그 차이는 더 클 수도 작을 수도 있다. 일본 현지에서 제주 잠수들의 소득은 아마들보다 낮았다. 제주도 잠수들의 출어는 일본의 어장이 하나의 시장되었고, 상대적으로 저렴한 노동력으로 해산물을 채취했던 것이다.[10]

이와 같이 많은 잠수들의 이동했던 이면에는 이들의 노동력을 저렴하게 이용하고 있던 시장구조가 형성되고 있었다. 출어했던 잠수들의 해산물 분배과정을 보면, 그들의 이동을 매개했던 모집인, 일본인 해조 상인, 현지 일본인 어장 주인, 지역의 어업조합 등이 관여하고 있었다. 결국 한 잠수가 채취한 해산물의 시장소득은 여러 곳으로 분산되었다.[11] 식민지 지배를 통해 일제는 한반도 주변 어장을 하나의 '열린 바다'로 만들고 있었으며, 해산물을 채취할 수 있는 저렴한 노동력을 확보할 수 있었다. 한·일 해역에 식민지 여성의 저렴 노동시장이 형성되고 있었던 것이다.

2. 일본 시마(志摩) 해녀들의 조선 출어

시마(志摩)는 흔히 이세시마(伊勢志摩)라고 불리기도 하고, 미쿠리야(御廚), 미노쿠리야(御ノ廚)라고도 한다. 미쿠리야는 '천황가, 이세신궁 등에 제물을 진상하고, 생선과 조개류 및 기타의 식재료를 공진하는 곳'을 말한다.[12] 이세신궁에 각종 식재료를 헌상해 온 역사가 '신

---

10) 김영·양징자, 정광중·좌혜경 역, 『바다를 건넌 조선의 해녀들』, 각, 237쪽.
11) 안미정, 「해방 전후 제주 잠수(해녀)들의 부산 정착의 사회사적 고찰: 지역 간 경계를 넘은 이동과 갈등을 중심으로」, 『耽羅文化』 37, 2010, 462~463쪽.
12) 志摩町史編纂委員會 編, 『志摩町史』, 志摩町教育委員會, 2004, 62쪽.

궁의 부엌'이라는 별칭이 생긴 것이다. 그래서 시마국(志摩國)도 미케쓰쿠니(御食つ國)라고 불리는 것이다. 이세신궁과 천황가에 바치는 가장 대표적 산물이 전복이었다. 따라서 이세시마(伊勢志摩)의 해녀란 곧 시마의 해녀를 말하고, 오늘날 미에 현(三重縣)에서도 해녀가 많은 도바시(鳥羽市)와 시마시(志摩市)의 해녀를 지칭한다.

　시마(志摩)는 어장이 풍부한 반면 경지 면적이 작고, 논밭이 영세하여 생계에 주요기반은 바다에서 찾을 수 밖에 없었다. 어려서부터 시마의 남자아이들은 어업인이 되고 여자아이들은 해녀가 되었다. 근해뿐만 아니라 원양으로 나가는 등 어업활동이 활발한 곳이었다. 특히 여자들은 결혼의 주요 조건이 해녀여야 하는 시대도 있었다.[13] 시마 해녀들의 조선 출어는 단지 '해녀'로서가 아니라 일본 어민이라는 큰 틀에서 이들의 이동을 고려해 볼 수 있으나 그 전모를 알기란 쉽지 않다. 지역의 신문과 문헌 자료에 의하면, 이 지역 해녀들은 한반도 외에도 홋카이도와 이즈반도 등으로 출어 했었다.[14] 이들 자료를 통해 밝혀진 이 지역 해녀들의 조선으로의 출어는 1890년대로 추정되고 있다. 1891년부터 조선 출어가 시작되었다는 신문 기사자료가 있고, 1897년에는 고용인을 통해 출어했다는 것으로 보아 보다 조직적으로 출어했던 것을 엿볼 수 있다. 당시 해녀들은 부산과 오사카의 상인들이 이들의 고용주였으며, 제주도 부근에서 해초를 채취하였다.[15] 또한 해초나 전복 등을 채취하는 외에도 '수이리(潛水)'라는 일종의 잠수 쇼를 목적으로 이동하기도 했다.

---

[13] 위의 책, 277쪽.

[14] 일본어에서 타지로의 출어를 데카세기(出稼)라고 하며 이는 일본 어민사에서 흔히 볼 수 있는 양상이었다.

[15] 塚本 明,「近代の志摩海女の出稼ぎについて」,『三重大史學』, 2010, 51~53쪽.

〈표 3〉 시마(志摩) 해녀의 조선 출어 시기와 규모

마을	시기	조선 출어 경위와 지역	인원
도시(筈志)	1901년 (明治34)	미에 현 조선해통어조합에 고용	-
	1908년 (明治41)	부산에서 원산으로	176명
	1909년 (明治42)	원산, 목도(영도), 대변항	남 58, 여 145
스가시마 (管島)	1901년 (明治34)	미에 현 조선해통어조합에 고용	-
나키리(波切)	1899년 (明治32)	-	-
	1910년대 (大正 頃)	-	-
	1922년 (大正11)	매년마다 조선 출어	매년 10수 명
구자키(國崎)	1892년 (明治25)	가타다 촌과 함께 출어	50명
	1922년 (大正11)	조선, 사할린에 출어	-
아노리(安乘)	1922년 (大正11)	조선, 시즈오카, 전복 천초 채취	20~30명
후나코시 (船越)	1899년 (明治32)	경상남북도 여러 지역	-
	1910년대 (大正頃)	경상남북도 여러 지역	-
	1922년 (大正11)	경상남북도 여러 지역	-
	1945~1937년 경 (昭和10~12년 경)	원산에서 '수이리'(潛水쇼)	20명
후세다 (布施田)	1899년 (明治32)	-	-
	1919,1920년 (大正 8,9)	-	4~5명
가타다(片田)	1892년 경 (明治25頃)	구자키(國崎) 촌과 함께 출어	50명
	1899년 (明治32)	-	-
	1910년대 초	조선에 '수이리'(潛水쇼)	

	(大正 初)		
	1919,1920년 (大正 8,9)	-	50여 명
와구(和具)	1894년 (明治27)	고용한 단녀(蜑女) 큐슈에서 조선 독도로. 해조채취	단여 57명, 남자 16명
	1922년(大正11)	-	-
고시카(越賀)	1895년(明治28)	전복, 해라 채취	-
	1922년(大正11)	경상도 방면	-

출처: 塚本 明, 「近代の志摩海女の出稼ぎについて」, 48~49쪽. 조선출어 부분만을 추려 필자가 재작성.

시마 해녀들의 출어는 마을 발전에 크게 기여해 온 것으로 기록되고 있다. 당시 해녀들의 이동에는 조선의 잠수들과 마찬가지로 해상 교통수단이 발달로 이동이 용이해진 점도 있었다. 게다가 지역의 어획고 감소도 이동의 주요한 요인이었다. 1922년 미에 현 어촌조사표에 의하면, 가타다(片田)에서는 어획이 줄고, 와구(和具)에서는 다랑어와 참치 연승이 차차 쇠퇴하였으며, 고시카(越賀)에서도 꽁치 잡이 등 어업이 어려운 상황이라고 보고하고 있다. 고자(御座)에서는 천초류의 생산액이 현저히 감소하고 있다고 보고되고 있다. 또 전복과 소라 등의 통조림공장과 조개단추 제조도 일시 성황을 누렸으나 불황 상태였다.16)

일본 해녀들의 조선 출어는 식민지시대 이전부터, 즉 메이지시대 말부터 나타나고 있던 현상이었고, 식민지시대에 들어서는 오히려 해녀의 이동 양상은 표면상 줄어들었다. 아마도 이주어촌 정책으로 포함되어 드러나지 않은 것이 아닌가 한다. 반면 조선 제주의 잠수들은 식민지시대 이후 일본으로 출어가 대거 전개되었다. 조선의 제주 잠수들은 한·일 해역의 해산물 채취 시장의 주요 노동력이었다. 근대

---

16) 志摩町史編纂委員會 編, 『志摩町史』, 202~203쪽.

적 교통수단(해운과 철도)으로 시장과 어장은 더욱 확대되었다.

Ⅲ. 한·일해역의 해양자원

한·일 해녀들은 무엇을 채취하였는가? 당시 이들이 채취하였던 해산물, 곧 상품화된 해양자원에 대해 살펴볼 필요가 있다. 주로 채취한 해산물은 천초, 감태, 그리고 전복이었다. 바다의 다양한 해양생물들 가운데에서도 '자원'이 되는 것은 기본적으로 그 해산물에 대한 상품적 가치, 곧 시장의 수요와 결부되어 있기 때문에 생긴 가치이다. 그런데 식민지시대에 들어서 한·일의 해녀들이 여러 바다로 이동하며 채취한 것은 전복을 제외하면 식용만을 위한 해초도 아니었다. 여러 구술자료를 통해 볼 때,[17] 이동하던 해녀들이 주로 채취한 것은 해초에 편중되어 있었다. 미역, 전복 등이 자급을 위한 식량과 진상용 해산물이었던 반면, 20세기 전반 상품가치를 얻은 해산물은 천초와 감태였다.

1. 일본의 우뭇가사리 수출과 어장

흔히 우뭇가사리라고 부르는 천초(天草)는 홍조류의 해초이다.[18] 늦은 봄 초여름 사이 얕은 수심에서 채취할 수 있다. 천초를 수 일간 찬바람에 맞혀가며 건조하면 하얗게 빛이 바래어 이를 한천(寒天)이라 부른다.[19] 우뭇가사리는 역시 한류와 난류가 교차하는 지역에 많

---

17) 이 글에서 참조한 자료는 제주도, 『濟州의 海女』, 1996; 제주도여성특별위원회, 『구술로 만나는 제주여성의 삶 그리고 역사』, 파피루스, 2004; 제주특별자치도, 『숨비질 베왕 늠주지 아녀: 제주해녀 생애사 조사보고서』, 2014.

18) 학명 Gelidium amansil L.M.X.

이 분포한다. 우리나라에서 우뭇가사리는 여러 지역에서 생산되지만 양질의 천초는 제주와 동남해안 일대에서 생산되어 왔다. 일부 어촌에서는 천초를 이용해 여름철 우무를 만들어 먹는 등의 식용 원료이기도 하였으나 그것이 보편화 된 것은 비교적 근래의 일이다.

옛 기록(『延喜式』)에 언급될 만큼 일본에서 우뭇가사리는 일찍이 교역품의 역할을 하였고, 에도시대에는 비료로도 사용되었다. 일본의 근대화 과정에서 천초는 식료용(우무, 양갱) 외에도 공업용(호료, 양조용, 도료용, 인쇄용), 의약용(배독, 완화제, 정장제, 고약과 붕대, 혈액 응고 저지), 화장품, 그리고 세균배양을 위한 배지 등 다양하게 개발되었다. 의학, 농학, 수산학, 양조학 등 각 방면에 없어서는 안 될 정도였다. 세계적으로 한천에 대한 국제적 수요도 증가하였다. 1892년 당시 일본에서는 영국, 독일, 프랑스, 러시아, 미국, 캐나다, 인도, 호주, 중국 등지로 한천을 수출하고 있었다.[20]

1892년 일본 외무대신의 훈령을 받고 조선 근해 어업시찰에 나섰던 가이자와 메이세이(開澤明淸)는 "조선산 천초는 그 품질이 일본 본토의 시마(志摩), 이즈(伊豆) 등지에서 생산되는 것에는 못 미치지만 기슈(紀州)의 상등품과 거의 비슷한 수준이다"고 언급하고 있다.[21] 다음 표는 1888년부터 1891년까지 부산항을 통해 일본으로 수출된 천초의 현황을 나타낸 것으로, 불과 4년 사이에 천초로 벌어들인 수익이 약 5배가량 상승하였다. 다양한 쓰임새를 가졌던 산업원료인 천초는 19세기 후반 고가에 거래되고 있었고, 1910년 한일병합 이전 일본은 이미 조선의 천초 어장을 주목하고 있었던 것이다. 이를 뒷받침하듯, 김

---

19) 三浦定之助, 『海草』, 佃書房, 1943, 180쪽.
20) 이지치 노리꼬, 「제국 일본과 제주도 출가 잠수」, 80~81쪽.
21) 위의 논문, 79쪽.

수희의 지적에 따르면, 조선의 천초가 일본으로 수출된 것은 1877년 부터이고, 1893년 오사카 비단제조상들과 상인조합에서는 조선산 가사리의 품질향상을 도모하며 부산 총영사관에 문서를 보내 가사리 품질검사를 의뢰하기도 했었다고 한다. 당시 천초의 주요 쓰임은 비단의 광택을 내기 위해 바르는 원료였고 일본산(日本産)에 비해 품질이 좋아 일본 비단 제조상들이 선호하였다.[22]

1929년 동아일보가 보도한 한 기사에서도, 경상남도 앞 바다의 어획고는 일본인들의 주요 어장이었고, 이곳의 어획고 조선의 1/3를 차지할 정도였다. 그리고 그 속에 '제주도 해녀'가 왕래하며 출어하였고 그 인원이 1,000명가량이었다.

부산 서편은 개류(介類)의 번식이 잘되고 동편은 조류의 번식이 잘 되는 까닭에 매년 제주도 해녀가 와서 통어하는 것이 1,000명 가량이오, 일본에서 통어하는 자가 1,500명으로 매년 400~500명씩 증가하는 중이고, 1925년 말 현재의 동도(경상남도) 안에 거주하는 일본인 어업자 2,984호, 조선인 어업자 20,867호 통계[상으로는] 23,851호인데, 해안선 580리에 비하면 매년안선 1리에 평균 42호이오, 어선 수는 일본인 3,142척, 조선인 6,141척, 해안선 1리(약 4백m)에 17척 평균인데 이외에도 일본인의 통어선(通漁船)이 449척에 어업자가 6,226인이나 있고 총어획고 1,858만원, 해안선 1리에 32,596원 평균이오 제조고가 928만원에 달하는 것을 합병 당시에 비하여 어획고로서 7배의 증가, 제조고로서 10배의 증가이다. 조선 어민에게는 실수입이 그 당시에 비하여 반비례하고 있다.[23]

천초의 가격은 다른 해초들과 비교되지 않을 정도로 월등히 높았

22) 김수희, 「日帝時代 濟州 海女의 海藻類 採取와 入漁」, 『濟州海女: 抗日運動, 文化遺産, 海洋文明(제주해녀박물관개관기념 국제학술회의 자료집, 2006.6.7~8.)』, 제주해녀항일운동기념사업위원회, 2006, 73~74쪽.
23) 『동아일보』, 1929. 6. 17.

다. 1916년 천초는 미역과 가격 비교할 때 66배가 높은 시장가격을 형성하고 있었고, 1930년에는 1,066배나 가격차이가 벌여졌다. 이처럼 미역과 천초의 뒤바뀐 시장가치는 식용보다 산업용 원료가 더 중요해지게 된 사회변화를 반영하고 있었다.

태평양전쟁 발발 후, 일본정부는 천초를 판매 금지시키고 전량 납입하도록 함으로써 전시체제 하에서 군수용으로 이용하였다.[24] 이러한 일본이 조선에서의 천초 채취는 제국 일본의 세력 확대를 위한 자금을 축적하는 중요한 토대였다는 주장은 그래서 설득력을 가진다.[25]

<표 4> 부산항의 천초 수출 현황

구 분	가사리		우뭇가사리	
	수량(근)	가격(엔)	수량(근)	가격(엔)
1888년	826,996	26,217	322,632	4,878
1889년	875,122	31,031	360,472	7,136
1890년	642,985	24,634	411,400	11,762
1891년	948,562	31,196	598,159	20,000

출처: 關澤明淸, 『朝鮮近海漁業視察』, 外務省通商局第課, 1894(이지치 노리꼬, 「제국 일본과 제주도 출가 잠수」, 『글로벌시대의 여성과 생활실천』(동국대 문화학술원 일본학연구소 국제학술심포지엄 발표자료집), 2011, 81쪽에서 재인용)

2. 전쟁에 쓰인 해초, 감태

감태(甘苔)는 다시마처럼 수심 2미터에서 10미터 사이의 암초에서 군락을 이루며 자라는 갈조류이다.[26] 우리나라 남해안과 제주도, 일본

---

24) 三浦定之助, 『海草』, 184쪽.
25) 이지치 노리꼬, 「제국 일본과 제주도 출가 잠수」, 81쪽.
26) 학명 Ecklonia cava. 미역과에 속하는 갈조류.

의 규슈 북부와 혼슈 중부의 태평양 연안에 분포한다. 한·난류가 교차하는 지역에 부근에서 잘 자라고, 전복의 먹이 중 최고로 치는 해초이다. 감태는 오래전부터 다양하게 이용되어 왔다. 일본에서는 감태재를 신경통, 류마티스 등에 좋은 입욕제로 사용하기도 했고, 메이지 중엽(19세기 후반)에 요오드를 만드는 데 사용하는 것이 유행하였다. 의료용 외에도 가축의 성장을 촉진하는 것으로 알려져 사료로 쓰이기도 했다. 1920년 중반부터는 분말로 만들어져 미국으로 다량 수출되기도 하였다. 감태는 지방에 따라 그 성분의 함량이 다르지만, 일설에 의하면, "미에 현(三重縣)의 감태는 요오드 함유량이 일본 제일이고 그 다음이 보소(房州)다"라고 할 만큼 미에 현의 감태가 유명하였다.

제주 잠수들의 구술에서 자주 등장하는 감태는 태풍에 떠밀려 온 것을 가져다 비료로 활용하였다는 것 정도이다. 그리고 감태의 중요성은 오히려 먹이사슬의 관계에서 찾아볼 수 있다. 감태는 전복의 먹이이기 때문이다. 감태와 전복의 관계는 불가분한 것이라고 해도 과언이 아니다. 일본 속설에서도 "감태 암초 하나로 논이 십정보(3만평)"라고 할 만큼 감태가 자란 바위는 전복이 사는 집과 마찬가지이기 때문이다. 하지만 이러한 감태로 요오드를 제조하기 시작하면서 전복의 먹이가 사라지는 문제가 일본의 한 지면 상에서 논쟁이 되기도 했다.[27]

일본이 감태를 적극적으로 이용되기 시작한 것은 태평양전쟁과 관련이 깊다. 잘게 썬 감태를 식용으로 다량 만들었을 뿐 아니라, 화약의 원료로 쓰였다. 이에 필요한 감태를 감태 납입령(納入令)으로 각 어촌에서 충당케 하였다.[28] 이 과정은 한 인물의 자서전을 통해 알 수 있다. 미에 현 시마반도의 중앙에 위치하는 와구(和具) 출신의 이시하

---

27) 三浦定之助, 『海草』, 128~129쪽.
28) 위의 책, 146~147쪽.

라 엔키치(石原圓吉)는 일본 수산업의 선구자이자 지역사회에도 공헌한 인물로 널리 알려지고 있다. 그는 1895년 자신의 고향인 와구 외에도 수산물가공 설립을 장려하였고, 만들어진 수산물통조림은 전시식량인 군수품으로 출하되었다. 그가 설립한 공장 가운데 감태를 이용한 요오드 공장도 있었다. 감태를 원료로 하여 가공된 일부분은 의약품으로 하고, 또 일부분은 최종적으로 칼륨으로 가공하였다. 칼륨은 염산칼륨으로서 화약의 원료가 된다.[29]

1894년 청일전쟁과 1905년 러일전쟁 즈음 군부에서는 증산을 장려하고, 당시 각지에서 일시적이지만 대량 생산이 행해졌다.[30] 와구의 옆 마을 가타다(片田)에도 요오드 공장이 생겨, 최전성기에는 종업원 수 백 명을 고용하는 등 그 생산이 활발하였다. 뿐만 아니라 증산 목적을 위해 이시하라는 제주도 성산포와 서귀포에 공장을 설립하였다. 그는 육군성과 농상무성의 하달을 받아 4,000톤의 납입량을 채워야 했으며, 이를 위해 제주도에 공장을 세우게 된 것이었다.[31]

제주도 성산포는 일출봉으로 유명관광지이지만, 식민지시대 이곳은 일본인들이 거주하며 수산 가공공장을 짓고 일본과 왕래가 잦았던 곳이었다. 1925년 이 마을에서 태어난 신영춘 씨의 구술에 따르면, 성산포에는 여러 수산물 가공 공장들이 있었으며, 감태 채취가 이뤄졌음을 알 수 있다.[32]

---

[29] 산화력이 세고, 유기물, 붉은인, 황 등과 함께 가열하면 폭발하는 것으로 알려지고 있다. 성냥, 불꽃놀이용 화약, 폭약 등의 원료로 쓰일 뿐 아니라 표백제, 염료, 의약품 등의 제조에도 쓰인다.

[30] 志摩町史編纂委員會 編, 『志摩町史』, 161쪽.

[31] 石原翁伝刊行委, 『石原圓吉翁伝』, 1969. 러일 전쟁 승리 후 이 공장은 정어리 공장으로 바뀌었다고 한다(志摩町史編纂委員會 編, 위의 책, 794쪽). 그러나 당시 주민의 구술자료에 의하면, 식민지 시대 동안 성산포의 감태공장들이 완전히 사라진 것은 아니었음을 확인할 수 있다.

면담자: 감태공장 운영했던 사람이…?

신씨: 다 일본사람! 왜정 때.

면담자: 공장이 어디에 이서나수과?

신씨: 욜로 이레 다 저 꼬장 감태공장. 간쓰메(통조림) 공장은 요, 크지 안허주게 막 받앙 그냥 수랑허게 몇 천키로 받앙 크~은 가매(가마솥)에서 솖아내엉 그거 딱 열앙, 게민 그거 우리도 돈 버슬레도(벌러도) 댕겨났주. 경핸 그거 몇 번 솖아내언 그 간쓰메허영 다 일본더레 수출 나가고. 일본 다 수출 나갔주 그 간쓰메. 톨(톳)도 또시 막 받앙 삶앙그네 몰려와그네(말려서), 또시 그거 감태 끓영 물들영, 또 톳공장(도) 여자들 해영 그것도 다 일본 수출. 왜정 땐 왜정 때라. 감태공장, 이제 간쓰메 공장, 톳 공장.

면담자: 공장이 밋밋해났구나예(즐비했었네요)?

신씨: 톳공장은 설르건디가(그만둔지가) 오래지 안 해서. 욜로 내려가면 바로. 요 집 지슨디도 감태공장 저끝에도 감태공장, 그 중간에 톳공장에 또시 간쓰메공장에, 밋민 다 그냥. 저끝으로 시작하민 요디꼬지(여기까지), 이디도 다 감태공장해난디 집들. 감태공장이 잘도 커. 그걸 다 무소와, 무소와. 그걸 몰리와그네 또 소랑그네 떡같이 되주게. 그것 또 부수왕 그것도 딸리고. 요도(요오드)렌 헌거 만들민. 그거 못 만드는 것이 언넨 허여(없다고 해), 막 약초!

면담자: 감태는 조물아그네마씸(캐내서요)?

신씨: 지금은 조물게(캐내게) 못 햄주. 그땐 조물아서(캐내서). 다 배로 조물 앙. 조문도 허곡 올라온 거도 허고. 오조리배, 성산배 곳(가)으로 조물 앙도 오곡 막 커났지.

면담자: 친정어머니도 조물고마씸?

신씨: 우리 어머니도 감태 조물곡 안음으로 안앙(한아름 안아서), 배로 큰 배로 싱거왕 퍼그네 다 몰리왕(말려서), 몰린 채로도 폴고(팔고) 또 불 패왕(피워) 떡 같이 되어 그 쐬땡이 같이. 그거 근으로 떠그네, 그걸 따 시 부수왕 공장에서 다. 성산은 완전이 감태공장, 톳공장, 소라공장.

---

32) 자택에서 면담, 2013. 8.14.(제주특별자치도, 『숨비질 베왕 늠주지 아녀: 제주해녀 생애사 조사보고서』, 240쪽).

성산포에 들어선 가공 공장에서 소라와 톳 통조림 외에도, 감태공
장에서는 감태를 태워 굳은 것을 다시 부순 후 이를 끓였다고 한다.
그렇게 해 달인 액으로는 "요도징끼(요오드팅크, 옥도정기)"를 만들었
기에 마을사람들은 감태공장을 "요도공장"이라고 불렀다고 한다.

그런데 조선총독부 문서에 따르면, 제주도의 감태는 가나가와 현
(神奈川縣) 출신의 스즈키(鈴木) 씨가 독점적으로 매수하고 있었으며,
이를 사가 현(佐賀縣) 마쓰오(松尾) 씨가 문제제기하여 취소하게 되는
사건이 기록되어 있다. 또 문서에는 감태 채취가 "요오드의 원료이고,
매수를 특허하는 것은 도리어 섬사람들에게 이익이 된다"고 보고하고
있다.33) 여기서 제주도 감태가 독점적으로 매수되었다는 것과 감태
매수를 둘러싼 일본인들의 경쟁이 있었음을 암시하고 있다. 그러나
스즈키 씨가 자신이 "특허를 받게 된 전말"을 언급하며, 독점적 매수
권을 주장하였다고 하는데 그 전말에 대해서는 더 이상의 언급이 없
어 알 수가 없다. 감태는 식민지시대를 통틀어 가장 크게 떠오른 해초
였으며, 적어도 이 기간 동안 감태는 전복의 먹이가 아니라 일본 군국
주의의 차지였다.

3. 전복잡이에 응용된 서양 잠수기술

일본이 조선 식민지 통치는 바다에서 새로운 현상들을 만들었다.
제주 잠수들의 이동뿐만 아니라 새롭게 부상한 해초가 있었고, 전복
을 잡는 기술에 있어서도 변화가 일어났다.

----

33) 『統監府文書 1권』의 〈12. 農工商務部事務公債 1 · 2 (8) 한국정부와의 교섭사항〉
   (한국사데이터베이스 홈페이지 참조http://db.history.go.kr 2013. 10. 14 검색, 검색
   어: 감태).

에도시대 말기 일본은 많은 서양문물을 받아들였으며 잠수기선(潛水器船)도 그 중의 하나였다. 오바 도시오(大場俊雄)에 의하면, 일본 최초 잠수기선이 사용된 것은 1858년으로 나가사키의 아쿠노우라(飽ノ浦) 해안 안벽 축조를 하면서였다. 영기종(泳氣鐘)이라 불린 잠수기선은 해중에 침수시킨 상자 안에 사람이 들어가는 형태였고,[34] 보다 수월하게 바다 속에서 작업할 수 있는 잠수기선은 요코하마에서 등장했다. 1866년 요코하마항의 영국 탄약창고선 배 바닥을 수리하기 위해 영국군함 바로샤호에 달린 헬멧식 잠수기선이 사용된 것이다. 잠수부는 고무복을 입고 헬멧을 착용해 잠수했고, 신발을 착용, 선상과 육지로부터 헬멧 속으로 보내지는 공기를 마시며 잠수했다.

그리고 이 기술이 1877년 지바 현 보소반도의 한 마을에서 전복잡이에 응용되었다.[35] 일본은 일찍이 나가사키를 통해 중국으로 말린 해삼과 전복, 그리고 상어지느러미(이를 다와라모노[俵物]라고 한다)를 수출하고 있었다. 따라서 잠수기선을 도입한다면 고가의 전복을 대량 채취할 수 있고 고소득을 올릴 수 있기에 지역 유지들은 잠수기선을 도입했다. 미에 현에서도 전복 증산을 위해 잠수기를 적극적으로 도입하려 하였다. 1879년 12월, 해안마을 유지들인 자리에 잠수기의 전복잡이에 대한 안전성과 효율성에 대한 보고가 있었으며, 이듬해 1880년 1월 이세만(伊勢灣) 입구에 있는 도시지마(答志島)를 시작으로 오사쓰(相差), 나기리(波切), 고시카(越賀) 등 순차적으로 잠수기 시험을 실시하게 된다. 각 마을의 유지들과 제휴해 한대의 잠수기가

---

34) 이것은 1793년 데지마에 있던 네덜란드 상관을 통해 주문한 영국제 잠수기였다. 상부에 공기구멍이 있고, 유리창을 두어 밖을 볼 수 있도록 하였다. 1834년 나가사키에 도착해 사용되기 시작했다(나가사키조선소 사료관 온라인 자료 참조, http://www.mhi.co.jp/ company/facilities/history 2014. 10. 1.검색).

35) 大場俊雄 ,『房總の潛水器漁業史』, 崙書房, 1993, 10~15쪽.

시험적으로 운영되기 시작, 1878년 이후 불과 1, 2년 사이에 잠수기는 전국적으로 확대되었다.[36]

그러나 이 새로운 어업기술에 대한 규제는 미정비상태였고, 잠수기의 무제한적 사용은 전복의 남획을 초래하였다. 1881년 미에 현에서 작업한 잠수기선의 경우 하루 1대의 잠수기선이 어획한 전복은 450kg에서 675kg이었다.[37] 얼마 지나지 않아 전복 자원의 고갈을 우려한 규제가 각지에서 나타나기 시작했다. 미에 현 도시에서는 1880년 잠수기어업을 시작하였으나 1882년 미에 현에서 잠수기사용 규칙을 공포하였고, 홋카이도에서는 1879년 잠수기어업을 시작했으나 1881년 수심 15척 이내 잠수기어업을 금지했다. 지바 현에서도 1878년 시작한 잠수기어업이 1884년 현내 수산집담회를 통해 잠수기사용제한을 가결하였다. 결국 1882년 농상무성에서는 연해지역에 잠수기어업의 단속방법에 대해 하달하기에 이른다. 선박수리와 연안 축조공사 등에 쓰였던 잠수기 기술은 마을 어장의 전복 잡이에 응용된 지 불과 2~3년 만에 사용금지 조치가 취해진 것이다.[38]

하지만, 이미 대량 채취를 입증한 잠수기선이 어장에서 사라진 것은 아니었다. 1879년 조선에 진출한 잠수기업자들은 제주도를 5개 구역으로 나누어 전복과 해삼을 채취했으며, 1기에 불과했던 것이 1906년에는 300기에서 400기로 증가했다.[39] 일본 연안의 잠수기어업자들이 새롭게 '개척' 바다는 한반도 주변 해역 외에도 캘리포니아 앞바다 그리고 남태평양이었다. 한반도 주변 해역의 경우 잠수기선에 의한

---

36) 위의 책, 16쪽.

37) 위의 책, 20~21쪽.

38) 위의 책, 18~19쪽.

39) 稻井秀左衛門, 『朝鮮潛水器漁業沿革史』, 朝鮮纖維協會, 1937, 15~16쪽.

남획이 사회문제가 되었으나 이에 대한 규제가 이뤄졌다고 보기는 어렵다. 1908년 어업법에 의해 잠수기 수량의 제한이 가해졌으나, 1931년 조선총독부의 지도로 잠수기어업협동조합이 설립되었다. 당시 조업구역과 한정 대수를 설정하는 등 자원 보호의 문제가 포함되어 있기는 했으나 이미 제주도 연안의 수산자원은 황폐화 된 상태였다.[40] 전복잡이를 금지했던 것은 1932년 경상북도 지역에서 조선총독부령으로 2년 동안 금채한 것이 거의 유일하다.[41] 그리고 규제가 있었다고 하여도 사실상 그것은 유명무실하였고, 전복 생산이 지역어민들의 소득과도 무관하게 전개되었다. 당시의 신문기사에 따르면, 1935년 경상북도에는 경상남도 소속의 잠수기 16척이 작업하고 있었으며, 통조림으로 가공된 전복은 중국으로 수출되고 있었다.[42]

<표 5> 1935년 경상북도 수산업 실태

어업별		종사선(척)	승조원(명)	어획고(엔)
잠수기(潛水器)	조선인	-	-	-
	일본내지인	16	96	26,693
나잠(裸潛)	조선인	-	269	14,220
	일본내지인	-	-	-
포패채조(捕貝採藻)	조선인	653	4,542	127,592
	일본내지인	24	59	1,413
총계(기타 어업 포함))	조선인	5,915	29,204	1,968,138
	일본내지인	1,204	10,101	3,739,135

자료: 『동아일보』, 1935. 8. 7. 표는 필자가 재작성.

---

[40] 이지치 노리꼬, 「제국 일본과 제주도 출가 잠수」, 78쪽.

[41] 『동아일보』, 1932. 5. 28. 신문에 언급되어있지만, 이 시행령은 일본에서는 지바현과 미야기 현의 예가 있었으나 조선에서 전복잡이 금지령이 내려진 것은 처음 있는 일이라 하였다.

[42] 『동아일보』, 1935. 8. 25.

1879년부터 1945년까지 66년 동안 잠수기선에 의한 전복 남획은 무방비상태로 놓여 있었다고 해도 과언이 아니다. 이미 1910년대부터 제주의 전복들은 소형화되기 시작했으며, "조선에는 전복이 연해안에서 생산되지 않는 곳이 없었고, 그 양 또한 풍부하였다"는 말은[43] 지금까지도 옛말로 남아 있다.

일본 해녀의 말에 '전복은 감태를 먹이로 하며, 천초를 부식으로 해 일본 제일의 맛'이라고 한다. 감태와 천초를 먹어 잘 자란 전복이 그 맛도 으뜸이라는 것이다.[44] 제주 잠수들의 민요 가운데에서도 가장 많이 등장하는 해산물은 전복이었다.[45] 귀한 가치를 가진 해산물은 그것의 생태적 먹이사슬 관계에 있는 해산물도 중요하게 여겼다. 그러나 일본 제국주의, 식민지 어장, 근대적 기술이 결합되었을 때, 한반도 주변 해역에서는 자원 남획이 일어났고, 그것은 먹이사슬의 생태계를 고려하지 않은 파괴적인 것이었다.

Ⅳ. 여성출어자들의 생활세계

돈벌이라는 분명한 경제적 목적을 가진 여성들의 이동은 그들의 생애에 어떠한 경험으로 남아 있을까? 그리고 그들의 삶 속에서 한 · 일 해역은 어떤 바다라고 할 수 있을까? 식민지 시대라는 특정한 시기에 돈벌이라는 목적을 위해, 잠수기술을 가진 여성들의 '출어'로 형성된 생활세계는 한시적으로 존재했던 생활세계였다. 가족을 단위로 하였

---

43) 진관훈, 『근대제주의 경제변동』, 259쪽.
44) 三浦定之助, 『海草』, 198쪽.
45) 김영돈, 『한국의 해녀』, 민속원, 1999, 328쪽.

거나 여성들끼리 소그룹을 이루어 출어하든지 한·일 해녀들의 이동은 단지 식민지시대의 특수한 사건에 그치는 것이 아니다. 이동의 경험은 더 넓어진 바다와 더 넓어진 네트워크 속에 있게 되는 것으로 경제적 결과 이상의 확장된 생활세계가 존재한다. 이러한 가정 속에서 출어자들의 생활세계를 살펴보고자 한다.

1. 해산물을 따라 확장된 생활세계

제주도민이 그리고 여성이 자신의 고향을 떠나 한시적으로 타지에서 벌이를 한다는 것은 19세기 말까지 상상할 수 없는 전혀 새로운 일이었다. 봄에 집을 떠나 가을 추석 명절을 앞두고 귀향하는 계절적 이동은 제주도 잠수들의 일반적 노동 패턴이었다. 이처럼 한시적으로 섬을 떠나 물질한 후 돈을 벌어 돌아오는 것을 두고 흔히 "바깥에 나갔다"거나 "영업 갔었다"는 것으로 말한다. 그래서 민속학자 김영돈 교수는 이를 '바깥물질'이라 명명하였다.

바깥물질을 통해 제주 잠수들의 경제적 활약은 앞서 언급한 바와 같이, 해녀경제처럼 지역에 큰 영향을 미쳤다. 이를 가구경제의 측면에서 보면, 바깥물질로 번 돈으로 잠수들은 농토를 사거나 집을 개량하고, 혼례비와 혼수품 구입 등 대부분 목돈으로 드는 경제적 비용으로 수당하였다. 고령의 잠수들에게서 들을 수 있는 이러한 바깥 물질의 경험은 제주사회에서 보편적 담화이다. 그러나 좀 더 들여다보면, 여성이 이동하였던 경험은 단지 경제적 측면에 국한된 것이 아니었다. 바깥물질의 경험이 있는 제주 잠수의 몇 사례를 통해 살펴보기로 하겠다.

1) 안과 밖이 하나로 이어진 생활세계

강효심 씨는 1921년생으로 성산읍 신산리에서 태어났다.[46] 어릴적부터 마을 앞바다에 들어가 돌을 가져오는 시늉을 하며 자맥질을 배웠다. 고동, 해삼을 잡기 시작할 15세에 처음 부산으로 나갔다. 그리고 이후 청진과 제주를 오가며 물질을 하였다. 부산 남천동에서는 천초, 고동(소라), 전복을 잡았고, 19세에 결혼하고 제주에 살며 20세에 통영으로 가 미역 채취와 전복을 잡아 당시 돈 3천원을 벌었다. 그 돈을 시아버지한테 드렸더니 동네에 자랑하며 800평의 밭을 하나 샀다고 한다. 22세에 다시 청진으로 가서, 성게와 전복을 잡아 6천원을 벌었다. 청진에 갈 때에는 배를 운영하는 친정아버지를 따라 간 것이었다. 거기서 물질하며 한 해 번 것으로 친정아버지와 살았고, 또 한해 번 것은 시아버지를 드렸다. 당시 청진에는 명태잡이 하러 간 제주도 사람들이 많았다. 또 일본사람들도 있었다. 일본사람들과는 아침에 모여 체조하고 숨는 방법도 연습했다. 청진에 살면서 부산에 다니러 오기도 했다. 고향으로 돌아 온 후 남편은 일을 좋아하지 않아 시집에서 미움을 받았지만 시아버지를 봉양하며 물질하였다. 물질로 돈을 벌면 시아버지는 "어디 밭을 사라" 가르쳐 주었고 그것이 후에 다 큰 재산이 되었다. 그렇게 "밭 사는 돈은 바다에서 나왔다."

강씨 할머니는 15세에 부산으로 나가 살기 시작하면서 섬 밖의 생활을 시작하였고, 그 생활 반경은 제주-청진-통영-제주로 이어지는 동남해 연안 지역이었다. 결혼 후에도 시댁에 살며 바깥물질을 하였고 채취노동을 통해 벌어들인 돈으로 재산을 일구었다. 가계경제를 지탱한 것은 그녀의 물질 노동이었다.

---

46) 자택에서 면담, 2014.1.5.(제주특별자치도, 『숨비질 베왕 눕주지 아녀: 제주해녀 생애사 조사보고서』, 2014, 271~274쪽).

여기서 중요한 사실은, 첫째, 그녀가 언급했듯이 밭을 사는 부(富)의 원천이 바다에서 나왔다는 것이다. 그리고 그 바다는 제주-부산-청진-통영-제주로 연결된 한반도의 남동해 연안 바다였다. 둘째, 물질은 섬 밖으로 그녀를 이끌었으며 섬의 안과 밖을 잇는 하나의 생활세계로 그 영역을 확장시켰다. 그런 면에서 물질은 전통적 여성에게는 제한되었던 여성의 바깥생활이 용인될 수 있는 수단이었다. 물질은 여성으로 하여금 생활세계가 확장될 수 있는 계기를 제공했고, 그리고 여기에는 다른 지역에서의 채취가 가능했던 식민지시대라는 특수성도 작용하고 있었다. 셋째, 잠수들의 이동은 특정 해산물과 결부되어 전개되고 있었다. 이것은 이동의 시기와 지역에 해산물의 서식생태가 반영되고 있다는 것을 말한다. 이렇게 하여 잠수들이 바닷 속으로 들어가는 어장은 북으로 확장되어 블라디보스토크까지 연결되고 있었다. 다음 사례를 살펴보기로 하겠다.

2) 해산물 따라 형성된 모자이크 네트워크

1996년 간행된 『제주의 해녀』에는 러시아의 블라디보스토크까지 갔었던 한 잠수의 구술을 기록하고 있다. 고 강예길 할머니(행원리, 출생년도 불명)의 구술을 토대로 한 그 이야기의 내용은, 그녀가 제주에서 부산, 그리고 청진에서 다시 블라디보스토크로 나갔다는 것을 알 수 있다. 그리고 이 지역 범위 안에서 계절적 이동을 하였다. 겨울철에는 부산에서 물질하다 봄이 되면 청진에서 홍합을 캤고, 다시마채취를 위해 블라디보스토크로 3개월 물질을 가는 것이다. 이렇게 두번을 갔었다고 한다. 그때의 나이 스무 살, 스물한 살 때였으며, 함께 간 13명의 잠수들도 모두 20대의 젊은 여성들이었다. 블라디보스토크로 십여 명의 제주 잠수들은 인솔자를 따라갔고, 현지에 숙박은 물론 어장 관리자(주로 개인사업자)가 있어 요구하는 해산물을 집중적으로 채취하는 것이었다.[47)]

이 사례에서처럼, 첫째 잠수들은 계절별 해산물의 생육시기와 종류에 따라 채취지역을 옮겨가며 일하였고, 그 북한계선이 러시아의 블라디보스토크 연안으로 나타난다. 둘째, 이러한 이동을 만드는 것은 상인들의 수요였다. 상인의 요청에 인솔자들이 잠수들을 모집했고 이에 응한 잠수들이 이동하고 있었다. 여기에는 상인 - 모집인솔자 - 어장 관리자 - 제주 잠수로 이어지는 네트워크가 있었다. 이들은 단일 조직체계를 가진 조합형태가 아니라 개별적 계약과 하청식 구조를 형성하고 있었던 것이다.

한편, 타지로 출어하는 경우에는 경제적 이유 외에도 도피의 목적으로 출어하는 경우도 있었다. 강산옥(1925년생) 씨는 열여섯 살 즈음 '처녀들은 군인으로 뽑아간다'라는 말을 듣고 대마도로 물질 갈 생각을 하였고, 40명의 잠수들이 한 인솔자를 따라 대마도로 갔다고 한다.[48)] 또 잠수의 경제적 목적이 아니라, 상인들의 어장 개척이 이들의 출어 요인이 되기도 한다. 중국 청도에서 잠수들의 노동력을 이용한 한 상인의 사업구상이 그 경우에 해당한다. [49)] 그런데 이처럼 타지의 출어는 현지의 정착을 전제로 한 것이 아니라 귀향을 전제로 하였고, 또한 출어 잠수들은 한 곳에 집단 합숙을 하는 등 현지 생활세계에 참여하는 경우는 극히 제한적이었다. 따라서 타지로 확산된 생활세계는 현지의 이문화 사회와 긴밀한 관계 속에 있었던 것은 아니었다. 오히

---

47) 제주도, 위의 보고서, 466쪽.
48) 자택에서 면담, 2014.1.5.(제주특별자치도, 위의 보고서, 2014, 266~268쪽).
49) 제주도, 위의 보고서, 469~471쪽.

려 이들은 해양생태라는 자연환경과 더 긴밀한 관계 속에 있었고 그
것을 통해 낯선 사회를 만나고 있었다.

2. 조선 출어의 이동경로와 거점지

2014년 9월 미에 현 도바시(鳥羽市) 도시지마(答志島) 가을운동회에
서 만난 한 노인은 한·일 해녀의 역사는 천초를 통한 교류의 역사라
고 말했다. "한·일 교류의 시작은 천초야!" 올해 79세인 나카가와 씨
(中川秀男, 1934년생)의 모친은 천초를 채취하기 위해 조선에 갔었다
고 한다. 어머니는 조선 해녀들이 사용하는 두렁박이 일본과 달라 "조
선오케"라고 불렀다며 모친에 대한 기억을 이야기하였다. 노인의 말
은 모친이 천초를 채취하러 조선에 간 것이기에 한·일 교류는 천초
에서 비롯된 것이라는 말이다. 이러한 천초 채취를 위한 조선 출어 이
야기는 시마시(志摩市) 와구(和具)에서도 마을노인들로부터 어렵지
않게 들을 수 있는 이야기였다. 시마해녀들이 조선에서 출어한 후 이
들은 한 곳에 정착하는 경우도 있었으나 지속적으로 이동을 반복했
다. 마을 해녀들의 조선 출어세계에 대해 살펴보기로 하겠다.

1) 와구 마을 해녀들의 이동경로

시마 시 와구(和具)의 니시오카 도시에(西岡 とし゚, 1900년생) 씨
의 이야기에 따르면, 그녀가 처음 조선에 갔던 것은 16살 때인 1916년
이었다. 스물세 살 때까지 8년 간 여덟 차례에 걸쳐 조선에 출어했다.
당시의 이동 경로를 보면, 와구에서 나키리(波切)로 걸어간 후, 나키
리 항에서 배로 도바로 갔으며, 도바에서 기주항로 기선(汽船)을 타고
고베를 거쳐 시모노세키로 갔다. 시모노세키에서 관부연락선을 타고

하룻밤을 자면 부산에 도착했다. 그녀의 기억에 도바에서 부산까지의
당시 운임은 10엔 50전이었다고 한다.

<표 6> 시마해녀의 조선출어 이동경로의 예(1910~1920년대)

와구 (和具)	도보 →	나키리 (波切)	승선 →	도바 (鳥羽)	증기선 (고베항 경유) →	시모노세키 (下関)	관부연락선 →	부산 (釜山)

　　부산에 내리면 마중 나온 자와 함께 순항선을 타고 영도로 건너갔
다. 영도에서는 이미 배가 준비되어 있었고, 배 한 척에 와구(和具) 해
녀들만 14명, 남자는 사공 1명과 보조자 1명으로 모두 16명이 탔다. 3
월에 해녀들이 도착하면, 만반의 준비를 했다 출어했다. 그리고 9월이
면 각 어장에서 배들이 돌아왔다. 약 6개월의 어기가 끝나면 돌아온
배들을 영도에서 수리했다. 영도에서 해녀들을 태운 배는 4척이 한
선단이 되어, 노를 저어가며 자맥질을 하였고, 그렇게 조선의 동해안
을 북상해 갔다. 당시 부산의 근해에는 큰 소라들이 많았고, 주로 나
가사키 고토열도(五島列島) 출신들의 배에는 해녀도 있었지만 남자
아마(海士)가 많았다. 제주도에서 온 해녀(“잠수”라 부름)도 있었지만,
잡은 양은 일본에서 온 해녀에 비하면 적었다.

　　앞의 니시오카 씨의 경우와 다른 경로의 출어 사례도 있다. 오무라
하쓰에(小村 ハツエ, 1908년생) 씨도 시마 시 와구 출신으로 그녀의
조선출어는 니시오카 씨와는 조금 다르다. 1925년 그녀는 와구를 출
발해 나키리까지 걸어서 간 후, 나키리 항에서 기주항로의 기선을 타
오사카에 내렸다. 거기서 2박을 한 후 어용선(기선)을 탄 후 부산항에
도착했다. 두 번째 출어 때는 좀 달랐다. 나키리에서 소형기선을 타고

도바로 갔고, 거기서 기차를 타서 오사카로 갔다. 다시 오사카에서 어용선을 타고 부산항에 도착하였다.

<표 7> 시마해녀의 조선출어 이동경로의 예(1925년)

첫 번째 출어	와구 (和具)	도보 →	나키리 (波切)	증기선 →			오사카 (大阪)	어용선 →	부산 (釜山)
두 번째 출어	와구 (和具)	도보 →	나키리 (波切)	소형기선 →	도바 (鳥羽)	기차 →	오사카 (大阪)	어용선 →	부산 (釜山)

오무라 씨가 부산항에 내렸을 때, 회사 배가 기다렸다가 해녀들을 태웠다. 발동기선으로 2일 걸려 장오리라고 하는 곳에 도착하였고, 그곳은 "이시모토구미(石本組)의 기지"였었다. 그곳에 해녀들의 작업장인 아마고야가 나란히 있었고, 해녀의 선단은 2척으로, 해녀 15인에 "도마에"(선상에서 보조역할하는 남자)와 다른 보조 남자 등 2인이 탔다.

장오리 기지에서 출어하는 시간은 이른 아침 어둠 속에서 출발, 여름에는 오전 5시부터 나갔고, 채취작업은 9시가 조금 지나면 시작했다. 한류가 오는 때에는 배에서 논다든지 작업을 하지 않았다. 같은 장오리 기지에 살았던 나가사키 남자아마와 노래경연을 벌인다든지 하면 언제나 이기는 것은 시마해녀들이었다. 시마해녀와 나가사키 남자들 사이에 결혼하는 사례도 있었다. 당시 채취한 것은 전복뿐이었다. 이 생활이 고향으로 돌아가기까지 변함이 없었다. 그 기지에는 나가사키 고토(五島) 출신의 남자아마들이 살았지만 야마구치 현과 그 외 지역에서 온 해녀는 보지 못했다. 조선 해녀("잠수"라 부름)와 한 배에 살기도 했었다고 한다.[50] 장오리에는 일본인 잠수부 배(잠수기선으로 추측됨)가 2, 3척 있었고 조선인 잠수부도 있었다.

이 구술에 의하면, 앞의 니시오카 씨의 경우와 달리 오무라 씨는 회사에 고용되어 출어하고 조선에서 배정된 기지(마을)에서 작업하였던 것을 고려하면, 당시 미에현조선해통어조합에 고용된 해녀들의 출어가 아닌가 고려된다. 조합을 통해 어장을 산 어장주인의 기지에서 일을 하였던 것이라고 보인다. 이것은 니시오카 씨가 영도를 거점으로 어로생활을 했던 것과 대비된다. 오무라 씨는 이미 어장을 산 상인의 바다에서 채취작업을 하였고, 잠수기선이 있었던 곳에서 채취작업을 했다. 결국 동해안 장오리 바다는 잠수기선과 일본 아마들의 전복 어장이었다. 아울러 두 경우 모두 10대 해녀의 출어였고, 함께 간 해녀들이 하나의 그룹으로 움직였다는 것도 알 수 있다.

(2) 해녀 이동의 거점, 부산 영도(影島)

시마의 해녀들은 조선 출어 초기, 작은 배에 10명 정도의 해녀가 타서 노를 저어가며 부산으로 왔으나,[51] 1915, 1916년부터는 관부연락선을 이용해 오갈 수 있었다. 시마해녀들에 앞서, 지리적으로 가까운 야마구치 현(山口縣)과 나가사키 현(長崎縣)의 아마(海女, 海士)들이 앞서 출어해 있었고, 특히 고토열도의 사람들은 시마해녀들이 조선으로 출어할 때 인솔자 역할을 하기도 했다.[52] 『시마시사[志摩町史]』에 따르면 시마반도의 거의 모든 해안마을에서 해녀들의 조선으로 출어하고 있었다.

---

50) 福田淸一, 『志摩と朝鮮を小舟で往復した志摩の海女』, 海の博物館(所藏), 2006, 221쪽.
51) 志摩町史編纂委員會 編, 『志摩町史』, 330쪽.
52) 福田淸一, 『志摩と朝鮮を小舟で往復した志摩の海女』, 167~168쪽.

〈표 8〉 1919년~1920년경 시마반도 해안마을 어민들의 출어 현황

마 을	출어 현황
가타다(片田)	조선으로 타관벌이 나선 蜑婦(해녀) 50여 명, 이즈(伊豆) 8~9명, 기주(紀州) 15~6명
후세다(布施田)	어부의 기주방면에 10명 내외, 조선 타관벌이 나선 蜑婦 4~5명
와구(和具)	어부 수백 명, 蜑婦 백 명, 방적 2백 명, 차(茶)따기 오십 명, 밭농사에 백 명, 합계 약 1천 명의 많은 사람들이 나감. 나간 곳은 어부는 기주가 많고, 蜑婦는 조선과 이즈, 기주방면으로 전복, 천초 채취에 종사
고시카(越賀)	타관벌이를 하는 사람은 蜑婦이고, 많은 때에는 70여 명에 이르기도 하고 근래는 30명 내외로 감소. 기주와 조선 경상도 방면에서 석화채, 전복 등 채취채포에 종사
고자(御座)	타관벌이 지역은 이즈 남북 지방으로 전복, 석화채를 채취하는 蜑業(해녀어업)에 종사

자료: 志摩町史編纂委員會 編, 『志摩町史』, 2004, 203쪽.

  시마시(志摩市)의 가타다(片田) 마을은 시마반도의 가운데 지경에 위치한 해안마을이다. 일명 "아메리카 마을"이라고 하는 등 이 마을 사람들의 약 20인 가운데 1명이 이주했을 정도이다. 뿐만 아니라 이 마을주민들(해녀)의 조선 출어는 1899년으로 알려지고 있다. 당시에는 구마노 앞의 거친 바다를 노를 저어 건넜다. 혼슈(本州)와 시코쿠(四國) 사이의 좁은 바다(瀬戸内海)를 통과하면 쓰시마를 지나 부산 영도(影島)[53)에 다다를 수 있었다.

  후쿠다 기요카즈(福田淸一)는 조선에 출어했던 가타다 사람들 102명의 명부와 가족관계, 직업 등을 기록으로 남겼다.[54) 그 기록에 의하면, 가타다 마을사람들은 부산 영도에 이주어촌을 만들어 약 30년간 거주하였다. 조선에서 마을사람들은 어부였거나 해녀, 해녀 모집일, 통조림공장 사업, 잠수기구 수리 등의 일을 했었다.[55)

---

53) 일본인들은 영도를 마키노시마(牧ノ島)라고 불렀다.
54) 福田淸一, 『志摩と朝鮮を小舟で往復した志摩の海女』, 157쪽.

〈표 9〉 시마 해녀들의 이동 범위

지 명	거 리	
흥남-김책	약 120km	65리
원산-흥남	약 80km	43리
삼척-울릉도	약 130km	70리
삼척-이양	약 90km	50리
삼척-원산	약 250km	135리
울진-삼척	약 50km	27리
울진-울릉도	약 130km	70리
영일만-울진	약 120km	65리
울산-영일만	약 90km	48리
울산-울진	약 160km	85리
영도-원산	약 520km	280리
영도-영일만	약 150km	81리
영도-울산	약 60km	32.5리
영도-울릉도	약 280km	150리
영도-거제도	약 54km	30리
영도-거문도	약 170km	92리
영도-제주도	약 250km	135리
거제도-거문도	약 90km	50리
거문도-제주도	약 80km	43리

해녀들이 오갔던 지명을 정리해보면 〈표 9〉와 같다.[56] 여기서도 알 있듯이, 해녀들은 영도로 거점으로 삼아 각 지로 이동의 범위가 확산되고 있었다. 영도에서 출발해 울산, 울산에서 다시 영일만, 영일만에서 울진으로, 울진에서 삼척, 삼척에서 울릉도, 혹은 이양 등지로 이동했음을 짐작케 한다. 따라서 하나의 거점을 기지로 주변 어장에서 일을 한 후 다시 이동해 새로운 거점을 중심으로 그 주변에서 작업하는 것이다. 이들은 천초 외에도 전복을 채취하였다.

이렇게 출어하던 시마의 해녀들은 1930년대 이르러 '해녀'의 출어는 더 이상 나타나지 않는다. "그 이유는 제주도 '잠수'가 조선본토에 많이 출어해서 일본의 해녀는 1929년경을 마지막으로 조선에 출어하지 않게 되었다."는 것이다.[57] 마찬가지로 그동안 한반도 주변 해역에서 일본 해녀들보다 제주 잠수들이 더 많이 출어했는가에 대해서는 잠수들의 잠수능력이 탁월하다고 지적되어 왔다. 그런데 잠수들에 앞서 일본 해녀들은 수경(水鏡)을 사용하였는데, 당시 채취 기술에 있어서 일본

---

55) 위의 책, 157쪽.
56) 위의 책, 162쪽. 표는 필자가 작성.
57) 志摩町史編纂委員會 編, 『志摩町史』, 300쪽.

해녀들이 더 나았다고 한다.[58] 제주 잠수들의 채취 기량은 어로도구의 수단에서 차이가 나타났던 것이었다. 그러나 수경은 19세기 말부터 잠수들에게도 점차 전파되었기에, 이들의 잠수기량만이 아니라 이동에 영향을 미친 여타의 사회적 조건 속에서 고려해 볼 필요가 있다. 식민지시대 이전부터 조선으로 출어해 온 시마의 해녀들은 식민지시대 어업근거지 이주규칙에 따라 이주집단의 조건이 정비되어 감에 따라 '해녀의 출어' 양태가 보이지 않게 된 것은 아닌지 고려할 필요 있다. 또 앞서 지적했듯이, 식민지시대 제주 잠수에 대한 저임금 노동시장이 더 큰 요인으로 작용하였을 개연성이 높다.

V. 맺음말

한·일 해역에서 식민지시대 한·일 해녀들의 이동은 무엇을 의미하는 것일까? 이들의 이동에 관해서는 지역의 향토사 혹은 전통문화와 수산경제사적 측면에서 조명되어 왔다. 이 글은 해역이라는 바다를 무대로 하여 그동안 간과되어 온 생태적 측면에서 이 시대의 이동을 고찰해보고자 하였다.

이들의 이동은 전통적으로 중국을 중심으로 조공체제 하의 해산물 교역과는 달리 일본 제국주의의 산업 및 군수품을 조달하기 위한 '열린' 어장으로의 이동이 가속화 되고 있었다. 주로 채취한 것은 천초와 감태였으며 전복을 잡기도 했으나, 식민지 조선의 주변 어장에서는 일본의 잠수기선들이 해녀의 역할을 대신했다. 천초는 산업원료, 감태는

---

[58] 塚本明, 「近代の志摩海女の出稼ぎについて」, 55쪽.

군수산업의 원료였으며, 전복은 서양의 근대적 잠수기술을 접목시켜 대량채취가 가능해진 해산물이 되었다. 잠수기선의 식민지 조선 어장에서의 전복잡이는 전복의 먹이인 감태의 채취 및 계속된 전복의 남획 등 해양생태계를 고려하지 않는 파괴적인 것이었다. 이처럼 파괴적 해양자원의 남획은 '식민지 바다'라는 데에서 비롯되는 것이라 볼 수 있다.

제주 잠수들은 현금소득의 기회로서 "모집"에 의한 일본으로의 출어가 전개되었고, 일본 시마의 해녀들은 부산 영도를 거점으로 한반도 주변해역을 반복적으로 오갔다. 1930년대에 이르러 일본 해녀들의 출어가 더 이상 이뤄지지 않은 것은 이들의 기량이 떨어져서라기보다는 식민지 여성노동력인 제주 잠수들의 저임금 시장구조가 형성된 데에 따른 것으로 보인다. 출어했던 제주 잠수나 일본 시마의 해녀들은 출어를 통해 그들의 노동으로 목돈을 마련하여 가구의 생계 및 마을경제에 기여하여 지역사회에서 해녀 노동력의 가치를 상승시켰다. 그러나 이러한 여성의 경제적 활동에 부응한 사회적 지위 상승과 같은 결과를 가져 온 것은 아니라는 점에서 그것은 여성노동을 더 강화시킨 역설적 측면을 배제할 수 없을 것이다.

한편, 이들의 이동은 해산물이 있는 어장을 따라 확장되어 간 것으로, 제주 잠수들에게 그것은 섬과 바깥 세계를 연결하는 새로운 생활세계의 형성을 의미하는 것이었다. "모집"을 통해 이동하는 하청 구조와 개별적 네트워크에 따른 이들의 모자이크식 이동을 만들어 냈다. 시마의 해녀들의 경우는 개별적 이동 외에도 어업조합에 고용되어 조직적으로 이동하였다. 일부는 조선에서의 정주사회를 형성하기도 했다. 1930년대 이르러 이렇게 상호 출어하던 한·일 해역에서 시마 해녀들의 출어보다 제주 잠수들의 출어가 지배적 양상으로 나타나게 된 것은, 잠수들의 채취능력과 함께 무엇보다 저임금 채취노동 시장이 형성되었던 데에 따른 영향이 크다고 본다.

이상의 내용에서 양국 해녀들의 이동을 통해 볼 때 식민지시대는, 1) 해양생태적 관점에서 볼 때 식민지 조선의 해양생태는 자원의 재생산 메커니즘이 전혀 고려되지 않고 있었으며, 2) 사회적으로는 자원의 산업적-특히 군수품의-원료로서의 가치가 일상적 가치에 우선하였다. 3) 양국의 해녀들은 현금소득의 기회 및 새로운 어장으로의 진출이라는 생계적 차원의 이동이 나타났고 각기 해당 지역경제 발전에 기여하기도 했다. 또한 4) 전복잡이의 주요 담당은 해녀가 아닌 잠수기선이 대신하였으며, 5) 이것은 서양의 잠수기술의 일본식 변형을 보여주는 것이었다. 6) 조선에서의 잠수기선에 의한 전복잡이는 지역 주민의 경제적 소득으로 이어지지도 않았다.

기층 여성 집단의 해양 노동세계와 관련한 역사적 기록은 미약하며 크게 주목받지 못하였던 영역이다. 다만 이들의 노동은 지역 사회 여성의 경제적 활약을 보여주는 미담(美談)으로 전승되고 있을 뿐이다. 해양생태와 직접적으로 밀착된 이들의 어로활동을 해양생태, 그리고 해양생물을 상품화 하는 시장구조를 파악하지 않는다면 이들의 출어 역사를 파악하는 데에 있어 한계를 극복하기 힘들 것이다. 아직도 면밀히 규명하지 못한 여러 가지 내용에 대해서는 차후의 과제로 남겨두고자 한다.

제한적이나마, 지금까지 살펴본 바에 의하면, 식민지시대 양국 해녀들의 이동은 '바다와 일본 제국주의'가 만나는 지점에서 발생한 특수한 동아시아 해양문화였다. 일본 제국주의는 해녀들의 노동을 통해 산업원료를 충당할 수 있었으며, 해녀들은 이 기간 동안 해산물을 중심으로 한 이동의 생활세계를 형성하였다. 가장 많이, 지속적으로 이동했던 이들은 제주도의 잠수(潛嫂)들이었다.

초출일람

도쿠가와 막부 '쇄국'(鎖國) 체제 하의 중일(中日)무역 고찰
: 나가사키 '당관'(唐館)을 중심으로(1689~1868) | 류쉬펑(劉序楓)
  『海洋史叢書 1: 港口城市與貿易網絡』, 中央研究院, 2012

제국의 팽창과 변모하는 개항장 인천: 일본인 거류지 형성과 식민기지 | 이규수
  한국해양대학교 국제해양문제연구소 제2회 콜로키움(2009년 6월 25일) 발
  표문「제국의 팽창과 변모하는 개항장: 일본인 거류지 형성과 문화교섭」을
  가필·수정

19세기 후반 부산일본인사회의 구조변화와 쓰시마인(對馬人)의 대응 | 한현석
  『해항도시문화교섭학』 10, 2014

일제시기 부산의 중심 상점가와 도시문화 | 전성현
  『역사와 경계』 92, 2014

글로벌 상상을 자극하는 해항도시 간 이동
: 근대 초기 일본 기타큐슈 지역 사람들 간 비공식 인적 교류의 재평가
  | 마스다 겐(增田研)
  新稿

조선인 노예와 포르투갈인 | 루치오 데 소사(Lúcio de Sousa)

新稿

예수회 신부 吳漁山의 '十年海上' 사목활동과 天學詩 고찰 | 최낙민

『중국학』 59, 2017

해항도시 나가사키(長崎)와 표상 정치: 철도원(鐵道院) 편 여행 가이드북을 소재로

| 하야나기 가즈노리(葉柳和則)

葉柳和則, 「海港都市長崎と表象の政治: 鐵道院編の旅行ガイドブックをて

がかりに」 葉柳和則編著, 『長崎: 記憶の風景とその表象』, 晃洋書房, 2017

망국민의 恨辭, 「桑海淚談」의 의미와 그 시공간적 맥락 연구

: 요코하마와 광저우에서의 베트남인 해외혁명활동(1906~1915)을 중심으로

| 노영순

『전북사학』 39, 2011

식민지시대 한·일해역의 자원과 해녀의 이동 | 안미정

『한국민족문화』 58, 2016

저자 소개

류쉬펑(劉序楓)　臺灣中央研究院

이규수(李圭洙)　一橋大學

한현석(韓賢石)　한국해양대

전성현(全盛賢)　동아대

마스다 겐(增田研)　長崎大學

루치오 데 소사(Lúcio de Sousa)　東京外國語大學

최낙민(崔洛民)　한국해양대

하야나기 가즈노리(葉柳和則)　長崎大學

노영순(盧英順)　한국해양대

안미정(安美貞)　한국해양대